国家社科基金青年项目“理学体用观视域下儒家情境伦理思想研究”
（项目号：20CZX028）阶段性成果

湖南师范大学道德文化研究中心、
中国特色社会主义道德文化省部共建协同创新中心、
湖南师范大学哲学系学科建设经费资助成果

湖湘学派体用思想研究

邹啸宇 著

中国社会科学出版社

图书在版编目（CIP）数据

湖湘学派体用思想研究／邹啸宇著．—北京：中国社会科学出版社，2022.10

ISBN 978-7-5227-0493-7

Ⅰ.①湖… Ⅱ.①邹… Ⅲ.①儒学—研究—湖南—宋代 Ⅳ.①B222.05

中国版本图书馆 CIP 数据核字（2022）第 125468 号

出 版 人 赵剑英
责任编辑 刘 艳
责任校对 陈 晨
责任印制 戴 宽

出　　版 中国社会科学出版社
社　　址 北京鼓楼西大街甲 158 号
邮　　编 100720
网　　址 http://www.csspw.cn
发 行 部 010-84083685
门 市 部 010-84029450
经　　销 新华书店及其他书店

印　　刷 北京明恒达印务有限公司
装　　订 廊坊市广阳区广增装订厂
版　　次 2022 年 10 月第 1 版
印　　次 2022 年 10 月第 1 次印刷

开　　本 710×1000 1/16
印　　张 22.75
插　　页 2
字　　数 363 千字
定　　价 119.00 元

序

“湖湘学派”有广狭之分。广义的湖湘学派属于文化学意义上的，论者宣称从北宋周敦颐一直到现当代，存在一个所谓湖湘学派。狭义的湖湘学派则特指南宋时期活跃于湖湘大地的一个著名理学学派或群体。邹啸宇《湖湘学派体用思想研究》使用的正是后一用法的“湖湘学派”概念。该著主要梳理和研究了胡安国、胡寅、胡宏父子及张栻四人的体用思想。

一

湖湘学派的行事、文献及其思想，黄宗羲原著、全祖望补修的《宋元学案》卷三十四《武夷学案》、卷四十一《衡麓学案》、卷四十二《五峰学案》、卷五十《南轩学案》、卷七十一《岳麓诸儒学案》作了记述。此五卷学案皆系“湖湘学派”的具体内容。前四卷分别以胡安国、胡寅、胡宏和张栻为叙述中心，后一卷以张栻所授湖湘弟子为叙述中心。此外，《宋元学案》卷七十二《二江诸儒学案》记述了张栻在蜀的弟子。胡安国是湖湘学派的开创者，胡宏是湖湘学派的正式创立者，张栻是胡宏的大弟子，他将湖湘学派推向了繁荣、鼎盛期。湖湘学派是南宋理学的一个重要派系，其兴起的直接原因是靖康之变后洛学南传于湖湘地区，而由胡安国、胡宏和张栻等人开创、创立和不断推动的。

胡安国（1074—1138 年），字康侯，谥号文定，宋建宁崇安（今福建省武夷山市）人，学者称武夷先生。他是“湖湘学派”的开创者，著作有《春秋传》等。胡寅（1098—1156 年）是胡安国的长子，字明仲，学者称致堂先生，著作有《论语详说》《斐然集》等。胡宏（1102—1161 年）是胡安国的少子，字仁仲，号五峰，是湖湘学派的创立者，著作有《知言》《皇王大纪》等。张栻说："是书（《知言》——引者注）乃其平日之所自著，其言约，其义精，诚道学之枢要，制治之蓍龟也。"（《胡子知言序》）清人全祖望说："绍兴诸儒所造，莫出五峰之上。其所作《知言》，东莱以为过于《正蒙》，卒开湖湘之学统。"（《宋元学案·五峰学案》）张栻（1133—1180 年）是胡宏弟子，本字敬夫，后改字钦夫，又字乐斋，号南轩，学者称南轩先生，南宋汉州绵竹（今四川省绵竹市）人。张栻曾主教岳麓书院，从学者多达数千人。他生前与朱熹、吕祖谦齐名，时称"东南三贤"，著作有《论语解》《孟子说》《南轩文集》等。

邹啸宇《湖湘学派体用思想研究》将湖湘学派的发展划分为开创期、初步发展期、繁荣兴盛期和衰亡期四个阶段。建炎四年（1130 年）至绍兴八年（1138 年）为开创期，以胡安国先后在湘潭碧泉和南岳衡山创办书堂、授徒讲学为标志。绍兴八年（1138 年）至绍兴三十一年（1161 年）为初步发展期，以胡宏将碧泉书堂扩建为碧泉书院，潜心治学、论道施教为标志。胡宏充分吸收和融会了北宋诸儒的思想，将胡安国"日用即道""物物致察""善恶不足以言性""充四端可以成性"的观念加以深化和系统化，构建了性本体论的理学体系，大大推动了湖湘学派的发展。乾道元年（1165 年）至淳熙七年（1180 年）为繁荣兴盛期，以张栻主教岳麓书院为标志。湖湘学派的重心由此从湘潭、衡山一带转移至长沙。湖湘学派在张栻的主导下盛极一时。淳熙七年至南宋末为衰亡期，以淳熙七年二月张栻的逝世为标志。之后，大部分湖湘弟子改换门庭，湖湘学派由此走向衰亡。

关于宋明理学的脉络和发展，学者通常按照理学（程朱系）、心学（陆王系）或者理学、心学、气学来划分。而在此种划分标准和体系模式下，湖湘学派的地位即不够突出，其学术史意义即暗而不彰。今世大儒牟宗三先生提出了宋明儒学三系说。在他看来，五峰（胡宏）、蕺山（刘宗周）为一系，伊川（程颐）、朱子（朱熹）为一系，象山（陆九渊）、阳明（王守仁）为一系。并且，他认为，胡五峰、刘宗周一系继承了北宋儒学的正统（周敦颐、张载、程颢），而朱子则以别子（程颐）为宗。在牟宗三的“三系说”下，胡宏在宋明儒学谱系中的地位陡然上升，意义重大。因此在牟氏“三系说”下，湖湘学派因为胡宏在宋明儒学谱系中的关键角色而变得非常重要了。这一点，也得到了相关研究成果的佐证。本世纪以来，学界出版了大量研究湖湘学派的专著，如向世陵《善恶之上：胡宏·性学·理学》（2000）、王立新《开创时期的湖湘学派》（2003）、朱汉民《湖湘学派史论》（2004）、陈祺助《胡五峰之心性论研究》（2009）、苏子敬《胡五峰〈知言〉哲学课题之研究——以“内圣外王”概念展开之》（2009）、王俊彦《胡五峰理学思想之研究》（2011）、康义勇《胡寅思想研究》（2012）、尹业初《胡寅历史政治哲学研究——以〈致堂读史管见〉为中心》（2013）、康凯淋《胡安国〈春秋传〉研究》（2014）、蔡方鹿《张栻与理学》（2015）、赵载光《湖湘学统与宋明新儒学》（2015）、王雷松《胡安国〈春秋传〉校释与研究》（2016）、邓洪波《张栻年谱》（2017）、张琴《胡宏“知言”哲学研究》（2018）、王丽梅《张栻的思想世界》（2019）、陈代湘《湖湘学派的起源与流衍》（2020）、曾亦《湖湘学派研究》（2021）。这种情况表明，湖湘学派已受到了今人的高度重视，学者已广泛承认它是南宋理学及宋明儒学的一个重要派系。邹啸宇《湖湘学派体用思想研究》一书正是在此背景下拟题、构思和精心写作出来的。

就内涵和特征来看，湖湘学派注重形上与形下、内圣与外王的互动统一，既重视天道性命之理的发明，又关切现实生活世界，强调实行践履和经世致用；并且，其中贯穿着“体用相须互成，贵体重用不偏”的主旨。在作者看来，“体用”不但是湖湘学派儒学的重要范畴和观念，而且是其统摄性的理念、方法及其特质所在，对于整个湖湘学派思想的形成和演进都具有重要意义。从湖湘学派之思想系统来看，“体用”表现在本体与作用、本体与现象、本体与工夫、根本法则与具体规范、根本与枝末等方面，内涵十分丰富。而就整个研究来看，学界当前尚缺乏对湖湘学派体用思想之专门、系统而深入的研究。有见于此，邹啸宇即以湖湘学派的体用思想作为其博士学位论文的选题。应该说，《湖湘学派体用思想研究》一书抓住了湖湘学派的一个重要侧面和脉络，而湖湘学派的体用思想确实颇具学术研究的意义。

二

体用思维和体用思想是中国哲学的固有传统，自魏晋南北朝以来即形成此传统，影响甚巨。

体用思维及其观念植根于中国古人素朴的生活经验及其认识之中：从器物言，有其器即有其用；从道器言，形上之道为体，形下之器为用，道体器用相即不离而浑然同处；从宇宙生成论言，终极始源为体，其生成物及其过程为用。不过，从反思此观念的生成来看，“体用”观念本身直到魏晋时期才浮现出来，而严格意义上的“体用”观念（即本体论意义上的此一概念）大约是在南北朝时期随着佛学传播的日益深入而形成的。从南北朝到隋唐时期，佛道诸家都在谈论“体用”，不仅以“体用”观念谈论本体论问题，而且对“体用”本身作了深入的理论思考。由此，“体用”观念上升为范畴，具有更强的概念统摄性和普遍性。进至北宋时期，二程受到佛道思想的影响，提出了所谓“理一分殊”和“体用一源，显微无间”的观念。而这两个观念的提出，标志着儒家体用论进入了成熟阶段。从此，体用观念融入了儒家哲学的思想创造和经学诠释之中。清初，王船山提出了所谓“体用相函”和“相与为体”的观点，将中国传统的体用论推向了理论高峰。

进入近代，文化意义上的体用说在中国开始出现，并泛滥开来。清末，张之洞利用体用概念提出了所谓“中学为体，西学为用”（《劝学篇》）的主张。此主张是洋务派的指导思想。而所谓“中体西用”说，其实即“中学为主，西学为辅”说，“体用”即主辅之义，是对于传统体用概念的一种借用。此种意义上的“体用”观与中国传统哲学意义上的“体用”观不是一回事，二者不能混淆。同样，我们看到，谭嗣同主张“器体道用”，孙中山提出了所谓“物质为体，精神为用”，都是从实用主义的态度来使用“体用”这对概念的。不过，需要指出，“中体西用”等说在清末的流行，正显示出中国传统的“体用”观念早已深入人心，影响巨大。清末对于“体用”概念的形下使用，直至熊十力提出“体用不二”说并将其运用于本体论的思考，才将其从根本上扭转过来。牟宗三所谓“即存有即活动”“即活动即存有”的新诠，是对于熊十力“体用不二”说的继承和发展。

在如上认识的基础上，邹啸宇不仅意识到体用论是中国哲学的重要组成部分，而且意识到湖湘学派即具有十分丰富、深刻的体用思想。胡安国、胡寅、胡宏和张栻四人的著述比较丰富，为邹啸宇的研究奠定了坚实的材料基础。在宋代，儒者所面对的共同问题一方面是儒学形上本体需要得到重新肯定和建构，另一方面是政治、道德、伦理、社会需要通过实践智慧得到安顿和有序化。不仅如此，形上与形下、超越与现实、本体与工夫、内圣与外王、天与人、安身立命与经世致用如何统一，也是宋代儒学面对的重大问题，湖湘学派的关键学者对于这些问题体认尤深。在回应和解答上述问题的过程中，湖湘学派以体用论为思想武器，发展出了一套丰富而深刻的体用思想。湖湘学派体用思想的主旨是“体用相须互成，贵体重用不偏”，这一观念几乎贯穿于湖湘学派之儒学理论的每一重大方面，即贯穿于天道论（太极与阴阳、道与物、性与气）、心性论（性与情、心与迹、仁与义）、工夫论（察识与涵养、穷理与居敬、致知与力行）和外王论（成己与成物、仁心与王政、为学与为治）之中。

又，对于湖湘学派的“体”“用”概念及其关系，邹啸宇作了五个方面的精彩概括和分析：其一，就本体及其活动性论“体用”，“体”指形上本体，“用”指形上本体自身生生不已的活动。如“性体心用”，即是从这一意义上来说的。体用两者是即体即用、相即为一的关系。其二，就天道本体之阴阳两端或其动静之性论“体用”，“体”“用”分别指本体所涵的静性和动性。如“阳者，道之用；阴者，道之体”，即是从这一意义上来说的。体用两者是互涵互摄、相生相成和相依相待的关系。其三，就本体与现象或本体与实践论“体用”，“体”指形上本体，“用”指形上本体发用流行的具体表现。如太极之体与二气五行万物之用、性体与气用、道体与物用、心体与迹用、性体与情用、本体与工夫等，都是从这一意义上来说的。体用两者是相须互成、相倚不离、圆融不二的关系。其四，就根本道德法则与具体道德规范论“体用”，“体”指具有超越性、普遍性、统一性的根本道德原则，“用”则指具有经验性、特殊性、差异性的具体道德规范。如理体与义用、仁体与义用、中体与时中等，都是从这一意义上来说的。体用两者是源与流、根据与表现之间相依互成的关系。其五，就本（根本）末（枝末）论“体用”，“体”是本，“用”是末。如心为体而身为用、内圣为体而外王为用、道德为体而法制为用等，都是从本末的意义上说的。体用两者是相互依存、相互作用、相互影响和相互成就的关系。需要指出，此处所说的体本用末，是就两者的逻辑关系而言的。在实践和价值层面，这并不意味着湖湘学派有所谓重本轻末或贵体贱用的思想。相反，湖湘学派主张体用双彰、本末俱显，而与佛道的方法论迥然不同。

三

啸宇是我在武汉大学指导的硕士生和博士生。他是湖南衡阳人，他的硕士学位论文研究张南轩的思想。攻博以后，他仍希望做湖湘学派的学位论文，故其将研究对象扩大到整个湖湘学派，并具体落实在体用论上。南宋时期的湖湘学派是本世纪以来国内宋明理学研究的热点之一，湖南人对于此一课题尤为上心，成果良多。大概，邹啸宇也有一定的湖湘文化情结，故他长期研读相关著作，俯仰于其间，彳亍徘徊，独自深造。

当初，啸宇注意到，学界对于湖湘学派体用思想的关注不足，研究不够充分，甚至很不充分。这一点，他在本书的“绪论”中已作了详细说明。他又意识到，湖湘学派的体用思想很丰富，而且对于湖湘学派思想的构造和推展具有较强的统摄性。所以他决定以湖湘学派的体用思想作为其博士学位论文的选题。应该说，他的这一选题是颇有价值的，研究空间较大。

在学术上，啸宇具有很强的问题意识。针对学界的研究情况，他认为如下问题是值得追问和探究的：一，湖湘学派本身的体用观是什么，湖湘学派“体”“用”概念的内涵及其关系是什么；二，湖湘学派体用思想建构的原则和理路是什么；三，湖湘学派的体用思想如何贯穿和展现在天道论、心性论、工夫论、外王论，特别是后两者上；四，湖湘学派体用思想的问题意识、产生背景、基本意涵、主要特征、发展脉络、理论局限、历史地位及其意义是什么。我们看到，《湖湘学派体用思想研究》一书对于如上问题都作了认真的探究和卓有成效的回答。

啸宇具有良好的观念梳理和概念辨析能力。在《湖湘学派体用思想研究》中，他对于“体用”观念的萌芽、产生及其在唐代以后的发展作了很好的梳理和裁断。从本书看，啸宇的概念辨析能力，特别体现在他对于湖湘学派“体用”概念本身及其关系的判断和分疏上。

啸宇具有良好的学术探索精神。在培养博硕士生的过程中，作为导师，我比较看重学生的问题意识、探索意识、求真意识和诠释意识。其中，探索意识及其能力一项是我最看重的。探索意识及其能力，往往决定了一名研究生或学者的学术潜力与创新品质。能探索即能创新，不能探索即不能创新，探索本身即饱含着求新、创新的精神。我的研究领域长期集中于先秦秦汉时期，对于宋代儒学并不熟悉。啸宇独自探索其研究道路，他成功地处理了这样一个颇具理论难度且其内容比较复杂的选题，我认为这是很不容易的。

啸宇具有良好的学术创新能力，《湖湘学派体用思想研究》一书取得了众多的学术成绩。这可以概括为如下五点：其一，将湖湘学派的问题意识归结为对儒家健全入世精神的回归，由此本书着重探讨了湖湘学派如何处理天道与心性、形上与形下、本体与工夫、内圣与外王的关系及其为何如此处理的问题。其二，率先对湖湘学派的体用思想做了系统研究，阐明了其生成境遇、根本旨趣、基本意蕴、主要特点、发展脉络及其地位、意义和限度等问题。其三，首次从“体用”视角全盘考察和揭示了湖湘学派儒学建构的基本理念、基本特质和基本方法，并对湖湘学派未曾被重点关注的一些论题，如胡寅的道物说、心迹论和身心观，及张栻的性情论、仁义论和理一分殊论等作了深入探究。其四，认为“体用相须互济，贵体重用不偏”是湖湘学派体用思想的主旨，认为湖湘学派特别强调体用统一、以体为本且兼重用。而这与以往所谓“体用并重”或“贵体贱用”的评论是不同的。其五，透过体用观，提出了湖湘学派的政治思想主张“在治道层面以天道-仁心为体，在治法层面以道德、法制、实务兼重并修为用”的独到见解。应当说，邹啸宇《湖湘学派体用思想研究》是一部学术力作，我对他的这部书稿是颇为满意的。

“梅花香自苦寒来”。七年前，啸宇从武汉大学中国哲学专业毕业，获得了哲学博士学位。毕业后，他信心满满地回到了湖南师范大学，从事中国哲学的教学和研究工作。“为天地立心”，“为往圣继绝学”，他抱着这样的志愿在湘江之滨、岳麓山下热情洋溢地传承着中国文化的慧命，从事中国哲学及其相关领域的研究。作为曾经的指导教师，我衷心祝愿他在未来不断努力，取得更大的学术成绩，为中华优秀传统文化在当代的传承和“两创”作出自己的贡献。

是为序。

丁四新

壬寅年小暑于北京学清苑

目　　录

绪论　研究的课题、生成背景及探索方式

一　研究对象与目的

（一）研究对象

本书以湖湘学派的体用思想为考察对象，力图阐明湖湘学派体用思想的产生背景、根本宗旨、主要内涵、基本特点、重要展现及其意义与限度、地位和影响等方面内容。

湖湘学派是南宋时期活跃于湖南地区的以胡安国、胡寅、胡宏、张栻等人为代表的重要理学派别，它的兴起主要得益于二程洛学的南传。湖湘学派的发展大致经历了四个阶段：建炎四年（1130 年）至绍兴八年（1138 年）为开创时期。建炎末年，为躲避战乱，胡安国携家眷和弟子由湖北荆门迁至湖南，先后在湘潭碧泉和南岳衡山创办书堂，潜心研治理学，并著书立说、授徒讲学，由此开创了湖湘学派。绍兴八年至绍兴三十一年（1161 年）为初步发展时期。胡安国逝世之后，胡宏将碧泉书堂扩建为碧泉书院，在此精研理学、论道施教，培养了大批弟子，扩大了湖湘学派的规模和影响力。尤其是他充分吸收和融会北宋诸儒的思想，将胡安国“日用即道”“物物致察”“善恶不足以言性”“充四端可以成性”等观念加以更为系统、深入的阐发，从而建构出独具特色的理学体系，大大推动了湖湘学派儒学的发展。乾道元年（1165 年）至淳熙七年（1180 年）为繁荣兴盛时期。胡宏去世后，张栻成为湖湘学派的宗师。乾道初年，张栻受湖南安抚使刘珙之邀主教岳麓书院，在此探究和弘扬理学，影响了一大批学子。从此，湖湘学派的重心即从湘潭、衡山一带转移到长沙。乾淳之际，张栻充分利用岳麓书院和城南书院开展理学的研究和讲习活动，并与朱熹、吕祖谦等学者广泛地交流互动，使得湖湘学派无论在理论建构上，还是在人才规模和社会影响上都盛极一时。淳熙七年至南宋末为衰亡时期。

淳熙七年二月，张栻不幸早逝，之后大部分湖湘弟子皆改换门庭，湖湘学派由此走向衰亡。就思想的内涵与特征而言，湖湘学派注重形上与形下、内圣与外王的互动统一，既重视天道性命之理的发明，又关切现实生活世界，强调实行践履和经世致用。[①] 此中即贯穿着“体用相须互成，贵体重用不偏”的思想。

“体用”作为湖湘学派儒学的重要范畴和观念，统摄着湖湘学派儒学建构的基本理念、基本特质和基本方法，对整个湖湘学派思想的形成与演进具有重要价值。湖湘学派的体用观既充分吸收了先贤的相关思想，又有相当程度的推进。在湖湘学派的思想系统中，“体用”可以从本体与作用、本体与现象、本体与工夫、根本法则与具体规范、根本与枝末等方面来理解，因而具有颇为丰富的意涵。并且，其体用之间的结构充满辩证性、动态性、平衡性、开放性、包容性。这是对南宋以前诸儒之体用观的一种丰富和发展，构成宋明儒学乃至整个中国哲学体用论的重要环节，对宋以后之儒学及湖湘哲学的发展产生了深远影响。然而，目前学界对湖湘学派的体用学说尚缺乏专门、系统、深入的研究。在此境况之下，本书得以生成和展开。

（二）研究目的

本书意在通过全面梳理湖湘学派有关“体”“用”的论说和深入分析其体用思想在儒学各个方面的运用和表现，以如实、确切、系统地展示湖湘学派体用学说的旨趣与关切、意涵与特质、价值与限度等内容，进而阐明贯穿整个湖湘学派儒学建构的核心洞见、思想架构、思维模式和学问方法，从而进一步深化对湖湘学派儒学及儒家体用论的研究。

湖湘学派着重从本体论的层面阐发“体”“用”的内涵。“体”即本体，意指宇宙生化和道德创造之实体，形而上的天道、天理、心、性、仁等皆属于“体”的范围；“用”指本体之流行发用，包含本体生生不已的活动性（创生性）与本体发用流行之具体表现（宇宙万有）二义，这两个方面既相区别又具有内在关联。就此而言，体用关系或指形上本体与其自身之活动性或创生性的关系，或指形上本体与形下事物的关系。依此，湖

① 参见朱汉民《湖湘学派与湖湘文化》，湖南大学出版社 2010 年版，第 35—56 页；王立新《从胡文定到王船山——理学在湖南地区的奠立与开展》，中国社会科学出版社 2014 年版，第 57—79 页。

湘学派的体用观即蕴含着湖湘学派对形上本体的某种领会和对形上与形下关系的某种处理，指向本体与其活动作用的关系、宇宙本体与天地万物的关系、道德本体与人生实践（包括内圣成德修养与外王经世作为）的关系、普遍道德法则与具体道德规范的关系以及内圣与外王的关系等问题。这无疑已渗透湖湘学派的整个儒学，从而成为其儒学建构的奠基性理论。体用观念在湖湘学派的儒学中既具有本体论的意蕴，也具有方法论的意义。因此，本书不仅直接考察了湖湘学派的体用思想，也是从体用的角度来探究整个湖湘学派的哲学，阐明湖湘学派如何理解和定位形而上者与形而下者、内圣与外王以及如何处理二者之关系，从而揭示出湖湘学派儒学建构的根本观念、理路和特征，并借此省察体用观念在传统儒学建构中的效力、价值及其限度。

此外仍需指出，本书重在显明整个湖湘学派一以贯之的思想主张、体系架构、思维模式和学问方法，而不在于强调湖湘学派内部诸家学术差异的考察。所以，如无论析的必要，一般不探讨湖湘学派诸儒的思想分别。易言之，本书始终将湖湘学派的思想作为一个有机整体来看待，着重考察贯穿其内部各家的共同思想观念，并探索其在两宋之际儒学开展、南宋儒学建构及儒家体用论发展方面的价值与作用、地位和影响。

二　研究意义

从中国哲学的发展历程来看，“体用”作为一对具有严格意义的哲学概念，是在魏晋南北朝时期形成的，而体用论也在此时兴起。进至隋唐时期，儒、道、佛三家无不谈“体”论“用”，尤其是佛、道二家对“体用”有大量的论说，使得这对概念成为一般性的范畴，体用论亦由此得到了极大推进。再到宋明时期，佛、道二教的体用论继续发展，而儒家也在佛道思想的刺激下，通过对佛道之体用观的批判性吸收与创造性转化积极建构本体学说，从而逐步造就了丰厚、圆熟的体用论。及至明清之际，王船山以恢宏的气度与深透的哲思对先贤的思想予以系统总结和反思，创发出“体用相函”“相与为体”的思想，从而将体用论推进至中国传统哲学的最高峰。[①] 到了

① 周芳敏、田丰对王船山的体用思想做了系统考察，参见周芳敏《王船山“体用相涵”思想之义蕴及其开展》，台湾新北花木兰文化出版社 2009 年版；田丰《王船山体用思想研究》，中国人民大学出版社 2020 年版。

近代，由于受到西方文化的重大冲击，中华学界出现了滥用“体用”的情况。清末著名的“中体西用”之争，即是从“主辅”的意义上以“体用”来处理中、西两种不同文化的关系。这一做法似乎忽视了体用之间的内在统一性，遮蔽了其深刻的哲学意涵。① “中体西用”虽然是对传统体用观念的一种滥用，但无疑可以体现出古代体用论对近代思想文化的深刻影响。近代以来，人们对“体用”的理解大多带有较强的实用色彩，往往从形下经验的层面立意，如谭嗣同主张“道，用也；器，体也。体立而用行，器存而道不亡”②，孙中山以“物质”为体、“精神”为用，③ 如此则“体用”的形上超越义便逐渐被消解。直至现代新儒家熊十力奋起力挽，直接以体用问题作为其哲学探索的核心，立足儒家的立场以会通佛道思想及西方哲学，对历史上的诸种体用学说做了批判性的梳理和总结，并创造性地发展出独具一格的“体用不二”哲学。这不仅对近代以来出现的各种体用说起到了一种正本清源的作用，而且极大地推动了中国哲学体用论在新时期的发展。④ 熊氏弟子牟宗三亦始终秉承“体用不二”的理念开展哲学史的清理工作和哲学思想的开发活动，他所提出的判别宋明诸儒是否为儒家正宗的标准——“即存有即活动”“即活动即存有”说，即蕴含着对“体用不二”思想精深而独到的理解。通过简要回顾体用论发展史可知，体用观念显然贯穿于魏晋以降整个中国哲学的演进历程，⑤ 由此足见其在中国哲学史中的重要地位和作用。

---

① 参见殷海光《中国文化的展望》，载林正弘主编《殷海光全集》（八），台北桂冠图书股份有限公司 1990 年版，第 457—486 页；方克立《评“中体西用”和“西体中用”》，载张立文等主编《传统文化与现代化》，中国人民大学出版社 1987 年版，第 326—335 页；陈强立《论近百年来儒家的文化发展构想——从“体用”范畴的理论涵蕴看晚清“中体西用”的思想困局》，《鹅湖月刊》1992 年第 10 期。

② 谭嗣同：《思纬壹壹台短书——报贝元征》，载生活·读书·新知三联书店编《谭嗣同全集》，生活·读书·新知三联书店 1954 年版，第 390 页。

③ 孙中山曰：“在中国学者，亦恒言有体有用。何谓体？即物质。何谓用？即精神。譬如人之一身，五官百骸皆为体，属于物质；其能言语动作者，即为用，由人之精神为之。二者相辅，不可分离，若猝然丧失精神，官骸虽具，不能言语，不能动作，用既失，而体亦即成为死物矣。”（孙中山：《在桂林对滇赣粤军的演说》，载广东省社会科学院历史研究室等合编《孙中山全集》第 6 卷，中华书局 1981 年版，第 12 页。）

④ 参见景海峰《中国哲学体用论的源与流》，《深圳大学学报》（人文社会科学版）1991 年第 1 期。

⑤ 参见胡勇《中国哲学体用思想研究》，南京大学出版社 2020 年版。

体用论对于中国哲学的重要性主要体现在两个方面：其一，体用问题关涉宇宙、人生之根本，是中国哲学的核心问题，它不仅触及本体论、宇宙论的领域，而且与工夫论、境界论、认识论等密切关联。如玄学的有无之辩、本末之辩，佛学对佛性与佛智、佛性与法相、佛果与修行、因与果、空与有、理与事、真如心与缘起法、内识与外境、心识与万法等关系的处理，以及儒家对宇宙本体与天地万物之关系、道德本体与工夫实践之关系、成己与成物之关系、内圣与外王之关系等问题的探讨，都可以在不同意义上归结为体用问题，或者说都是体用问题的具体表现。最能显明体用问题之重要性者，一是佛教将体用论视为佛法要义，如天台宗智顗大师于圆教三法阐发“体用不二”之论，华严宗法藏以“体用”为《华严经》的主要经法和经义，禅宗神秀甚至将“体用”视为其道法之旨归；二是熊十力直接以体用问题作为哲学的核心问题，他说：“哲学上的根本问题，就是本体与现象，此在《新论》即名之为‘体用’。”[①] 虽然熊氏对“体用”有其独特领会，但他的“体用不二”论主要是通过融会儒、佛二家的学问以及贯通中西哲学而创发，诚可谓对儒、佛等诸家思想的扬弃与会通，由此亦可表明体用论对于中国哲学的重要价值。其二，“体用”是中国哲学特有的思维和表意方式，具有重要的方法论意义。[②] 自“体用”于魏晋南北朝成为一对固定的哲学概念后，便常被人们运用于注释经典、建构学说和谈道论法，成为人们认识世界及解答或解决宇宙、人生诸方面问题的重要方式。“体用”也正是在这样的广泛运用中获得了普遍性的意义，从而成为内涵极为丰富、外延尤其宽广的一般性范畴。该范畴代表着中国哲学家一种特定的思想结构和思维模式，它强调的是体用之间不可分割的统一性，“体用”作为思想架构、思维方式的共通性即在于此。[③] 当思想家们借助“体用”来解答或解决某一具体问题时，往往因其对“体用”的理

---

① 熊十力：《新唯识论》，载萧萐父主编《熊十力全集》第 3 卷，湖北教育出版社 2001 年版，第 276 页。

② 方克立指出：“中国学者‘恒言有体有用’（孙中山语），自然地就构成了一种思想模式，具有指导人们认识世界、解决各方面的问题，甚至用以组织学说体系的重要的方法论意义。”（方克立：《论中国哲学中的体用范畴》，《中国社会科学》1984 年第 5 期。）景海峰表示：“体和用是中国哲学中最为重要的一对本体论范畴，也是最能表达中国哲学特有思维方式的范畴之一。”（景海峰：《熊十力哲学研究》，北京大学出版社 2010 年版，第 124 页。）

③ 参见夏静《体用的思想谱系与方法意义》，《甘肃社会科学》2018 年第 4 期；张立文《体用一源论——中国哲学元理》，《学术月刊》2020 年第 4 期。

解和把握存在差异，从而产生不同的结果和效用，甚至建构出形态不同和内蕴各异的思想体系。因而可以说，各思想家由对“体用”的内涵及其结构的相异理解形成不同的体用观，而不同的体用观即标志着不同的学术建构理念和路径。由此，体用论便成为进入中国哲学家思想世界的重要门径。因而有关湖湘学派体用思想的研究，既在于考察湖湘学派对关涉宇宙、人生之根本的体用问题的处理，也是为了探讨湖湘学派对体用模式的理解及其如何运用这种模式来建构儒学体系，后者也就是要从体用角度来探究湖湘学派儒学建构的基本理念和特色。

具体而言，探讨湖湘学派的体用思想主要有如下意义：第一，湖湘学派的体用论既是其整个儒学思想的重要内容，也反映了其儒学建构的基本理路。通过探究湖湘学派的体用观，以揭示其儒学建构的核心理念和特质，有助于深化对湖湘学派儒学的认识。第二，湖湘学派的体用论既深受张载、二程等先贤之体用思想的影响，又须应对儒学内部空谈心性的新问题和更为严峻的社会局势，因而展示出新的意蕴与特质，这主要表现在它坚持以“体”为本的同时又颇为重视“用”，强调“体”不离“用”、即“用”求“体”。这一特质无疑为南宋儒学的开展注入了新的活力，对当时及后世诸儒的体用学说产生了积极的影响。因此，探讨湖湘学派的体用论有助于推进宋明儒学的研究。第三，湖湘学派的体用论作为整个中国哲学体用论的重要一环，既蕴含着中国哲学体用论的共性，又具有其独特的个性。故而深入分析湖湘学派“体”“用”概念的内涵及其关系，无疑有助于丰富和深化中国哲学体用论的研究。第四，湖湘学派既贵体又重用，强调体用之间相互依存、相互成就的辩证统一性，这足见其儒学具有务实性、丰富性、灵动性、开放性。据此，湖湘学派的体用思想可以为传统文化的现代更新及处理道德与知识、道德与政治等的关系提供可资借鉴的有益资源。

三　研究述评

虽然目前学界对湖湘学派已有大量研究，但探讨其体用思想的专门研究成果甚少，[①] 其中绝大多数只是在研究时借体用观念以方便表述、分析

① 严格来说，目前仅有以下两项研究成果：曹志成《胡五峰的体用思想与佛教二谛思想的比较初探》，第一次儒佛会通学术研讨会论文，台湾新北，1997 年 12 月；李清良、张洪志《湖湘哲学的基本观念与精神》，《湖南大学学报》（社会科学版）2012 年第 3 期。

和阐释湖湘学派的思想，而并未将其体用论作为直接的考察对象。本小节主要针对学界在研究湖湘学派时直接或间接地触及其体用思想的成果加以综述。在此，以论题为中心，从湖湘学派的本体论研究、心性论研究、工夫论研究、外王论研究四个方面，将目前学界有关湖湘学派体用思想的研究成果综述如下：

（一）有关本体论研究涉及湖湘学派体用思想的成果综述

1. **综合研究方面**

朱汉民曾对湖湘学派的思想特征做了总结，认为湖湘学派哲学的主要特色在于，强调从客体意义和主体意义的统一以及形上与形下的一体不分来建构宇宙本体论。① 朱氏特从“实学”的角度分析了湖湘学派本体论的特点，指出湖湘学者建构本体论的首要原则和命题乃强调形而上者与形而下者是统一整体。② 他还以“体用赅贯，可举而行”总括湖湘学派的原道精神，认为湖湘学派的道论建构具有强调天道与人道统一、形上与形下一体的特点。③ 朱氏无疑指明了湖湘学派本体论的重要特征，不过他的某些看法似乎值得商榷。比如，他认为湖湘学派坚持只有一个气物世界的存在，所谓道、太极、性不过是气物的本质和运动规律，只能存在于气物世界之中。④ 实则在湖湘学派看来，道、太极、性乃是气物的存在根据，而并非其运动规律，否则不成其为形而上者。它之所以存在于气物世界之中，乃因为气物即它自身的显现。另外，朱氏借体用观念点明湖湘学派本体论的特质，也只是大体言之，尚未注意到这一观念在湖湘学派儒学中的丰富性与复杂性。

向世陵考察了胡宏与张栻的道器观，主张胡宏强调道器双方是相资互发的关系，张栻则不只是一般性地注重道器的统一，而是始终将双方视作一个不可分割的整体。并且，他充分肯定张栻的“道器非异体”说在形而

---

① 参见陈谷嘉、朱汉民《湖湘学派源流》，湖南教育出版社 1992 年版，第 41—43 页。因朱氏后来所著《湖湘学派史论》《湖湘学派与湖湘文化》基本是对此书内容的重复，故相同部分不再另标出处。参见朱汉民《湖湘学派史论》，湖南大学出版社 2004 年版；朱汉民《湖湘学派与湖湘文化》，湖南大学出版社 2010 年版。

② 陈谷嘉、朱汉民：《湖湘学派源流》，湖南教育出版社 1992 年版，第 298 页。

③ 参见朱汉民《湘学原道录》，中国社会科学出版社 2002 年版，第 71—73、82—84 页。

④ 参见陈谷嘉、朱汉民《湖湘学派源流》，湖南教育出版社 1992 年版，第 43 页。

上下论的发展史中具有重要意义。他还指出，道与器虽可以从无与有、体与用等层面做出认识，但道器一体不二是道器关系最基本的规定。[①] 向氏显然指明了湖湘学派道器论的特色，不过他的分析较为简略。另外，他把“体用”仅看作认识道器关系的一个视角，并未将之视为核心观念而认为道器一体正是体用不二思想的体现。

李清良、张洪志表示，湖湘哲学在本体论、心性论和体用论上有三个基本观念：“体用不离，心为中介”“理一分殊，常而必变”“相倚互成、偏而可全”[②]，并认为湖湘哲学的形上探索具有“在体与用、理与气、心与性、心与物、心与事、道与器、理与势、性与情、理与欲、义与利等范畴之间，总是坚持一种不二不一、相倚互成的结构性关系”的特征。[③] 这的确较为扼要、深入地阐明了湖湘哲学的基本观念和特征，彰显了湖湘哲学的开放性、多元性与动态性。但这样一种高度概括略显笼统、粗疏，令人不无疑问：其一，将体用观念与心性、理气、道器等观念并列使用，似乎没有精准地把握体用观念的丰富意涵。由于心性、理气等都能用体用观念来把握，所以“体用”可统摄这些观念，而并不与之处于平列关系。其二，对湖湘哲学基本观念的这一总结，确实在很大程度上揭示了湖湘哲学的共通性，但其结论未必完全符合不同时段的湖湘哲学或同一时段不同湖湘学者的思想实情。因此，本书立足于宋明儒学的思想情境，根据湖湘学派自身的问题意识和儒学脉络来探讨其体用思想。

2. 个案研究方面

就胡宏的本体论研究而言，向世陵曾对胡宏的性气（道物）一体思想

---

① 参见向世陵主编《理学与易学》，长春出版社2011年版，第98—101页。

② “体用不离，心为中介”，是指“无论整个世界（天地、宇宙）还是每一个人，既具最为真实的存在根据（‘至诚’之‘体’，固有的可能性和潜能），又健动不已地自我表现和实现（‘不息’之‘用’），二者是一个不可分离的非现成性整体结构”；“理一分殊，常而必变”，是指“体用不离的整体结构的具体存在，即整个世界或每一个人的所有实际表现，既有分殊性又有统一性，‘一’与‘殊’、‘常’与‘变’是一个不可分离的非现成性整体结构”；“相倚互成、偏而可全”，是指“对于整体结构的任何层面而言，各要素之间都是一种相倚互成的关系。‘体’的各个方面之间，‘用’的各个方面之间，‘体’与‘用’之间，虽然不同甚至相反，却都相互依赖（船山所谓‘交待’、‘相倚’）并可相互成就（船山所谓‘交济’、‘互成’），成就每一方面也成就整体结构”。参见李清良、张洪志《湖湘哲学的基本观念与精神》，《湖南大学学报》（社会科学版）2012年第3期。

③ 参见李清良、张洪志《湖湘哲学的基本观念与精神》，《湖南大学学报》（社会科学版）2012年第3期。

做了详尽、深入的探讨。他指出，胡宏反对将性或道视为独立于气物之外的抽象原则，而主张形上之性（道）就存在于形下之气（物）中，这种相即不离的性气关系表明本体不在现象之后而在现象之中。[①] 向氏的认识无疑确当、深刻，只不过为了凸显胡宏的性学，使之作为与理学、心学、气学并立的一个派系，所以他更为重视性体的一面，而对于性气之间的辩证关系未加以充分显明。之后张琴从性为气本和现实事物中性气不离两个方面，也对胡宏的“性气合一”思想做了考察。[②] 由于她没有注重气本身对于性体的显现作用，所以尚未充分阐明“性气合一”的意涵。另外，她还探讨了胡宏本体论中的“性一分殊”观念，认为其主要意蕴在于：性作为超越的宇宙本体，表现为性体的分殊，分殊存在于万事万物，为事物生灭消亡的根据。性作为一种超越的本体存在，为性之体；而性又作用流行于万物，为性之用。性体是隐微的、不可名状的，性之用则是性体的显发与作用。[③] 这显然已触及胡宏的“体用合一”思想，不过张氏只是借“体用”以方便诠释，而并未就此展开直接论析。

就张栻的本体论研究而言，蔡方鹿曾考察了张栻的性气论和道器论。他表示，张栻主张“性体气用，性气不离”，即性为宇宙的本体，气是构成万物的材料，二者一体不离：一方面，性不离气，即性在派生万物时以气为构物的材料，不同的气便构成不同的事物；另一方面，气不离性，即气是性体的作用与发见，性是气存在的前提和根据。可见，蔡氏阐明了张栻性气论强调性气统一的特质。[④] 不过他对“性不离气”的理解似有一定偏差，这当是指性通过气来显现与落实，性即体现并存在于气之中。对于张栻的道器论，蔡氏认为，“道”是指事物的规律、规则，而非宇宙本体；“器”是指有形状的具体事物。道器之关系为：道以器为存在的前提，有了具体事物，才有具体事物之道，舍器则无所谓道。由此他指出，张栻的道器论形成了一套器先道后、道器一体、道器不离、道在器中

---

① 参见向世陵《善恶之上：胡宏·性学·理学》，中国广播电视出版社2000年版，第82—85、102—107页；向世陵《理气性心之间——宋明理学的分系与四系》，人民出版社2008年版，第265—268页。

② 参见张琴《胡宏“知言”哲学研究》，浙江大学出版社2018年版，第91—97页。

③ 参见张琴《胡宏“知言”哲学研究》，浙江大学出版社2018年版，第86—91页。

④ 参见蔡方鹿《一代学者宗师：张栻及其哲学》，巴蜀书社1991年版，第83—84页。

的思想。[①] 马耘也有类似看法。[②] 实则，张栻道器论中的“道”具有形上意涵，而非事物规律。纵观张栻的著述，“道”主要是从本体意义上来说。此外，苏铉盛也对张栻的道器说做了分析。在他看来，“道器一致”是贯穿于张栻整个理学的基本观念。张栻以“形”为中介联系道与器，认为道、器都依赖于形，不可离于形而存在。若没有器，则道无法实现自己；若没有道，则器亦无法存在。据此，张栻强调道与器、形上与形下相即不离。[③] 苏氏指明了道器一致论在张栻哲学中的重要性，并简要阐述了其基本内容，但他并未论析“道”“器”的内涵以及道器一致论如何贯通于张栻的哲学体系等问题。

（二）有关心性论研究涉及湖湘学派体用思想的成果综述

在湖湘学派诸家中，胡宏的心性论最有特色，也最难解读，故而历来备受学者的关注和讨论。胡宏有一个著名的观点，即“非圣人能名道也，有是道则有是名也。圣人指明其体曰性，指明其用曰心。性不能不动，动则心矣”[④]。此中即蕴含着湖湘学派独特而深邃的体用思想。

朱熹曾批评胡宏以体用论心性的说法，认为“心性体用之云，恐自上蔡谢子失之。此云‘性不能不动，动则心矣’，语尤未安。凡此‘心’字，皆欲作‘情’字”[⑤]。牟宗三驳斥了朱熹的这一看法，他指出：“朱子此疑即依其心性情三分、理气二分之格局而疑也。……依五峰，并非性为体，心为用。心性俱是体。就道之用说心或就性之动说心，皆是就道体或性体之‘活动’义说心。此活动义是道体或性体之一本质，故就此说心，亦即是体也。故并非性是体，心为用。此心性义非可以体用说……此动或用皆非激发起之情之动也。朱子以已发之情视之，故欲改‘心’字为‘情’字

① 参见蔡方鹿《一代学者宗师：张栻及其哲学》，巴蜀书社 1991 年版，第 89—92 页；蔡方鹿《张栻易学之特色》，《西南民族大学学报》（人文社科版）2007 年第 6 期。

② 马耘表示，《南轩易说》中的“道器”问题并非着重于分析万事万物的存在状态，而当视为修养与心性问题的延伸，故所谓“道”是指某种治事的法则，“器”则为某类有形之物，特指作为兴国利民事业的依傍和凭借。参见马耘《〈南轩易说〉“道器”说辨析》，载蔡方鹿主编《张栻与理学》，人民出版社 2015 年版，第 397—404 页。

③ ［韩］苏铉盛：《张栻的思想世界》，博士学位论文，北京大学，2002 年，第 139—140 页。

④ 胡宏：《知言》，《胡宏集》，中华书局 1987 年版，第 336 页。

⑤ 胡宏：《知言》，《胡宏集》，中华书局 1987 年版，第 336 页。

矣。此根本未了解胡五峰之思理。”① 牟氏实际上是以“即存有即活动”来发明胡宏的“性体心用，性动为心”之义，不可不谓精深。不过他认为胡宏的心性义“非可以体用说”，这是否与胡宏所云“指明其体曰性，指明其用曰心”有些不一致？林家民便指出，牟先生的解读“在义旨上不相违，在字面上却不相应”，而这种不相应的原因是，牟氏将胡宏所谓的“体”与自己所说的“创造实体”完全等同起来。他认为只有将胡宏所言的“体”“用”合而为一才能完全说明牟氏提出的道德创造实体。② 这一主张固然不谬，但以为牟氏将道德创造实体与胡宏体用并举之“体”混为一谈，则无疑有误。牟先生明确表示，“指明其体曰性，指明其用曰心”中的“体”是指体性、本质，而“用”即自觉之用，乃形著之意，或者说本体的活动义。③ 这一意义的“体用”只是就形上本体而言。而他所说的“并非性是体，心为用”“非可以体用说”中的“体用”，是指形上本体及其发用流行之表现，此“体用”已跨越形上、形下两界。辨明这两种“体用”义，即可知牟氏之说不误，④ 亦可深切把握胡宏的心性观。由此来看，考察胡宏的体用思想有其必要性。

继牟宗三之后，台湾学者王开府对胡宏的心性论做了较为精详的阐释。他指出，在胡宏的思想中，性自然是体，而性体显用在人身上，便是心。心既然是性体之显用，那么自然为用。在他看来，胡宏所云“有是道则有是名也。圣人指明其体曰性，指明其用曰心”，乃是由道体直贯说性体心用义。从客观面看，道的本体称为性；从主观面看，道的显用称为心。在二者之中，性是体，体不能不显用。性的显用就是“心”，或者说，心的功用便是显现“性”。并且他主张，心性分体用，是一种分析式的说法。就人而言，心即是性，性即是心。即体即用，即用即体，体用不二。心显现性，也就是性的自体呈现为心。性之自体呈现而自觉地对其自己，便是心。所以，胡宏的思想终归要说心性不二义。⑤ 可见，王氏吸收了牟宗三的基本观点，对胡宏“性体心用”之论做了较为精准、确当的阐发。当然，若从体用的角度

① 牟宗三：《心体与性体》第2册，台北正中书局1968年版，第491页。

② 参见林家民《论胡五峰之“天理人欲同体而异用”》，《鹅湖学志》1989年第3期。

③ 参见牟宗三《心体与性体》第2册，台北正中书局1968年版，第485页。

④ 苏子敬对此也有翔实的讨论，参见苏子敬《胡五峰〈知言〉哲学课题之研究——以“内圣外王”概念展开之》，台湾新北花木兰文化出版社2009年版，第64—65页。

⑤ 参见王开府《胡五峰的心学》，台湾学生书局1978年版，第64—65、114—115页。

来把握，仍需进一步澄清胡宏心性论中“体用”的具体意涵。

侯外庐等主编的《宋明理学史》对胡宏的“性体心用”说也有论述，认为它包含三层意思：其一，性是本体，心是作用。这表明性是第一位的，心由性所派生，是第二位的。其二，心是性的体现者，性是被体现者。这表明性是内在的东西，心是性的外在表现。此类似于本质与现象的关系。其三，心是认识的主体，天地万物是认识的客体，性则是天地万物的本体。心是通过认识这一客体去体现性本体。① 这主要是从形下经验的意义上把握胡宏所说的“心”，显然并不准确。另外，朱汉民从“心以性为本”“心体现性”两方面辩证地分析了胡宏的心性关系，认为胡宏性本体哲学中的“心”并不居于本体地位，而是受到性的支配；他还把胡宏的“性体心用”说仅理解为性对心的决定、支配作用。② 这些解读无疑存在一定偏颇。

曹志成对胡宏心性论中的体用思想进行了考察。在他看来，胡宏的体用观是“一本之一统”的体用观，其体（性）是“即存有即活动”的“存有之奥体”，其用（心）是“即活动即存有”的“形著原则”之用，体用之间是互为隶属的关系。这种体用观正对反于朱子“在心之用之外，另外安立一个客观的超验的理体”之“用外寻体”的思想。③ 曹氏在与程朱理学、佛教二谛思想的比较中指明胡宏的体用观具有强调体用统一的特点，是值得肯定的。不过他的主要观点承袭于牟宗三，且相关论析较为简略，如他对“体”“用”之内涵及其互动关系即缺乏精详的阐述。

向世陵对胡宏“性体心用，性动为心”的思想做了翔实、深入的阐释，揭明了其心性之间的丰富关系。与牟宗三等的解读有所不同的是：其一，他直接以性为体，以心为用，并将“体”理解为本体，“用”理解为本体的作用和表现。其二，他认为胡宏所谓性体与心用的关系，不完全等同于西方哲学的本体与现象的关系。西方哲学的本体不受现象的影响，现象也并非本体的客观表现。而在胡宏那里，性和心相互作用、相互影响：一方面，无性即无心，性之存在是第一位的；另一方面，无心亦无性，心

---

① 侯外庐、邱汉生、张岂之主编，张岂之修订：《宋明理学史》，西北大学出版社 2018 年版，第 274 页。

② 参见陈谷嘉、朱汉民《湖湘学派源流》，湖南教育出版社 1992 年版，第 119—120 页。

③ 参见曹志成《胡五峰的体用思想与佛教二谛思想的比较初探》，第一次儒佛会通学术研讨会论文，台湾新北，1997 年 12 月，第 7—14 页。

之活动作用证实着性之存在。但他又认为，这两对范畴在显于外为现象、隐于内为本体等主要方面还是一致的。其三，他指出胡宏哲学中性和心的关系，不仅是本体与其活动作用的关系，而且是未发与已发的关系。① 在以上认识中，性体、心用究竟都是指形上本体，为“心即性”，还是存在形上与形下的分别，为“心性不离”？似乎有些模糊。再者，在胡宏看来，性与心是体用关系，且“体用一源，不于已发未发而分”②，故而直接以未发已发把握胡宏之心性关系，未必精准。

曾亦对胡宏的心性论也有专深的考察。他表示，胡宏言“性体心用”“心以成性”，乃是在发明“心即性”之旨。所谓“心即性”，是说性自己就能动，无须借性外之心而后动；心亦如此，其所动无不是性，无须借心外之性而后性之。并且他主张，“性体心用”不是说先有一个不动的性，然后发之于外而为心，而是说性即是动，不可能有不动的性，一说性即是在动了或即是心了。他还指出，熊十力的“体用不二”论与牟宗三的“即存有即活动”说都是在发明此义。③ 曾氏对胡宏心性论的把握无疑是精深的，但熊十力的“体用不二”思想是否在发明“心即性”之义，有待探讨。熊氏体用哲学中的“体”指本体，“用”具有功能、作用、现象等意义，其“体用不二”涉及形上与形下等不同层面的关系，而胡宏之“心即性”只是说形上本体，二者具有较大差异，难以等同。牟宗三即表示，不可用一般所言“体用”来讲胡宏的心性论。因此，必须对“体用”的内涵加以具体辨析，才能确当把握胡宏的“性体心用”之义。

王和君在考察胡宏的伦理思想时亦探讨了胡宏的“性体心用”说。他从两个方面阐明了胡宏思想“道兼体用”的旨趣：一者，儒家之道有体有用，体必显为用，用必源于体，合体与用才是道；二者，人道源于天道，圣人之道既是天道的体现和落实，也是对天道的弘扬，所以必然有体有用。他进而指出，胡宏所谓“体”“用”具有如下内涵：其一，体是本体、根据、创生的原则，用是发用、流行、表现。其二，体是原则，是抽象、

---

① 参见向世陵《善恶之上：胡宏·性学·理学》，中国广播电视出版社 2000 年版，第 127—138 页；向世陵《理气性心之间——宋明理学的分系与四系》，人民出版社 2008 年版，第 270—272 页。

② 胡宏：《与彪德美》，《胡宏集》，中华书局 1987 年版，第 135 页。

③ 曾亦：《湖湘学派研究》，商务印书馆 2021 年版，第 98—115 页。

全体；用是原则的运用、作用，是具体。其三，静为体，动为用。其四，体是本，用是末。体用之关系为：体用一源，体用合一；体定而用变，体同而用分。在此基础上，王氏认为胡宏是通过“未发已发”来推明“性体心用”之义。[①] 王氏指明了胡宏“道兼体用”的思想意旨，并分析了胡宏理学中“体”“用”的内涵及其关系。但他对胡宏体用观的论述较为粗略，对胡宏心性论的把握也存在一定问题。如他认为，胡宏之性本体是义理之性和生理之性的统一体，而心也是义理之心和生理之心的统一体。[②] 实则在胡宏的“性体心用”说中，心、性都是就形上本体而言，并不蕴含任何生理意义。

台湾学者苏子敬和王俊彦也对胡宏心性论中的“体用”义做了分析，因其观点基本同于牟宗三，故不再赘述。[③] 此外，胡勇围绕“性体心用”“仁体义用”“中体和用”等观念，对胡宏心性说中的“体用”论述做了随文释义式的简析。[④]

（三）有关工夫论研究涉及湖湘学派体用思想的成果综述

湖湘学派的工夫论注重实行践履，强调在日用常行中上达本体，反对隔离于现实生活世界明道、行道。对于这点，牟宗三早已做了深入的阐发，其后朱汉民、向世陵等学者也有讨论。[⑤] 而明确从体用的角度对之加以把握的是何俊、东方朔、李清良等学人。

何俊表示，“胡宏言本体，只是一个理论的铺设，因为他论本体，并没有使本体隔离于工夫，这是他与杨时道南一脉根本的不同。胡宏思想中

---

① 参见王和君《胡宏伦理思想研究》，博士学位论文，湖南师范大学，2011 年，第 71—82 页。

② 参见王和君《胡宏伦理思想研究》，博士学位论文，湖南师范大学，2011 年，第 78、81 页。

③ 参见苏子敬《胡五峰〈知言〉哲学课题之研究——以“内圣外王”概念展开之》，台湾新北花木兰文化出版社 2009 年版，第 63—68 页；王俊彦《胡五峰理学思想之研究》，台湾新北花木兰文化出版社 2011 年版，第 94—98 页。

④ 胡勇：《中国哲学体用思想研究》，南京大学出版社 2020 年版，第 389—392 页。

⑤ 参见牟宗三《心体与性体》第 2 册，台北正中书局 1968 年版，第 434—436 页；陈谷嘉、朱汉民《湖湘学派源流》，湖南教育出版社 1992 年版，第 307—316 页；向世陵《善恶之上：胡宏·性学·理学》，中国广播电视出版社 2000 年版，第 149—165 页；苏子敬《胡五峰〈知言〉哲学课题之研究——以“内圣外王”概念展开之》，台湾新北花木兰文化出版社 2009 年版，第 31—42 页；陈祺助《胡五峰之心性论研究》，台湾新北花木兰文化出版社 2009 年版，第 36—41 页。

的本体，是体用合一的，人的工夫作用于‘用’，而‘体’随其‘用’的展开而确立……在这个思想中，过程被赋予重要的意义，理性（合价值与工具）存在并确立于活动的过程之中”[①]，“胡宏哲学的预设前提是体用合一，而他的理论建构则倾向于由‘用’开出‘体’”[②]。何氏阐明了胡宏“即用求体”的工夫论主张，彰显了胡宏儒学注重实践、注重现实的特征。但他认为胡宏思想中“本体”和“体用合一”的观念只是一种理论预设，恐怕并不确当。在胡宏这里，本体作为宇宙万有之本原绝非虚设，而是客观真实的绝对存在；“体用合一”即本体的基本特质，是宇宙万有的根本法则。另外，胡宏虽强调性体挺立于工夫实践的过程之中，但这种挺立并非从无到有之立，而是由隐至显之立，即让性体在人的知行活动中得以具体、真实、充分的呈现。在此，性体的客观真实存在性毋庸置疑。因此，何氏认为胡宏由用得体的思想否定了性体的预设，从而丧失了价值评判的标准、动摇了儒家的根本立场，[③] 是不当的。

东方朔也有与何氏相似的看法。他指出，胡宏以体用该贯阐发儒家之道，其真正目的在于强调道必在物之中，不能离物而求道。也就是说，道不离物、即物求道是胡宏哲学的基本观念。这种观念落在其心性论上，则体现为将性体的确立完全放置在心的功用的发挥上。如此一来，心的地位被突出地加强了，而性却被虚置，其作为客观的、普遍的价值标准的意义丧失了。由此他认为，胡宏哲学高举“体用该贯”“即物求道”的用意，本来是为了救治当时悬空不实的学风，但其心性论在理论逻辑上最后竟然威胁到儒家价值标准的客观性和确定性。[④] 显然，东方氏已把握到胡宏工夫论“即用求体”的特征。但他认为胡宏“即物求道”的观念落在其心性论中会导致破坏儒家价值标准的问题，则有待商榷。胡宏固然强调性由心显，但对他而言，心性之间是互涵互摄、相融为一的，并不存在无性之心或无心之性。易言之，心即是性，心、性均指形上本体，客观真实存在并在道德实践中发挥着积极作用。这就意味着，心性本体既自有法则，又能

① 何俊：《南宋儒学建构》，上海人民出版社 2021 年版，第 95—96 页。

② 何俊：《南宋儒学建构》，上海人民出版社 2021 年版，第 103 页。

③ 参见何俊《南宋儒学建构》，上海人民出版社 2021 年版，第 100—103 页。

④ 参见东方朔《“圣人之道，得其体，必得其用”——胡宏哲学的一种了解》，《云南大学学报》（社会科学版）2006 年第 6 期。

活动作用，乃是自我立法、自作主宰、自定方向。就此而言，胡宏的心性论并不会出现东方氏所谓的问题。

此外，李清良与张洪志亦将“即用求体”视为湖湘哲学修养论的基本理念。他们表示，“即用求体”是“从实有可见的现象探求其同样实有却幽隐的本体，从分殊变化的现象探求其一贯而可自我调整的内在根据，从有限残缺的现实探求其可通可全的固有潜能”，它蕴含着“即物求理，即事求理”“由‘分殊’求‘理一’”“‘天理广大’不可垄断”三项原则。[①]这一认识虽大体合乎湖湘哲学工夫论的特点，但是并不精准。如“‘天理广大’不可垄断”固然为船山所倡导，却很难说湖湘学派即持有这一观念。显然，唯有对湖湘学派的格物穷理说、致知力行说和察识涵养说做具体考察，才能确切把握其工夫论的要义和特征。

（四）有关外王论研究涉及湖湘学派体用思想的成果综述

湖湘学派既重内圣成德之学，又重外王经世之治，强调内圣与外王的统一。对此，朱汉民曾指出，湖湘学派发扬了“得其体必得其用”的务实精神，没有因追求内圣成德而轻忽外王事功，而是注重体用的结合，力求保持内圣与外王、道德与事功的统一，体现出“理学经世派”的特色。[②]再者，王立新对胡安国、胡寅、胡宏的经世思想做了考察，认为坚持体用合一、首先强调本体是胡氏父子经世思想的一个重要特点。所谓“体”“用”，并不是分立的两种东西，也不是将两个原本分立的东西放在一起使其融合，而是二者原本即是一体：从实质上看它是本体，从表现上看它是功用。[③]王氏还从教育目的论的角度阐明了胡宏内圣外王合一的思想。在他看来，儒学的教育目的不外乎内圣和外王。内圣为外王之体，即外王的前提和基础；外王为内圣之用，即内圣的运用和延伸。内圣是体是本，外王是用是末。本立而末生，非本无以有末，非末不能使本得以成就。据此，胡宏将身心修养与经世

① 参见李清良、张洪志《湖湘哲学的基本观念与精神》，《湖南大学学报》（社会科学版）2012 年第 3 期。

② 参见陈谷嘉、朱汉民《湖湘学派源流》，湖南教育出版社 1992 年版，第 44—47 页；朱汉民《湘学原道录》，中国社会科学出版社 2002 年版，第 74—75 页；朱汉民《道治一体——湖湘学派的学术旨趣》，载蔡方鹿主编《张栻与理学》，人民出版社 2015 年版，第 76—86 页。

③ 参见王立新《湖湘学派的经世思想——胡安国父子的“经济”之学》，《湖湘论坛》1998 年第 6 期。

济民在体用不二、显微无间的高度上统一起来。① 显然，朱、王二人都已注意到湖湘学派的经世思想贯穿着“体用合一”的观念。不过他们对于湖湘学派如何根据这一观念来建构外王学说，其外王论中的“体”“用”具有何种意涵，以及体用之间的统一性表现在何处等问题，尚缺乏精详的论析。

总的来说，目前学界对湖湘学派的儒学做了积极有效的探索，取得了丰硕的研究成果。这些成果从不同方面和不同维度阐明了湖湘学派儒学强调形上形下一体、本体不离工夫、内圣外王合一的特征，无疑已触及湖湘学派的体用观，并在一定程度上显明了湖湘学派儒学体用兼该的特质。然而就整个湖湘学派体用思想的探讨来说，以往研究仍存在以下不足：首先，在湖湘学派各家中，除胡宏、张栻外，胡安国与胡寅也有比较丰富的体用思想，而以往研究极少关注。其次，湖湘学派的体用思想不仅贯穿于其本体论和心性论，也蕴含在其工夫论和外王论之中，但以往研究主要集中在前两者，对于后两者之体用思想却很少涉足。再次，绝大部分研究成果还只是借体用观念以诠释湖湘学派的儒学，尚未自觉以湖湘学派的体用观作为考察对象而对之加以专门系统的探究。这主要体现在，过往研究没有全面精深地考察湖湘学派体用思想在天道论、心性论、工夫论、外王论等方面的运用和展开，没有具体精微地辨析“体”“用”所具有的丰富意涵以及体用之间的辩证关系，也没有深入探讨其体用思想的建构原则和理路。最后，对于整个湖湘学派体用思想的问题意识、产生背景、基本意涵、主要特征、发展脉络、意义与限度、地位和影响以及湖湘学派诸家体用观之间的关联等问题，目前学界尚缺乏必要的探析。以上这些，正为本书的展开提供了诸多有益借鉴和充分的立论空间。

四　研究思路与方法

（一）研究思路

虽然相对于朱熹和王船山来说，② 湖湘学派有关“体用”的直接论述

---

① 王立新：《胡宏》，台北东大图书公司 1996 年版，第 191—199 页。

② 朱熹和王船山对“体用”有颇为丰富的论述，对体用问题有高度自觉。这可以参见朱熹的《朱子语类》《晦庵先生朱文公文集》以及王船山的《读四书大全说》《四书训义》《正蒙注》《周易内传》《周易外传》等著述。相关重要研究成果有：［韩］姜真硕《朱子体用论研究》，博士学位论文，北京大学，2001 年；周芳敏《王船山“体用相涵”思想之义蕴及其开展》，台湾新北花木兰文化出版社 2009 年版。

并不算多，但他们对于体用观念本身则颇为自觉。如果深入湖湘学派儒学的义理内部来考察，同时参照其有关“体用”的诸种论说，那么不难发现其思想始终贯穿着“体用相须互成，贵体重用不偏”的理念。因此，本书力图深入湖湘学派儒学的义理内部，通过考察这一理念在其天道论、心性论、工夫论、政治思想以及对异说与世风的批评等方面的运用和表现来挖掘其体用思想，来展示其体用论的意蕴与特质。本书以胡安国、胡寅、胡宏、张栻的体用观作为湖湘学派体用思想的代表，[①] 依次从以下几方面展开相关探索：首先，说明本书的研究对象与目的、研究湖湘学派体用思想的意义、湖湘学派体用思想的研究现状以及研究思路与方法；其次，从时代背景与理论渊源两方面分析湖湘学派体用思想产生的缘由；再次，围绕湖湘学派有关“体用”的直接论述，阐述其体用思想的根本旨趣、主要内涵和基本特征；又次，分别论述湖湘学派体用思想在其天道论、心性论、工夫论、政治思想及辟异说、辟世风等方面的具体运用和表现；最后，对湖湘学派的体用思想进行总结和反思。

就其核心内容而言，本书既紧扣湖湘学派对“体用”的直接论述来阐明其体用思想的旨趣、要义与特点，同时根据湖湘学派的问题意识（救治汉唐以来儒学本体意识与超越追求缺乏的弊病、解决当时儒林内部因空谈心性而引发的内圣层面的践履问题与外王层面的经世问题），分别从天道论、心性论、工夫论、外王论（政治思想）及对异说与世风的批判等方面探索其体用思想的开展。其中天道论、心性论方面是为了救治汉唐儒学之弊、挺立儒学的本体意识与超越追求，从而积极奠定儒学的形上根基；工夫论方面在于应对形上天道性命之理如何有效地贯彻于形下生活践履的问题；而外王论方面则是解决形上天道性命之理如何能够经世致用的问题。进一步言之，天道论主要处理天道之体用关系问题；心性论是天道论见之于人者，所应对的是天道之体用关系在人生中如何表现的问题，亦即人道之体用关系问题；工夫论和外王论则旨在解

---

① 本书之所以选择以胡安国、胡寅、胡宏、张栻的体用观来展示湖湘学派的体用思想，主要是因为：第一，他们对体用观念都有直接论述，而其他南宋湖湘学者几乎不谈体用；第二，他们是湖湘学派的重要代表人物，在儒学史上具有较大影响；第三，彪德美、胡广仲、胡伯逢、彭龟年、游九言、胡大时、吴儆、舒璘、陈概等其他湖湘学派学人留存的著述少，论及体用者几乎没有。

决如何通过内圣、外王两方面的人生实践落实天道论与心性论中的体用关系的问题，即探讨如何在实际的人生中有效表现或实现本体论中的体用关系。天道与心性之间、本体与工夫之间、内圣与外王之间，皆构成一种体用关系。据此，本书一般按照从天道论到心性论、工夫论再到外王论这样的探索路径展开论析。这一研究思路既符合思想开展的逻辑，也相应于湖湘学派儒学的实际。即便对于在心性之学方面建树不多的胡安国、胡寅之体用思想的论述，本书也是遵循从天道到人道、从形上到形下、从本体到工夫、从内圣到外王的叙述脉络。天道性命相贯通乃宋明儒学之共法，湖湘学派即力主天人不二、形上形下一体、本体工夫一贯及内圣外王合一，所以天道论、心性论、工夫论和外王论在其思想系统中是内在一致、相互贯通的，此即蕴含着体用相须互济的理念。因此，本书将根据湖湘学派自身的问题意识，遵循其儒学开展的内在理路来探索和掘发其体用思想。

在此，尚需指出的是：其一，所谓“湖湘学派体用思想”不仅是指湖湘学派对“体用”的直接看法或论断，而且包括那些基于某种体用观念所建构的学说，亦即体用观在湖湘学派之天道论、心性论、工夫论、政治思想等各方面的运用和表现。其二，湖湘学派直接论及“体用”的文献材料虽然不多，但其儒学思想的确贯穿着“体用相须互成，贵体重用不偏”的观念，所以本书将紧扣湖湘学派有限的“体用”论述，来阐述其“体”“用”的内涵和分析二者的关系，并通过探讨其体用思想之多方面的具体运用和表现，进一步显明其体用观的义理内涵、逻辑结构、基本特征和演进脉络等内容。如此一来，本书虽然会涉及湖湘学派儒学的诸多方面，但绝非泛泛而谈、笼统而论，而是始终紧扣其对“体用”的明确论说及其最核心的体用观念来展开。

（二）研究方法

为了有效达至本书的目的，结合研究对象自身的内容和特点，将主要采取以下三种研究方法：

第一，辩证分析法。本书对湖湘学派体用观的探讨，重在哲学诠释而非思想史的考察。哲学诠释的基本要求是能够精准、深入、清晰地阐明某一哲学理论的内在结构、义理内涵及其发展脉络。这就决定必须注重思想分析的方法，对概念加以明晰的界定，对观点予以严密的论证。因此，要全面、准确、精深地把握湖湘学派的体用思想，就必须对其各家的体用说都予以完整、深入的考察；而要阐明每一家的体用观，又必须对各自的问题意识，对其“体”“用”的内涵和关系进行层层辨析。当然，思想分析绝不是孤立地、片面地去考察研究对象的某个方面，而是始终把研究对象如实地看作一个有机的整体，从整体上、从关联中把握研究对象。因此，合情合理的分析应当是系统性或综合性的辩证分析，它要求从整体性出发，或者说以更为原始的综合（本源性综合）作为前提和基础。本书无论是对湖湘学派各家体用观的分析，还是对整个湖湘学派体用思想的考察，都是从整体性、关联性的立场出发。唯有如此，才能使每一步的分析都切合湖湘学派儒学的思想实际。

第二，逻辑与历史相统一的方法。哲学诠释重在考察哲学理论本身的演变、意涵及其效力与困难，而某一哲学理论的义理内容及各方面的特征与其生成背景又有密切关联。所以，要整全、充分地了解某一哲学理论的意蕴与特质，就不能忽视该理论形成的时代背景或历史环境。本书所考察的湖湘学派即处在一个内外交困、动荡不安的社会环境之中，正是这样一种严峻的社会局势激起了湖湘学者的忧患意识与担当精神，他们无不以济世救民为己任，反对空谈心性而倡导践履实行和经世致用。这就使得他们的义理之学往往与现实关怀紧密联系，具有鲜明的经世、务实特征。湖湘学派的儒学之所以既注重本体的挺立，又强调大用的显发，力主“体用合一”“体用相须”，从而呈现出“体用相须互成，贵体重用不偏”的意蕴，便与其所处时代环境密切相关。因而对湖湘学派体用论的考察，不仅要注意其思想本身的结构、意涵与脉络，还应重视历史环境对其所产生的影响。显然，唯有采取历史与逻辑相统一的研究方法，充分正视哲学理论与历史环境之间的辩证关系，才能全面、深入地把握湖湘学派的体用思想。

第三，比较研究法。本书对湖湘学派体用思想的考察，并不只是就事论事，而是将其置于与朱熹、王船山等诸家体用观的对比中进行诠释与评定，以有力显明湖湘学派体用思想的要义与特质、意义与限度。

第一章　湖湘学派体用思想的缘起

整个湖湘学派存续于南宋时期，它从形成到发展直至衰亡，一直伴随着频繁的战乱、动荡的时局、昏暗的政治和颠沛流离的生活，这一现实处境和艰难境遇对其体用思想的“重用”之维具有重要影响。若从思想渊源上来说，原始儒家体用兼备的入世精神和中道观念，构成其体用思想的根本支柱，而南宋以前儒、道、佛三家的体用论则是其体用思想的直接源泉。以上时代背景和思想资源的综合作用与双重刺激，又使得湖湘学派具有强烈的经世志趣和务实精神，这对其体用思想的独特建构产生了至关重要的作用。

第一节　湖湘学派体用思想产生的时代背景

湖湘学派产生于南宋建立之初，发展于南宋中期，消亡于南宋末年。整个南宋时期的社会局势从总体上来说，诚可谓朝政腐败、战争频仍、内乱外扰、危机四伏、动荡不安。湖湘学派便是在这样一种艰难困顿的时局中诞生、演进并最终走向衰亡的。

湖湘学派是由福建崇安（今武夷山市）的胡安国父子在湖湘之地所开创，而胡氏父子之所以从他地移居湖南并建立湖湘学派，其中一个直接而重要的外因，乃在于为战乱频繁、时局动荡所迫。南宋建炎年间（1127—1130 年），胡安国原本在湖北荆门为官，但当时荆门盗贼猖獗、兵荒马乱，即将沦为严重的战乱之地，其荆门家舍也已被洗劫、毁坏，于是他不得不和家人一道南迁、避难湖湘。胡寅曾于《祭龙王长老法赞》追忆道：“岁在己酉（1129 年——引者注），强敌内侵，予先君子（胡安国——引者

注）航湖而南，小驻碧泉。莽野荒墅，冬郁湿薪，急雪堆户。”① 这记述了建炎三年（1129 年）冬，因金人大举南侵，为躲避战乱，胡安国携家人由荆门渡过洞庭湖，一路曲折南下，来到湘潭县碧泉一带。又据《宋元学案·武夷学案》所载：“建炎之乱，文定（胡安国——引者注）避地荆门，先生（胡安国弟子黎明——引者注）为卜室庐，具器币，往迎之。胡氏之居南岳，实昉于此。”② 可见，胡安国因战乱而被迫举家迁往湖南，最后能定居于当时偏僻落后的湘潭碧泉，乃至开创湖湘学派，实则离不开其湘籍弟子黎明的诸多帮助。对此，《宋元学案》称道：“湖湘学派之盛，则先生（黎明——引者注）最有功焉。”③ 由上可知，战乱频繁、时局动荡，乃湖湘学派得以建立的重要外缘，时代局势、社会环境对湖湘学派的生成无疑产生了重要影响。

当然，时代环境对湖湘学派的影响，不仅体现在其形成背景上，而且深刻地作用于其思想学说乃至人生实践。湖湘学派诸儒十分重视经史之学，希望通过对经史的研究与诠释，来回应时代问题、应对社会现实，这即是时代环境对湖湘学派儒学建构深层影响的重要体现。胡安国历时三十余年苦著《春秋传》，便是力求以《春秋》经世、康济时艰。他在《春秋传》的序言中指出：“天纵圣学，崇信是经，乃于斯时，奉承诏旨，辄不自揆，谨述所闻为之说以献。虽微辞奥义，或未贯通，然尊君父、讨乱贼、辟邪说、正人心、用夏变夷，大法略具，庶几圣王经世之志，小有补云。”④ 显然，当时艰难的时势、昏乱的政局，更是激发了胡安国的经世之志。胡寅承续其父之志业，借用《春秋》笔法、以经断史，从而写成《读史管见》，对《资治通鉴》记述的从三家分晋至五代十国的历史进行了理学化的评价，其目的即在于为解决时代困境、社会问题提供历史借鉴与价值引领。胡宏则撰有《皇王大纪》八十卷及其他论史文章多篇，其意亦在于继承胡安国的经世志业，为救亡图存、治国安民积极献智运思。他在《皇王大纪序》中指出：“我先人上稽天运，下察人事，述孔子，承先圣之志，作《春秋传》，

---

① 胡寅：《祭龙王长老法赞》，《斐然集》卷 27，中华书局 1993 年版，第 617 页。

② 黄宗羲原著，全祖望补修：《武夷学案》，《宋元学案》卷 34，中华书局 1986 年版，第 1190 页。

③ 黄宗羲原著，全祖望补修：《武夷学案》，《宋元学案》卷 34，中华书局 1986 年版，第 1191 页。

④ 胡安国：《春秋传序》，《春秋胡氏传》，浙江古籍出版社 2010 年版，第 2 页。

为大君开为仁之方，深切著明，配天无极者也。愚承先人之业，辄不自量，研精理典，泛观史传，致大荒于两离，齐万古于一息，根源开辟之微茫，究竟乱亡之征验。”① 这就直接点明了以经史之学实现经世的志趣与理想。胡宏的弟子张栻也著有《通鉴笃论》《经世纪年》《诸葛武侯传》等史学著作，并有其他史论文章数篇，其根本目的乃在于以史为鉴、借古鉴今、拨乱反正、实现中兴。他于《经世纪年序》云：“世有古今，而古今不间于一息；事有万变，而万变卒归于一原。盖理义根乎天命而存乎人心者，不可没也。是故《易》本太极，《春秋》书元，以著其体用，其示后世至矣。然则大《易》《春秋》之义，其可以不明乎！”② 可见，张栻对经史之学的重视，是为了以儒学之体开出因应时代的经世大用。

更为重要的是，湖湘学派将对时代问题的积极回应深刻融入其思想世界之中，通过义理创发以对时代环境或社会现实进行深度反思和省察。这充分体现在其“敦本务实，贵体重用”的体用思想建构之中：胡安国大力发挥程颐“体用一源，显微无间”的观念，③ 胡寅主张“有体有用，相无以相须，相有以相成”④，胡宏强调“体用合一，未尝偏也”⑤，张栻则力主“体用互为相须”⑥。不仅如此，湖湘学派还将这样一种体用观念贯穿其思想学说的各个方面。当然，时代环境对湖湘学派体用思想的影响及湖湘学派对时代问题的省思与应对，不仅反映在其思想探索之中，而且见之于其起而行之的人生实践。就此而言，在时代背景的作用下，湖湘学派的体用思想在知与行两个维度全面撑开，从而得到了真切、完整的显现。

第二节　湖湘学派体用思想形成的理论渊源

如果说南宋内外交困、动乱频发的时代背景是构成湖湘学派体用思想

① 胡宏：《皇王大纪序》，《胡宏集》，中华书局 1987 年版，第 164 页。

② 张栻：《经世纪年序》，《新刊南轩先生文集》卷 14，《张栻集》（三），中华书局 2015 年版，第 964 页。

③ 参见胡安国《答赣川曾几书》，转引自胡寅《先公行状》，《斐然集》卷 25，中华书局 1993 年版，第 557 页。

④ 胡寅：《崇正辩》卷 2，中华书局 1993 年版，第 69 页。

⑤ 胡宏：《与原仲兄书二首》，《胡宏集》，中华书局 1987 年版，第 122 页。

⑥ 张栻：《南轩先生孟子说》卷 2，《张栻集》（二），中华书局 2015 年版，第 373 页。

形成的外在机缘，那么湖湘学派对原始儒家入世精神的整全领会、对儒家中庸之道的深切体认以及对南宋以前诸家体用论的反思、吸收与融会，则是其体用思想得以形成的内在支撑。

一　原始儒家体用该贯的入世理念

儒家文化或儒学在根本上蕴含着一种彻底的、第一义的入世精神，[①]这种入世精神完整的体现在直面现实生活世界的修身与经世（或内圣与外王）两大方面，而这两者是相辅相成、互涵互摄、一体贯通的。《尚书·大禹谟》所道“正德，利用，厚生，惟和”，《论语》所云“己欲立而立人，己欲达而达人”（《论语·雍也》）、“修己以安人，修己以安百姓”（《论语·宪问》），《孟子》所谓“仁心”与“仁政”（《孟子·公孙丑》上）、“善其身”与“善天下”（《孟子·尽心上》），《礼记·大学》所言“格物”“致知”“诚意”“正心”“修身”“齐家”“治国”“平天下”，《礼记·中庸》所说“诚者非自成己而已也，所以成物也”“性之德也，合外内之道也”，《易传》所云“精义入神，以致用也；利用安身，以崇德也”（《易传·系辞下》），荀子所道“尽伦”“尽制”（《荀子·解蔽》），无不透显出原始儒家体用该贯、内外兼备的入世精神。这也就意味着，儒家的精神与理想，从来都不停留在抽象的空洞说教或理论思辨，也不局限于个体的修身成德，而是始终强调知行合一、内外交修、务实致用。

当然，儒家一方面极力倡导实行践履与经世致用，从而拒斥一切空谈虚论及只做自了汉；另一方面则又强调修身与经世必须以天命、仁道为根本，从而反对所有无道的冥行妄作与寡头的事功主义。孔子对仁道的彰显，孟子即仁心言性善，《大学》对明德意涵的昭示，《中庸》《易传》对天道意蕴的开显，无疑表明先秦儒家对天命、仁道这一儒学之大本大源的首重。这也说明，内圣成德与外王经世作为儒家入世精神的两翼，必须是有本有体的，而这也使得儒家的入世精神必然蕴含着某种超越性格。换言之，儒家所倡导的乃是统合内外、涵盖乾坤、融摄体用、彻上彻下的积极

---

① 参见张灏《宋明以来儒家经世思想试释》，载张灏《幽暗意识与民主传统》，新星出版社2006年版，第73—93页。

入世精神。

湖湘学派对儒家体用兼该的入世精神有其整全的领会与深切的体认。胡安国于《春秋传》标举仁心为体，并以“建立万法，酬酢万事，帅驭万夫，统理万国”为此心之用，主张“一心定而万物服”；① 胡寅将“天人无二道，心迹不可判”② 视为儒学的本质特征，并据此辟邪说、弘正道；胡宏坚持主张“合体与用，斯为道”③，并认为“体用合一，未尝偏也”④；张栻亦力主“道无不有体有用”⑤，且强调“体用相须”⑥。在他们看来，儒学本来就是有体有用、体用一如的，不仅离体谈用或重用轻体者不可取，而且离用谈体或重体轻用者也无法接受。体用合一、不偏不倚才契合儒学本有之义。可见，湖湘学派既坚持以“体”为本，认为“用”依“体”立、“体”以致“用”，力主“用”不离“体”、称“体”起“用”，又十分重视“用”，主张“体”由“用”行、“用”以成“体”，强调“体”不离“用”、即“用”明“体”。这可以说是“体用相须互成，贵体重用不偏”。湖湘学派正是基于这一观念来创学立说，从而使其儒学思想呈现出体用该贯和体用兼重的特点。这显然是以其对儒学本有入世精神的完整把握与深度领会作为前提和基础的。

二　早期儒家的中道观念

“中”或“中道”是中国传统哲学中的核心观念，具有本体论、工夫论、价值论、境界论、方法论等多个方面的意涵，对于整个中国哲学的发展产生了重大影响。这一观念出自先秦儒家，《尚书》《周易》《论语》

---

① 参见胡安国《春秋胡氏传》卷3《隐公下》，浙江古籍出版社2010年版，第37—38页。

② 胡寅：《致堂读史管见》卷29，《续修四库全书》第449册，上海古籍出版社2002年版，第246页。

③ 胡宏：《知言·阴阳》，《胡宏集》，中华书局1987年版，第10页。

④ 胡宏：《与原仲兄书二首》，《胡宏集》，中华书局1987年版，第122页。

⑤ 张栻：《太极图说解义》，《张栻集》（五），中华书局2015年版，第1608页。

⑥ 张栻云：“盖仁义，体用相须者也。”（张栻：《南轩先生孟子说》卷7，《张栻集》，中华书局2015年版，第644页。）“礼乐分而言之，则为体为用，相须而成；合而言之，则本一而已矣。”（张栻：《南轩先生论语解》卷1，《张栻集》，中华书局2015年版，第101页。）“人之为人，孰不具是性？若无是四端，则亦非人之道矣。然分而论之，其别有四，犹四体然，其位各置，不容相夺，而其体用互为相须；合而言之，则仁盖可兼包也。”（张栻：《南轩先生孟子说》卷2，《张栻集》，中华书局2015年版，第373页。）

《中庸》《孟子》等先秦儒典即蕴含着丰富的中庸或中道思想。如《尚书·虞书·大禹谟》云："人心惟危，道心惟微；惟精惟一，允执厥中。"《易传·文言传》曰："大哉乾乎！刚健中正，纯粹精也。"《论语·雍也》道："中庸之为德也，其至矣乎！"《礼记·中庸》谓："喜怒哀乐之未发，谓之中；……中也者，天下之大本也。""君子中庸，小人反中庸。君子之中庸也，君子而时中；小人之中庸也，小人而无忌惮也。"《孟子·尽心上》说："执中无权，犹执一也。""中道而立，能者从之。"通过这些论述可知，先秦儒学视域中的"中"以道德为根本，上下通达、内外融贯，既是本体，亦是工夫，还是境界与价值。由此也可表明，儒家一方面强调对中道（仁道）这一根本性、普遍性、恒常性原则的坚守，另一方面则颇为注重中道落实的情境性，即认为吾人在践行或实现中道时，应当注意权衡变通，根据具体情境采取相应、适当的行动，因人制宜、因时制宜、因地制宜，随境而发、待时而动，从而使中道的贯彻落实不偏不倚、无过不及而恰到好处。①

湖湘学派对先秦儒家的中庸之道颇为推重，其儒学建构无论是形式上还是内容上都渗透着中道观念，其体用思想自然亦不例外。这一点鲜明地体现在胡寅、胡宏、张栻的体用学说之中：胡寅作为湖湘学派的代表人物，其儒学建构的一个重要特点即对儒家中道观念的贯彻与运用。在他看来，中道乃是究极圆满之道，具有不偏不倚、无过不及、大公至正、纯粹精一、该摄万有、圆融一切的内涵特征，可以充分体现出儒家的根本精神；同时，中道融摄道、理、心、性诸本体性范畴之意涵，既是宇宙万有的本原，也是人生修养的终极理想和最高境界。这样一种中道观贯彻于胡寅的整个儒学，既是他批判佛道等异端思想的有力武器，也是其救治时弊、经邦济世的根本理念，因而对于胡寅的儒学建构具有十分重要的奠基性作用。胡寅继承和发挥了先秦儒家以"中"为至德、为大本的思想，将中庸之道标举为宇宙、社会、人生之至道。在他看来，唯有儒学才是无过不及的大中至正之教，而佛、道、玄等诸家则是背离中道的异端邪说。由于依据中道观念来处理体用关系，胡寅颇为强调体用之间的圆融不二，认

① 相关重要研究有：晁乐红《中庸与中道——先秦儒家与亚里士多德伦理思想比较研究》，人民出版社 2010 年版；杨少涵《中庸原论——儒家情感形上学之创发与潜变》，社会科学文献出版社 2015 年版；陈赟《中庸的思想》，浙江大学出版社 2017 年版。

为体用二者须兼重并举而不可偏忽。因此，他既反对离体谈用或离用谈体这种割裂体用统一的行为，也不赞同过分偏重其中某一面而导致另一面萎缩甚至消解的做法。无论对于异端的批评，还是儒学、政治哲学的建构，胡寅都是在这一贯穿着中道原则的体用不二观念下展开的。不仅如此，胡宏所力主的“体用合一，未尝偏也”之观念及张栻所倡导的“中体时中，体用相须”之主张，也都蕴含着儒家的中道思想。当他们本于中庸之道来把握体用关系及看待二者的地位和作用，必然会强调体用之间的辩证互动与平衡统一，并对体用双方皆予以足够重视。

三　南宋以前诸家的体用论

湖湘学派的体用思想固然在根本上贯彻了原始儒家体用兼该的健全入世精神与中道观念，但若从直接的理论渊源来说，则南宋前儒、道、佛等诸家的体用论对其生成无疑具有十分重要的作用和影响。

（一）“体用论”界说

在正式梳理中国哲学体用论在南宋以前的具体状况之前，首先需要界定“体用论”。从广义上来讲，“体用论”应指一切有关“体用”的论说和看法。就此而言，本体论、认识论、方法论、文化论等意义上的体用观皆当涵括其中，而其关键即在于对“体用”这一术语的理解。“体用”一词为中华文明所特有并在其中占有极为重要的地位，它是中国传统文化中一般性的词语，运用十分广泛、灵活，内涵尤其丰富。熊十力曾对中国古代文化中的“体用”义做了一个总结，他指出：

> 体用之名，大概有一般通用及玄学上所用之不同。今先言玄学上所用者，玄学用为表示真实之词，则体用之名似分而实不分，不分而又无妨于分。无用不名体，故才言及体，已是即用而言，如何可横截体用为二片以成固定之说耶？体必有用，故所谓用，即是本体流行。但不可认取流行以为体，唯于流行中识主宰，方是识体……所谓一般通用者，即此体用名非依真实义立。若依真实义立者，则此体用名，乃最极普遍而无所不冒之名，所谓妙万物而为言者是也。今此一般通用者，略分甲乙两类。甲类中，即如随举一法而斥其自相，皆可名之为体，如云瓶体；随举一法而言其作用，皆可名之为用，如云瓶有盛

> 贮用……乙类中，如思想所构种种分剂义相，亦得依其分剂义相，而设为体用之目……体云用云，在一般通用之情形之下，自可随因法义而指名其为体或用，初不固定为或种法义之专称。[1]

熊氏认为“体用”一词在中国历史上主要有一般通用和“玄学”上使用两种不同用法。“玄学”意义的“体用”乃就宇宙和人生之根本问题（本体论问题）立意，“体”指本体，“用”指本体之流行发用，二者具有内在统一性，处于“不即不离”的关系之中。所谓“不即”，是指“体”“用”之间有分别，二者属于形上与形下两个不同的层面，并不直接等同。所谓“不离”，是指“体”由“用”显，必是有“用”之“体”，“用”依“体”立，必是有“体”之“用”，二者一体而不相离。在通用的情况下，“体用”乃根据使用情境的不同而有不同的意蕴，其运用范围很广，含义颇为丰富，往往具有随机性、变动性和繁杂性，并无严格、确定的内涵。这种意义上的“体用”可分为两类：一类是就具体事物（“法”）而言，“体”指事物之自体（本身），“用”指事物所具有的功能和作用，如瓶子本身是体，它能够装东西便是其用；另一类是就思想（“义”）上构造的各种有差异的义相而言，如常变、一多、先后、本末、主次、轻重、缓急、有无、动静等随机而设、相对而立之词，可以通过“体用”来诠释和表达。[2] 熊氏从“一般通用”和“玄学上所用”两个层面论析“体用”之义，已经揭示出中国古代思想中“体用”的主要内涵，即“物体与作用”“本体与功能”“本体与现象”等意义。后来也有不少学者对中国历史上的体用说做了综合性考察，虽与熊氏对“体用”义的分类不尽一致，且论析更为精详，但大体上仍未出熊氏所论之范围。

本书所论“体用”虽不局限于熊十力所指“玄学上所用者”，但也并

---

① 熊十力：《破破新唯识论》，载萧萐父主编《熊十力全集》第2卷，湖北教育出版社2001年版，第184—186页。

② 参见景海峰《熊十力哲学研究》，北京大学出版社2010年版，第143—145页；郭齐勇《熊十力哲学研究》，人民出版社2011年版，第42—45页；程志华《熊十力哲学研究——“新唯识论”之理论体系》，人民出版社2013年版，第175—179页。

非泛泛而谈，而是主要作为一对哲学概念来使用。① 在此意义上，“体”“用”对举并称，必具有内在关联，二者既有区别而又不相分离。也就是说，“体用论”在中国哲学的境域中具有其自身的规定性：其一，“体”“用”是具有一定抽象性的概念或范畴，并非普通意义的名词；其二，“体”“用”对举并称，言“体”则必及“用”，言“用”则必及“体”，“体”是“用”之“体”，“用”是“体”之“用”，二者之间具有内在关联，彼此一体而不可分离；其三，“体”相较于“用”更为根本。这样一种“体用论”往往关涉宇宙、人生之根本问题，但又不局限于本体论、宇宙论的范围，与工夫论、境界论、外王论等方面也密切相关，甚至还具有认识论、方法论上的意义。大凡以“体用”这对概念来探讨宇宙、人生之根本问题或揭示宇宙、人生之基本原理的论说，都可归为“体用论”。当然，“体用论”虽从宇宙、人生之根本处立论，但并不意味着“体”一定属于形上之道的层面，而“用”为形下之器的层面，也可以是相反或其他情形。② 此中“形上”与“形下”、“道”与“器”这些概念本身又有多种不同的理解。另外，“体用论”必含“体用不离”“体用一如”之义，且“体”是根本性的因素。这是中国哲学体用论固有的意蕴和特质，即决定“体用论”之所以为“体用论”者。③ 一切体用论都应当遵循此义，至少在逻辑形式上不能与之相违，否则不成其为“体用论”。

---

① 此意义的“体用”并不限于熊氏所谓“玄学所用”之范围，大凡旨在探究宇宙、人生之根本问题的体用论都包括在内。正如方克立所说：“本体和现象的关系固然是体用范畴的重要涵义之一，但决不是它的全部涵义，甚至也不是它的本义。因为中国哲学不仅用体用范畴来说明世界的最高本体和事物现象的关系问题，而且就具体事物（天地万物、政治人伦）来说，它们都有体有用，这里所谓体用就不一定是讲本体和现象的关系了，体用范畴在中国哲学中运用极其广泛，它的涵义决不是单一的，固定不变的，而是和其他许多范畴一样，具有多义性和发展变化的特点。”（方克立：《论中国哲学中的体用范畴》，《中国社会科学》1984 年第 5 期。）

② 关于这一点，朱熹曾指出：“若以形而上者言之，则冲漠者固为体，而其发于事物之间者为之用；若以形而下者言之，则事物又为体，而其理之发见者为之用。不可概谓形而上者为道之体、天下达道五为道之用也。”（朱熹：《晦庵先生朱文公文集》卷48《答吕子约》，载朱杰人、严佐之、刘永翔主编《朱子全书》（修订本）第 22 册，上海古籍出版社、安徽教育出版社 2010 年版，第 2226 页。）

③ 杨国荣表示：“从中国哲学的主流看，哲学家往往都肯定‘体用不二’，反对分离或割裂‘体用’。换言之，从‘体用不二’的角度讨论理气、道器等哲学问题，构成了从魏晋到宋明及清初中国哲学主导性的观念。”（杨国荣：《体用之辩与古今中西之争》，《哲学研究》2014 年第 2 期。）

当然，以上仅从共性上讲，我们不能据此认为中国哲学史上出现的各种体用论大同小异。实则，各家各派对于“体”“用”的具体内涵、“体”“用”之间关联的具体方式、“体”“用”双方的地位和作用等内容有不同看法，并且体用论在他们各自思想体系中的地位及其理论上的效力与困难也存在诸多差异，这就使得诸家的体用思想呈现出多种不同的形态，此即体用论的特性。由此也表明，梳理中国哲学史上的各种体用论不仅具有可能性，而且很有必要。因此，本书首先需要厘清中国哲学体用思想的源流，梳理体用论的发展脉络，阐明各家体用观的意涵与特色，并确当评定其在哲学史上的地位，从而显明体用论在中国哲学中的重要性。

在中国哲学发展史中，儒、道、佛三家皆有其体用论，并且在各家内部，不同派别对“体用”的理解也存在诸多差异。同时，体用论又具有本体论、宇宙论、工夫论、境界论、认识论、方法论等不同层面的意涵。这就要求我们回到各家各派思想系统的内部甚至其所处时代背景之中，去确当地把握诸家体用论的真实意涵及其特质。目前学界对此虽然已有丰富的论述，[①] 但主要偏重于一种概念式的研究，而并未有力地深入各家义理系统的内部，就具体问题来考察其体用思想，这就使得各家体用说的内涵与特质难以得到真确、精准的呈现。职是之故，本书在已有成果的基础上，侧重从基本问题入手，将各家体用论置于其相应的思想体系中加以诠释与衡定。当然，因主题、篇幅等方面的限定，在此只简要地论析儒、道、佛三家中颇有代表性的几种体用说（以北宋诸儒的体用说为重），并依此对

---

① 相关重要成果有：张岱年《中国古典哲学中若干基本概念的起源与演变》，《哲学研究》1957 年第 2 期；张岱年《中国古典哲学概念范畴要论》，载《张岱年全集》第 4 卷，河北人民出版社 1996 年版，第 515—524 页；方克立《论中国哲学中的体用范畴》，《中国社会科学》1984 年第 5 期；张立文《中国哲学范畴发展史（天道篇）》，中国人民大学出版社 1988 年版，第 621—658 页；张立文《中国哲学逻辑结构论》，中国社会科学出版社 2002 年版，第 347—380 页；蒙培元《理学范畴系统》，人民出版社 1989 年版，第 148—171 页；景海峰《中国哲学体用论的源与流》，《深圳大学学报》（人文社会科学版）1991 年第 1 期；景海峰《熊十力哲学研究》，北京大学出版社 2010 年版，第 124—143 页；力涛《宋代以前体用范畴的历史演变》，《学术论坛》1991 年第 3 期；葛荣晋《中国哲学范畴通论》，首都师范大学出版社 2001 年版，第 308—334 页；［日］岛田虔次《关于体用的历史》，载吴震、［日］吾妻重二主编《思想与文献：日本学者宋明儒学研究》，华东师范大学出版社 2010 年版，第 44—54 页；刘梁剑《汉语言哲学发凡》，高等教育出版社 2015 年版，第 122—171 页；等等。

中国哲学体用论在南宋以前的发展脉络做一勾勒，以其作为考察湖湘学派体用观的思想史背景。

本节所讲的"体用论"，并非泛指中国文化中一切有关"体""用"的论说，而是有其特殊的规定：（1）"体""用"是严格作为一对哲学概念来使用的；（2）"体用论"必须同时满足形式和内容两方面的规定，即兼备"体用论"之名与实。根据这一界定，"体用论"是否由魏晋玄学所开启，需要重新加以考察。可以肯定的是，"体用论"在南北朝时期的佛学中已经出现，并有一定程度的发展。到隋唐时期，由于佛、道两家的大力阐扬，体用论得到了极大的丰富与推进。再至北宋时期，诸儒积极建构儒学本体论，对佛、道两家之体用思想予以批判性吸收和创造性转化，使得儒家的体用学说逐渐兴盛，而整个中国哲学体用论也因此变得更为丰实，并获得了新的发展。这对于南宋及以后各家各派的体用思想都产生了深刻的影响。

（二）魏晋南北朝时期的体用论

体用论的兴起至少应有如下两个方面的标志：（1）"体用"开始作为一对严格意义的哲学概念存在；（2）出现一定量的关于"体用"的论说。只有这两个条件同时具备，才意味着体用论的真正产生。就此而言，很难说体用论就一定兴起于魏晋时期，但可以肯定它在南北朝时期的佛学中已经出现。当然，这里所讲的"体用论"是就上文所界定的狭义层面而言（从"体用论"的形式与内容两方面综合考察）。如果不考虑名言概念的形式而只从"体用论"的实质来说，那么魏晋玄学的"有无""本末"之论无疑蕴含着深刻的体用思想，并对后世儒、道、佛诸家的体用论都产生了重要影响。

1. 魏晋玄学中的有关论说

首先来看，"体用"作为一对哲学概念来使用，究竟肇始于何时。"体""用"二字早在先秦时期就已出现，"体"起初是指形体，即有形之物，而"用"主要有功能、作用的意思。[①] 这大抵是"体""用"的原初

---

① 方克立表示："先秦文献中所讲的'体'，往往为形质或形体之义……中国哲学中的'用'这个范畴，其本来意义为作用、功用或用处。"（方克立：《论中国哲学中的体用范畴》，《中国社会科学》1984 年第 5 期。）景海峰认为"体"最初是指具象之物，"用"最初是指用处、功能。（参见景海峰《熊十力哲学研究》，北京大学出版社 2010 年版，第 124—131 页。）

含义。然而在现存的先秦典籍中，几乎找不到将“体”“用”作为哲学概念对举使用的情况。[①] 尽管学者经常援引《荀子·富国》“万物同宇而异体，无宜而有用为人，数也”一语作为“体”“用”对举出现的最早例证，实则这里的“体”“用”并不具有直接对应的关系。那么，“体用”作为一对相待而立的哲学概念究竟始于何时、何处？对此，学界历来就有不少争议。[②] 自北宋晁说之（1059—1129 年）谓“究其所自，乃本乎释氏体用、事理之学”至今，[③] 主要存在体用本于先秦儒学、始自魏晋玄学和源出佛学三种观点。[④] 目前学界的主流看法是：“体用”作为一对严格意义的哲学概念肇始于魏晋玄学。[⑤] 持这种主张的学者一般认为，王弼是明确提出并运用这对哲学概念的第一人，并且他们都以《老子注》“万物虽贵，以无为用，不能舍无以为体”之论作为判定的依据。当然，学界对此也有

① 这种情况未出现并不意味着先秦时期不存在与后来所谓“体用”内涵相同或相近的词。如果纯从义理内涵上来说，那么后世出现的“体用”范畴及“体用论”都可以在先秦思想中找到根源。张岱年认为：“中国哲学中，与体用相近的名词，尚有本用，且在先秦及汉代，较体用为常见……《论语》与司马氏所说本用为人事或人道之本用，并非宇宙之本用。然可谓后世之体用观念之前引。”（张岱年：《中国哲学大纲》，江苏教育出版社 2006 年版，第 446—447 页。）方克立也主张：“在中国哲学中，体用观念的萌芽，可以说早就见于先秦诸子（不只是儒家）书中。这种萌芽并不限于言及‘体’、‘用’二字者，有的以‘本’、‘物’并举，或以‘本’、‘用’相对，实质上都以萌芽形态表达了后来体用范畴的基本涵义或部分涵义。”（方克立：《论中国哲学中的体用范畴》，《中国社会科学》1984 年第 5 期。）

② 早在明清之际，顾炎武与李颙就已针对“体用”的来源问题有过详细论辩。参见许鹤龄《李二曲与顾宁人论证“体用”二字探析兼论其“体用全学”与惠能“定慧等学”之会通》，《辅仁大学哲学论集》2003 年第 36 期。

③ 晁说之：《晁氏儒言》，丛书集成初编本，中华书局 1985 年版，第 12 页。

④ 有关“体用”渊源问题的探讨，可参见方克立的《论中国哲学中的体用范畴》、景海峰的《中国哲学体用论的源与流》、力涛的《宋代以前体用范畴的历史演变》、［韩］姜真硕的《朱子体用论研究》、［日］岛田虔次的《关于体用的历史》、胡勇的《中国哲学体用思想研究》等研究成果，兹不赘述。

⑤ 如陈荣捷表示：“体用的概念绝对是王弼首创的，后来演变为中国佛教与新儒学的主要概念。”（陈荣捷：《中国哲学文献选编》，江苏教育出版社 2006 年版，第 295 页。）张立文认为：“使体用真正具有哲学范畴的意义，恐推魏晋玄学。”（张立文：《中国哲学范畴发展史——天道篇》，中国人民大学出版社 1988 年版，第 627 页。）许抗生主张：“正式把‘本末’‘体用’当作哲学概念来考察的，是魏晋玄学家的王弼、何晏等人。”（许抗生：《何王玄学管见》，《文史哲》1985 年第 3 期。）方克立指出：“直到魏晋时期，‘体’和‘用’才成为一对重要范畴，有了明确的哲学涵义。”（方克立：《论中国哲学中的体用范畴》，《中国社会科学》1984 年第 5 期。）蒙培元也认为：“‘体用’作为真正的哲学范畴，应该说开始出现于玄学。”（蒙培元：《理学范畴系统》，人民出版社 1989 年版，第 149 页。）

不同的见解。①

在此，问题的关键即在于如何确当理解王弼的有关论述。《老子注》曰：

何以得德？由乎道也。何以尽德？以无为用。以无为用，则莫不载也。故物，无焉，则无物不经；有焉，则不足以免其生……本在无为，母在无名。弃本舍母，而适其子，功虽大焉，必有不济；名虽美焉，伪亦必生……夫大之极也，其唯道乎！自此已往，岂足尊哉！故虽德盛业大，富有万物，犹各得其德，而未能自周也。故天不能为载，地不能为覆，人不能为赡。万物虽贵，以无为用，不能舍无以为体也。舍无以为体，则失其为大矣，所谓失道而后德也。以无为用，则得其母，故能己不劳焉而物无不理。下此已往，则失用之母……守母以存其子，崇本以举其末，则形名俱有而邪不生，大美配天而华不作。故母不可远，本不可失。②

这是王弼对《老子》第三十八章的注释。从文本的整体脉络来看，《老子》原文及王弼的注释乃主要针对人世间普遍失道的现象而发，意在表明人世失道的根本原因在于一切悖道而行的有为造作和干涉侵扰（这是人间最大的缺失和弊病），唯有做到无执无为，因循大道而行，顺应自然而为，才能救治此失此弊，才能真正有所得、有所成。这当然取决于“道”是宇宙万有之本，是人生修为的根本原则和最高境界，而“道法自然”（即“道不违自然，乃得其性”③）、“道常无为而无不为”（《老子》），或者说“自然”“无”即是“道”的本质规定。既然万事万物都以“道”为存在的根

① 如王晓毅认为：“以‘体用’观点分析问题，的确是王弼新学的独到之处，然而王弼并没有清醒地意识到这一点，因而没有像对待‘执一统众’和‘崇本息末’那样明确地归纳为‘本’与‘末’两个对立统一范畴，即没有明确提出‘体’与‘用’一对范畴。”（王晓毅：《王弼评传》，南京大学出版社2011年版，第233页。）王葆玹也表示：“王弼《老子注》中‘体’、‘用’对举可能是出于偶然，‘不能舍无以为体’如同说‘不能舍去无而存在或保存完整’，‘体’即‘本身’、‘全身’之义……这实际上不是‘以无为体，以有为用’，而是‘以无为用，以有为体’，与后世体用之说正好相反。”（王葆玹：《玄学通论》，台北五南图书出版公司1996年版，第465页。）

② 王弼著，楼宇烈校释：《王弼集校释》，中华书局1980年版，第93—95页。

③ 王弼著，楼宇烈校释：《王弼集校释》，中华书局1980年版，第65页。

据，天地万物也都以“无”为本、以“自然”为性，那么违逆此性，天地万物便不复存在。王弼的注解便在于指点人们在工夫实践上因顺自然而无为无执，不塞万物之源，不禁万物之性，从而让万物得以自生、自化，[①]否则只会适得其反。这也就是王弼所谓：“万物以自然为性，故可因而不可为也，可通而不可执也。物有常性，而造为之，故必败也。物有往来，而执之，故必失矣。”[②]

显然，王弼意在强调天地万物都是以“无”（“道”“自然”）为其本原、本性的，并不能离于“无”而存在。其“万物虽贵，以无为用，不能舍无以为体”的论述重点乃“万物”与“无”的关系：“无”是“万物”的本原，“万物”基于“无”而存在，“无”的根本作用即由此显现。然而在此大义下，学界对这句话的具体阐释却存在较大差异，其中分歧的关键便在于对“体”字的理解不同。目前学界主要有两种解读：一者认为“体”指宇宙本体之“无”，如余敦康表示，“王弼十分重视本体的实践功能。所谓‘万物虽贵，以无为用，不能舍无以为体也’，意思就是万物不仅以无为用，而且以无为体，体是根本，用是由此体而自然生发出的实践功能，因而有体必有用，体与用紧密联结，不可分割”[③]。二者主张“体”指万物之形体，如王晓毅认为，“王弼上文文中所讲的‘体’，是指事物的形体……事物看起来虽然尊贵，却都是因为发挥内在的宇宙本根‘无’的作用所致，不能舍弃‘无’而作为一个有完善功德的形体存在”[④]。

---

① 王弼曰：“不塞其原，则物自生，何功之有？不禁其性，则物自济，何为之恃？物自长足，不吾宰成，有德无主，非玄而何？”（王弼著，楼宇烈校释：《王弼集校释》，中华书局1980年版，第24页。）

② 王弼著，楼宇烈校释：《王弼集校释》，中华书局1980年版，第77页。

③ 余敦康：《魏晋玄学史》，北京大学出版社2004年版，第179页。陈鼓应、许抗生等学者也主张将此处的“体”理解为本体。如陈氏说：“王弼所谓‘以无为本’、‘无以为体’乃是强调万有以无形无名之道体为其‘本’、‘体’。”（陈鼓应：《王弼体用论新诠》，《汉学研究》2004年第1期。）许氏曰：“‘以无为用’即指‘赖无以为用也’。‘以无为体’即指‘以无为本’，‘体’与‘本’皆指事物的依据、根据、根本。”（许抗生：《何王玄学管见》，《文史哲》1985年第3期。）

④ 王晓毅：《王弼评传》，南京大学出版社2011年版，第234页。康中乾、［韩］林采祐等学者也持相同意见。如康氏曰：“这里的‘用’实际上是本，是体，而此处的‘体’指形体，恰恰是用了。”（康中乾：《有无之辨——魏晋玄学本体思想再解读》，人民出版社2003年版，第208页。）林氏也说：“王弼的体是形体的意思，是存在之中的劣等（物之累），真正应该重视的则是用。”（［韩］林采祐：《略谈王弼体用范畴之原义——“有体无用”之“用体论”》，《哲学研究》1996年第11期。）

假定以上两种解读都是可行的，那么就第一种阐释来说，“不能舍无以为体”之“体”指“无”这一宇宙本体，“以无为用”之“用”指“无”本身的功能、作用，即能够成就万事万物之无限妙用、大用。虽然一切具体事物及其功用都本于“无”，是“无”发挥其妙用的结果，但毕竟“无”之用与物之用属于不同层面，二者绝不等同。可见，这种理解下的“体”“用”都是就“无”而言，与万物无涉。“用”既为“无”或“体”本身所具有的功用，那么“体”“用”绝非对待而立（如本体与现象），实质上是一种“即是”的关系。况且本句的重心在万物与无的关系，并非只就“无”本身而言。据此可知，“体”“用”并非真正对举而设。若就第二种理解而言，则“不能舍无以为体”之“体”指万物之形体或自体，“以无为用”之“用”仍指“无”本身所具有的能够成就万事万物的功用、妙用。显然，这里的“用”是“无”之“用”，而并非“体”之“用”；“体”也只是万物本身，而并非生发此“用”的“体”。尽管此处的“体”是“无”之“用”的结果，但从概念的形式来看，“用为体本”毕竟有违体用论中“体为用本”的基本逻辑。[①] 因而这种理解下的“体”“用”也不具有直接对举的关系。由此可见，如果从概念的义理内涵和表现形式两方面综合考察，那么“体”“用”在王弼的玄学中虽然已具有哲学意涵，但尚未真正成为严格意义上相待而立的一对概念。也就是说，王弼还没有明确提出“体用”这对概念。然而不可否认的是，“他的确已用本体与现象不可分割的观点去研究问题，并已初步形成体用思维方式，甚至可以说，以体用观点观察分析问题，是王弼哲学的特征”[②]，只不过王弼自身对此可能并不十分自觉。历来大多学者都是站在“体用一如”“本末不二”的本体论立场去解读王弼的思想。[③] 如果不追

---

① 王葆玹指出：“从王弼关于体用的论述，可以看出他的本体论尚不成熟。体用是玄学与佛学的重要范畴，一般说来，体为本，为无；用为末，为有……如果反过来，释体为末，用为本，则是本末倒置了。然而王弼所讲的体用正是倒置的……。”（王葆玹：《怎样认识王弼的本体论》，《文史哲》1985 年第 3 期。）康中乾也认为：“在王弼哲学中‘体’、‘用’的涵义是倒置的。”（康中乾：《有无之辨——魏晋玄学本体思想再解读》，人民出版社 2003 年版，第 208 页。）实则，王弼并未真正自觉地把“体用”作为一对哲学范畴来使用。

② 王晓毅：《王弼评传》，南京大学出版社 2011 年版，第 235 页。

③ 如汤用彤、牟宗三、许抗生、贺昌群、汤一介、余敦康等学者便是如此，周芳敏对此有总结，参见周芳敏《王弼“体用”义诠定》，《台湾东亚文明研究学刊》2009 年第 1 期。

究概念的表现形式，仅从义理内涵上来说，那么王弼无疑具有某种体用思想或体用思维，并对以后体用论的发展产生了重要影响。至于其思想是否达到后世所谓“体用不二”“体用一如”的深透与圆熟，则是又一问题，需另外讨论。

魏晋玄学诸家中除王弼有关“体”“用”的论说备受关注外，王弼好友钟会的相关说法也曾被学者援引，以作为中国哲学发展史中较早使用“体用”这对概念的证据。① 钟会在注释《老子》第十一章“有之以为利，无之以为用”时云：“举上三事，明有无相资，俱不可废。故有之以为利，利在于体；无之以为用，用在于空。故体为外利，资空用以得成；空为内用，藉体利以得就。但利用相藉，咸不可亡也。无赖有为利，有藉无为用，二法相假。”② “三事”，即《老子》第十一章所谓“三十辐共一毂”“埏埴以为器”“凿户牖以为室”。老子说，三十根辐条汇集于一个车毂中，有了车毂中空的地方，才有车的作用；揉合陶土制成器皿，有了器皿中空的地方，才有器皿的作用；开凿门窗以建成屋室，有了门窗中空的地方，才有房屋的作用。因此，“有”之所以能产生实效，是因为“无”（空）发挥了作用。据此钟会认为，此章意在表明“有”与“无”相倚相待、相生相成，二者不可分离、不可或缺。在他看来，“有”起作用的地方在于其形体（一物当中实的部分），而形体在外，其作用须依赖虚空的作用才能成就；“无”起作用的地方在于其虚空（一物当中空的部分），而虚空在内，其作用也须凭借形体的作用才能实现。故而形体的作用与虚空的作用是相互依存、相互成就的，二者一体而不可分割。由于形体与形体的作用

---

① 如许抗生表示：“王弼、钟会都是正始时期的著名玄学家，可见‘体用’这对概念，已经为正始玄学所重视。”（许抗生：《何王玄学管见》，《文史哲》1985 年第 3 期。）力涛也认为：“魏晋时期，学者普遍使用的体用范畴，含有两方面的意义。……第二，‘体’指现象背后的本体或本质，‘用’指有形的现象或本质所表现的作用。三国玄学家钟会主张‘体、用相藉，咸不可亡’。”（力涛：《宋代以前体用范畴的历史演变》，《学术论坛》1991 年第 3 期。）

② 李霖编：《道德真经取善集 · 三十辐章第十一》，载张宇初等编修《道藏》第 13 册，文物出版社、上海书店、天津古籍出版社 1988 年版，第 856 页。钟会云：“此章明有无一致，利用相资，举三事以明大道。夫轮毂为车，埏埴为器，户牖为室。此有也，人赖以为利。毂中空虚，轮得转行；器中空虚，物得盛受；室中空虚，人得居处。此无也，人赖以为用。有为实利，必以无为用；无乃妙用，必以有为体。有无相待，亦犹形神相须而不可偏废也。形以神为主，神以形为居，形神合同，更相生成。”（李霖编：《道德真经取善集 · 三十辐章第十一》，载张宇初等编修《道藏》第 13 册，文物出版社、上海书店、天津古籍出版社 1988 年版，第 856 页。）

属于“有”，虚空与虚空的作用属于“无”，所以这里显然重在突出“有”“无”之间那种相依互成的关系。钟会在其注解中运用了“体”与“空”、“利”与“用”两对概念来讨论“有”和“无”的关系：前一组是从质料上来说，“体”中实而“空”中虚；后一组是从作用上来说，“利”为实体的作用而“用”为空虚的作用。显然，这里的“体”为“利”之“体”，而“用”为“空”之“用”，“体”并非生起此“用”的“体”，“用”也并非隶属于此“体”的“用”，所以“体”“用”在此并不具有直接对应的关系，即不是作为一对概念来使用。在这里，真正可以被视为一对哲学概念的应当是“有”“无”。

根据以上分析可知，如果纯从义理内涵上来说，那么魏晋玄学确实已经出现类似于“体用”的概念（如本末、无有）及相应的体用思想（如本体论）；[①] 但若严格从概念形式与义理内涵两方面加以衡定，则魏晋玄学恐怕并未明确提出“体用”这对哲学概念以及由此而构成的“体用论”。[②] 这一判定似乎也适用于魏晋佛学，在现存魏晋时期的佛教文献中，尚未发现“体用”对举的明确用例。

尽管僧肇有“用即寂，寂即用。用寂体一，同出而异名，更无无用之寂而主于用”如此充满体用一如色彩的论述，但毕竟这里是“寂”“用”而非“体”“用”，“寂”“体”二者至少在概念形式上并不等同，所以

---

① 汤用彤说：“玄学盖为本体论，而汉学则为宇宙论或宇宙构成论。玄学主体用一如，用者依真体而起，故体外无用。体者非于用后别为一物，故亦可言用外无体……玄理之所谓生，乃体用关系，而非谓此物生彼（如母生子等），此则生其所生，亦非汉学所了解之生也。汉学元气化生，固有无物而有气之时（元气在时空以内）。玄学即体即用，实不可谓无用而有空洞之体也（体超时空）。”（汤用彤：《魏晋玄学论稿》，上海古籍出版社 2001 年版，第 60—61 页。）这主要是从思想内涵上来说的。

② 王葆玹指出：“王弼等魏晋玄学家的体用说，乃是由先秦体用说至南北朝体用说的过渡阶段。这些玄学家提出了与‘体用如一’说大致相符的思想体系，并将体用和本末有无联系起来，这些都是学术上的突破和创新；其体用说与后来玄学和佛学的讲法不同，则意味着他们的玄学本体论和体用说都不成熟，这种不成熟正是思想史上转折时期的特点。”（王葆玹：《怎样认识王弼的本体论》，《文史哲》1985 年第 3 期。）［日］岛田虔次认为，“在体用思想提出者王弼的遗文中，实际上可以列举出的体用对举的用例，只有上述（三）（引者案：即‘万物虽贵，以无为用，不能舍无以为体’）这一并非明快透彻的一条”。（［日］岛田虔次：《关于体用的历史》，载吴震、［日］吾妻重二主编《思想与文献：日本学者宋明儒学研究》，华东师范大学出版社 2010 年版，第 51 页。）

“寂用”仍不能视为严格意义上的“体”“用”对举。①

2. **南北朝佛学中的体用论**

由于目前所见文献有限，尚不能完全否定“体用”这对哲学概念肇始于魏晋时期。然而根据现有史料来看，至少有一点可以肯定，真正作为一对哲学概念使用的“体用”在南北朝时期的佛学中已经出现。南朝梁武帝的《弘明集》便载有如下体用说：

> 夫心为用本，本一而用殊，殊用自有兴废，一本之性不移。（臣绩曰：陶汰尘秽，本识则明，明暗相移，谓之变也。若前去后来，非变之谓。）一本者，即无明神明也。……无明体上，有生有灭，生灭是其异用，无明心义不改。（臣绩曰：既有其体，便有其用。语用非体，论体非用。用有兴废，体无生灭者也。）将恐见其用异，便谓心随境灭，（臣绩曰：惑者迷其体用，故不能精。何者？夫体之与用，不离不即。离体无用，故云不离；用义非体，故云不即。见其不离，而迷其不即；迷其不即，便谓心随境灭。）故继无明名下，加以住地之目。此显无明，即是神明，神明性不迁也。②

这段文本包括梁武帝萧衍所作《立神明成佛义记》的部分正文及其臣子沈绩所撰的部分注文。在这里，“体用”显然是作为一对哲学概念来使用，“体”指本体，“用”即本体的作用和表现，二者“不即不离”。一方面，“体”“用”有别，不可等同，因为“体”属于普遍统一、恒常不变的本

① 汤用彤表示：“魏晋以讫南北朝，中华学术界异说繁兴，争论杂出，其表面上虽非常复杂，但其所争论实不离体用观念。而玄学、佛学同主贵无贱有。以无为本，以万有为末。本末即谓体用，《般若》之七宗十二家，咸研求此一问题，而所说各异。僧肇悟发天真，早玩《庄》《老》，晚从罗什。所作《物不迁》《不真空》及《般若无知》三论，融会中印之义理，于体用问题有深切之证知……肇公之学说，一言以蔽之曰：即体即用。”（汤用彤：《汉魏两晋南北朝佛教史》，北京大学出版社 2011 年版，第 184—185 页。）［日］岛田虔次针对汤氏的说法认为：“透过《肇论》四篇（包括《刘遗民书》、《答刘遗民书》），实际上以体用对举立论的例子连一个也无法发现……不，不只是《肇论》。无论是在今天遗留下来的所谓七宗十二家之论的残简断篇里面，还是在庐山慧远的全部遗文、《梁高僧传》、《世说新语》里面，体用对举的用例连一个也不能看到。”（［日］岛田虔次：《关于体用的历史》，载吴震、［日］吾妻重二主编《思想与文献：日本学者宋明儒学研究》，华东师范大学出版社 2010 年版，第 51 页。）

② 萧衍：《立神明成佛义记并沈绩序注》，载石峻、楼宇烈等编《中国佛教思想资料选编》第 1 卷，中华书局 1981 年版，第 299 页。

体界，“用”属于具体多样、变动不居的现象界，“体”不是“用”，“用”也非“体”；另一方面，“体”“用”不可相离，因为“体”是“用”的根源，“用”由“体”生发，有“体”便有“用”，“用”不离“体”，“体”亦不离“用”。当然，“体”在这段文本中具体指心本体，而“用”实指心体所显现出的善恶生灭诸法之相。梁武帝此说主要针对范缜的神灭论而发：神灭论主张人的形体灭亡，则心神亦随之消失；而梁武帝以心神为本体，认为心体所生发之“用”固然有生灭流转，但心体本身则恒常不变，不能因为“用”有生灭便以为“体”也是如此。所以，他的意思主要在于显明“体”的根本性和超越性，强调“用”根源于“体”，离“体”便无“用”，“用”随时生灭流变，而“体”则始终恒常一如。这就是在肯定体用不离的前提下凸显“体”的超越性、普遍性和永恒性。此种体用论略有贵体贱用的特点。

此外，北齐法上和尚在《十地论义疏》中有“八识位中，七识无体，依真而用别。即用为体，更无别体，正以用为体，即体用同时以辩十二”[①]的说法。《大乘止观法门》亦载：“智是心用，心是智体，体用一法，自性无二。”[②]

根据以上论析可知，严格意义上的“体用”对举和相应的体用论恐怕并非发端于魏晋哲学，而是至迟出现在南北朝的佛学之中。这为此后隋唐佛学与宋明理学体用论的繁盛奠定了基础。不过，“体用”这对概念在这一时期的使用频率还比较低，体用思想并未达到十分精深、圆熟的地步。

（三）隋唐时期的体用论

隋唐时期，儒、道、佛三家都使用“体用”这对概念。由于佛、道两家的大力倡导，这对概念得以普及从而成为一般性的范畴。同时在义理内涵上，体用论也得到了较为充分、深入的发展。

1. 佛教的体用观

这一阶段谈“体”论“用”至繁至盛、至精至深者，莫过于佛教。这

---

① 法上：《十地论义疏》卷3，载［日］高楠顺次郎等编修《大正新修大藏经》第85卷，台北财团法人佛陀教育基金会出版部1990年版，第771页。

② 慧思：《大乘止观法门》卷2，载中华大藏经编辑局编《中华大藏经（汉文部分）》第95册，中华书局1995年版，第733页。

显著表现在众多佛学论著中大量出现有关"体用"的论说，如慧远的《大乘义章》、吉藏的《大乘玄论》《中观论疏》、智顗的《妙法莲华经玄义》、澄观的《华严经疏》《华严大疏钞》、法藏的《大方广佛华严探玄记》《华严经义海百门》、慧沼的《成唯识论了义灯》、窥基的《大乘法苑义林章》《成唯识论述记》、宗密的《圆觉经略疏之钞》、玄奘的《成唯识论》《阿毗达磨大毗婆沙论》等。三论宗、天台宗、华严宗、禅宗等各大宗派都盛谈"体用"。他们或通过"体用"问题来把握佛道、佛理，或以"体用"作为思维模式来建构义理系统，或以"体用"作为名言概念来阐释佛经、佛法，从而使得这一时期的体用论呈现出内容繁复深广和义理精微圆熟的特点。这可以从以下几例体用说中窥见一斑：

其一，三论宗创始人吉藏（549—623年）大师在"佛性"这一佛学根本问题上，主张以"中道"为真正的"正因佛性"，并将此贯彻于其整个思想体系。何谓"中道"？吉藏曰："佛性在因，性佛在果。故果因名佛性，因果名性佛。此是不二二义。不二二故，二则非二，故云：二不二是体，不二二是用。以体为用，以用为体，体用平等，不二中道，方是佛性。一切诸师释佛性义，或言佛性是因非果，或言是果非因，此是因果二义，非佛性也。……若知因果平等不二，方乃得称名为佛性。"① 可见，在吉藏看来，所谓"中道"，是指"体"与"用"、"因"与"果"以及"二"与"不二"之间的平等不二，也就是指"体""用"双遣、"因""果"双遣、"二""不二"双遣，而不落于、不执着于任何一边。站在"中道"的立场上，则可以是以体为用，以用为体，体用平等；也可以是以因为果，以果为因，因果平等；甚至二不二、有无、隐显、真谛俗谛、常无常、凡圣等所有相待而立者都是平等不二的。这一切都只是佛为教化众生所施设的方便说法而已，不必执着。吉藏在此通过"体用不二"思想来阐发其中道观，旨在表明一切众生皆有佛性，而佛性即是平等不二的"中道"，所以众生都能够且应该以"中道"去认识诸法万象，从而了悟佛性以成佛。

① 吉藏：《大乘玄论》卷3，载石峻、楼宇烈等编《中国佛教思想资料选编》第2卷第1册，中华书局1983年版，第361页。

其二，天台宗智𫖮大师在阐明“圆教三法”中的“乘”义时明确提出“体用不二”之论。他说：“何必一向以运义释乘？若取真性不动不出，则非运非不运。若取观照资成能动能出，则名为运。只动出即不动出，即不动出是动出，即用而论体；动出是不动出，即体而论用；即不动出是动出，体用不二而二耳。”[①] 他认为，“运”与“不运”（即“动出”与“不动出”）都是“乘”所应有之义，因为“乘”含有“乘”之体，亦含有“乘”之用，“乘”之体是不动不出之真性（“以真性轨为乘体”[②]），“乘”之用是“真性寂而常照”[③] 之照功（“观照资成能动能出”），两者一体不二：能动能出之“用”即是此“乘体”的功用，不动不出之“体”即是此“乘用”的本体。“乘”是有体有用的，无论其动出、不动出，都是就“乘”而言，而并非外在于“乘”。这主要是通过“体用不二”来说明“乘”同时涵摄“运”与“不运”二义。智𫖮大师还借“体用”观念来阐发“本迹”的意涵。他说：

> 释本迹为六：本者理本，即是实相，一究竟道；迹者，除诸法实相，其余种种皆名为迹。又理之与事皆名为本，说理说事皆名教迹也。又理事之教皆名为本，禀教修行名为迹。如人依处则有行迹，寻迹得处也。又行能证体，体为本；依体起用，用为迹。又实得体用名为本，权施体用名为迹。又今日所显者为本，先来已说者为迹。约此六义以明本迹也。……四约体用明本迹者。由昔最初修行契理，证于法身为本。初得法身本，故即体起应身之用。由于应身得显法身，本迹虽殊，不思议一。[④]

这里是从诸法实相与诸法、理事本身与说理说事之教、理事之教与禀教之

---

① 智𫖮：《妙法莲华经玄义》卷5，载中华大藏经编辑局编《中华大藏经（汉文部分）》第93册，中华书局1995年版，第94页。

② 智𫖮：《妙法莲华经玄义》卷5，载中华大藏经编辑局编《中华大藏经（汉文部分）》第93册，中华书局1995年版，第94页。

③ 智𫖮：《妙法莲华经玄义》卷5，载中华大藏经编辑局编《中华大藏经（汉文部分）》第93册，中华书局1995年版，第94页。

④ 智𫖮：《妙法莲华经玄义》卷5，载中华大藏经编辑局编《中华大藏经（汉文部分）》第93册，中华书局1995年版，第125—126页。

修行、体与用、实得体用与权施体用以及今日所显者与先来已说者六个方面来阐发“本迹”之义。就“体用”这方面来说，“体”为本，“用”为迹，“用”依“体”起，“体”由“用”显，二者圆融一体。故而“本迹虽殊，不思议一也”，即“本”“迹”虽有分别而又不可相离。这就是以“体用不二”来发明“本迹一如”之义。另外，智顗在《妙法莲华经文句》中论及“体用”云：“体用者，前方便为因，正观入住为果，住出为体用。体即实相，无有分别；用即立一切法，差降不同。如大地一生种种芽，非地无以生，非生无以显。寻流得源，推用识体。用有显体之功，故称叹方便。”① 于此，“体”即没有任何分别的真如实相，“用”为依真如实相所立而具有种种差异的一切法，二者之间的关系为：“用”依“体”立，非“体”无以起“用”；“体”由“用”显，非“用”无以明“体”。正因“用”能显“体”，故可以“推用识体”，即由“用”以得“体”。

此外，湛然大师的《十不二门》也渗透着“体用不二”的思想。智顗大师在《法华玄义》中对《妙法莲华经》之经题“妙”字做解释，创发“本迹十妙”之义，其中迹中十妙为：境妙，智妙，行妙，位妙，三法妙，感应妙，神通妙，说法妙，眷属妙，功德利益妙。② 湛然承继智顗大师，以此十妙作为观法大纲，对之做出新的阐释，并创设“十不二门”统摄此十妙，借此显明《妙法莲华经》的宗旨和要义。这“十不二门”是指色心不二门、内外不二门、修性不二门、因果不二门、染净不二门、依正不二门、自他不二门、三业不二门、权实不二门和受润不二门，其立论的基本原则便是“体用不二”。③ 如针对“染净不二门”，湛然曰：“若识无始即法性为无明，故可了今即无明为法性。法性之与无明遍造诸法，名之为染。无明之与法性遍应众缘，号之为净。浊水清水，波湿无殊。清浊虽即由缘，而浊成本有。浊虽本有而全体是清，以二波理通举体是用。故三千

---

① 智顗：《妙法莲华经文句》卷3，载中华大藏经编辑局编《中华大藏经（汉文部分）》第94册，中华书局1995年版，第55页。

② 智顗：《法华玄义》，载石峻、楼宇烈等编《中国佛教思想资料选编》第2卷第1册，中华书局1983年版，第70页。

③ 参见湛然《十不二门》，载石峻、楼宇烈等编《中国佛教思想资料选编》第2卷第1册，中华书局1983年版，第263—267页。

因果俱名缘起。迷悟缘起不离刹那，刹那性常缘起理一。"① 在他看来，法性即是无明，无明即是法性。法性与无明是一切法的本原，能生一切染净法。法性与无明所造诸法，即为染法；无明与法性所应众缘，即为净法。染法与净法虽有相上的染、净之别，但都是依无明与法性而立，皆由因缘和合而生。故就性上来说，染、净二法皆为缘起性空，同具恒常不变的法性。就此而言，染、净不二。在这里，法性与无明是体，染、净诸法是用，染法、净法之用皆本于法性与无明之体，各都整全地涵摄此体于自身之中，故而染、净二法圆融不二。

其三，华严宗法藏大师在《华严经旨归》中对《华严经》所具之法做了总结，列为教义、理事、境智、行位、因果、依正、体用、人法、逆顺、感应十对，而这十对"同时相应，成一缘起，无碍镕融，随有一处，即具一切"②，可以统摄《华严经》所标举的一切法。论及"体用"，法藏云："体用一对，谓此经中凡举一法，必内同真性，外应群机，无有一法体用不具。"③ 在他看来，《华严经》所举出的每一法都是有体有用的："体"指一切法所共同具有的真实体性，即其恒常不变、真实无妄的本性；"用"指每一法都具有的随顺诸种机缘的功用。法藏还在《华严经义海百门》中"总举十门，别开百义"，以阐明《华严经》的主旨大意。在此"十门"当中，每一门都涵盖"十义"。其中，"缘生会寂门""种智普耀门""体用显露门"和"体用开合门"都是直接从"体用"的维度来立意。④ 针对"体用开合门"，法藏指出："夫玄宗渺漭，在缘起而可彰；至道希夷，入法界而无见。故标体开用，助道之品盖多；就性明缘，差别之门不一。合则法界寂而无二，开乃缘起应而成三，动寂理融，方开体用。今就大况而言，略分十义：一，显人法；二，世流布；三，观体

① 湛然：《十不二门》，载石峻、楼宇烈等编《中国佛教思想资料选编》第 2 卷第 1 册，中华书局 1983 年版，第 264—265 页。

② 法藏：《华严经旨归》，载石峻、楼宇烈等编《中国佛教思想资料选编》第 2 卷第 2 册，中华书局 1983 年版，第 90 页。

③ 法藏：《华严经旨归》，载石峻、楼宇烈等编《中国佛教思想资料选编》第 2 卷第 2 册，中华书局 1983 年版，第 90 页。

④ 参见法藏《华严经义海百门》，载石峻、楼宇烈等编《中国佛教思想资料选编》第 2 卷第 2 册，中华书局 1983 年版，第 108—128 页。

用；……十，毕竟空。”① 这主要展示了“体用开合门”的创设缘由及其所含大义。在此，法藏是以“法界”为体，以“缘起”为用。他认为“标体开用”的目的在于，阐明“法界”与“缘起”既相异又相摄的关系。这种关系可以通过“显人法”“世流布”“观体用”等十义来把握。就其中“观体用”一义，法藏曰：

> 了达尘无生无性一味，是体；智照理时，不碍事相宛然，是用。事虽宛然，恒无所有，是故用即体也。如会百川以归于海。理虽一味，恒自随缘，是故体即用也。如举大海以明百川。由理事互融，故体用自在。若相入，则用开差别；若相即，乃体恒一味。恒一恒二，是为体用也。②

对他而言，诸法恒常一如、空无所有的自性是“体”，宛然有形相呈现的诸法万象是“用”。一切现象看似真实存在，而实际上则空无自性或者说本性为空，就此而言“用”即“体”；“理”（“体”）虽恒常一如、空无所有，却能始终随缘生起大用，就此而言“体”即“用”。“理”“事”相融无碍，即“体”“用”圆融不二，两者之间具有一种相入相即、恒一恒二的辩证关系。法藏在论说法界缘起的“缘起相由门”时所谓“体用双融”也蕴含此义：

> 体用双融义，谓诸缘起法要力用交涉，全体融合，方成缘起。是故圆通亦有六句：一、以体无不用故，举体全用。即唯有相入，无相即义。二、以用无不体故，即唯有相即，无相入也。三、归体之用不碍用，全用之体不失体。是即无碍双存，亦入亦即，自在俱现。四、全用之体体泯，全体之用用亡。非即非入，圆融一味。五、合前四句，同一缘起无碍俱存。六、泯前五句，绝待离言，冥同性海。③

---

① 法藏：《华严经义海百门》，载石峻、楼宇烈等编《中国佛教思想资料选编》第2卷第2册，中华书局1983年版，第126页。

② 法藏：《华严经义海百门》，载石峻、楼宇烈等编《中国佛教思想资料选编》第2卷第2册，中华书局1983年版，第127页。

③ 法藏：《华严经探玄记》，载石峻、楼宇烈等编《中国佛教思想资料选编》第2卷第2册，中华书局1983年版，第284—285页。

"体用双融"主要是说，一切缘起法之间相互依存、相互作用，全体相融和合、圆通无碍，如此方能成其为缘起。这具体可从六个方面来展现：一者，体无不显现为用，举体全是用。就用而言，唯有相入，而无相即之义。二者，用无不本于体，就体而言，唯有相即，而无相入之义。三者，归体之用还在，全用之体仍存，二者并不相互排斥，而是共存俱现，既相入又相即。四者，体全显现为用则泯，用全归本于体则亡，二者既非相入亦非相即，而是圆融一如。五者，融合前四句之义，则是诸法同一缘起，无碍俱存。六者，泯灭前五句之义，则唯有一绝对无待之性体如如常在。这六个方面便充分体现了体用之间那种相互融摄、相互依存的圆融不二关系。

其四，《楞伽师资记》载："古时智慜禅师训曰：'学道之法，必须解行相扶，先知心之根源，及诸体用，见理明净，了了分明无惑，然后功业可成。'"① 可见，智慜禅师认为参悟佛道必先通晓心之根源和体用问题，以此作为觉悟佛道的第一要法。此书又载神秀大师所云："身灭影不灭，桥流水不流。我之道法，惣会归'体用'两字，亦曰'重玄门'，亦曰'转法轮'，亦曰'道果'。"② 在这里，北宗禅师神秀更是直接把"体用"作为其道法的精神和旨归所在。再者，六祖慧能的"定慧等学"也渗透着"体用不二"的思想。《法宝坛经》曰：

> 我此法门，以定慧为本，大众勿迷。言定慧别，定慧一体，不是二。定是慧体，慧是定用。即慧之时定在慧，即定之时慧在定。若识此义，即是定慧等学。诸学道人，莫言先定发慧，先慧发定，各别……定慧犹如何等？犹如灯光。有灯即光，无灯即暗。灯是光之体，光是灯之用。名虽有二，体本同一。此定慧法，亦复如是。③

这是以"体用不二"来阐发禅定与智慧的关系。在慧能看来，定为慧之

---

① 净觉：《楞伽师资记》，载石峻、楼宇烈等编《中国佛教思想资料选编》第 2 卷第 4 册，中华书局 1983 年版，第 164 页。

② 净觉：《楞伽师资记》，载石峻、楼宇烈等编《中国佛教思想资料选编》第 2 卷第 4 册，中华书局 1983 年版，第 170 页。

③ 慧能：《法宝坛经》，载石峻、楼宇烈等编《中国佛教思想资料选编》第 2 卷第 4 册，中华书局 1983 年版，第 43—44 页。

体，慧为定之用。于慧之时，定即在慧；于定之时，慧即在定。此两者同处共存、相倚相待，没有先后之别及等次之分，绝不可以妄加分隔。而这取决于定、慧二者原本就是一体不离、平等一如的。此外，慧能以“念者念真如本性，真如即是念之体，念即是真如之用”[①]这样的说法阐释“无念”之“念”。而慧海大师在注解“净名”两字时也说：“净者本体也，名者迹用也，从本体起迹用，从迹用归本体，体用不二，本迹非殊。所以古人道：‘本迹虽殊，不思议一也。’”[②]这些都体现了禅宗的体用观。

佛教的体用论博大精深，以上所举诸例只是其中一小部分。佛教的基本观念为“缘起性空”，意即一切现象（诸法）都是由种种条件（因缘）和合而成，皆非实有、无自性，无自性即是“空”，也就是其性本来为空，没有真实的自体。“缘起”即意味着“性空”，“性空”便意味着“缘起”，两者一而二、二而一，只是同一道理。在“缘起性空”的观念下，一切现象本来就空无自性、无自体，“空”即是一切现象之体，而一切现象的缘起便为其用，空体不碍缘起大用，体用之间一如不二。一般来说，佛家对于空假关系、理事关系、真如心与缘起法之关系、法界与缘起之关系等，均以体用模式来论。对于体用的关系，佛家各派尤其是天台宗和华严宗的论析颇为精妙、圆熟。在他们看来，体用之间乃是一种相资相待、圆融无碍的关系。尽管佛家的“体用不二”论极为精深、高妙，但不真正具有客观实有的意义，即并非客观存在论意义上的“体用不二”。因为其“体”原本空无，不能客观地、存在地生起诸法之“用”；其“用”也本无自性，一切法都是虚假幻相，并不真正直接由真如本体所创生，只是随顺真如本体而与之圆融不二。如此则“体”为空体，“用”为虚用，而并非实有其体、实有其用，二者之间只是一种“虚系无碍”的关系，并未真正构成实体与实用的创生关系。于是牟宗三指出，佛家大力阐扬的“体用不二”论乃“虚系无碍”的圆融不二，只是虚说，并不能予以积极客观地落实。[③]

---

① 慧能：《法宝坛经》，载石峻、楼宇烈等编《中国佛教思想资料选编》第2卷第4册，中华书局1983年版，第45页。

② 慧海：《大珠禅师语录》卷下，载石峻、楼宇烈等编《中国佛教思想资料选编》第2卷第4册，中华书局1983年版，第197页。

③ 牟宗三、吴汝钧等先生对佛家的体用论有精深论析，参见牟宗三《心体与性体》第1册，台北正中书局1968年版，第571—657页；吴汝钧《佛教的真理观与体用问题》，载吴汝钧《佛教的概念与方法》（修订本），世界图书出版公司北京公司2015年版，第416—437页。

这同儒家实体与实用贯通一如的体用论显然有本质区别，不属于同一个义理系统。①

2. 道教的体用观

佛教的体用论对这一时期的道教思想产生了较大影响，陆希声、成玄英、王玄览等道教学者皆援佛释老，吸收佛家的体用思想以建构其道教理论，这使得他们的道教学说带上了一定程度的佛学色彩。

陆希声在《道德真经传》中借体用观念来诠释《老子》第一章，他说：

> 夫道者，体也；名者，用也。夫用因体生，而体本无用；名因道立，而道本无名。体本无用，则用无不可，故曰“可道”。所可道者，以体当用耳。以体当用，是物之理，非道之常，故曰“非常道”也。道本无名，则名无不可，故曰“可名”。所可名者，以名求体也。夫以名求体，是物之变，非名之常，故曰“非常名”也。……常道常名，不可道，不可名，唯知体用之说，乃可玄通其极耳。……所谓无名者，道之体，动静之先也；有名者，道之用，善恶之元也。体为名本，故能离动静，原之则天地之始也；名因用立，故能生善恶，极之则万物之母也。②

这是以体用观念来探讨“道”与“名”的关系。在陆希声看来，“道”是

---

① 牟宗三指出：“佛家之空假关系，理事关系，真如心与缘起法之关系，其本身皆非体用关系。如果可以以体用模式论，则皆是‘缘起性空，流转还灭，染净对翻，生灭不生灭对翻’教义纲领下虚系无碍之体用，‘物与虚不相资，形性天人不相待’之体用……是以就体用之模式说，横渠谓其‘物与虚不相资，形性天人不相待’，虽是笼统，而未始不中肯。而程明道即进一步复就此体用之总论而鞭辟入里地谓其‘只有敬以直内，而无义以方外，要之其直内者亦不是’。盖其直内只是染净对翻，生灭不生灭对翻，其所直之内只是心真如体也。而后来陆象山复进而以义利公私判儒佛，而谓‘惟义惟公故经世，惟利惟私故出世。儒者虽至于无声无臭，无方无体，皆主于经世。释氏虽尽未来际普度之，皆主于出世。’此盖是‘缘起性空，流转还灭，染净对翻，生灭不生灭对翻’教义下之必然……彼等之如此说，亦只是要显露一道德创造性的实体用之实相资实相待，亦是很显明地要呈现出一内在道德性之性理、实理、或天理，亦根本是一道德意识之凸出，道德意识之照体挺立。此是很显明的一个本质的差异，佛教的苦业意识总不向此用心也。”（牟宗三：《心体与性体》第1册，台北正中书局1968年版，第645—646页。）

② 陆希声：《道德真经传》卷1，载张宇初等编修《道藏》第12册，文物出版社、上海书店、天津古籍出版社1988年版，第116页。

体，“名”是用。用由体所生，名因道而立，体本来无用，道本身无名。既然如此，则“所可道者”是把“体”当作了“用”，“所可名者”是以“名”来求其“体”，这当然并非真正的常道、常名，因为常道、常名是不可道、不可名者。确切来说，“可道者”只是“道”之用，而并非“道”之体；“可名者”只是“道”之名，而并非“道”之实。在此，“道”与“名”的分别及其各自的位置通过“体”“用”而得以彰显，故唯有通晓体用之说才能超越名相而洞见道体的本真面目。此中显明的主要是“道”“体”与“名”“用”之间的分殊。陆氏又进而认为，“无名”为“道”之体，“有名”为“道”之用，“体”是“名”之本，“名”是根据此“体”之“用”而设立，所以“无名”“有名”乃同“体”异“用”的关系。这就彰显了“道”“体”与“名”“用”之间的密切关联。其实，这里也涉及名实关系问题。“体用”观念的引入显然有助于阐明名实之间的区别与联系，同时也丰富了其内涵，并且可以从名实关系的角度去理解“体用”。

又如，成玄英疏解《庄子・逍遥游》“尧治天下之民，平海内之政，往见四子藐姑射之山，汾水之阳，窅然丧其天下焉”一语云：“四子者，四德也。一本，二迹，三非本非迹，四非非本迹也。言尧反照心源，洞见道境，超兹四句，故言往见四子也。夫圣人无心，有感斯应，故能缉理万邦，和平九土。虽复凝神，四子端拱而坐汾阳，统御万机，窅然而丧天下。斯盖即本即迹，即体即用，空有双照，动寂一时。”① 这里的“即本即迹，即体即用”是从道家的修养境界上来说，意指得道之人所达到的那种本迹不二、体用一如的圆融之境，即在虚灵之心的观照下达至本体与现象圆融不二的最高精神境界。成玄英在阐释《庄子・齐物论》“俄而有无矣，而未知有无之果孰有孰无也”时也说：“前从有无之迹，入非非有无之本；今从非非有无之体，出有无之用。而言俄者，明即体即用，俄尔之间，盖非赊远也。夫玄道窈冥，真宗微妙，故俄而用，则非有无而有无，用而体，则有无非有无也。是以有无不定，体用无恒，谁能决定无耶？谁能决定有耶？此又就有无之用明非有非无之体者也。”② 此以“非有非无”为“体”，以“有无”为“用”，也就是用“非有非无”形容超越于经验世界

---

① 郭象注，成玄英疏：《南华真经注疏》卷 1，中华书局 1998 年版，第 16 页。
② 郭象注，成玄英疏：《南华真经注疏》卷 1，中华书局 1998 年版，第 42 页。

之无限、无待的本体，以“有无”描述拘泥于时空之有限、有待的现象。这两者的关系为：从逻辑上来说，“体”为“用”的本原，由“体”以产生“用”；“用”是“体”的显现，即“用”以明其“体”；从时间上来说，“体”“用”同时俱在，没有先后可言，乃是“即体即用”。当然，“有无之用”与“非有非无之体”又并非同等平列的关系。前者是不定的、有限的，其存在依赖于后者，须由后者来决定；后者则恒常一如、超越无限，宇宙万有皆根源于此。因此，成玄英主张“就有无之用明非有非无之体”，强调“非有非无”之宇宙本体的重要性。

再者，王玄览对“体用”也有所论述。《玄珠录》曰：“体用不相是，何者？体非用，用非体。谛而观之，动体将作用，其用会是体；息用以归体，其体会是用。存之有四，忘之无一。”① 他认为，“体”和“用”的关系是“不一不异”：一方面，“体”不是“用”，“用”不是“体”，二者实有分别而不可等同。另一方面，本体动而生起（显现为）大用，则所有“用”皆为“体”；消“用”以归于“体”，则整个“体”都是“用”。就此而言，“体”“用”又相即不离。王玄览把后者视为“谛而观之”的结果，并认为“存之有四，忘之无一”。由此可见他颇为重视“体用不二”的思想，并偏重于其中“消用归体”的一面。他说：“识体是常是清净，识用是变是众生，众生修变求不变，修用以归体，自是变用识相死，非是清净真体死。”② 这主要是从工夫论上来说，“识体”指恒常一如、虚灵清净的本心，“识用”指变幻无常的诸法众生。众生修道的目的即是修变求不变、消用以归体，最终破除诸法众生相而开显清净真常之心体。

显然，在成玄英和王玄览看来，“体”是根本法则和终极目的，具有绝对至上的地位，而“用”则依附于“体”，缺乏独立实存性和积极正面的意义，往往是被破斥和消解的对象。这样一种体用论明显带有“贵体贱用”的特点，虽然也肯认“体用不二”，但是在理论的客观后果上则会造成“体”“用”的分离。这种“息用以归体”的思想主旨与儒家“明体达用”“立体致用”的精神无疑有根本性的差异。

---

① 王玄览：《玄珠录》卷上，载张宇初等编修《道藏》第 23 册，文物出版社、上海书店、天津古籍出版社 1988 年版，第 622—623 页。

② 王玄览：《玄珠录》卷上，载张宇初等编修《道藏》第 23 册，文物出版社、上海书店、天津古籍出版社 1988 年版，第 625 页。

隋唐时期道教关于“体用”的论说还有很多，如司马承祯有“夫心之为物也，即体非有，随用非无”等相关“体用”的论述，[①] 孟安排所辑录的《道教义枢》、杜光庭的《道德真经广圣义》等著作对“体用”义都有丰富的阐发，[②] 于此不再一一列举。

3. 儒家的体用观

隋唐时期，不仅佛、道二教盛谈“体用”，儒家对“体用”也有所论及。如孔颖达在疏解《乾》卦的卦名时说：“此乾卦本以象天，天乃积诸阳气而成天，故此卦六爻皆阳画成卦也。此既象天，何不谓之‘天’而谓之‘乾’者？‘天’者定体之名，‘乾’者体用之称。故《说卦》云：‘乾，健也。’言天之体，以健为用。圣人作《易》，本以教人，欲使人法天之用，不法天之体，故名‘乾’，不名‘天’也。天以健为用者，运行不息，应化无穷，此天之自然之理……”[③] 这主要是通过“体用”对举来彰显“天”之健动不息、生生不已的特性。“天之体”是指天之自体或者说天本身，天体定常一如、不显动相；“天之用”是指“天”生生不息、流行不已的功用，此“用”为天体所固有，乃天体的本性，“天之体”即是通过“天之用”显现。[④] 而“乾”具有健动不息之义，所以能够充分体现“天”的本质意涵。

又如，崔憬注释《易传·系辞上》“形而上者谓之道，形而下者谓之器”云：

> 凡天地万物，皆有形质。就形质之中，有体有用。体者，即形质也。用者，即形质上之妙用也。言有妙理之用以扶其体，则是道也。

---

① 参见司马承祯《坐忘论》，载张宇初等编修《道藏》第22册，文物出版社、上海书店、天津古籍出版社1988年版，第896页。

② 如杜光庭总结《老子》第一章的大意云：“此章先标可道为体，可名为用。末篇归众妙之门，摄迹归本趣向也，复归向于大道之本也。就此门中分为七别：一曰可道可名者，明体用也。义云：体用者，相资之义也。体无常体，用无常用。无用则体不彰，无体则用不立。或无或有，或实或权，或色或空，或名或象，互为体用，转以相明，是知体用是相明之义也。体者，形也，肤也；用者，资也，以也。”（杜光庭：《道德真经广圣义》卷6，载张宇初等编修《道藏》第14册，文物出版社、上海书店、天津古籍出版社1988年版，第341页。）

③ 王弼、韩康伯注，孔颖达疏：《周易正义》，《十三经注疏》（一），清嘉庆刊本，中华书局2009年版，第21页。

④ 关于孔颖达体用观的系统研究，可参见乔东义《论唐儒孔颖达的本体论与体用观》，《复旦学报》（社会科学版）2017年第4期。

> 其体比用，若器之于物，则是体为形之下，谓之为器也。假令天地圆盖方轸为体为器，以万物资始资生为用为道。动物以形躯为体为器，以灵识为用为道。植物以枝干为器为体，以生性为道为用。①

这是以“体用”论形而上之道与形而下之器。天地万物都有具体的形质，而形质之中有体有用。“体”指天地万物所具有的形质（形体），即形而下之器，也就是有形者；“用”指形质（形体）所具有的妙用，即形而上之道，也就是无形者，此无形之妙用能够“扶其体”。显然，这里的“体用”并不具有本体论的意义，而是就其原始含义即形体与作用来说。刘禹锡曰：“若所谓无形者，非空乎？空者，形之希微者也。为体也不妨乎物，而为用也恒资乎有，必依于物而后形焉。”② 其中“体用”也是就此意义而言。虽然这种从具体事物及其功用处立意的体用说并非主流，却一直存在于体用思想发展的整个脉络当中，无疑也是中国哲学体用论的重要组成部分。具体事物及其作用乃“体”“用”二字的本义，此从先秦时期萌发，到魏晋时期的钟会借以探讨有无问题，再到隋唐时期的崔憬用以诠释“形而上者谓之道，形而下者谓之器”，至于南宋朱熹则更是予以十分灵活地运用，使此义得到了更为充分的发挥与展开，最后到明清之际的王船山将“体”“用”的原始义与其本体论意涵加以融会贯通，极大地推动了体用论的发展。③ 可见，完全从具体事物层面立意的体用说乃中国哲学体用论较为重要的一条支脉，它与本体论层面的体用说这条主脉相互交织、密切关联。

此外，柳宗元也曾如是论及“体用”：“今之言禅者，有流荡舛误，迭相师用，妄取空语，而脱略方便，颠倒真实，以陷乎己，而又陷乎人。又有能言体而不及用者，不知二者之不可斯须离也。离之外矣，是世之所大患也。”④ 这是在批评当时一些空谈禅理而不务修行实践的佛教人士。在柳

---

① 李道平：《周易集解纂疏》卷8，中华书局1994年版，第611页。

② 刘禹锡：《天论中》，《刘禹锡集》上册，中华书局1990年版，第71页。

③ 参见［韩］姜真硕《朱子体用论研究》，博士学位论文，北京大学，2001年，第50—60页；陈赟《回归真实的存在——王船山哲学的阐释》，复旦大学出版社2002年版，第145—147页；周芳敏《王船山“体用相涵”思想之义蕴及其开展》，台湾新北花木兰文化出版社2009年版，第36—42页；田丰《王船山体用思想研究》，中国人民大学出版社2020年版，第619—622页。

④ 柳宗元：《送琛上人南游序》，《柳宗元集》第2册，中华书局1979年版，第680页。

宗元看来，“体”和“用”原本就是内在一如而不可分割的统一体，所以应当即“用”论“体”，而不可离“用”谈“体”。

由上可知，兴起于魏晋南北朝的体用论通过隋唐儒、道、佛三家的推阐和发明，获得了巨大的发展，无论是思想的广度还是深度都达到了前所未有的高度，其中尤以佛家的体用说最为繁盛和精深，道家次之，儒家最为薄弱（其体用论直至宋代才得以兴盛）。隋唐佛教通透圆熟的体用学说无疑是中国哲学体用论发展的第一个高峰，对之后宋元明清乃至近现代诸家的体用思想都产生了重大影响。当然，尚需指出的是：第一，隋唐后的五代时期，体用论仍在继续推进，如延寿所辑的《宗镜录》对“体用”即有十分精详的论说。[①] 第二，宋元明清以至近现代，不只儒家盛谈体用，佛、道两家也有颇为丰富的体用思想。第三，儒、道、佛三家的体用论虽然有着密切关联，但毕竟分属不同的义理系统，其间存在本质性的差异，因而对诸家体用论的考察，绝不可一概而论，而是必须将其置于各自所属的特定思想脉络中加以衡定。

（四）北宋时期儒家的体用论

北宋时期，佛、道两家的体用论继续发展，儒家也在佛道思想的挑战与刺激下，一方面从其根本立场上力辟佛道的体用分离之非，另一方面又借用佛道体用论中的一些语汇和想法来充实、更新儒家的体用学说，从而对佛、道两家的体用论予以批判性吸收和创造性转化，积极建构出“实体”与“实用”相资互成的儒家体用论，极大地推动了这一时期体用学说的丰富与发展。其中，胡瑗、邵雍、张载、程颢、程颐等儒者对儒学体用论的兴盛发挥了重要作用。

1. 晁迥与胡瑗的体用说

（1）晁迥的体用学说

晁迥（951—1034 年），字明远，先世为澶州清丰（今属河南）人，自其父始徙家彭门（今江苏徐州）。于太宗太平兴国五年（980 年）中进

---

① 如《宗镜录》曰：“如先德云：‘谓寂照无二，为菩提相。’犹如明镜，无心为体，鉴照为用，合为其相。亦即禅宗即体之用自知，即用之体恒寂，知寂不二为心之相。又云：‘理智相摄，以离理无智，离智无理，如珠之明故。’以珠是体、明是用，用不离体，体不离用，明不离珠，珠不离明故。”（延寿集：《宗镜录》卷 23，载中华大藏经编辑局编《中华大藏经（汉文部分）》第 76 册，中华书局 1994 年版，第 338 页。）

士，官至礼部尚书，以太子少保致仕，系宋初重要的士大夫。仁宗景祐元年卒，年八十四，赠太子太保，谥号文元。其著作主要有《翰林集》三十卷、《道院集》十五卷、《法藏碎金录》十卷以及《耆智余书》《随因纪述》《昭德新编》各三卷。[①]

受佛、道两家思想的影响，晁迥大力吸收其心性义理之学以融入儒家的学说，试图将儒、道、佛三家之学会通为一。[②] 他在《道院集》和《法藏碎金录》中对儒、道、佛三家的思想做了辨析和比较，力求揭示出各家学说的特质及其优长与不足，并以此为基础来寻求会通三教的方法和路径。不过，相较而言，晁迥更倾心于佛家的思想，这主要表现在他以佛学为究极圆满之教，并据此以评定其他各家的学说。他指出："孔氏之教，在乎名器，如释氏之相宗也。老氏之教，在乎虚无，如释氏之空宗也。唯释氏之教，本乎理性而兼该二教之事，方为臻极。然而孔老二教亦有涉乎理性空有之迹，而不到穷尽理性之说。"[③] 在这里，晁氏对佛教给予了充分肯定，认为它是兼备儒、道两家之精神的圆融之教。他的体用论也明显带有佛学化的特点。晁迥云："周孔经制之术，黄老清净之教，释梵薰修之法，历观体用，各无相妨，人多取舍，妄分憎爱。"[④] 又云："道家之言虚无，但得其体；佛教之言寂照，体用兼备。"[⑤] 他一方面主张儒、道、佛三家的体用学说并不互相排斥，而是可以相互涵摄、相互融通的；另一方面又认为佛家的体用思想最为完备，可以由此来衡定诸家的体用学说。对于佛教体用观的欣赏，晁迥在其著述中多有表达："详究禅宗之法，有想妄作入于邪见也，无想痴定落于顽空也。若以虚融之体含微妙之用，乃合中

---

① 参见刘焕阳《宋代晁氏家族及其文献研究》，齐鲁书社 2004 年版，第 153—182 页；[日]池泽滋子《晁迥研究》，载四川大学古籍整理研究所、四川大学宋代文化研究中心编《宋代文化研究》第十六辑，四川大学出版社 2009 年版，第 280—308 页。

② 参见邓广铭《王安石在北宋儒家学派中的地位——附说理学家的开山祖问题》，《北京大学学报》（哲学社会科学版）1991 年第 2 期；漆侠《晁迥与宋学——儒佛思想的渗透与宋学的形成》，《河北大学学报》1996 年第 3 期。

③ 晁迥：《法藏碎金录》卷 9，《文渊阁四库全书》第 1052 册，台湾商务印书馆 1986 年版，第 579 页。

④ 晁迥：《法藏碎金录》卷 9，《文渊阁四库全书》第 1052 册，台湾商务印书馆 1986 年版，第 585 页。

⑤ 晁迥：《法藏碎金录》卷 9，《文渊阁四库全书》第 1052 册，台湾商务印书馆 1986 年版，第 567 页。

道耳。”[①]“定如壁立不动也，慧如珠明圆照也。定慧相合，体用备矣。到此体用，何必多谈。”[②] 由此足见晁氏对佛教体用观的崇尚。

晁迥作为儒生士大夫，其思想却明显呈现出从儒学向佛学渗透的特点，这充分体现了隋唐佛学对宋初儒学的重大影响。虽然晁迥对佛教如此积极的态度与后来宋明诸儒辟佛的立场不一，但是他充分吸收佛、道两家的思想以充实和更新儒家的学说，开启了援佛入儒、援道入儒的学风，这对于宋代新儒学的形成无疑产生了一定的影响。[③]

（2）胡瑗的“明体达用”之学

胡瑗（993—1059 年），字翼之，泰州海陵（今江苏如皋）人，系宋代理学的先驱，与孙复、石介并称“宋初三先生”。因其祖籍在陕西安定，学者又尊称他为“安定先生”。根据《宋史·艺文志》记载，胡瑗著有《易解》十二卷、《周易口义》十卷、《洪范口义》一卷、《尚书全解》二十八卷、《胡先生中庸义》一卷、《春秋口义》五卷、《皇祐新乐图记》三卷（与阮逸合撰）。[④] 现完整保存的仅有《周易口义》《洪范口义》《皇祐新乐图记》三部著作。

在学术上，胡瑗以“体用”为本标举圣人之道，积极倡导“明体达用之”学，其儒学思想以“明体达用”为基本精神和宗旨。当然，“明体达用”这一说法并非由胡瑗所提出，而是弟子刘彝对其学问的一个总结。据《宋元学案》所载，熙宁二年（1069 年），宋神宗召见胡瑗的高足刘彝，问他：“胡瑗与王安石孰优？”刘彝答道：

---

① 晁迥：《法藏碎金录》卷 3，《文渊阁四库全书》第 1052 册，台湾商务印书馆 1986 年版，第 479 页。

② 晁迥：《法藏碎金录》卷 8，《文渊阁四库全书》第 1052 册，台湾商务印书馆 1986 年版，第 559 页。

③ 邓广铭认为，晁迥“或明或暗地吸收和汲引释道两家的心性义理之学于儒家学说之中，使儒家学说中原有一些抽象的道理更得到充实和提高，不但摆脱了从汉到唐正统儒生的章句训诂之学的束缚，也大不同于魏晋期内的玄学的空疏放荡”。（邓广铭：《王安石在北宋儒家学派中的地位——附说理学家的开山祖问题》，《北京大学学报》（哲学社会科学版）1991 年第 2 期。）漆侠也指出：“如果说，释智圆是宋代佛教僧徒沟通佛儒思想的第一人，那就应当说，晁迥则是宋代士大夫沟通儒佛思想的第一人。——这种沟通，对后来宋学的形成，特别是对宋学中的一支——道学或理学的形成，起着重要的影响和作用。”（漆侠：《晁迥与宋学——儒佛思想的渗透与宋学的形成》，《河北大学学报》1996 年第 3 期。）

④ 脱脱等：《宋史》卷 220《艺文一》，中华书局 1977 年版，第 5037—5079 页。

> “臣闻圣人之道，有体、有用、有文。君臣父子，仁义礼乐，历世不可变者，其体也。《诗》、《书》、史、传、子、集，垂法后世者，其文也。举而措之天下，能润泽斯民，归于皇极者，其用也。国家累朝取士，不以体用为本，而尚声律浮华之词，是以风俗偷薄。臣师当宝元、明道之间，尤病其失，遂以明体达用之学授诸生。夙夜勤瘁，二十余年，专切学校。始于苏、湖，终于太学，出其门者无虑数千余人。故今学者明夫圣人体用，以为政教之本，皆臣师之功，非安石比也。”又曰：“其在外，明体达用之学，教于四方之民者，殆数十辈。其余政事、文学粗出于人者，不可胜数。”①

由此足见胡瑗对“明体达用之”学的用力之深及其所产生的效力之大。他之所以极力推行“明体达用之”学，主要是因为当时科举取士一味崇尚声律浮华之词，而不敦本务实，以致整个社会风气一片浮躁。为救治此弊，敦厚民风，成就良善社会秩序，胡瑗力倡敦本务实的“明体达用之”学。“体”指的是儒道，即儒家的根本价值原则，如仁义道德、礼乐精神等，这些都是儒家恒常不变、一以贯之的法度；“用”是指贯彻儒道于现实生活所产生的修齐治平之实际效用。据此，“明体达用”即明通儒道之体以达成修齐治平之大用，也就是明通儒家之常道，并用以解决社会民生日用中的实际问题，从而实现敦化百姓和平治天下的王道理想。《宋元学案》说：“其教人之法，科条纤悉具备。立‘经义’‘治事’二斋：经义则选择其心性疏通、有器局、可任大事者，使之讲明《六经》。治事则一人各治一事，又兼摄一事，如治民以安其生，讲武以御其寇，堰水以利田，算历以明数是也。”② 此教人之法足以体现出胡瑗“明体达用之”学的特色。其中立“经义”是为了明其体，设“治事”则是为了达其用，两者兼修并治，从而成就一体用兼备的整全之学。

胡瑗的“明体达用之”学强调儒道之体与经世之用两面兼顾、相互为用，深刻地蕴含着体用一如的思想，这对于当时仍处于衰微之际的儒学具

---

① 黄宗羲原著，全祖望补修：《安定学案》，《宋元学案》卷 1，中华书局 1986 年版，第 25 页。

② 黄宗羲原著，全祖望补修：《安定学案》，《宋元学案》卷 1，中华书局 1986 年版，第 24 页。

有一定的提振作用。胡瑗以“明体达用之”学阐发儒学之本义，也对后世诸儒的思想产生了重要影响。宋元明清各代便有不少儒家学者援引“明体达用”之说发明义理，这在明清之际表现尤为突出，如李颙即发挥胡瑗的思想，力倡“明体适用之学”。张珥在论及李颙的“体用全学”时说：“儒者之学，明体适用之学也。欲为明体适用之学，须读明体适用之书。未有不读明体适用之书，而可以明体适用者也。”[①] 这是明确以其儒学为“明体适用之学”，并强调须先读明体适用之书，方可以为明体适用之学。李颙甚至认为：“明体适用，乃人生性分之所不容已，学焉而昧乎此，即失其所以为人矣！明体而不适于用，便是腐儒；适用而不本明体，便是霸儒；既不明体，又不适用，徒灭裂于口耳伎俩之末，便是异端。”[②] 这就是说，“明体适用”乃人之所以为人之根本，也就是儒学之所以为儒学的本质所在，若不明此学，则必将失却人之为人之道，从而丧失儒学的根本精神。此即凸显了“明体适用之学”的深刻性与重要性。与李颙同时代的颜元也深切服膺胡瑗之学，他表示：“惟安定胡先生，独知救弊之道在实学不在空言，其主教太学也，立经义、治事斋，可谓深契孔子之心矣。”[③] 由此足见胡瑗的“明体达用之”学影响之深远。

2. 邵雍的体用说

邵雍（1011—1077年），字尧夫，“北宋五子”之一，祖籍河北范阳（今河北涿阳），先后徙居衡漳、共城和洛阳，宋哲宗元佑中谥号“康节”，明嘉靖中祀称“先儒邵子”，后世习称“康节先生”，主要著有《皇极经世书》《梅花易数》《渔樵问对》《伊川击壤集》。

邵雍有大量关于“体用”的论述，[④] 不过其中大部分是就易学之占筮、象数而言，与本书所要考察的哲学义理层面的“体用论”关系不大。此略引如下两例为证：其一，邵雍在《梅花易数》中设有“八卦心易体用诀”“体用总诀”“体用”“体用论”“体用互变之诀”等条目专论作为筮法的

---

① 李颙：《体用全学》，《二曲集》卷7，中华书局1996年版，第48页。

② 李颙：《盩厔答问》，《二曲集》卷14，中华书局1996年版，第120页。

③ 颜元：《存学编》卷3《性理评》，《颜元集》上册，中华书局1987年版，第75页。

④ 相关研究成果有：唐明邦《邵雍评传》，南京大学出版社2011年版，第161—166页；陈睿超《论邵雍先天易学哲学的体用观念》，《哲学动态》2018年第6期；李震《邵雍体用论的渊源、特色与定位》，《中国哲学史》2020年第2期；李震《邵雍哲学的体用论》，《哲学研究》2020年第9期。

“体用”原理。如他说：“体用云者，如易卦具卜筮之道，则易卦为体，以卜筮用之。此所谓‘体用’者，借‘体用’二字以寓动静之卦，以分主客之兆，以为占例之准则也。大抵体用之说，体卦为主，用卦为事，互卦为事之中间，刻应变卦为事之终应。”① 这里的“体用”主要是就体卦和用卦而言，以之作为占筮的基本准则，用于分别动卦与静卦、主卦与客卦等。其二，《皇极经世书·观物外篇》多有借“体用”观念论易数的情况，如云：“天之体数四而用者三，不用者一也；地之体数四而用者三，不用者一也。”② “蓍者，用数也；卦者，体数也。用以体为基，故存一也；体以用为本，故去四也。”③ 这显然都是从易数的意义上来谈“体用”。尽管不能否认运作体数和用数的基本原理具有一定的哲学性，如所谓“用以体为基”“体以用为本”，但是“体用”本身实指易数，并不直接具有深刻的哲学意蕴。

除从占筮与象数的角度立意外，邵雍也有其哲学义理层面的体用论。这主要体现在如下几点。

其一，以“体用”论“一阴一阳之谓道”。邵雍云：“阳者道之用，阴者道之体。阳用阴，阴用阳，以阳为用则尊阴，以阴为用则尊阳也。”④ 他认为，阳为道之用，阴为道之体，用阳则尊阴，用阴则尊阳，阴阳二者相互为用。这就指明了阴体与阳用相互依存、相互作用的辩证关系，而“道”的意义正在于阴体阳用之间的辩证统一、相反相成。那何以阴体与阳用之间必然具有这样一种辩证关系？邵雍指出：“阳不能独立，必得阴而后立，故阳以阴为基；阴不能自见，必待阳而后见，故阴以阳为唱。阳知其始而享其成，阴效其法而终其劳。”⑤ 可见，这是因为阳用不能自立，必须依待阴体方可成立；阴体不能自显，必须通过阳用才能显现。由此便阐发了“用依体立，体由用显”“用不离体，体不离用”的体用思想。

其二，以“体用”论人之所以为人之道。邵雍云：“人之所以能灵于

---

① 邵雍：《梅花易数》卷 2，九州出版社 2003 年版，第 41 页。
② 邵雍：《观物外篇》，《邵雍集》，中华书局 2010 年版，第 51 页。
③ 邵雍：《观物外篇》，《邵雍集》，中华书局 2010 年版，第 91 页。
④ 邵雍：《观物外篇》，《邵雍集》，中华书局 2010 年版，第 143 页。
⑤ 邵雍：《观物外篇》，《邵雍集》，中华书局 2010 年版，第 145 页。

万物者，谓其目能收万物之色，耳能收万物之声，鼻能收万物之气，口能收万物之味。声色气味者，万物之体也。目耳口鼻者，万人之用也。体无定用，惟变是用。用无定体，惟化是体。体用交而人物之道于是乎备矣。”① 在他看来，人之所以为万物之灵，是因为人有耳目口鼻，能够把握万物之声色气味。声色气味等属性为万物之体，乃人之所知；耳目口鼻等感官的官能为众人之用，乃人之能知。而体没有固定之用，用也没有固定之体，体和用本身都是变化不定的。人之一身体用兼备，并能够认识和适应其间的各种变化，所以堪称万物之灵。② 邵雍在此展现了体用之间相倚相待、交互作用变化的关系。

其三，以“体用”论变易之道。邵雍曰：“用也者，心也。体也者，迹也。心迹之间有权存焉者，圣人之事也。”③ 又曰：“道德功力者，存乎体者也。化教劝率者，存乎用者也。体用之间有变存焉者，圣人之业也。”④ 这主要是说，圣人之事业在于发明体用变化之道，也就是参赞天地之化育。而所谓“体用变化之道”，即表现在体用之间交互作用不已，从而成就生生不息之变化，于是万事万物皆从此出。当然，邵雍又在另一场合中说：“体与用分，心与迹判，圣人之事业于是乎备矣。”⑤ 这又重在强调体用之间的分别。

其四，以“体用”论具体事物与其功用间的相待关系。邵雍说：“薪，火之体也；火，薪之用也。火无体，待薪然后为体；薪无用，待火而后为用。”⑥ 这是将薪火之间的关系视为一种体用关系，体用之间的对待统一于此尤为清楚明白。他又说：“火以用为本，以体为末，故动。水以体为本，以用为末，故静。是火亦有体，水亦有用也，故能相济又能相息。非独水火则然，天下之事皆然，在乎用之何如尔。”⑦ 此即认为，天地间万事万物都是有体有用的，或者以体为本、以用为末，或者以用为本、以体为末，

---

① 邵雍：《观物内篇》，《邵雍集》，中华书局 2010 年版，第 6 页。

② 陈钟凡认为：“言人之体用无定，惟变是适，乃超然为万物之灵。”（陈钟凡：《两宋思想述评》，东方出版社 1996 年版，第 59 页。）

③ 邵雍：《观物内篇》，《邵雍集》，中华书局 2010 年版，第 13 页。

④ 邵雍：《观物内篇》，《邵雍集》，中华书局 2010 年版，第 16 页。

⑤ 邵雍：《观物内篇》，《邵雍集》，中华书局 2010 年版，第 20 页。

⑥ 邵雍：《渔樵问对》，《邵雍集》，中华书局 2010 年版，第 553 页。

⑦ 邵雍：《渔樵问对》，《邵雍集》，中华书局 2010 年版，第 554 页。

正因为此，万事万物才能相生相济。

总之，邵雍对“体用”观念有十分灵活的运用，赋予了多种不同的意涵。其体用思想重在强调体用之间的相互作用、相互影响以及“体无定用，唯变是用。用无定体，唯化是体”的体用变化之道。这对后世胡宏、张栻、朱熹等儒者的体用观均产生了一定影响，如胡宏在《皇王大纪·三皇纪》中便直接引述邵雍的“阳者道之用，阴者道之体。阳用阴，阴用阳”等论说来阐发天地阴阳之道，[①] 充满着辩证色彩。

3. 张载的体用说

张载（1020—1077 年），字子厚，凤翔郿县（今陕西眉县）人，系关学的开创者、宋明理学的奠基人之一。因常讲学于其家所在的横渠镇，故后人亦称他为横渠先生。他的著作甚丰，现存者主要有《正蒙》《横渠易说》《经学理窟》《张子语录》《文集佚存》。

太虚与气的关系是张载哲学的基本问题，也是其整个哲学的逻辑起点。在他看来，二者为“太虚即气”或“虚气相即”的关系，此中即蕴含着“体用不二”的思想。[②] 换言之，张载乃是以“体用不二”的理念来处理太虚与气的关系。这既是他对儒学本体论的积极建构，也是对汉唐儒学的扬弃和对佛道思想挑战的回应。《正蒙·太和篇》曰：

> 知虚空即气，则有无、隐显、神化、性命通一无二，顾聚散、出入、形不形，能推本所从来，则深于《易》者也。若谓虚能生气，则虚无穷，气有限，体用殊绝，入老氏“有生于无”自然之论，不识所谓有无混一之常；若谓万象为太虚中所见之物，则物与虚不相资，形

---

① 胡宏：《皇王大纪》卷1《三皇纪》，《文渊阁四库全书》第313册，台湾商务印书馆1986年版，第10页。

② 牟宗三指出：“依横渠之思理，体用圆融即是神体气化之不即不离。‘虚空即气’即上段‘太虚不能无气’一语之义。‘不能无气’即不能离气。不能离气者即就气化之不滞而见神体虚体之妙用也。清通之神即在气化之不滞处见，即在气之聚散动静之贯通处见，此即‘虚空即气’也。”（牟宗三：《心体与性体》第1册，台北正中书局1968年版，第458页。）丁为祥表示：“当张载以虚气相即论证其本体论与宇宙论的并建时，实际上也就是从体用不二的角度来把握本体论与宇宙论的关系的；而二者的并建以及张载对二者的并重，也是从体用两个不同角度和层面的不可分割关系来并建并重的。”（丁为祥：《虚气相即——张载哲学体系及其定位》，人民出版社2000年版，第195页。）庄元辅认为：“张载所提出的‘太虚即气’这一命题中，本有意涵着‘体用’和‘形上形下’的意义。”（庄元辅：《试论张载“太虚即气”意涵“体用”之义》，《当代儒学研究》2011年第10期。）

> 自形，性自性，形性、天人不相待而有，陷于浮屠以山河大地为见病之说。此道不明，正由懵者略知体虚空为性，不知本天道为用，反以人见之小因缘天地……语天道性命者，不罔于恍惚梦幻，则定以“有生于无”，为穷高极微之论。①

在此，张载以太虚为体、以气为用，而太虚与气即是一种“体用不二”的关系。他从正反两个方面立论，就正面而言，“知虚空即气，则有无、隐显、神化、性命通一无二”，此“即”字是圆融之义、不离之义，而并非即是、等同的意思。② 这里的“有无”“隐显”“神化”“性命”都是虚气关系或体用关系的具体表现，由此便可知太虚与气并不相同。也正因为两者之间存在异质异层的差异，所以才可说“通一无二”。若两者完全同一，则不存在“通一”的可能性和必要性。张载所谓“散殊而可象为气，清通而不可象为神”“客感客形与无感无形”，③ 就表明了太虚与气之间的基本差异。当然，这种分别只是其“通一无二”的逻辑前提，而张载在此强调的是二者的内在关联性。在他看来，若通达虚空不离于气之理，便可明晓有与无、隐与显、神与化、性与命都是不可分割的统一体。这也就意味着，太虚与气一体不二，具有内在统一性。此处的“虚空即气”“通一无二”其实蕴含着太虚与气的双重关系：一方面，气不离于太虚；另一方面，太虚亦不离于气。就前者而言，太虚是超越于气的形上本体，气的存在与运化必须以之为根据，若离于太虚，则气便成无本之木、无源之水。所以，张载有云：“太虚者，气之体……。”④ “太虚无形，气之本体……气不能不聚而为万物，万物不能不散而为太虚……。”⑤ 而他所言“顾聚散、出入、形不形，能推本所从来，则深于《易》者也”，即是强调就气之聚

---

① 张载：《正蒙·太和篇第一》，《张载集》，中华书局1978年版，第8页。

② 牟宗三指出：“‘虚空即气’，顺横渠之词语，当言虚体即气……虚体即气，即‘全体是用’之义，（整个虚体全部是用），亦即‘就用言，体在用’之义。既可言虚体即气，亦可言气即虚体。气即虚体，即‘全用是体’之义，亦即‘就体言，用在体’之义。是以此‘即’字是圆融之‘即’，不离之‘即’，‘通一无二’之‘即’，非等同之即，亦非谓词之即。显然神体不等同于气。就‘不等同’言，亦言神不即是气。此‘不即’乃‘不等’义。显然神亦非气之谓词（质性）。”（牟宗三：《心体与性体》第1册，台北正中书局1968年版，第458—459页。）

③ 张载：《正蒙·太和篇第一》，《张载集》，中华书局1978年版，第7页。

④ 张载：《正蒙·乾称篇第十七》，《张载集》，中华书局1978年版，第66页。

⑤ 张载：《正蒙·太和篇第一》，《张载集》，中华书局1978年版，第7页。

散、出入、形不形以推究其太虚本原，能够把握到太虚本体，则为精通易道者。这就是在彰显太虚本体的超越性、根本性、终极性。气不可离于太虚，由此显明无疑。就后者来说，太虚之体内在于气化流行的过程之中，必须通过气化流行来体现，而气化流行本身也就是太虚本体的发用和表现，所以太虚亦不可离于气而存在。若脱离了气，则太虚便成为一纯粹的虚无和抽象孤悬的死体，这正是张载所极力反对的。他表示，“太虚不能无气”“知太虚即气，则无无”①。总之，太虚既超越而又内在于气，气既以太虚为本体而又内含此体并显现此体。故而气无论以何种形态、何种方式存在，太虚本体都是如如常在的。此即张载所谓“气之为物，散入无形，适得吾体；聚为有象，不失吾常”“聚亦吾体，散亦吾体”②。这足以表明太虚与气的不可分割性、内在统一性。

张载不仅从正面积极阐发，而且通过对佛、道割裂体用统一性的批判来反证太虚与气的“体用不二”关系。于此姑且不论张载对佛、道的批评是否允当，而着重考察其所要表达的真实意旨。张载认为：一方面，太虚与气的关系不是宇宙论意义上的相生关系。如果认为虚能生气，就会以虚为在先的、绝对无限的宇宙本原，而气为后起的、相对有限的派生物，二者并不同时共在，且虚对于气具有绝对的优先性，超越于气之外而不在气之中，这样便会造成虚、气的分离（“体用殊绝”），从而陷入老氏“有生于无”之论，以致无法认识到虚体与气用的共在、统一关系。另一方面，太虚与气的关系也不是太虚与“太虚中所见之物”的关系。如果把气只看作人凭空构想之物，即佛教所谓“见病”的产物，而并非直接由太虚本体所生成，那么太虚自是太虚，气自是气，二者并不相资相待。如此就落入佛氏“以山河大地为见病之说”。既然以太虚为唯一真实，以气为虚假幻相，那么这实际上是否定了气的真实存在性，也就否定了本体的发用流行。于是，万事万物就只是因缘和合的结果，并非以太虚本体为其存在与运化的根据，从而只能是“物与虚不相资，形自形，性自性，形性、天人不相待而有”。可见对张载而言，无论老氏的“有生于无”之论，还是佛氏的“以山河大地为见病”之说，其缺失

---

① 张载：《正蒙·太和篇第一》，《张载集》，中华书局 1978 年版，第 7、8 页。

② 张载：《正蒙·太和篇第一》，《张载集》，中华书局 1978 年版，第 7 页。

都在于割裂了体用之间的统一性。而他正是站在“虚空即气”或“体用不二”的立场上来批判佛、道二氏的这种缺失的，其批驳的根本目的也就在于表明这一立场。

张载阐发“太虚即气”的思想乃以“体用不二”为基本理念，而这一理念贯穿其整个理学体系。如《神化》篇曰：“神，天德；化，天道。德，其体，道，其用，一于气而已。”① 此是以“体用不二”论神与化的内在统一关系。在这里，神即是天德，为本体；化即是天道，为本体之发用。这两个方面都统一、落实于气，即存在于气化之中、通过气化流行来表现。这其实是“太虚即气”观念的另一种表达。同篇亦曰：“敦厚而不化，有体而无用也；化而自失焉，徇物而丧己也。大德敦化，然后仁智一而圣人之事备。”② 这是从人生修养工夫与境界的层面论神体与化用的不二关系。在此，“敦厚”就神体而言，“化”即神体之发用。若有敦厚之体而不能化育万物，则是有体无用；若陷溺于大化流行而不能明其本体，则是有用无体。唯有德行敦厚、化育万物，即立体致用、体用合一，圣人之事业才算完备。张载又于《至当》篇云：“礼运云者，语其达也；礼器云者，语其成也。达与成，体与用之道，合体与用，大人之事备矣。”③ 这是以礼运为体、以礼器为用，“达”即明达礼器之根本，“成”即成就礼运之效用，礼运之达造就礼器之用，礼器之成实现礼运之体，于是达与成为体用合一之道，合体与用，则大人之事业全备。④ 这无疑也渗透着“体用不二”的思想。此外，张载还于《经学理窟·学大原》说：“其始且须道体用分别以执守，至熟后只一也。道初亦须一意虑参较比量，至已得之则非思虑所能致。”⑤ 他认为，在做工夫的初始阶段，往往须对道之体用分别加以执守，而一旦修炼达到纯熟境地，就能洞见道之体用原本一体。这就表明，道是

---

① 张载：《正蒙·神化篇第四》，《张载集》，中华书局 1978 年版，第 15 页。

② 张载：《正蒙·神化篇第四》，《张载集》，中华书局 1978 年版，第 18 页。

③ 张载：《正蒙·至当篇第九》，《张载集》，中华书局 1978 年版，第 33 页。

④ 王船山注曰：“运云者，运行于器之中，所以为体天地日月之化而酬酢于人事者也。达，谓通理而为万事之本；成者，见于事物而各成其事也。礼运，体也；礼器，用也。达则无不可成，成者成其达也。体必有用，显诸仁也。用即用其体，藏诸用也。达以成而成其所达，则体用合矣。……体无不成，用无不达，大人宰制万物、役使群动之事备矣。”（王船山：《张子正蒙注》卷 5，岳麓书社 2011 年版，第 197 页。）

⑤ 张载：《经学理窟·学大原上》，《张载集》，中华书局 1978 年版，第 280 页。

有体有用的，且体用之间本即圆融不二。

总而言之，张载哲学贯穿着“体用不二”的基本观念，这一观念既是从本体论上来说，也具有方法论的意义。[①] 其要义体现在如下两点：一者，体是超越于用的形上本体，用以体为本原，故用不离于体；二者，用是本体自身之流行发用，体即内在于用，通过用来体现，故体不离于用。这就是说，体和用相资相待、一体不离。而体用的圆融不二又以体用之分别为前提，二者之间存在本体与现象或形上与形下之不同层面的显著差异，绝不可混同。所以，体和用既有分别而又具有内在统一性。张载由“太虚即气”所阐发的“体用不二”思想，一方面挺立起形上世界，另一方面又安顿好形下世界，超越追求与现实关怀两面并进、双向拓展，无疑奠定了整个宋明儒学体用论的基调。后世诸儒的体用学说基本是沿着张载所开辟的方向，进行了不同层面、不同视角、不同程度的丰富与推展。显然，其影响十分深远，及至明清之际的王船山和现代新儒家熊十力等哲人的思想建构。

4. 二程的体用说

“二程”即北宋理学家程颢、程颐兄弟。程颢（1032—1085 年），字伯淳，谥纯公，世称明道先生，著有《识仁篇》《定性书》《中庸义》等。程颐（1033—1107 年），字正叔，谥正公，世称伊川先生，著有《易传》《论语说》《河南经说》等。二程出生于湖北黄陂，长期生活、讲学于河南洛阳，系洛学的开创者和宋明理学的重要奠基人，被后世合称为“二程先生”。

（1）程颢的体用说

从现存文献来看，程颢对“体用”的论述并不多，主要有如下四条：

> ①《咸》《恒》，体用也。体用无先后。[②]

---

① 丁为祥指出：“体用关系即张载哲学的方法论，在张载哲学中，体用不二不仅是他批判佛老的有力武器，同时也是其解决天人合一问题的基本方法。”（丁为祥：《虚气相即——张载哲学体系及其定位》，人民出版社 2000 年版，第 7 页。）

② 程颢、程颐：《河南程氏遗书》卷 11《明道先生语一》，《二程集》，中华书局 2004 年版，第 119 页。

②理义，体用也。(自注：理义之说我心。)[1]

③“和顺于道德而理于义”者，体用也。[2]

④以己及物，仁也。推己及物，恕也。(自注：违道不远是也。)忠恕一以贯之。忠者天理，恕者人道。忠者无妄，恕者所以行乎忠也。忠者体，恕者用，大本达道也。此与“违道不远”异者，动以天尔。[3]

第一条引文是以“体用”观念来表示《咸》《恒》两卦的关系，《咸》卦有交感之义，《恒》卦蕴含恒久不变之常道。[4] 正因为有天地之交感，所以才产生万物，有万物即有万物存在及运化之道；正因为有男女之交感，所以才成就夫妇，有夫妇即有夫妇相处之道。此即《序卦传》所云：“有天地然后有万物，有万物然后有男女，有男女然后有夫妇，有夫妇然后有父子，有父子然后有君臣，有君臣然后有上下，有上下然后礼义有所错。”[5] 就此而言，《咸》卦与《恒》卦互为体用，二者之间具有一种相生相成的关系。[6] 但这并非宇宙论意义上有时间先后的生成关系，而是本体论意义上不可分割的共在、统一关系。程颢所谓“体用无先后”，正在于强调此意。“无先后”不是说没有逻辑上的先后，而是指无时间上的先后，这就凸显了体、用的内在统一性。据此，“体用无先后”即蕴含着“体用不二”

① 程颢、程颐：《河南程氏遗书》卷11《明道先生语一》，《二程集》，中华书局2004年版，第133页。

② 程颢、程颐：《河南程氏遗书》卷11《明道先生语一》，《二程集》，中华书局2004年版，第127页。

③ 程颢、程颐：《河南程氏遗书》卷11《明道先生语一》，《二程集》，中华书局2004年版，第124页。

④ 《彖传》曰：“咸，感也。柔上而刚下，二气感应以相与……天地感而万物化生，圣人感人心而天下和平。观其所感，而天地万物之情可见矣！”“恒，久也。刚上而柔下，雷风相与，巽而动，刚柔皆应，恒……天地之道，恒久而不已也；‘利有攸往’，终则有始也。日月得天而能久照，四时变化而能久成，圣人久于其道而天下化成。观其所恒，而天地万物之情可见矣！”参见王弼、韩康伯注，孔颖达疏《周易正义》卷4，《十三经注疏》(一)，清嘉庆刊本，中华书局2009年版，第95—97页。

⑤ 王弼、韩康伯注，孔颖达疏：《周易正义》卷9，《十三经注疏》(一)，清嘉庆刊本，中华书局2009年版，第200—201页。

⑥ 朱伯崑认为：“此两卦的顺序虽然是先咸而后恒，不是就时间说的，而是就体用关系说的，即咸卦为体，恒卦为用。就卦义说，男女交感为体，夫妇尊卑关系为用。男尊女卑乃男女交感的表现形式，不能说，男女交感在先，夫妇关系在后，此即‘体用不分先后’。”(朱伯崑：《易学哲学史》，昆仑出版社2009年版，第236—237页。)

或“体用一源”的思想。第二条引文是以理为体、义为用，理义之间亦构成体用关系。第三条引文中的“和顺于道德而理于义”出自《说卦传》：“昔者圣人之作《易》也，幽赞于神明而生蓍，参天两地而倚数，观变于阴阳而立卦，发挥于刚柔而生爻，和顺于道德而理于义，穷理尽性以至于命。”① 这里阐述了蓍、数、卦、爻的形成原因和过程以及《周易》能够穷极道德性命之理的大用。在此，“幽赞于神明”“参天两地”“观变于阴阳”“发挥于刚柔”，分别是“生蓍”“倚数”“立卦”“生爻”的原因或根据，而后者则是前者的结果或作用，前后者之间构成一种因与果、体与用的关系。“和顺于道德而理于义”一句也是如此：“和顺于道德”即和顺天道天德，这是因、是源、是本；而“理于义”即使万事万物皆各得其宜，这是果、是流、是用。② 程颢直接以“体用”来论述二者的关系，则更加彰显了其间的内在关联。第四条引文是从本体论的意义上谈忠恕之道。“忠”指真实无妄、恒常遍在的天理，此为本体；“恕”指人道，即践行天理、实现天理，此为本体之流行发用。忠为恕之体，恕为忠之用，忠恕一以贯之，即是体用圆融不二。程颢以道之体和道之用诠释“忠”“恕”，由此足见他对儒学本体论的积极建构。他说：“维天之命，於穆不已，不其忠乎！天地变化草木蕃，不其恕乎！”③ “维天之命，於穆不已”意指生生不已的天道本体，这就是“忠”；而“天地变化草木蕃”即是天道本体的流行发用，这就是“恕”。程颢尤其强调二者的不可分割，认为“忠恕两字，要除一个除不得”④。何以忠恕不相离？这是因为忠是体，恕是用，而体为用的根据，用为体的显现，二者相依互成、一体不分。

---

① 王弼、韩康伯注，孔颖达疏：《周易正义》卷9，《十三经注疏》（一），清嘉庆刊本，中华书局2009年版，第195—196页。

② 朱熹云：“‘和顺于道德’，是默契本原处；‘理于义’，是应变合宜处。”（朱熹：《晦庵先生朱文公文集》卷39《答许顺之》，载朱杰人、严佐之、刘永翔主编《朱子全书》（修订本）第22册，上海古籍出版社、安徽教育出版社2010年版，第1741页。）项安世说：“‘和顺于道德而理于义’，自幽而言以至于显，此所谓显道也。”龚焕曰：“上句是自源而流，下句是自末而本。盖必‘和顺于道德’，而后能‘理于义’；必‘穷理尽性’，而后能‘至于命’也。”（李光地：《周易折中》，巴蜀书社2008年版，第492页。）所谓“默契本原与应变合宜”“幽与显”“源与流”，皆可视为对体用关系的某种表达。

③ 程颢、程颐：《河南程氏外书》卷7《胡氏本拾遗》，《二程集》，中华书局2004年版，第392页。

④ 程颢、程颐：《河南程氏外书》卷12《传闻杂记》，《二程集》，中华书局2004年版，第428页。

通过以上分析可知，程颢的体用论颇为强调体用的圆融统一，即体用之间的不可分割性。这一点贯彻于其整个理学思想，如他说：“彻上彻下，不过如此。形而上为道，形而下为器，须着如此说。器亦道，道亦器，但得道在，不系今与后，己与人。”① 又说：“气外无神，神外无气。”② 形而上之道与形而下之器不二以及神（意指本体）与气不二，都是体用圆融不二思想的体现，由此颇显程颢体用论的特质。③ 这与其弟程颐更为注重“体”的超越性、根本性以及体用之分别有所不同。

（2）程颐的体用说

程颐体用说的核心观点是“体用一源，显微无间”。这一观点的提出，一方面是程颐充分吸收王弼的义理易学和扬弃汉代以来流行的象数易学的结果，另一方面则是他应对佛道思想挑战、积极建构儒学本体论的产物。④ 当然，这种体用观也吸收了佛教的思想尤其是华严宗的“四法界说”。⑤ “体用一源，显微无间”既是程颐易学的基本原则，也是其理学的根本观念，对易学和理学的发展都产生了重要影响。

---

① 程颢、程颐：《河南程氏遗书》卷1《二先生语一》，《二程集》，中华书局2004年版，第4页。《宋元学案》将此条列入《明道学案》，牟宗三从哲学义理上确证其为程颢所言。（参见牟宗三《心体与性体》第2册，台北正中书局1968年版，第21—27页。）

② 程颢、程颐：《河南程氏遗书》卷11《明道先生语一》，《二程集》，中华书局2004年版，第121页。

③ 牟宗三认为“此只是直贯创生的体用不二之圆融说，非是体用不分，形上形下不分”，并指出“明道喜作圆顿表示，伊川喜作分解表示……‘一本’义即圆顿表示。此非伊川所能有也”。（参见牟宗三《心体与性体》第2册，台北正中书局1968年版，第20、8页。）

④ 关于程颐“体用一源，显微无间”思想的研究，可参见朱伯崑《易学哲学史》（二），昆仑出版社2009年版，第190—195、230—246页；郑万耕《程朱理学的体用一源说》，《孔子研究》2002年第4期；彭耀光《从“体用一源，显微无间”看程颐理学的精神》，《东岳论丛》2011年第8期；姜海军《程颐〈易〉学思想研究——思想史视野下的经学诠释》，北京师范大学出版社2010年版，第120—131页；郑臣《内圣外王之道——实践哲学视域内的二程》，上海人民出版社2015年版，第238—246页。

⑤ 据《河南程氏遗书》所载，有人问程颐：“某尝读《华严经》，第一真空绝相观，第二事理无碍观，第三事事无碍观，譬如镜灯之类，包含万象，无有穷尽。此理如何?”程颐答道：“只为释氏要周遮，一言以蔽之，不过曰万理归于一理也。”（程颢、程颐：《河南程氏遗书》卷18《伊川先生语四》，《二程集》，中华书局2004年版，第195页。）由此可表明佛学对程颐的影响。朱伯崑指出：“‘体用一原’这一易学原则成为其形上学和本体论的理论支柱……此种体用观，当是受到佛教《大乘起信论》和华严宗教义的启发。”（朱伯崑：《谈宋明理学中的体用一原观》，《中国哲学史》1992年第1期。）姜海军表示：“程颐在佛教华严宗理事无碍说的影响下，明确提出了‘体用一源，显微无间’的观点。”（姜海军：《程颐〈易〉学思想研究——思想史视野下的经学诠释》，北京师范大学出版社2010年版，第129页。）

“体用一源，显微无间”是程颐在探讨《周易》卦爻辞、卦爻象与义理的关系时提出的，后来逐渐获得了普遍运用并成为程颐儒学的基本理念。《易传序》曰：

吉凶消长之理，进退存亡之道，备于辞。推辞考卦，可以知变，象与占在其中矣。君子居则观其象而玩其辞，动则观其变而玩其占。得于辞，不达其意者有矣；未有不得于辞而能通其意者也。至微者理也，至著者象也。体用一源，显微无间。观会通以行其典礼，则辞无所不备……予所传者辞也，由辞以得其意，则在乎人焉。①

这主要是说，《周易》的义理即蕴含在卦爻辞和卦爻象之中，必须通过对卦爻辞和卦爻象的考察才能把握《周易》的义理。在程颐看来，卦爻义为体，深藏于内，幽微而不可见；卦爻辞和卦爻象为用，显著于外，有形可见。这两者相互依存、一体不离：一方面，卦爻义是卦爻辞和卦爻象存在的根据，卦爻辞和卦爻象皆本于卦爻义而产生；另一方面，卦爻辞和卦爻象是卦爻义的表征，卦爻义须通过卦爻辞和卦爻象来体现。此即《周易》的义理与其辞、象之间的“体用一源，显微无间”关系。不过，这里程颐着重表明卦爻义不能脱离于卦爻辞和卦爻象，其原因在于“理无形也，故假象以显义”②。

以上是一方面，而另一方面程颐又强调卦爻辞和卦爻象必须以卦爻义为本。他在《答张闳中书》中说：

来书云：“《易》之义本起于数。”谓义起于数则非也。有理而后有象，有象而后有数。《易》因象以明理，由象而知数。得其义，则象数在其中矣。必欲穷象之隐微，尽数之毫忽，乃寻流逐末，术家之所尚，非儒者之所务也。管辂、郭璞之徒是也。理无形也，故因象以明理。理既见乎辞矣，则可由辞以观象。③

① 程颐：《周易程氏传》，《二程集》，中华书局2004年版，第689页。
② 程颐：《周易程氏传》卷1《周易上经上》，《二程集》，中华书局2004年版，第695页。
③ 程颢、程颐：《河南程氏文集》卷9《答张闳中书》，《二程集》，中华书局2004年版，第615页。

“义起于数”是易学象数派的基本观点，程颐显然反对此说，主张理是象数的本原，强调易学当以义理为本。在他看来，如果一味沉迷于象数而不见易道本原，则是舍本逐末、弃源寻流，这只是术数家的追求，而并非儒者之志。此即站在儒家立场上，以“理”为本和源，以“象”“数”为末和流，从而凸显“理”在《周易》当中的根本性和优先性。当然，程颐也肯定了象数存在的积极作用。他认为，理无形象可见，须通过象数来表达。这就意味着象数是义理的体现，义理寓于象数之中，而不可脱离象数存在。不过在他看来，象数本于义理，象数存在的目的就是显明义理，所以一旦把握住《周易》的义理，则象数自然蕴含其中。这就凸显了义理对象数的主宰性和超越性。程颐谓“得意则可以忘言，然无言又不见其意”①，即指明义理既超越而又内在于卦爻辞或象数之中。

程颐通过对象、数、辞、义之间内在关联性的展示，更加具体、明晰地表达了“体用一源，显微无间”这一观念在易学中的意蕴。他还表示：“至显者莫如事，至微者莫如理。而事理一致，微显一源。”② 这其实是“体用一源，显微无间”思想在理事关系上的体现。“理”是体，“事”为用，理事贯通一致，即体用一源无间。这里的“理”“事”也可以从易学角度来理解，“理”指《周易》的义理或卦爻义，“事”指卦爻辞所讲述的事。程颐认为，卦爻辞所载之事是以义理为根据的，而义理又通过这些事来体现和坐实，所以理与事是内在相通、一体不离的，二者乃体用关系、微显或幽明的关系。程颐从《周易》的义理与卦爻辞、卦爻象的内在关联中阐发出“体用一源，显微无间”的易学基本原理，这一原理在其易学中蕴含着一种超越指向和本体追求。就《周易》作为载道之书而言，其根本义理就是天道、天理，其卦爻象和卦爻辞所涉之事物即指向宇宙中的万事万物。于是理象关系、理事关系即为天理与万事万物的关系：天理是万事万物存在的根据，而万事万物是天理自身的显现，天理之“体”与万事万物之“用”一源无间。经过这一义理推衍，“体用一源，显微无间”便获得了本体论的意义，从而成为程颐整个理学的核心观念。这一观念充

---

① 程颢、程颐：《河南程氏外书》卷1《朱公掞录拾遗》，《二程集》，中华书局2004年版，第351页。

② 程颢、程颐：《河南程氏遗书》卷25《伊川先生语十一》，《二程集》，中华书局2004年版，第323页。

分体现在程颐理学的中和论、忠恕论、道义论等内容当中。[①]

一者，程颐中和论中的“体用一源”观。中和问题即未发已发问题，是宋明儒学心性论中十分重要的问题。《中庸》云：“天命之谓性，率性之谓道，修道之谓教。道也者，不可须臾离也，可离非道也。……喜怒哀乐之未发，谓之中；发而皆中节，谓之和。中也者，天下之大本也；和也者，天下之达道也。致中和，天地位焉，万物育焉。”[②] 程颐和吕大临曾围绕这段文本往复论辩，主要讨论“性”“道”“中”“和”等概念的内涵以及它们之间的关系。《与吕大临论中书》曰：

> 大临云：谓“‘中者，道之所由出’，此语有病”，已悉所谕。但论其所同，不容更有二名；别而言之，亦不可混为一事。如所谓“天命之谓性，率性之谓道”，又曰“中者，天下之大本；和者，天下之达道”，则性与道、大本与达道，岂有二乎？
>
> 先生曰：中即道也。若谓道出于中，则道在中外，别为一物矣。所谓“论其所同，不容更有二名；别而言之，亦不可混为一事”，此语固无病。若谓性与道、大本与达道可混而为一，即未安。在天曰命，在人曰性，循性曰道。性也，命也，道也，各有所当。大本言其体，达道言其用，体用自殊，安得不为二乎？
>
> 大临云：既云“率性之谓道”，则循性而行莫非道。此非性中别有道也，中即性也。在天为命，在人为性，由中而出者莫非道，所以言道之所由出也，与“率性之谓道”之义同，亦非道中别有中也。
>
> 先生曰：“中即性也”，此语极未安。中也者，所以状性之体段……如中既不可谓之性，则道何从称出于中？盖中之为义，无过不及而立名。若只以中为性，则中与性不合，与“率性之谓道”其义自异。性道不可合一而言。中止可言体，而不可与性同德。[③]

---

① 程颐“体用一源，显微无间”的思想贯穿于其整个理学之中，而本书着重从中和问题、忠恕关系、道义关系等方面考察，主要是针对他直接论及“体用”的言论来分析。

② 郑玄注，孔颖达疏：《礼记正义》卷52《中庸第三十一》，《十三经注疏》（三），清嘉庆刊本，中华书局2009年版，第3527页。

③ 程颢、程颐：《河南程氏文集》卷9《与吕大临论中书》，《二程集》，中华书局2004年版，第605—606页。

吕大临认为，“中”即是“性”，为本体；而“道”是“由中而出”，为本体之发用。“中”与“道”的关系即是一种体用关系，二者之间：一方面，“中”是“道”之体，“道”是“中”之用，二者具有内在统一性，故不可以分割；另一方面，“中”为体，“道”为用，二者毕竟分属两个不同层面，具有质的差异，故又不可以混同。这就是吕大临所谓“论其所同，不容更有二名；别而言之，亦不可混为一事”。该说法与“体用一源，显微无间”的观念有所契合，因而程颐表示一定程度的认同。不过，程氏也只是说“此语固无病”，实则认为吕大临对“中”“道”关系的处理并不符合“此语”所蕴含的体用之间既有分别又不相离的旨意。这主要体现在以下两点：其一，程氏认为，“中”是就“道”而言的，如果以为“道出于中”，那么“道在中外，别为一物”，这就割裂了“中”与“道”的内在关联；其二，在他看来，“性”“命”“道”等概念各有其义理内涵，“中也者，天下之大本”是就“体”而言，“和也者，天下之达道”是就“用”而言，“体”和“用”自有分别，不可等同、不容混淆，所以当“为二”，而吕氏以为“性与道、大本与达道，岂有二乎”，则是将两者“混而为一”，未明其间的本质区分。可见，程颐和吕大临在“中”与“性”“道”“和”的关系问题上存在分歧，而其关键在于二人对“中”的理解不同。由于程氏和吕氏是从各自的问题意识、理论立场和思想系统出发来解答相关问题，所以他们之间的批评与辩护未必相应。① 当然，笔者在此并不打算详细探讨这一论争，而是着重考察程颐对中和或体用关系问题的处理。

通过程颐对吕大临的批评可知，程氏既主张中（大本、体）与和（达道、用）一体不离，又颇为强调二者之间的分别。他说：

> “喜怒哀乐未发谓之中”，只是言一个中体……天下事事物物皆有中。“发而皆中节谓之和”，非是谓之和便不中也，言和则中在其中矣。中便是含喜怒哀乐在其中矣。②

---

① 参见牟宗三《心体与性体》第2册，台北正中书局1968年版，第350—385页；文碧方《关洛之间——以吕大临思想为中心》，中华书局2011年版，第187—207页。

② 程颢、程颐：《河南程氏遗书》卷17《伊川先生语三》，《二程集》，中华书局2004年版，第180页。

> 或曰："喜怒哀乐未发之前求中，可否?"曰："不可。既思于喜怒哀乐未发之前求之，又却是思也。既思即是已发。（自注：思与喜怒哀乐一般。）才发便谓之和，不可谓之中也。"……或曰："有未发之中，有既发之中。"曰："非也。既发时，便是和矣。发而中节，固是得中，（自注：时中之类。）只为将中和来分说，便是和也。"①

第一段引文主要凸显了中和之间的内在统一性，而第二段引文则着重强调中和之间的区别。在程颐看来，一方面，"喜怒哀乐未发谓之中"虽然只是就"中体"本身而言，但"发而皆中节"的根据即在于"和"之所以然之理已经涵摄其中；"发而皆中节"虽然只是从"用"上来说，但"和"是人的喜怒哀乐之情本于"中体"而发的结果，"中体"就内在于"和用"之中。所以，中体与和用是相互涵摄、融贯一体的。另一方面，"喜怒哀乐未发"可"谓之中"而不可"谓之和"，"发而皆中节"可"谓之和"而不可"谓之中""中"与"和"毕竟存在未发之体与已发之用的差异，不容混淆不分。于此，程颐尤其强调不能将已发之用混同于未发之体。如在《论中书》中吕大临表示："喜怒哀乐之未发，则赤子之心。当其未发，此心至虚，无所偏倚，故谓之中。"程颐回应道："'喜怒哀乐未发谓之中。'赤子之心，发而未远于中，若便谓之中，是不识大本也。"②显然，他并不赞同吕氏以"赤子之心"为未发之中的看法，而是认为"赤子之心可谓之和，不可谓之中"③，即赤子之心只是已发之和，而并非未发之中，若将其直接等同于"中"，则是不识本体。这也就是认为吕氏误把"用"当作了"体"，从而可能导致本体的遮蔽。可见，程颐强调体用之分的一个重要目的是凸显本体的根本性与超越性，这正符合当时儒学本体论建构的迫切需要。就此而言，程颐"体用一源，显微无间"的观念是以肯定体用之间存在根本区分为前提的，体用双方的地位并非平等一如，"体"显然是首出的、第一位的。

---

① 程颢、程颐：《河南程氏遗书》卷18《伊川先生语四》，《二程集》，中华书局2004年版，第200—201页。

② 程颢、程颐：《河南程氏文集》卷9《与吕大临论中书》，《二程集》，中华书局2004年版，第607页。

③ 程颢、程颐：《河南程氏文集》卷9《与吕大临论中书》，《二程集》，中华书局2004年版，第608页。

程颐在探讨中和问题时，还运用《系辞传》来做解释。他说："'喜怒哀乐之未发谓之中。'中也者，言寂然不动者也，故曰'天下之大本'。'发而皆中节谓之和。'和也者，言感而遂通者也，故曰'天下之达道'。"① 在此，"寂然不动者"为"体"，"感而遂通者"为"用"。再者，程颐在与吕大临讨论"中""心"关系时说："心一也，有指体而言者，（自注：寂然不动是也。）有指用而言者，（自注：感而遂通天下之故是也。）惟观其所见如何耳。"② 这是以"寂然不动者"为心之体，以"感而遂通者"为心之用。而"寂然不动"之体与"感而遂通"之"用"究竟具有何种关系？程颐云："'寂然不动'，万物森然已具在；'感而遂通'，感则只是自内感，不是外面将一件物来感于此也。"③ 在他看来，"寂然不动"之体为万事万物存在的根据，而万事万物本来就统摄于"寂然不动"之体中。"感而遂通"意即根据阴阳交感相应之理就能会通天下事物，此感通之所以然之理便是"寂然不动"之体，故而"寂然不动"之体涵摄"感而遂通"之用。"感则只是自内感"则表明，感通之理内在于"感而遂通"之用中。所以，这两者是一体融通、内在一致的。④

从以上程颐对中和问题的处理来看，其体用思想主要有两个要点：其一，体、用具有质的差别，不可混同；且"体"具有超越性、根本性，是第一位的，不能与"用"同等看待。其二，体为用的根据，用为体的实现，二者贯通一体、不可相离，这也就是"体用一源，显微无间"。据此，体用之间不即不离的关系已经明确。那么在程颐有关中和问题的一系列论述中，"体""用"的具体内涵是什么？依程氏之见，天道本体恒常遍在，无所谓发与不发、感与不感，所以"中和""未发已发""寂然不动，感而遂通""体用"这一连串相互关联的说法都不是直指客观的天道或天理

---

① 程颢、程颐：《河南程氏遗书》卷25《伊川先生语十一》，《二程集》，中华书局2004年版，第319页。

② 程颢、程颐：《河南程氏文集》卷9《与吕大临论中书》，《二程集》，中华书局2004年版，第608页。

③ 程颢、程颐：《河南程氏遗书》卷15《伊川先生语一》，《二程集》，中华书局2004年版，第154页。

④《河南程氏遗书》载："'感而遂通天下之故'，以其寂然不动，小则事物之至，大则无时而不感。"（程颢、程颐：《河南程氏遗书》卷3《二先生语三》，《二程集》，中华书局2004年版，第65页。）若能确定这条为程颐所说，则可更好地说明"寂然不动"与"感而遂通"的体用不二关系。

本体，而是从人事上来说，更确切地讲，是从人的心性修养即道德实践方面而言。程颐说：“‘寂然不动，感而遂通’，此已言人分上事。若论道，则万理皆具，更不说感与未感。”“中和，若只于人分上言之，则喜怒哀乐未发既发之谓也。若致中和，则是达天理，便见得天尊地卑、万物化育之道，只是致知也。”① 此即充分表明了这一点。

程颐“大本言其体，达道言其用”中的“体”“用”，主要是从道德本体和道德实践的意义上来说。从程、吕二人的相关讨论来看，“未发已发”和“寂感”都是就“心”而言。《与吕大临论中书》曰：

> 先生谓：“凡言心者，皆指已发而言。”然则未发之前，谓之无心可乎？窃谓未发之前，心体昭昭具在，已发乃心之用也。
>
> 先生曰：……凡言心者，指已发而言，此固未当。心一也，有指体而言者，（自注：寂然不动是也。）有指用而言者，（自注：感而遂通天下之故是也。）惟观其所见如何耳。②

可见程氏起初以为，凡是说“心”，都是就已发之用而言。后来程氏修正了此说，转而认为心有体有用，有未发有已发：心之体寂然不动，故为未发；心之用感而遂通，故为已发。显然，他所谓“未发已发”“寂然不动，感而遂通”乃是指“心”而言。而程氏论“心”又常关联着“性”和“情”。如他说：“天地储精，得五行之秀者为人。其本也真而静，其未发也五性具焉，曰仁义礼智信。形既生矣，外物触其形而动于中矣。其中动而七情出焉，曰喜怒哀乐爱恶欲。情既炽而益荡，其性凿矣。是故觉者约其情使合于中，正其心，养其性，故曰‘性其情’。”③ 人心未发之时，五常之性内含其中；已发之后，则七情流出，若纵情不止，就会斫丧五常之性。所以，觉者能克制情欲，使之合于中道、顺乎本性，便是所谓“性其情”。由此可知，“心”是融摄“性”“情”于一体的：一方面，心中有

---

① 程颢、程颐：《河南程氏遗书》卷15《伊川先生语一》，《二程集》，中华书局2004年版，第160页。

② 程颢、程颐：《河南程氏文集》卷9《与吕大临论中书》，《二程集》，中华书局2004年版，第608—609页。

③ 程颢、程颐：《河南程氏文集》卷8《颜子所好何学论》，《二程集》，中华书局2004年版，第577页。

性，性内在于心；另一方面，心因外物所感而产生情，故心为情之本，情是心的发用。也就是说，“心”既含有五常之性，又是七情之所本，性与情都统摄于一心。若从未发已发和体用的角度来说，则心之未发之体为性，而心之已发之用为情。程颐曰：“大本言其体，达道言其用。”此中“其”是指“心”；“大本”即“中也者，天下之大本”，指天命之性，乃心之体；“达道”即“和也者，天下之达道”，指人的喜怒哀乐之情顺性而发或率性而为，乃心之发用的中节。在这里，虽然情（心之已发）之中节必须依赖于性，但情之发而中节只是情之顺性而发，并非性体的自发，即不是由性体直接生起情之发而中节的大用。易言之，该“用”并非性体本身所创生，其根源在心而不在性（情是心之所发而非性之所发）。① 所以严格来说，作为心之体的“性”与作为心之用的“情”并不直接具有内在统一性，二者是综合关系而非分析关系，“性体”（大本）与“情顺性而发之用”（达道）不是一源无间，而是尚有一间之隔。这主要是因为心只是具性，而并不就是性，情生于心而非起于性。② 可见，就中和问题来说，

① 牟宗三表示：“如果就体用说，综说的心自己是体，其种种情变是其用，而作为性理的仁义礼智则非其用也，乃是成就其用之形式根据也。如果以此形式根据（性理）为体，则心之情变因其为此理所统驭而系属之，故亦可说为此理之用。但此性与情（理与气）之体用，与心与情之体用不同。心与情之体用是无间之体用，是有机的生发之体用，心是真能发用此情者，心之发用即是情。但性与情之体用，是有间之体用，是统驭系属的体用，如主之与仆，性并不真能发用此情。情之发用之体是心，而不是性。情之纲纪之体是性，而不是心。因有此如许曲折，故令伊川不以四端之理为心之用也。”（牟宗三：《心体与性体》第2册，台北正中书局1968年版，第341—342页。）

② 这里的“性”是就纯粹至善的天命之性而言，并非指“气性”；“情”指七情六欲之情，而不是指四端之心。如果是“气性”与“七情”或“天命之性”与“四端之心”，那么情生于或出于性当无疑问。然而程颐却明确主张情出于性。如《河南程氏遗书》载：“问：‘喜怒出于性否?’曰：‘固是。才有生识，便有性，有性便有情。无性安得情?’……问：‘性之有喜怒，犹水之有波否?’曰：‘然。湛然平静如镜者，水之性也。及遇沙石，或地势不平，便有湍激；或风行其上，便为波涛汹涌。此岂水之性也哉？人性中只有四端，又岂有许多不善底事？然无水安得波浪，无性安得情也?’”（程颢、程颐：《河南程氏遗书》卷18《伊川先生语四》，《二程集》，中华书局2004年版，第204页。）此处“情”显然指喜怒哀乐意义上的情感，而“性”则夹杂天命之性与气性立意。若说喜怒之情出于气性，则无疑。但若认为喜怒之情出于（直接根源于）天命之性（天理），则恐怕难以成立。如果能成立，那么也只能如牟宗三所说：“只是情依其所以然之理而动，而为理所统驭，因而为理所领有，故亦出于此性理也。此种‘出’是统驭隶属之关系，亦如仆之出于主，非仆之个体存在出生于主人也。依此例推之，亦非情生发地出于性，而性亦非能生发地发出情，乃只是情不能自主自善，必以性理统驭主宰之，必以性理而善之，情顺理而然，故亦若出于性也。”（牟宗三：《心体与性体》第2册，台北正中书局1968年版，第292页。）当然，程颐对性情关系有多种论述，应做具体分析，不可一概而论。

程颐的“体用一源，显微无间”思想似乎未能贯彻到底。

二者，程颐忠恕论中的“体用一源”观。《论语·里仁》篇载曾子语云：“夫子之道，忠恕而已矣。”[①]《中庸》曰：“忠恕违道不远，施诸己而不愿，亦勿施于人。”[②] 曾子明示“忠恕”即是孔子一以贯之之道，而子思则认为“忠恕”离道不远。“忠恕”与“道”究竟为何关系？是“违道不远”抑或即是“道”？门人就此问程颐：“忠恕可贯道否？”程颐答曰：“忠恕固可以贯道，但子思恐人难晓，故复于《中庸》降一等言之，曰‘忠恕违道不远’。忠恕只是体用，须要理会得。”[③] 在他看来，“忠恕”贯通于道，子思因担心他人难以领会“忠恕”为道之理，所以才降一等说“忠恕违道不远”。实则，“忠恕”即是一以贯之之道，二者乃体用不二的关系。门人又问：“恕字，学者可用功否？”答曰：“恕字甚大，然恕不可独用，须得忠以为体。不忠，何以能恕？看忠恕两字，自见相为用处。”[④] 门人问是否可以在“恕”这方面下功夫，程颐主张，恕道甚为广大，但“恕”不可以独用，必须以“忠”为体，“忠”是“恕”的前提和基础，不忠则不能恕，“忠”与“恕”相互为用、不可分离。这就指出了忠恕之间的内在关联性，并以忠为体、恕为用。那么何谓“忠”“恕”？忠恕之间又如何相互影响而不可分割？程颐说：“维天之命，於穆不已，忠也；乾道变化，各正性命，恕也。”[⑤] 这纯粹是从天道本体的意义上谈“忠恕”：“忠”为生生不已的天道本体，而“恕”为天道本体的流行发用。他又说：“尽己之谓忠，推己之谓恕。忠，体也；恕，用也。孟子曰：‘尽其心者，知其性也。’”[⑥] 这又是从工夫论的意义上诠释“忠恕”：尽己之心为忠，推

① 何晏注，邢昺疏：《论语注疏》卷 4《里仁第四》，《十三经注疏》（五），清嘉庆刊本，中华书局 2009 年版，第 5367 页。

② 郑玄注，孔颖达疏：《礼记正义》卷 52《中庸第三十一》，《十三经注疏》（三），清嘉庆刊本，中华书局 2009 年版，第 3531 页。

③ 程颢、程颐：《河南程氏遗书》卷 18《伊川先生语四》，《二程集》，中华书局 2004 年版，第 184 页。

④ 程颢、程颐：《河南程氏遗书》卷 18《伊川先生语四》，《二程集》，中华书局 2004 年版，第 184 页。

⑤ 程颢、程颐：《河南程氏外书》卷 7《胡氏本拾遗》，《二程集》，中华书局 2004 年版，第 392 页。

⑥ 程颢、程颐：《河南程氏经说》卷 6《论语解》，《二程集》，中华书局 2004 年版，第 1138 页。

己及人为恕；忠是体，恕是用。此外，程颐还结合本体和工夫两个层面来阐发“忠”“恕”的内涵及其关系。他说：“忠者，无妄之谓也。忠，天道也。恕，人事也。忠为体，恕为用。‘忠恕违道不远’，非一以贯之之忠恕也。”①又说：“忠者，天下大公之道，恕所以行之也。忠言其体，天道也；恕言其用，人道也。”② 在此，“忠”即是真实无妄、大公至正的天道本体；而“恕”是指在人事当中践行、实现天道，即本于天道修为行事，使之贯彻落实于人伦日用之中，这也就是天道本体在人世中的呈现与发用。因此，忠与恕的关系即是道与行道或道之体与道之用的关系：忠是恕之体，恕为忠之用，忠恕一以贯之，体用一如不二。这里的“忠体”“恕用”主要是从道德本体与道德实践的意义上来说，道德本体是道德实践之所以可能的超越根据，而道德实践则是道德本体的贯彻落实（即其显现与发用），二者相资相待、融贯一体。

简言之，程颐无论是从本体层面或工夫层面，还是从本体与工夫结合的角度阐释“忠”“恕”，都是以忠为体，以恕为用，并且颇为强调二者之间的不可分割性。这就是其“体用一源，显微无间”思想的运用和表现。当然，在肯定“忠体”“恕用”一体不离的前提下，程颐又十分注重“忠体”的根本性地位。如门人问程颐：“吾道一以贯之”中的“一”是否就是“仁”？程颐表示肯定，但他强调必须仔细体认这个“一”，于是问门人：“一还多在忠上？多在恕上？”门人认为：“多在恕上。”而程颐则指出：“多在忠上。才忠便是一，恕即忠之用也。”③ 可见，在他看来，忠恕一贯之道即是“仁”，亦即忠恕的精神实质为“仁”。而“仁”的精神在这里主要是由“忠”来体现，因为才忠便是仁，而恕则是忠的发用。这也就是认为，忠即是仁体，为主为本；而恕只是忠之用，为次为末。据此可知，程颐并非同等看待体用二者，而是尤其以“体”为重。

三者，程颐道义论中的“体用一源”观。程颐在阐发孟子的养气说时常以“体用”论“道义”。如他解释“其为气也，配义与道”一句云：

---

① 程颢、程颐：《河南程氏遗书》卷21下《伊川先生语七下》，《二程集》，中华书局2004年版，第274页。

② 程颢、程颐：《河南程氏外书》卷2《朱公掞问学拾遗》，《二程集》，中华书局2004年版，第360页。

③ 程颢、程颐：《河南程氏遗书》卷23《伊川先生语九》，《二程集》，中华书局2004年版，第306页。

“‘配义与道’，谓以义理养成此气，合义与道。方其未养，则气自是气、义自是义。及其养成浩然之气，则气与义合矣。”并作注云：“言义又言道，道，体也，义，用也，就事上便言义。”① 按程氏的理解，“浩然之气”是合乎道义的气，或者说是本于道义发用流行的气。此气须通过义理的栽培和涵养来成就。而在浩然之气未成之时，气是气，义是义，二者并未相合；及至此气养成之后，则气便合于义了。程氏进而说明此处为何“言义又言道”，在他看来，这是因为道与义是不可分割的体用关系：道是体，是义的来源和根据；义是用，是道体落在事上的具体表现。道为义之体，义为道之用，二者内在一体、不可分离。就此而言，浩然之气合于义则必合于道，合于道则必合于义，道与义只是一体之两面（体用）而已，所以说“言义又言道”。程颐曰：“配道言其体，配义言其用。”② “‘配义与道’，即是体用。道是体，义是用，配者合也。”③ “浩然之气是集义所生者，既生得此气，语其体则与道合，语其用则莫不是义。”④ 这都是借“体用”观念反复推明“配义与道”之义。程氏认为“配义与道”是从体用两面显明浩然之气与道的相合关系，“配义”是从“用”上说，“配道”是从“体”上说。此中蕴含的基本观念便是：道为体，义为用，体用一源，显微无间。因为浩然之气与道义相融贯，通体都是道义的流注，所以“体用”也可以直指浩然之气，引文中的“其体”“其用”即是从这个意义上来说。当然，“体”“用”所指之实仍是道义，其中道体是指道德本体，此为一切道德原则和伦理规范的根源；义用是指具体的道德法则，这是道德本体在人事当中具体、真实的表现。简言之，程颐对孟子养气说的阐释，无疑也渗透着“体用一源，显微无间”的理念。

显然，程颐体用论的基本主张是“体用一源，显微无间”，这一观念的要义即是：体为用的本原，用为体的发用或显现，二者内在统一而不可

---

① 程颢、程颐：《河南程氏遗书》卷18《伊川先生语四》，《二程集》，中华书局2004年版，第206页。

② 程颢、程颐：《河南程氏遗书》卷22上《伊川先生语八上》，《二程集》，中华书局2004年版，第289页。

③ 程颢、程颐：《河南程氏遗书》卷15《伊川先生语一》，《二程集》，中华书局2004年版，第161页。

④ 程颢、程颐：《河南程氏遗书》卷15《伊川先生语一》，《二程集》，中华书局2004年版，第148页。

分割。在此观念下，程颐又颇为重视体用之间的区分，并尤其突出“体”的根本性与超越性。① 他用“至微至著”或“至微至显”来形容“体用”，又以“未发已发”论“体用”，并谓“体用自殊，安得不为二”，由此足见他颇为注重体、用的差异。程颐强调体用之别的重要目的在于凸显“体”的根本性地位，其易学力主义理为象数、卦爻辞之本，其理学突出天理对万事万物的统摄、主宰作用，都表明他是以“体”为主为本的。至于其“体用”的内涵，从天道方面说，“体”指宇宙本体，“用”指宇宙中的万事万物；从人道方面说，“体”指道德本体，“用”指具体的道德法则或道德实践。因为天道与人道合一，② 所以“体用”这两方面的意涵是内在相通的。

总的来说，张载以“太虚即气”阐发出“体用不二”的思想，程颢在“体用无先后”说中透显出体用圆融之义，程颐则继之明确提出“体用一源，显微无间”的观念。这一方面为儒家所倡导的道德规范和道德修养确立了形上根基，为道德实践提供了根本动力和终极支撑；另一方面又通过强调形上本体内在于人伦日用之中，并不离于日常生活世界，从而充分肯定了人在现实生活当中就可以实现生命的超越与终极价值追求。此即是真正的形上形下合一、体用圆融不二。这不仅有力地回应了佛道思想的挑战，而且积极建构出体用一如的儒学本体论，对后世儒学的发展产生了深远、重大的影响。③

综上所述，就中国哲学体用论在南宋以前的演变历程来说，体用论在南北朝时期的佛学中已经出现，并有一定程度的推展；至于隋唐时期，经

① 刘乐恒认为：“伊川理学的主要思想取向，乃在于强调理气、性情、体用的对比性，同时也强调它们之间的融通性，但以强调其对比性为主。”（刘乐恒：《伊川理学新论》，岳麓书社 2014 年版，第 5—6 页。）

② 程颐说：“安有知人道而不知天道者乎？道一也，岂人道自是人道，天道自是天道……天地人只一道也。”（程颢、程颐：《河南程氏遗书》卷 18《伊川先生语四》，《二程集》，中华书局 2004 年版，第 182—183 页。）

③ 朱伯崑指出：“程氏提出的‘体用一原’的本体论原则，对以后几个世纪的哲学发展起了深刻影响。宋明哲学中三大流派，即理学派、气学派和心学派，无不以此原则来论证和完善自己的本体论的体系。”（朱伯崑：《谈宋明理学中的体用一原观》，《中国哲学史》1992 年第 1 期。）郑万耕表示：“‘体用一源，显微无间’说作为程朱理学的宗旨或核心，对后世哲学思想的发展，都起了十分重要的影响。无论是理学派的思想家，还是其他学派的思想家，要建立其哲学体系，都不可能绕开这一原则。尤其是这一学说所体现的理论思维形式，至今仍闪烁着真理的光芒，值得我们予以总结和发扬。”（郑万耕：《程朱理学的体用一源说》，《孔子研究》2002 年第 4 期。）

佛、道两家的大力阐扬和演绎，体用论获得了较为充分、深入的发展，且在此阶段，儒家对“体用”也有所论说；再到北宋时期，儒家在佛道思想的刺激下，积极建构儒学本体论，对佛、道两家的体用论予以批判性吸收和创造性转化，使得其体用学说得到了极大的丰富与推进，而在这一时期，佛、道二教的体用论也在继续发展。就中国哲学体用论的基本意涵来说，诸家体用论既有共通性，又存在特殊性：各家各派都主张体用之间是内在统一、不可分割的，并一般将“体”视为其中的根本性因素；而各家各派对“体”“用”的具体内涵及其统一关系又有不同的理解与体认，对“体”“用”双方之地位和作用的认识以及对二者的重视程度并不完全一致，且诸家体用说在理论的客观效力上能否真正实现体用的圆融不二以及可以实现到何种程度，也存在较大差异。如儒、道、佛三家的体用论虽然在思维模式和理论形态上具有共通性，但是它们的宗旨和意涵则存在重大区别。此外，各家内部对“体”“用”的理解及二者关系的处理也存在诸多分别。因此，不仅儒、道、佛三家的体用论具有其共通性和特殊性，而且每一家内部的各种体用学说也存在其共通性和特殊性。特就儒家的体用论而言，主张以体为本并强调体用之间的不可分割性，这是中国哲学体用论一般性的表现。儒家或者将“体”视为宇宙本体和道德本体，将“用”视为真实存在的万事万物，并认为此“体”是能够客观真实地生起此“用”之“体”，此“用”是真正地由此“体”所创发之“用”，从而“体”为真实之“体”，“用”为真实之“用”，“体”和“用”真实客观地相资相待、贯通为一；又或者以内圣成德为“体”，以外王经世为“用”，主张二者相互依存、一体不离。总之，儒家体用论的宗旨即在于以道德之体行立命、经世之用，其立体终究是为了致用、达用，这便是其不同于佛、道二教体用论的根本之处，而儒家内部各派体用观的共通性也就在于此。当然，儒家还以具体事物之自身为“体”，以其所具有的功能、作用为“用”，二者也是相互统一、不可分离的，此为儒家体用观的原始意涵。本书所考察的湖湘学派属于宋代儒学的范围，其体用论不仅受到了佛、道二教之体用学说的影响，而且充分吸收和发挥了北宋诸儒尤其是张载、二程的体用思想。除共享了儒家体用论的一般性之外，湖湘学派的体用观具有何种意蕴与特质及其产生的原因为何，这是本书接着要重点探讨的问题。

第二章　湖湘学派体用思想的旨趣、意蕴与特点

湖湘学派的体用思想因其自身独特的问题意识而以回归儒家整全的入世精神作为根本旨趣和主要关切。在这一宗旨的范导和引领下，湖湘学派从本体与本体之活动性、天道本体内部结构中的阴阳两端或天道本体自身所含的动静之性、本体与现象、本体与工夫、根本道德法则与具体道德规范及一般所谓根本和枝末等多个方面来揭示“体”“用”的丰富意涵，并颇为强调体用之间的双向互动与平衡统一，以及由此对体用双方皆予以充分重视而不偏不倚。这使得其体用思想具有“体用相须互成，贵体重用不偏”的重要意蕴，同时呈现出尊生主动、崇实尚用及注重体用之动态平衡与对比融通的特质。①

第一节　湖湘学派体用思想的根本旨趣：回归儒家整全的入世精神

儒学旨在安身立命和经世致用，本即具有直面生活的本质，从来都是紧扣生命存在与现实关怀的学问。从整个中国儒学的发展历程来看，先秦儒学所要解决的是周文疲弊的问题，宋明儒学所要对治的是佛道盛行的问题，明清儒学所要救治的是王学末流空谈的问题，而现代新儒学则主要应对西方文化的冲击和传统儒学现代化的问题。就宋明时期的儒学而言，其

① 本章是对湖湘学派体用思想的总论，主要陈述核心观点和思想要义，有关详细论证将展现于其他章节。

最大的任务是回应佛道思想的挑战，救治汉唐儒学在本体意识与超越追求方面薄弱的弊病，从而把儒学从汉代以来缺乏足够创造性与生命力的章句注疏之学中解放出来，以推动儒学复兴和新一期的发展。而这主要是通过本体论与工夫论的双重建构来实现的，其中本体论的建构旨在为儒家的道德法则和道德实践确立形上根基，工夫论的建构则是为了将形上本体贯彻落实于人生实践中。在宋明儒者看来，这两个方面必定是内在统一而不可分割的。虽然宋明诸儒的为学进路和关怀面向有种种不同，但是他们创学立说和立身行事的最终指向与根本目的仍是一致的，即实现源于形上本体的超越追求与出于经验人生的现实关怀的有机统一，也就是要在真实人生中实现那时时处处、事事物物之一切都是天理流行的境界。湖湘学派作为南宋儒学的重镇，其儒学思想的建构无疑也是在这一终极目的的指引下步步展开和层层推进的。

湖湘学派是南宋初期洛学南传中所发展出来的一个学派，北宋周敦颐、张载、二程及谢良佐诸儒的思想都对之产生了重要影响，其基本问题意识仍是承北宋儒学而来。北宋儒学产生的重要背景即是当时佛、道两家在思想上的挑战与刺激，在此种紧张的思想环境中，儒学复兴的要求变得尤为迫切。而要抗击佛道和重振儒学，就不得不深刻反思汉代以来儒学自身的缺失以及佛道思想的弊病所在。一般认为，汉唐儒学的主要问题在于本体意识与超越追求的缺乏，而超越意识正是佛、道两家的胜场所在。所以，与佛道抗衡的首要任务便是儒家本体论的建构。但要积极回应佛道的挑战，还必须充分发挥儒家主于经世、勇于担当的精神，以批驳佛、道二家在根本上疏离人伦日用的弊病。这就要求建构相应的人生实践论，以使本体论能够贯彻落实于人的现实生活当中，亦即使本体论与实践论真实、有机地统一起来。因而如何立足于人伦日用建构本体论，并使超越的本体与人生实践相统一，便是北宋儒学亟须解决的问题，这也是整个宋明儒学所要完成的主要任务。湖湘学派正是朝着北宋儒学所提出的这一要求和方向去努力的。当然，兴起、发展于南宋初期的湖湘学派，其所处的具体的思想和时代环境与北宋毕竟有所不同。这主要表现在它不仅面临佛道思想（主要是佛教）的挑战，还必须应对儒学内部所出现的空谈心性的问题，再加之当时内忧外患、动荡不安的严峻社会局势的刺激，更令其不得不深思如何经世济民的问题。这就使得湖湘学派在推动儒学哲理化或形上本体化的同时，又颇为注重儒学本有的务实品格，强调躬行实践与经世致用。这在根本上决定其体用思想必然以回归儒学彻上彻下、内外并重的健全入世精神或务实精神作为基本旨趣和主要关切，从而呈现出强调体用相须互济并兼重体用双方的特点。

可见，湖湘学派的问题意识主要在于如何回应佛道思想的挑战，如何救治汉唐以来儒学缺乏本体意识与超越追求的弊病，如何解决当时儒林内部存在的空谈心性的问题，以及如何在严峻的社会形势下救亡图存、经邦济世。这些归结为一点，即如何实现超越追求与现实关怀的有机统一。为了解决这一问题，湖湘学派一方面积极建构本体论（包括天道论与心性论），为儒家的道德法则、道德实践以及合理社会秩序的重建确立形上根基；另一方面则全面开拓人生实践论，既注重内圣层面的修养实践，又强调外王层面的经世实践，从而使超越的形上本体或天道性命之理贯彻落实于人的日用常行之中，即将其真实意义在安身立命与经世致用的人生实践中呈现出来。这无疑是要实现本体论与实践论的有机统一：既要挺立起形上本体，以使人生实践有本有据有方向；又要重视人生实践，以使形上本体得以真正落实。面对当时士人或失于无本、或失于无用的为学困境，湖湘学派的着力点正是在天与人之间、形上与形下之间、本体与工夫之间以及内圣与外王之间寻求平衡统一。湖湘学派之所以能够完成这一任务，主要得力于其“体用相须互成，贵体重用不偏”的核心观念。这一观念强调体用之间的辩证统一性、不可分割性，主张体用二者应当兼重并举，而不可以偏废或过分偏重其中任何一面。湖湘学派的儒学建构即依据此观念而展开，从天道论中的太极与阴阳、道与物（或器）、性与气的关系，到心性论中的性与情、心与迹、仁与义的关系，再至工夫论中的察识与涵养、致知与力行、穷理与居敬的关系，以及外王学所涉及的成己与成物、仁心与王政、为学与为治的关系，乃至对天道论与心性论、本体论与工夫论、内圣之学与外王之学等关系的处理，都始终贯穿着“体用相须互成，贵体重用不偏”的基本立场。而这一立场显然是以回归儒家整全的入世精神为旨归的。

第二节 湖湘学派体用思想的基本意蕴：体用相须互成，贵体重用不偏

湖湘学派既然以回归儒家本有的彻上彻下、内外兼重的健全入世精神为根本宗旨，而又以体用观念来构建其儒学大厦，那么必然会注重体用之间的平衡与统一、互动与融通，并对体用双方都予以足够重视而无所偏倚，从而令其体用思想明显具有“体用相须互成，贵体重用不偏”的基本意蕴。这通过胡安国的“明体致用”思想、胡寅的“体用不二”思想、胡宏的“体用合一”思想及张栻的“体用相须”思想，便可得以充分体现。

一 胡安国的“明体致用”思想

胡安国（1074—1138 年），字康侯，号青山，谥号文定，世称“武夷先生”，亦称“胡文定公”，建州崇安县（今福建武夷山市）人。两宋之际，面对动荡不安的社会局势以及道学日渐衰微的严峻现实，胡安国“强学力行，以圣人为标的，志于康济时艰”[①]。无论身处朝堂为政治国，还是退居山野为学求道，他都对国运民生充满着强烈的忧患意识和担当精神。就为政方面来说，从登第到谢事，胡安国一生在官四十年，虽因仗义忠耿、直言劝谏而屡遭排挤、贬谪，以致实际任职不及六载，而其爱民忧国之心却历久弥坚，“每有君命，即置家事不问”[②]，真可谓鞠躬尽瘁、死而后已。就为学方面而言，胡安国承续孔孟道统，私淑二程洛学，开创湖湘学派，诚为宋室南渡以来倡明洛学的大功臣。

胡安国生逢两宋“奸佞用事，大义不立，苟存偏安，智勇扼腕，内修之未备，外攘之无策”[③] 的危难之际。他慨然以济世救民为己任，其学问重心并不在内圣方面（本体论与工夫论）的建构，而在于外王学的开拓。他潜心致力于《春秋经》的研治，耗费三十年的工夫而成就《春秋传》，

---

① 脱脱等：《儒林五 · 胡安国传》，《宋史》卷 435，中华书局 1977 年版，第 12915 页。

② 脱脱等：《儒林五 · 胡安国传》，《宋史》卷 435，中华书局 1977 年版，第 12915 页。

③ 虞集：《虞集春秋胡传纂疏序》，转引自胡安国《春秋胡氏传》附录二《序跋著录》，浙江古籍出版社 2010 年版，第 554 页。

便是希望能以此挺立为政之本和显明治国之道，从而为当朝君臣的行事提供借鉴和指导，以至于实现其拨乱反正、复兴中原的经世理想。所以对胡安国来说，为学与为治是内在统一、不可分割的，前者在于立本明体以为后者提供根本原则和指导方向，而后者则在于经世致用以使前者得以付诸实施。其体用思想主要落在儒家外王学的领域，直接表现为人生实践论意义上的通经明道之“学”与经邦济世之“治”的一体不二，也就是“明体”与“致用”之间的有机统一，而这正是以其本体论上的体用不二思想作为逻辑前提和根本理据的。胡安国的儒学即蕴含着这样一种体用观：从体用统一的观点出发，首先标明经世致用的旨趣，其次确立明体为致用之本，进而展示明体之法——即用以明体，然后再根据所明之体行事以达到经世致用的目的，即依循所见之道对当时面临的现实问题提供有效解决方案，从而指引、推动现实政治的开展。这既是胡安国为学致思的内在理路，也是其为政的基本主张。

（一）胡安国的为学旨趣

胡安国主要侧重于儒家外王学的建构，尽管他仍然坚持以内圣成德之学为本，但无论在追求指向上，还是在追求路径上，都显示出对外王经世方面的注重，这相对于北宋以来儒学发展偏向于内圣之学、着重于天道性命一面的整体态势来说，显然有其特殊之处。这种特殊性与胡安国“明体致用”的为学旨趣密切相关，[①] 是由其自身的问题意识以及由此所产生的主要关怀面向所决定的。胡安国何以会形成其独特的问题意识和主要关切？对此，不得不从他所处的时代背景及其对儒学宗义的基本体认当中去寻求解答。毫无疑问，唯有了解胡安国所处的时代背景、他的主要问题意识和为学旨趣所在，我们才能准确、深入地把握其体用思想。具体而言，胡安国以“明体致用”为学问旨趣，主要原因有以下四个方面：

其一，青年时修习洛学与春秋学的从学经历。

根据胡寅《先公行状》记载，元祐五年（1090年），胡安国十七岁时，即进入太学修习德业。当时正值反对王安石新政的旧党当政，王氏新

---

① 胡安国并没有直接提出“明体致用”的说法，这是笔者根据其儒学既坚持经世致用的追求指向又力主明道存心为经世致用之本的特点概括而成的。

学遭到贬抑，而与新学相对的二程洛学则获得了较为宽松的发展环境。所谓“是时元祐盛际，师儒多贤彦”[①]，便可体现出这一点。这为胡安国接触并研习洛学提供了一个良好的时机和环境，而当时他所从游的师儒正是程颐的讲友朱长文与靳裁之。[②] 朱长文，字伯原，吴县（今属江苏苏州）人，人称乐圃先生，一生以著书立说为事，曾从泰山先生孙复学习《春秋》，深明其《春秋尊王发微》的意旨，《宋元学案》将他列为孙复的门人和程颐的学友。[③] 靳裁之，颍昌（今属河南许昌）人，年少时便知二程之学，《宋元学案》将其归为程颢私淑弟子。[④] 靳裁之颇有才识，胡安国进入太学时即拜他为师，并深得他的器重，经常和他研讨经史大义。[⑤] 朱、靳二先生，一位深谙孙复的春秋学，一位熟知二程的洛学，胡安国得以受教于两位贤师，并孜孜以求、勤学不倦，这为其以后整个学问和人生的展开确立了基本方向、奠定了初步基础。

当然，胡安国追随朱、靳二师游学，只是为其日后阐扬洛学精神和发明《春秋》大义奠定了一个初步的基础，他对二程理学更为深入的了解，则主要得益于与杨时、谢良佐、游酢等程门高足的交游。绍圣四年（1097年），胡安国考中进士，首授常州军事判官，改授江陵府观察推官，辞不赴任，又除江陵府（荆南府）府学教授。黄宗羲在《宋元学案·武夷学案》中指出：“先生为荆门教授，龟山代之，因此识龟山。因龟山方识游、谢，不及识伊川。”[⑥] 绍圣五年（1098 年），胡安国担任提举湖北路学事，通过杨时（时任湖北荆南府教授）的引见，与时任湖北应城宰的谢良佐结

---

① 胡寅：《先公行状》，《斐然集》卷 25，中华书局 1993 年版，第 519 页。

② 胡寅《先公行状》载：“越两年（元祐五年——引者注），与计偕，既而报闻，遂入太学。修懋德业，不舍昼夜。”“是时元祐盛际，师儒多贤彦，公所从游者，伊川程先生之友朱长文及颍川靳裁之。裁之才识高迈，最奇重公，与论经史大义。”（胡寅：《先公行状》，《斐然集》卷 25，中华书局 1993 年版，第 518—519 页。）

③ 《泰山学案》载：“朱长文，字伯原，吴县人，人称乐圃先生。嘉佑进士，累升秘书省正字，兼枢密院编修文字。伤足不果仕，以著书立言为事。从泰山学《春秋》，得《发微》深旨。”（黄宗羲原著，全祖望补修：《泰山学案》，《宋元学案》卷 2，中华书局 1986 年版，第 118 页。）

④ 《明道学案》载：“靳裁之，颍昌人。少闻伊洛程氏之学。胡文定入太学时，以师事之。”（黄宗羲原著，全祖望补修：《明道学案下》，《宋元学案》卷 14，中华书局 1986 年版，第 582 页。）

⑤ 参见胡寅《先公行状》，《斐然集》卷 25，中华书局 1993 年版，第 519 页。

⑥ 黄宗羲原著，全祖望补修：《武夷学案》，《宋元学案》卷 34，中华书局 1986 年版，第 1172 页。

识。此时胡安国虽居于上位，但他丝毫未把自己当作官长，而是亲赴应城进见谢良佐，“质疑访道，礼之甚恭。来见而去，必端笏正立目送之”①，这令其身边的僚属和当地的吏民都十分惊叹。时贤邹浩听闻此事后由衷感慨道：“将军北面帅师降敌，此事人间久寂寂。”② 由此足见胡安国的谦卑恭敬与尊贤重道。自从和杨时、谢良佐、游酢定交后，胡安国便同他们展开了较为频繁的交往，③ 尤其是在学问方面，多有切磋互动，彼此相互请益、相互砥砺，这对于胡安国进一步深化对洛学与春秋学的认识产生了重要影响。他在《杨文靖公墓志铭》中表示：

> 自孟子没，遗经仅在，而圣学不传。所谓见而知之与闻而知之者，世无其人。则有西方之杰，窥见间隙，遂入中国，举世倾动，靡然从之。于是人皆失其本心，莫知所止，而天理灭矣。宋嘉祐中，有河南二程先生，得孟子不传之学于遗经，以倡天下。而升堂睹奥，号称高第，在南方则广平游定夫、上蔡谢显道，与公（杨时——引者注）三人是也。④

在他看来，自孟子以后，儒学即已失传。世衰道微，儒门淡薄，使得佛教趁机流入中华，从此世人便深陷其中而不能自拔，以致丧失本心、殆灭天理而无所适从。直到北宋嘉祐年间二程先生阐扬孔孟之学，儒学才得以复兴。杨时、谢良佐、游酢作为程门高足，接续其师倡明道学于南方。在此，胡安国充分肯定了二程重振儒学于衰微之际的重要贡献，以及二程高足谢、游、杨三人对其学问的传承与发扬。他也正是通过二程的这些门人弟子才获得了对洛学更为深入的了解。胡安国明确表示：“吾于谢、游、杨三公，皆义兼师友，实尊信之。”⑤ 由此肯定他与二程洛学之间具有一种

---

① 胡寅：《先公行状》，《斐然集》卷 25，中华书局 1993 年版，第 558 页。

② 胡寅：《先公行状》，《斐然集》卷 25，中华书局 1993 年版，第 558 页。

③ 参见王立新《开创时期的湖湘学派》，岳麓书社 2003 年版，第 111—129 页。

④ 胡安国：《杨文靖公墓志铭》，《春秋胡氏传》附录三《胡传余沛》，浙江古籍出版社 2010 年版，第 611—612 页。

⑤ 胡安国：《龟山志铭辩》，《春秋胡氏传》附录三《胡传余沛》，浙江古籍出版社 2010 年版，第 611 页。

学统和师承关系。①

宋室南渡前后，官方主流推行王安石的新学，二程洛学则基本处于被打压的状态，② 在这样一种境况中，胡安国公然不畏权贵，旗帜鲜明地标举二程的学问。如绍兴五年（1135 年），谏官陈公辅上疏极力诋毁、攻击程颐，胡安国随即上奏大加申辩、反击。奏文中指出：

> 孔、孟之道不传久矣，自颐弟兄始发明之，然后知其可学而至也。……今欲使学者蹈中庸，师孔孟，而禁使不得从颐之学，是犹欲纳之室而使不得由户也。……本朝自嘉祐以来，西都有邵雍、程颢及其弟颐，关中有张载，皆以道学德行名于当世，公卿大夫之所钦慕而师尊之者也。……愿下礼官讨论故事，以此四人，加之封号，载在祀典，比诸荀、扬、韩氏。仍诏馆阁搜集其遗书，委官校正，取旨施行，便于学者传习。羽翼圣经，使邪说者不得乘间而作，而天下之道术定，岂曰小补之哉！③

由此足见胡安国颇为推崇二程的学问与德行。从胡安国的思想主张来看，他在本体论上对天理、仁心的标举，在工夫论上对穷理、致知的强调，显然是对二程理学的继承，而他对《春秋》大义的发明更是深受程颐的影响。胡安国曾对胡宏表明："若论其传授，却自有来历。据龟山所见在《中庸》，自明道先生所授；吾所闻在《春秋》，自伊川先生所发。"④ 这就明确肯定其春秋学源自程颐，以他所著的《春秋传》来说，即是指"微词多以程氏之说为证"⑤ 这一点。全祖望在《武夷学案》中指出："私淑洛

---

① 侯外庐等主编的《宋明理学史》指出："从学统看，胡安国上宗二程，尤其是'程颐之学'，下接'程门高弟'谢、杨、游，尤其是谢良佐；从师承看，胡安国与谢、杨、游之间是师友关系。"（侯外庐、邱汉生、张岂之主编，张岂之修订：《宋明理学史》，西北大学出版社 2018 年版，第 228 页。）关于这方面，也可参见闫云《胡安国"私淑洛学而大成"解》，《中国哲学史》2021 年第 5 期。

② 何俊表示："南宋儒学的开始，是与宋室南渡前后百年间的王学、洛学的升沉和消长相联系的。""直到绍兴二十五年（1155 年）十月秦桧死，洛学才得以摆脱厄运。"（何俊：《南宋儒学建构》，上海人民出版社 2021 年版，第 2、13 页。）

③ 胡寅：《先公行状》，《斐然集》卷 25，中华书局 1993 年版，第 554—555 页。

④ 胡安国：《龟山志铭辩》，《春秋胡氏传》附录三《胡传余沖》，浙江古籍出版社 2010 年版，第 611 页。

⑤ 胡安国：《叙传授》，《春秋胡氏传》，浙江古籍出版社 2010 年版，第 14 页。

学而大成者，胡文定公其人也。文定从谢、杨、游三先生以求学统，而其言曰‘三先生义兼师友，然吾之自得于《遗书》者为多’。”① 显然，胡安国私淑二程洛学与他交游于谢、游、杨等程门高足的经历密不可分。

总之，胡安国致力于洛学的推明和倾心于《春秋》的研治，既与早年进入太学受教于朱长文、靳裁之二师的从学经历有关，更离不开与程门杨时、谢良佐、游酢三大弟子的论学问道。当然，所有这些仍只是为其整个儒学的展开确立了一个基本方向和奠定了理论的基础，为其春秋学的建构提供了一种可能性和前提条件，而真正使他充分认识到研治《春秋》的必要性，并强烈激起其春秋学研究兴趣的主要在于现实方面的原因及《春秋》本身的特点。

其二，世衰道微、国危民难的现实处境及明道经世、救国济民的迫切需要。

两宋祸乱之际，儒学的开展与现实政治有着十分密切的关联，胡安国的春秋学乃至其整个儒学便是因应社会现实问题而建构。作为胡安国一生学问的结晶，《春秋传》既是对两宋之交社会境况的一种隐射，也是为解决现实问题所创制的一部法典。可以说，胡安国整个学问的展开主要取决于当时内忧外患的社会环境以及由此而产生的救世济民的需要。

胡安国虽“自少留心此经（《春秋》——引者注）”②，但他正式开始研治《春秋》是在崇宁四年（1105 年）三十二岁之时，而最终完成《春秋传》则在绍兴四年（1134 年）六十一岁时，历时达三十年之久。③ 胡安国曾对朱震言及其治学过程：“某之初学也，用功十年，遍览诸家，欲多

---

① 黄宗羲原著，全祖望补修：《武夷学案》，《宋元学案》卷 34，中华书局 1986 年版，第 1170 页。

② 胡寅：《先公行状》，《斐然集》卷 25，中华书局 1993 年版，第 552 页。

③ 据《武夷学案》载，胡安国“潜心刻意，自壮年即服膺于此（《春秋》——引者注），至年六十一而书（《春秋传》——引者注）始就”（黄宗羲原著，全祖望补修：《武夷学案》，《宋元学案》卷 34，中华书局 1986 年版，第 1177—1178 页。）。由此可知，《春秋传》当完成于绍兴四年（1134 年）。再者，胡安国曾对朱震讲述其研治春秋学的历程，他表示：初学时“用功十年，遍览诸家”，又十年“集众传，附以己说”，又五年“去者或取，取者或去”，又五年“书成”。（参见胡寅《先公行状》，《斐然集》卷 25，中华书局 1993 年版，第 553 页。）可见，他完成《春秋传》总共耗时三十年。然后根据《宋元学案》的记载，便可推知胡安国应是于崇宁四年（1105 年）开始研习《春秋》。（参见侯外庐、邱汉生、张岂之主编，张岂之修订《宋明理学史》，西北大学出版社 2018 年版，第 213—214 页；王雷松《胡安国〈春秋传〉校释与研究》，北京师范大学出版社 2016 年版，第 360—361 页。）

求博取，以会要妙，然但得其糟粕耳。又十年，时有省发，遂集众传，附以己说，犹未敢以为得也。又五年，去者或取，取者或去，己说之不可于心者尚多有之。又五年，书成，旧说之得存者寡矣。”① 而他苦心钻研春秋学的这三十年，正是朝廷日益腐败、国势日趋衰微、金人逐渐内侵的时期，这样一种危难的国家情势对其春秋学产生了直接而深刻的影响。随着春秋学研治工作的层层展开和步步深入，内忧外患的社会局势也变得越来越严峻。靖康元年（1126 年），金国大势进军中原，直捣京都汴梁，举国陷入空前的危机之中。面对金人的入侵，朝廷不但不予以竭力抗击，反而令“亲王出质”与之言和、结盟，应允对方割地赔款等一切无理要求，以致“堂堂大宋，万里幅陨，奚至陵藉如此其甚哉”②。对此，胡安国痛心疾首、忧虑不已，慨然以《春秋》大义作为根据，写信给时任大谏的杨时，痛斥朝廷主和派的软弱无能，强烈表达抗金的立场。世人因此而知道胡安国精通《春秋》，并非“索隐忘世者”。③

朝廷的软弱退缩助长了金人的威势，靖康二年（1127 年），金兵再度围攻京师汴梁，终至国都陷落，宋徽宗和宋钦宗被俘，整个中原沦为敌手，宋室被迫南渡。同年五月一日，宋徽宗第九子康王赵构于南京（今河南商丘）即位，称高宗，改元建炎，南宋自此开始。胡安国“见中原沦没，遗黎涂炭，常若痛切于其身”④，汲汲于解救国难、复兴中原，于是乘宋高宗登基之时上书直陈时弊和救治之方。他在奏文中首先指出崇宁以来为政的九大弊失：一、宋徽宗即位之初求直言、尊谏臣，而到了蔡京当政之时，则“公然置局，推考直言，尽行窜斥”，以致“使上皇失大信于天下”。二、宋徽宗执政之初“增置谏员，擢用名士”，如丰稷、王觌、邹浩、陈瓘等人，而及至蔡京用事，则极力打击这些谏员和名士，将其流放到偏远地区，以致“天下以言为讳，二十余年”。三、在朝者“争为歌颂，取说求容”，只上报祥瑞之福和礼文常事，而对于灾异之变和政事缺失则隐瞒不报，以致“使人主不复知省修”。四、废弃“格法”与“公论”，重用愚陋、浅薄、卑贱之人，以致“仁贤退伏，奸佞盈廷”。五、残害忠

① 胡寅：《先公行状》，《斐然集》卷 25，中华书局 1993 年版，第 553 页。
② 胡寅：《先公行状》，《斐然集》卷 25，中华书局 1993 年版，第 522 页。
③ 参见胡寅《先公行状》，《斐然集》卷 25，中华书局 1993 年版，第 521—522 页。
④ 脱脱等：《宋史》卷 435《儒林五·胡安国传》，中华书局 1977 年版，第 12915 页。

良，打击贤臣，同时殃及其祖先和子孙后代，以致“善类陷于党籍，不能自明。而群飞刺天，谗谄益胜”。六、宦官得志，手握重权，操持生杀予夺之大炳，以致“贿赂公行，廉耻道丧”。七、变法过于草率、频繁，以致“吏得为奸，民受其弊”。八、用兵平定暴乱，军队泛滥，四处设置驻地，以致“馈运艰险，劳民费财，积怨连祸”。九、朝廷贪图享受、穷奢极欲，以致“民困而不恤，财竭而不虑”。奏文还揭露靖康之后战和不定、号令无常、诬害忠贤、随意迁转、赏罚无章等问题。[①] 根据这些弊失可知，崇宁以来，奸臣当道，朝廷腐败不堪，安逸享乐，软弱无能，再加上金国的入侵，可谓内乱与外患并起，以致整个社会动荡不安、人民生活困苦不堪。由此可见胡安国研治春秋学的时代背景。

北宋的种种政治弊失及中原沦丧的原因为何？在胡氏看来，这主要是因为“崇宁以来，事不稽古，奸臣擅朝，浊乱天下”[②]，即为政不以古（确指《春秋》大法）为鉴，[③] 朝中奸佞擅权，从而道义不明、法度废弛。而这又源于当时官方推行王安石的新学，对《春秋》“曲加防禁”，以致经世大道不明于天下（即“体”不明）。[④] 所以，胡安国要通过研治《春秋》（即用）来推明经邦济世之道（明体），从而为纠正时弊、为南宋君臣的行事提供切实有益的指导（致用）。他在应对崇宁以来所出现的种种社会问题时，也正是严格依据《春秋》大法而对这些问题提出相应的解决之道。如针对上列第一失，他指出：“按《春秋》幽之盟、鲁庄公在会而不书者，齐侯始伯，仗义以盟，庄公叛之，首失大信，仲尼以为大恶，故讳不书公，以为后戒。愿自今慎出诏令，无令反复，以去弃信之一失。”[⑤] 对于其他的为政弊失或社会问题，胡安国也是按照《春秋》之义来加以救治的。可以说，他对时政的评论、对奸臣的指斥、对君主的谏诤、对金国的主

---

① 参见胡寅《先公行状》，《斐然集》卷25，中华书局1993年版，第527—528页。

② 胡寅：《先公行状》，《斐然集》卷25，中华书局1993年版，第527页。

③ 对胡安国而言，“事不稽古”中的“古”主要是指《春秋》大义，这从他依据《春秋》大义对治崇宁以来出现的种种问题即可得到确证。再者，“崇宁以来，事不稽古，奸臣擅朝，浊乱天下。论其大者，凡有九失”，是《上高宗皇帝书》中的起始语，根据上下文也可推知“古”当指《春秋》所载的史事及其蕴含的道义、法度，胡安国在奏文下半部分便是根据《春秋》义理来对治时弊。

④ 参见胡安国《进表》，《春秋胡氏传》，浙江古籍出版社2010年版，第7页。

⑤ 胡寅：《先公行状》，《斐然集》卷25，中华书局1993年版，第529页。

战、对复兴中原的期许、对为政治国的种种举措以至于对社会、人生中众多问题的处理，都是在奉行《春秋》大义。从胡安国的众多奏文和书信中便不难发现，他总是以《春秋》大义为依据来看待问题和解决问题，如绍兴元年（1131 年）十二月写给参政秦桧的长信中对时政问题的分析和应对。[①] 又如绍兴五年（1135 年）十一月，他向高宗皇帝上书直言："恭惟陛下天纵聪明，既尊《春秋》之书以新圣德，宜用《春秋》之法以断政事。凡所施设，动以《春秋》从事，即有拨乱反正之功。"[②] 由此表明，胡安国致力于《春秋》的研究主要是为了救治时弊、经世济民。所以，当高宗把《左传》交付给他"点句正音"时，他便答道："《春秋》……实经世大典，见诸行事，非空言比也。义精理奥，尤难窥测。今方思济艰难，岂宜虚费光阴，耽玩文采……陛下必欲削平僭暴，克复宝图，使乱臣贼子惧而不作，莫若储心仲尼之经，则南面之术尽在是矣。"[③] 这足以表明，胡安国研治《春秋》完全出于现实的关怀，是为了明识《春秋》大义以救世济民，而不在玩弄文采、虚度光阴。在他看来，《春秋》乃"百王之法度，万世之准绳"[④]，因而对于社会、人生中诸多问题的处理都可以且应当以之为根本指导原则。这其实也就是主张以儒家之道来为人处世、为政治国。在现实生活中，无论是修身齐家、传道授业，还是为官行政、经邦济世，胡安国的一切施为举动都是严格遵循《春秋》大义来进行的，并且能够真正落到实处。[⑤]

总而言之，胡安国并不十分注重儒学本体论的建构，也不只关心个人的心性修养，其主要志趣在于经世致用，这与他所处的历史背景有密切的关联。因而其为学（即用以明体）与为治（依体以致用）不可分割：为学是为治的前提和基础（致用必先明体），而为治是将所学充分贯彻落实，是为学的根本目的（明体以致用）。这就成就了为学与为治、明体与致用

① 参见胡寅《先公行状》，《斐然集》卷 25，中华书局 1993 年版，第 534—538 页。

② 胡安国：《论名讳札子》，《春秋胡氏传》，浙江古籍出版社 2010 年版，第 5 页。

③ 胡寅：《先公行状》，《斐然集》卷 25，中华书局 1993 年版，第 550 页。

④ 胡安国：《春秋传序》，《春秋胡氏传》，浙江古籍出版社 2010 年版，第 2 页。

⑤ 谢良佐曾对朱震说："胡康侯正如大冬严雪，百草萎死，而松柏挺然独秀者也。"（胡寅：《先公行状》，《斐然集》卷 25，中华书局 1993 年版，第 558 页。）《宋史·胡安国传》云："渡江以来，儒者进退合义，以安国、尹焞为称首。"（脱脱等：《宋史》卷 435《儒林五·胡安国传》，中华书局 1977 年版，第 12915 页。）

相辅相成、一体不二的外王之学。

其三，《春秋》本身具有融事理为一体的性质和明道经世的作用。

胡安国的学问固然与其时代关怀密不可分，具有极强的经世取向，然而他为何选择以《春秋》经世，而不倾心于《周易》《大学》《论语》《孟子》《中庸》等儒家经典？这显然与《春秋》本身的特点有莫大关联。

胡安国在《春秋传》的序言中指出，《春秋》原本只是一部记载春秋时期鲁国二百四十二年历史的普通史书，但经过孔子的笔削之后，便成为承载儒家义理的重要典籍以及对于后世为政治国具有重要借鉴和指导意义的经世法典。① 在他看来，孔子笔削《春秋》是在周道衰微、乱臣贼子当政、人欲横流而天理丧灭的背景下发生的，其目的即在于“假鲁史以寓王法，拨乱世反之正”。② 孔子为何不直接阐明天理、王法，而要通过笔削《春秋》、假借鲁史来加以表达？胡安国表示，这主要是因为“空言独能载其理，行事然后见其用”，也就是孔子所谓“载之空言，不如见诸行事之深切著明”。③ 这一点既是孔子笔削《春秋》的重要原因，也是胡安国倾注于《春秋》而未用心于其他经典的基本动因。可以说，孔子对《春秋》的笔削，主要在于根据儒家的基本价值理念对相关历史人物和历史事件的是非得失做出评判，即通过对历史富有批判性的叙述来彰显儒家的根本义理，并借此对现实政治的开展提供借鉴和指引。在方法与形式上，孔子主要借助对历史材料的剪裁、处置以及描述历史人物和事件时对文辞的特殊使用来实现这一目的。经过孔子笔削的《春秋》，融合理事为一体，其所述之“事”不再只是简单的历史陈迹，而是儒家精神理念的表达与呈现，其所载之“理”因寓于历史人物事件之中而变得具体、鲜活，此“理”所蕴含的经世大用也由此得以历史性地显现与落实。既然《春秋》是即人事以明天理、用天理以处人事，那么可以通过《春秋》所述之事来把握天理及其对人生行事的规范、引导作用，并以此为依据来反省和指引当下的人生实践。当然，《春秋》所载主要是天子之事，因而对于现实政治的开展具有更为重要的借鉴和指导意义。

正因为《春秋》具有即事以明理和依理以处事的特性，而其中所涉及

① 参见胡安国《春秋传序》，《春秋胡氏传》，浙江古籍出版社 2010 年版，第 1—2 页。
② 参见胡安国《春秋传序》，《春秋胡氏传》，浙江古籍出版社 2010 年版，第 1 页。
③ 参见胡安国《春秋传序》，《春秋胡氏传》，浙江古籍出版社 2010 年版，第 1 页。

的事又主要是天子之事，所以能够给君臣行事提供直接范导。这便是它的明道经世之作用。基于此，胡安国才尤其倾心于春秋学的研究。出于济世救民的需要，他特别注重发挥《春秋》的经世作用。他在著述中反复指明《春秋》是“圣人之用”“经世之典”①，强调它“见诸行事，非空言比”②“因事属词，深切著明，非《五经》比”③，并视之为“百王之法度，万世之绳准”④，乃至认为“不学是经，而处大事、决大疑能不惑者，鲜矣”⑤。胡安国如此明确、坚定地指出他研习《春秋》的原因：“《春秋》，天子之事，圣人之用，拨乱反正之书。考诸三王而不缪，建诸天地而不悖，质诸鬼神而无疑，百世以俟圣人而不惑。其于格物修身，齐家治国，施诸天下，无所求而不得，亦无所处而不当，何莫学夫《春秋》！故君子诚有乐乎此也。”⑥《春秋》是圣人即人事以明天理、依天理以治人事，从而对于人生修齐治平之事无不能处理得当、应对合宜。由此足以显示出圣人开物成务之大用，并昭明修身齐家、为政治国的根本法度与准绳，从而对人事作为具有重要的规范和指示作用。胡安国尽心研治《春秋》，极力推明《春秋》大义，就是希望南宋君臣能够以此为鉴、以此为法，从而实现勘定内乱、扫除仇敌、恢复中兴的救世理想。

总之，对胡安国而言，《春秋》既是“传心之要典”，又是“经世大典”，将“传心”（明体）与“经世”（致用）两面融为一体，具有即用以明体和因体以致用的特点。这对于解决当时因“体”不“明”而导致“用”不能“致”的现实问题无疑具有重要指导意义。因此，胡安国孜孜用力于《春秋》三十年，就是希望明体以致用，其整个儒学建构也是围绕这一目标而逐步展开的。

---

① 如他说：“《春秋》，天子之事，圣人之用，拨乱反正之书。”（胡安国：《春秋胡氏传》卷30《哀公下》，浙江古籍出版社2010年版，第502页。）“去圣既远，欲因遗经窥测圣人之用，岂易能乎？”（胡安国：《春秋传序》，《春秋胡氏传》，浙江古籍出版社2010年版，第2页。）“以一年之事考之，则二百四十二年之行事皆可见矣。以为经世之典，拨乱反正之书，百王不易之大法，岂不信夫！”（胡安国：《春秋胡氏传》卷3《隐公下》，浙江古籍出版社2010年版，第40页。）

② 胡安国：《春秋传序》，《春秋胡氏传》，浙江古籍出版社2010年版，第1—2页。

③ 胡安国：《进表》，《春秋胡氏传》，浙江古籍出版社2010年版，第6页。

④ 胡安国：《春秋传序》，《春秋胡氏传》，浙江古籍出版社2010年版，第2页。

⑤ 胡安国：《春秋传序》，《春秋胡氏传》，浙江古籍出版社2010年版，第2页。

⑥ 胡安国：《春秋胡氏传》卷30《哀公下》，浙江古籍出版社2010年版，第502页。

其四，官方推崇“王氏新说”，《春秋》被废止于学宫。

既然《春秋》对于为政治国极具借鉴和指导意义，而在当时内忧外患交困的危难局势下又迫切需要能够经邦济世的学问，那么朝廷理应支持《春秋》的学习与研究，以促进社会现实问题的解决。然而当时官方推举王安石的新说，对《春秋》加以防禁，以致经世大义不能显明于世。这也是胡安国奋力研习《春秋》的重要原因。他在《春秋传》的序言中表示：

> 近世推隆王氏新说，按为国是，独于《春秋》，贡举不以取士，庠序不以设官，经筵不以进读，断国论者无所折衷，天下不知所适，人欲日长，天理日消，其效使夷狄乱华，莫之遏也。噫，至此极矣！仲尼亲手笔削，拨乱反正之书，亦可以行矣！①

熙宁二年（1069年），王安石任参知政事，当政以后，开始实行变法、推行新政。在科举制度方面，由他主持编撰的《三经新义》（即《诗义》《书义》《周礼义》）得到了宋神宗的充分肯定，于是颁行于学官，成为科举取士的新标准。南宋初年较长一段时间内，官方主流推行王安石的新学，即便在反对王安石最为严重的元祐时期，其新学代表作《三经新义》仍然得到肯定。而《春秋》被废弃于学宫，不论科举取士还是庠序设官都不以之为依据，经筵进读也不以之为内容。崇宁年间，《春秋》更是被“曲加防禁”②。这就使得大道不明、法度废弛，以致执政者无所依从、天下之人不知所适，从而人欲日益横流、天理逐渐斫丧，乃至夷狄侵华、中原沦丧。胡安国对此感到十分痛心，在他看来，正因为王氏新说的推行，才导致《春秋》被禁止，从而造成大道不立、朝纲紊乱、法纪崩坏，以致最后国破家亡、生灵涂炭。于是，崇尚洛学并推重《春秋》的胡安国必然会反对王安石的新学，而强烈的担当精神与经世意识又必然促使他竭力研

---

① 胡安国：《春秋传序》，《春秋胡氏传》，浙江古籍出版社2010年版，第2页。

② 胡安国曰：“粤自熙宁，崇尚释老蒙庄之学，以虚无为宗，而不要义理之实。殆及崇宁，曲加防禁，由是用事者以灾异之变、政事阙失，则默不敢言，而庆瑞之符与礼文常事，则咏歌赞诵，洋洋乎盈耳。是与《春秋》正相反也。侈心益纵，至夷狄乱华，莫之能遏，岂不痛哉！”（胡安国：《进表》，《春秋胡氏传》，浙江古籍出版社2010年版，第7页。）

治春秋学，积极发明《春秋》大义以拨乱反正、救国济民。①

由上可知，胡安国的儒学是在两宋之际朝政腐败不堪、国事纷争不断、政局动荡不安、金人入侵频仍这种内忧外患的社会环境中产生的。在他看来，造成当时内外交困局面的根本原因在于道义沦丧、人欲横流。基于此，他所关切的核心问题便是：如何在黑暗动乱的环境中挺立儒家的正道与大义，并将其贯彻落实于为政治国的行事之中，对当时君臣的作为提供切实的借鉴和指导，从而达到拨乱反正、经世济民的目的。他的学术旨趣即在于"明体以致用"，这也是他对儒学的基本体认。他正是通过即用以明体、因体以致用这样一种理路来建构其整个儒学或经世思想的。

（二）胡安国体用思想的要义

胡安国的体用思想主要展现在其政治学说中，以程颐的"体用一源，显微无间"之论作为基本架构，充分吸收了孟子的本心观念及其以仁心行仁政的思想。就"体用"的内涵而言，胡安国认为，"体"指本体，如天道、本心、仁体等；"用"指本体的作用和表现，包括宇宙生化、人生实践、具体的道德法则等一切事物或现象。在体用关系上，胡安国强调体用统一的立场。在他看来，一方面，体是用的来源和根据，用不离于体；另一方面，用是体的显现与落实，体不离于用。体和用是相即不离、圆融不二的关系。正是基于这样一种本体论认识以及对当时世衰道微、内外交困之社会情势的深切反思，胡安国在经世实践论上主张"明体以致用"，即挺立仁心之体以开出仁政之用。这具体包括以下三点：其一，"明体"为"致用"之本，要"致用"就必须先"明体"，也就是说，欲治国平天下，则必当先明识天理、挺立本心。其二，一旦明晓经世致用的根本在于"明体"，就应当"即用以明体"，即从本体发用流行之具体表现处来体认本体和存养本体。这主要落实于穷理致知与察识持养的工夫，前者在于体察、考究事事物物，后者在于先就本心之发见处体证本心，再对本心加以操存

---

① 《武夷学案》载："初，王介甫以字学训经义，自谓千圣一致之妙，而于《春秋》不可偏旁点画通也，则诋以为断烂朝报，直废弃之，不列学官。下逮崇宁，防禁益甚。先生谓《六籍》惟此书出于先圣之手，乃使人主不得闻讲说，学者不得相传习，乱伦灭理，中原之祸殆由此乎。于是潜心刻意，自壮年即服膺于此，至年六十一而书始就，慨然叹曰：'此传心要典也！'"（黄宗羲原著，全祖望补修：《武夷学案》，《宋元学案》卷34，中华书局1986年版，第1177—1178页。）

涵养。二者相辅相成、相互促发，其目的皆在于明识本心、天理，且都具有“即用以明体”的特征。而之所以须如此做工夫，乃因为本心、天理是通过其发用来表现的，并非离于其流行发用而在。其三，“明体”以后，还必须“因体以致用”，即根据所体认到的“体”，在当下所处的历史情境中针对有关问题提出切实的解决方案，并将其付诸实施。这就是要依循本心、天理来为政治国，将其贯彻落实于经世实践当中，尤其是要通过一系列的具体举措来使其潜在具有的经世大用实现出来。唯有做到这一步，才算真正地“致用”。也只有如此，本心、天理之体才能得到充分显现和彻底落实。而此中的根本理据即在于体由用显、体不离用。

显然，胡安国是站在体用统一的立场上来解决经世问题的。他首先确立“明体”为经世致用的根本，这就彰明了“体”的本原性地位；其次强调“即用以明体”，这又凸显出“用”对于“体”的重要性；最后主张“因体以致用”，由此表明“体”“用”二者对于经世理想的实现具有不可或缺的地位和作用。这些看法无不以体用不二的观念作为逻辑前提。因而他的体用观强调体用统一，且具有贵体重用的特点。正因为注重体用的圆融性且又兼重体用，他才力主天人不二、形上与形下不二，始终坚持本体与工夫的统一、为学与为治或内圣与外王的统一，亦即坚持超越追求与现实关怀的统一。这就为整个湖湘学派的体用思想确立了一个基本方向和框架，对湖湘儒学无疑具有撑开规模、奠立纲维的作用。在他之后，无论是胡寅的“道物一体”“心迹不二”说，还是胡宏的“体用合一”论及张栻的“体用相须”观，都是在这一理念基础上的充实、开拓与发展。尤其是胡安国对于“用”的重视与强调，更是深深地影响了整个湖湘学派的学风，使湖湘学派的儒学呈现出强烈的经世性格与务实特征。

二　胡寅的“体用不二”思想

胡寅（1098—1156年），字明仲，一字仲虎，又字仲刚，号致堂，建州崇安县（今福建武夷山市）人，本为胡安国堂兄之子，但因家境贫寒、生计艰难而被胡安国收养并认作长子。由于深受胡安国之学行志业的影响以及处身于世衰道微、动荡不安的两宋之交，胡寅慨然以倡明道学和救世济民为己任。他既立身朝廷，积极参与现实政治，为对治朝政腐败、抗击外敌入侵而竭心尽力，以期复兴中原、实现统一；又发奋治学、勤勉修为，力辟异端邪说以扶持儒家正道，并由此为救治时弊、经邦济国指示大道良方。就其从政经历而言，宣和三年（1121 年）中进士甲科，宣和六年（1124 年）任西京国子监教授，靖康元年（1126 年）迁秘书省校书郎，建炎三年（1129 年）起又先后除起居郎、中书舍人、礼部侍郎兼侍讲及徽猷阁直学士，并出知严州、永州与新州。[①] 为政期间，胡寅不畏强权奸佞，力主抗金，反对议和，直言劝谏、指陈时弊，为救治当时的弊政和抵御金人的入侵积极谏言献策，如《上皇帝万言书》《进万言书札子》《乙卯上殿札子》等多次上书启奏，即是要向当政者指明时政的弊失并提出相应的解决之道，以图拨乱反正、扫除仇敌、恢复中兴。为学方面，胡寅自少即闻过庭之训，广泛诵习儒家经典，深受儒学的熏陶，尤其是年轻时通过胡安国而得以研习二程理学和春秋学，这对他的学问致思更是产生了深刻影响。胡寅吸收程颐“体用一源，显微无间”的观念来阐发体用不二的思想，并对佛、道、玄诸家学说体用分离的弊病展开批评，《崇正辩》即是其辟佛崇儒的力作。他还通过对《资治通鉴》所载历史人物和历史事件的评议来阐发儒家义理和昭明为政治国之道，著成《读史管见》一书，这显然又继承了胡安国《春秋传》所体现出的“即事以明理”“依理以处事”的务实学风。另外，胡寅辟异端的根本立场及其为学与为治的基本主张也散见于他的文集——《斐然集》之中。

无论通过对异端的批判来昭显儒家正道，还是借助对历史的品评来推明儒学大义和阐发为政思想，胡寅始终秉持体用不二的理念，强调儒学经世务实的性格，颇为重视“用”这一方面之价值和意义的开拓。如他偏重于从“用”的层面来批判异端邪说之虚浮，以凸显儒学积极入世、济人利物的精神，充分肯定万事万物存在的真实性和有用性，于身心关系中颇为重视身体一维的重要性，为政方面则强调务实去虚。当然，胡寅并没有因为重视“用”而轻忽“体”的本原性地位，而是仍然以“体”为根本。胡寅的体用思想主要蕴含在对异端的批评及其政治哲学当中，继承了胡安国倡导体用统一和体用兼重的观念，并在这一基础上做了进一步的丰富与

① 关于胡寅的生平与著作，参见容肇祖《胡寅年谱》，载胡寅《斐然集 崇正辩》“附录一”，中华书局 1993 年版，第 655—698 页；康义勇《胡寅思想研究》，台湾新北花木兰文化出版社 2012 年版，第 21—62 页；尹业初《胡寅历史政治哲学研究——以〈致堂读史管见〉为中心》，中国社会科学出版社 2013 年版，第 8—15 页。

拓展。他对道与物、心与迹、心与身、理与义等关系的处理即贯彻着体用不二的思想，且对体用双方的地位和作用都给予了足够的重视。而这与其对中道观念的把握与崇尚具有密切关联。胡寅强调以中庸之道来处理体用关系和把握体用双方的重要性，从而使其体用思想贯穿着中道理念，即力主体用不二并兼重体用二者。

（一）本中道观以阐发体用不二思想

1. 胡寅的中道观

胡寅论“中”，除了注重阐发其不偏不倚、无过不及的基本意涵，他还强调以下几点。

一是中道为天下之大本。胡寅认为“中者，道之至也，性之尽也，理之全也，心之公也”①，这显然是从本体的意义上来把握“中”，将其直接等同于道体、理体、心体、性体。此即意味着，中道即是宇宙万有的本原，天地间的万事万物皆根源于此，皆以此为其存在及运行的根本法则。

二是中道统摄万有、贯通一切。胡寅云：“中者……无不该也，无不遍也。”② 这就是认为，“中”作为宇宙万有的根本法则，必然统摄万事万物，并普遍地存在于万事万物之中，因而是无所不包、无处不在的。他又指出：“道至于大中，则无过不及，内外本末，天人上下，该举而无遗，通行而无弊。”③ 此即是说，大中至正之道必然无过与不及，从而内与外、本与末、天与人、形上与形下皆得以该举无遗，并且这些对举的双方皆并行不悖、圆融无碍。这也就意味着，如果立足于中道看待或处理内外、本末等一切具有对比性的关系，就可以认识到对比双方的内在关联，从而做到不偏不倚、无过不及。

三是中道乃大公至正、纯粹精一之道。胡寅认为“中者”即是“心之公也”，并表示：“中故大，大故正，正故粹，粹故一。彼狭小、偏私、僻邪、驳杂为道者，失也。其所以失，或由师传，或由凿智，或由气禀。故殊途各出，骛而不返，道无是也。”④ 在他看来，中道具有大公无私、至正无邪、精纯不杂的特征。人们往往将狭小、偏私、邪僻、驳杂者视为道，

---

① 胡寅：《崇正辩》卷3，中华书局1993年版，第123页。

② 胡寅：《崇正辩》卷3，中华书局1993年版，第123页。

③ 胡寅：《崇正辩》卷3，中华书局1993年版，第140页。

④ 胡寅：《斐然集》卷19《鲁论详说序》，中华书局1993年版，第403页。

显然是不明中道的表现。人之所以不得中道，或者是因为师传的缘故，或者是由于智识、禀赋的问题。然而，无论人们体悟中道与否，道体本身都是如如常在的，其所固有的“中”“大”“正”“粹”等性质也是恒常一如的。

四是中道为至极圆满之道。所谓“中者，道之至也，性之尽也”，即在于凸显中道作为至道的完满性、终极性与绝对性。胡寅之所以强调儒家的中道为究极圆满之道，主要是针对佛、道、玄等诸家思想或过或不及的偏失。若只就儒家之道而言，则无所谓至或不至、尽或不尽，因为儒道本身是终极完满、绝对至善的，“道一而已”，并不存在“中偏、大小、正邪、粹驳之不同”。[①]

五是中道难以把握、难以执守。胡寅说：“中道之难执也，自圣人以降皆然，何责于夷狄？”[②] 又说：“中之难执也，自尧、舜、禹儆戒以相授受，非至精至一，穷极道心，不足以得之。”[③] 既然中道是究极圆满之道，那么要体悟中道、执守中道就绝非易事。在胡寅看来，唯有至为专精地实下功夫以充分开显人的本心，才能明识中道、坚守中道。

总之，对胡寅而言，儒家的中道乃完满至善之道，具有不偏不倚、无过不及、大公至正、精纯不二、该贯万有、圆通无碍的特征，道、理、心、性之意涵无不统摄于此。同时在他看来，中道既是万事万物存在及运行的根本法则和一切价值与意义的来源，也是人生修养的最终理想与最高境界。因此，无论是辟异端、立儒学，还是救治时弊、经邦治国，他都十分强调中道观念的贯彻与运用。既然如此，那么其体用思想也必然浸润着他的中道观。

2. 中道观念与体用不二思想

胡寅正是本于中道观来把握体用之间的关系并认识体用二者的重要性。在他看来，体必是有用之体，用必是有体之用，体和用相依相待、圆融不二，两者具有内在统一性，不可分割。体用双方皆有其不可或缺的重

① 参见胡寅《斐然集》卷19《鲁论详说序》，中华书局1993年版，第403页。

② 胡寅：《致堂读史管见》卷9，《续修四库全书》第448册，上海古籍出版社1994年版，第551页。

③ 胡寅：《致堂读史管见》卷25，《续修四库全书》第449册，上海古籍出版社1994年版，第179页。

要地位和作用，二者都应加以重视，不可过分偏重或轻忽其中任何一方。他对“体用”的这一态度主要源于中道的“圆融一切”义和“无过不及”义。那么胡寅的中道思想究竟如何影响其体用观？这可以通过他的以下论说来把握：

> 孔子曰：“道之不明也，贤者过之，不肖者不及也；道之不行也，智者过之，愚者不及也。”过者，言过于中道耳。天地万物无不有自然之中，中者，道之至也，性之尽也，理之全也，心之公也，无不该也，无不偏也。佛自以为识心见性，而以人伦为因果，天地万物为幻妄，洁然欲以一身超乎世界之外，则其心不公，其理不全，其性不尽，而其道不至。知有极高明，而无见于道中庸；徒说形而上者，而不察形而下者；慕斋戒，洗心退藏于密，而不知吉凶与民同患；欲无思无为，寂然不动，而不能感通天下之故；举体于喜怒哀乐未发之前，而不能中节于喜怒哀乐既发之后：正所谓过之者也。孔子之立教曰：“敬以直内，义以方外。”子思传之曰：“成己，仁也；成物，知也。”孟子传之曰：“仁，人心也；义，人路也。”本末、内外、精粗、隐显，其致无二。中国有道者明之曰：“体用一源，显微无间。”正心诚意可以平治天下，洒扫应对进退可以对越上帝。此之谓圣学矣。①

在这里，胡寅首先通过孔子论及中庸之道的一则经典语录引出儒家的中道观念，并随即指出，天地万物皆有其自然之中，“中”即是道之极致、性之穷尽、理之纯全、心之大公，故而无所不含、无所不在。由此，胡寅凸显出中道的终极圆满性，同时确立了判别儒、佛的根本标准。接着，他以中道原则为根据批评佛教离用言体、体用两橛的弊失。在他看来，佛家虽自以为识心见性，但因其否弃天地万物、人伦日用而超脱于现实世界，以致陷溺于空虚寂灭之地而昧乎大道全体，所以实际上其心并不公，其理并不全，其性并未穷尽，其道亦未臻于至极。因此，佛家虽有见于极高明却无见于道中庸，只论及形而上者却不体察形而下者，倾慕于斋戒清心、退

① 胡寅：《崇正辩》卷3，中华书局1993年版，第123页。

藏修己却不知吉凶与民同患，心欲无思无为、寂然不动却不能感应通达天下万事，存体于喜怒哀乐未发之前却不能中节于喜怒哀乐已发之后。[①] 这就是认为，佛教仅有超越追求而缺乏现实关怀，只顾及己身的修行解脱却无益于经世济民、安邦治国，其缺失乃在过于中道，即过分偏重"体"而不能正视"用"的重要性，以致"用"这一面被消解，从而造成"体""用"的分离。胡寅破斥佛教贵体贱用、体用分离的弊失，正是要彰显儒学体用一如的圆满性。于是他进而指出，儒家乃本与末、内与外、精与粗、隐与显该举无遗、一体不二的大中至正之教，并借用程颐"体用一源，显微无间"之说总结儒学这种彻上彻下、圆融无碍的精神。在他看来，正心诚意、修身成德便可以治国平天下，于洒扫应对的日用常行中即可以上达本体，这就是儒家之道的根本特质。通过以上分析可知，胡寅乃本于中道观念批评佛学有体无用、体用分离的弊失，并由此挺立起儒家体用不二的根本精神。

在上述引文中，胡寅引用了孔子、子思、孟子及程颐的言论，这些言论都是在发明体用不二之义。对他而言，"敬以直内"与"义以方外"、"成己"（仁）与"成物"（知）以及"仁"（人心）与"义"（人路）等，都具有体用不二的关系。所谓"敬以直内"，是指通过主敬工夫让人内心守正，从而开显人之本心；"义以方外"，是指循义作为以使事事物物都各得其宜，这正是本心发用的结果。因此，"直内"是就挺立本体而言的，"方外"是就本体显发大用而言的，二者相倚相待、一体不离。所谓"成己"，是指成就自己的德行，即成己之性、尽己之性，亦即本心仁体的发明；"成物"，是指成就他人与万物，即成人之性、成物之性，亦即济人利物之大用的开显。成己之道在于仁，成物之功由乎智，而仁是智之体，智是仁之用，所以成己（尽己）与成物（推己及人及物）一体不二。所谓

① 胡寅对于佛教的这种批评，继承了北宋以来诸儒的基本观点，如张载说："知虚空即气，则有无、隐显、神化、性命通一无二，顾聚散、出入、形不形，能推本所从来，则深于《易》者也。……若谓万象为太虚中所见之物，则物与虚不相资，形自形，性自性，形性、天人不相待而有，陷于浮屠以山河大地为见病之说。"（张载：《正蒙·太和篇第一》，《张载集》，中华书局 1978 年版，第 8 页。）程颢曰："然则毁人伦、去四大者，其分于道也远矣。……彼释氏之学，于'敬以直内'则有之矣，'义以方外'则未之有也，故滞固者入于枯槁，疏通者归于肆恣，此佛之教所以为隘也。"（程颢、程颐：《河南程氏遗书》卷 4《二程先生语四》，《二程集》，中华书局 2004 年版，第 74 页。）

“仁”，即人之本心，这是“体”；“义”即根据本心而行以使应物处事皆合理得当，这是“用”。仁是义之体，义是仁之用，仁体与义用相依不离、一体无间。胡寅所谓“以仁存心，以义行事”[①] 及“存诸心者仁，则形诸事者义”[②]，即体现出仁与义、本心与义行（善迹）之间的内在统一性。因此，从本段引文来看，“体”主要指作为宇宙万有本原的本体，涉及天道、天理、仁体、性体、本心等范畴；“用”指本体之流行发用即其功能、作用和表现，具体包括宇宙生化、天地万物、人生实践、具体法则等内容。胡寅虽然着重从“直内”与“方外”、“成己”与“成物”等人生实践论意义上谈体用关系，但是比较笼统。究其实质而言，所谓“体”指本体，“用”指本体之发用。在体用关系上，胡寅力主体用不二，强调体用二者兼重并举，尤其不能忽视“用”的重要性。

（二）胡寅体用思想的要义

胡寅的体用思想吸收了二程与胡安国的体用观，同时深受儒家中道观念的影响，这主要体现在他以中道思想来把握体用关系和体用二者的重要性。在他看来，中道是究极圆满之道，具有不偏不倚、无过不及、融通一切、大公至正、统摄万有的意蕴。正是基于中道观念来处理体用关系和把握体用双方的地位和作用，他的体用思想才具有以下两个特点：其一，强调体用之间的统一性、圆融性；其二，贵体重用：既以体为根本，又颇为重视用。这主要见之于其道物一体说、心迹不二论、身心相须观和理体义用该贯的本心论。

在胡寅的道物说中，道为体，物为用，体用一如。胡寅认为，“道”是万事万物存在及运化的根据，具有绝对性、普遍性、真实性，且“道”必是能够济人利物、开物成务的有用之道；“物”是天地间客观存在的万事万物，必具有真实性及其作用与价值。道物之关系为：万事万物皆以道为本原，道就体现并内在于万事万物之中，道与物一体不离。在心迹论中，心为体，迹为用，体用不二。在这里，“心”主要指道德本心，有时亦就经验意义上的心而言；“迹”是指人的行事作为及其产生的结果。心

---

① 胡寅：《致堂读史管见》卷23，《续修四库全书》第449册，上海古籍出版社1994年版，第148页。

② 胡寅：《致堂读史管见》卷30，《续修四库全书》第449册，上海古籍出版社1994年版，第271页。

迹之关系为：心是迹的根源，迹是心的显现，心与迹圆融不二。在胡寅的身心观中，心为体，身为用，体用相须。在此，“心”主要是指道德本心，有时亦从一般所谓人的理性、意志等意义上来说；“身”是指人的形体或肉身。身心之关系为：心是身合理有效运行的主宰，身是心赖以表现、落实的资具，身与心相须相成。在胡寅的本心论中，理为心之体，义为心之用，体用该贯无遗。在这里，“本心”是指人皆固有的道德本心，“理”即万事万物存在及运行的根本法则，“义”即每一事物存在及运行的具体法则。本心是有体有用、体用兼该的，而理、义即是本心之体、用，且理为义之本原，义为理之表现，理与义一体不二。据此可知，胡寅一方面肯定了“体”的根本性地位，认为用是以体为本的，须由体来决定、统摄、主宰；另一方面又颇为重视“用”，主张体即内在于用之中，须由用来体现、落实、成就。因此，体与用相倚相待、互动互成，二者一体不离。这样一种体用观无疑具有强调体用之统一性及既贵体又重用的特征。

显然，胡寅的体用思想继承并丰富了胡安国的体用观，较为充分地彰显了湖湘学派儒学注重体用统一及贵体重用的特质，尤其是他以儒家的中道观念来把握体用之关系和认识体用双方的地位与作用，更是推动了湖湘学派体用论的纵深发展。他力主体用不二，在坚持以道体、心体为本的前提下，又颇为强调事物、身体及经世致用等的重要性，这就贯穿着中道原则，表明他十分注重体用之间的平衡与统一。当然，胡寅的体用思想仍比较简略、浅显，尚未在天道论、心性论、工夫论、外王论等方面予以十分系统、深入的展开，而这一步的工作是通过胡宏来完成的，再经由张栻加以充实拓展、调适上遂。

三　胡宏的“体用合一”思想

胡宏（1105—1161 年），字仁仲，建州崇安县（今福建武夷山市）人，胡安国季子，为宋室南渡以后第一个系统消化北宋儒学并颇有创获的儒者。因后半生长期寓居衡山五峰之下，故学者尊称之为“五峰先生”，其现存著作主要有《知言》《皇王大纪》《五峰集》。胡宏生活在两宋祸乱之际，当时“道学衰微，风教大颓”[①]，他奋然以振兴道学为

① 胡宏：《与谈子立书》，《胡宏集》，中华书局 1987 年版，第 147 页。

己任，“优游南山之下余二十年，玩心神明，不舍昼夜，力行所知，亲切至到”①。除了致力于儒家内圣之学的开拓，胡宏于外王学方面也有所创发，从而成为湖湘学派理学体系的奠基者以及南宋儒学发展中承上启下的关键性人物。胡宏的理学充分吸收了周敦颐、张载、二程、谢良佐及胡安国的思想，并予以创造和发展：在心性论上直接以性为本体，主张性动即心、心以成性，并由即心显性说心性是一（心即性）；在工夫论上则颇为重视察识的工夫，强调就现实生活中良心萌蘖处直下体证本心。② 当然，胡宏不仅是位在心性之学方面有所创发的儒者，也是个具有强烈现实关怀与担当精神的士人。他十分关心国运民生，对当时的弊政做了深刻的反省与检讨，针对时代问题提出了一系列具体的主张，如《上光尧皇帝书》和《中兴业》即是其救世济民、兴邦治国的力作。在外王经世问题上，胡宏继承了孟子以仁心行仁政的思想，视仁心为立政之本，主张为政者应当注重道德修养，先挺立仁心大本；同时他强调，在以道德为本的前提下，还必须结合法制、经济、教育、军政、国防等各方面具体建设，如此才能真正治理好天下，才能将仁心仁政落到实处。

（一）胡宏儒学的基本观念与洞见

对于胡宏的学问，张栻曾评论道：“析太极精微之蕴，穷皇王制作之端，综事物于一源，贯古今于一息，指人欲之偏以见天理之全，即形而下者而发无声无臭之妙，使学者验端倪之不远，而造高深之无极，体用该备，可举而行。”③ 这用胡宏自己的话来说，即是“体用合一，未尝偏也”④。此正是贯穿其整个儒学的基本理念。在他看来，“合体与用，斯为道矣”⑤，若“有体而无用”，则“与异端何辨”？⑥ 也就是说，儒家之道必是有体有用、体用该贯的，体和用不可或缺、不可分割，亦不可偏执于某

---

① 张栻：《胡子知言序》，《新刊南轩先生文集》卷 14，中华书局 2015 年版，第 974 页。

② 参见牟宗三《心体与性体》第 2 册，台北正中书局 1968 年版，第 436—454 页；向世陵《善恶之上：胡宏·性学·理学》，中国广播电视出版社 2000 年版，第 127—148 页；曾亦《湖湘学派研究》，商务印书馆 2021 年版，第 98—115、123—128 页。

③ 张栻：《胡子知言序》，《新刊南轩先生文集》卷 14，《张栻集》（三），中华书局 2015 年版，第 974 页。

④ 胡宏：《与原仲兄书二首》，《胡宏集》，中华书局 1987 年版，第 122 页。

⑤ 胡宏：《知言·阴阳》，《胡宏集》，中华书局 1987 年版，第 10 页。

⑥ 胡宏：《与张敬夫》，《胡宏集》，中华书局 1987 年版，第 131 页。

一端。这一方面在于彰显儒学兼该体用两面的整全性，另一方面则是要强调体用之间的内在统一性。胡宏所说的“体用合一”不仅用来表达形而上者与形而下者的关系，也用来描述形上本体自身的意涵与特征以及内圣成德与外王经世的关系。

总而言之，无论是对异端邪说的批评，还是对儒家内圣外王之学的建构，胡宏都是本于“体用合一”的理念来展开的。正是这一理念的贯彻、运用，使得他充分彰显出本体的能动性、创生性以及现实生活世界的意义，并圆融、深刻地处理了形上与形下、本体与工夫以及内圣与外王等关系问题，从而令其整个儒学充满了辩证色彩。

（二）胡宏体用思想的要义

“体用合一”是胡宏对儒家之道的基本体认，也是其体用思想的核心观念。在他看来，儒家之道本来就兼该体用两面，且体用必是相依互成、一体不二的关系。由此，儒学建构就必须正视体用之间的辩证统一性，就应当兼重体用而不可偏忽。这样一种体用观贯彻于胡宏的整个儒学。

在其天道论中，就道体的内在结构及其特征而言，阴为道之体，阳为道之用，二者相互涵摄、相互补充、相生相成，成就了天道丰富多元、充满活力的内在结构。正是这一阴阳互补对生结构使得天道具有秩序性与创生性合一的特征，即天道既是宇宙秩序、普遍法则，又具有不已的能动性、创生性，融秩序性与创生性为一体，乃即体即用之宇宙大本。就道物关系而言，天道为体即天地万物之本原，万物为用即道体发用流行之表现，二者相即不离、一体无间：天地万物皆以天道为其存在与运化之根据，且天道就存在于天地万物之中，并通过天地万物来显现。此中的“体用合一”观念意在强调道体的创生性及道物之间的统一性，尤其是要表明道就体现并存在于万事万物之中。

在其心性论中，就形上本体的意涵与特征及心性关系而言，性为道之体，心为道之用，二者是相融相合、互涵互摄、本即为一的关系。这一观点具有以下意涵：其一，天人合一或天道性命相贯通。“性”作为超越的宇宙本体是人之道德本心的终极来源和根据，“心”作为人之内在道德本心则是性体在人生的体现与落实，于是心、性必然相融为一。就此而言，形上本体乃宇宙生化与道德创造合一、超越与内在合一、主客合一之体。其二，形上本体融秩序性与活动性为一体。“性”作为道之体偏重于秩序义，“心”作为道之用偏重于活动义，由此“体用合一”即意味着，本体既是法则、秩序，又具有活动性，必然是秩序性与活动性合一之体。其三，形上本体与其自身之活动性为一。性之为性在于其生生不已之动，因为心即是性之动，所以性之实质即为心。性与性之动的关系为：性之动必由性体所生发、统摄，性体亦必由性之动显现、坐实。由此，性必涵心，心必摄性，性以立心，心以成性，性体与心用必是互涵互摄、相倚相成而为一不二。此中的“体用合一”观念意在于：第一，发明天道性命相贯通之义；第二，彰显心性本体的活动性；第三，强调性体的真实意义可由人之道德本心来显明、落实。就仁义关系而言，仁作为宇宙万有的根本法则，为道之体；义作为事事物物各自的具体规范，为道之用。义以仁为根据，仁由义来表现，两者相依不离、一体不二。此中的“体用合一”观念意在强调仁与义或根本原则与具体规范之间的内在统一性以及仁道的贯彻落实。

在其工夫论中，道德心性为体，道德实践为用，两者是相互依存、一体不离的关系：一方面，心性本体既是道德实践之所以可能的超越根据，也是道德实践所指向的终极目的和终极境界，唯有立足于心性本体，一切道德实践才有其可能性和必要性，才有其根据、原则和方向；另一方面，道德实践即是心性本体的表现与落实，唯有通过道德实践，心性本体才能得以真正彰显、实现。根据前一方面，道德修养应当以致知为先，即先明确工夫之目的在于上达本体，以使道德实践得以可能和必要，并为之确立根本及指明原则和方向；根据后一方面，道德修养应当以力行为重，即注重在日用常行中做工夫，勤于躬行实践，以使心性本体在现实生活中真正开显出来。胡宏这样一种工夫论主张，在根本上取决于其本体论上“体为用本、用依体立”和“体即在用、体由用显”的思想。依前者，就必须先致知后力行，胡宏主张先察识后存养即是如此；依后者，就必须重视实行践履，注重在现实生活中就本体之发用表现处下功夫以体证本体（即用明体）。胡宏所重视的察识与穷理工夫都是即用以明体，具有强烈的务实性格。此中的“体用合一”观念是在以体为本的基础上，着重强调躬行实践对于上达本体的重要性以及工夫须当在应物处事的现实生活之中来展开。

在其政治论中，就内圣与外王之关系而言，内圣成德（明体）为体为本，外王经世（达用）为用为末，两者相倚互成、一体不二：一方面，内圣是外王得以展开的前提和基础，唯有内圣成德以明体，外王之展开才有坚实的根据，才有正确的原则和方向以及源源不断的动力；另一方面，外王是内圣得以充分实现或完成的标志，唯有外王经世以达用，内圣才能彻底圆满成就。据此，儒学建构既当以内圣为本，又须重视经世致用。就外王经世之道而言，仁心仁道或仁义道德为体为本，此即平治天下的根本原则、根本方向和根本动力；一切能够切实致用的具体建设为用为末，此即仁心仁道或仁义道德得以体现和落实的必需条件。这两者是相互作用、相互影响、相互成就的关系。由此，为政治国既当以仁心仁道或以德为本，注重道德修养和道德教化；又必须重视法制、经济、教育、国防等各个方面的具体建设。唯有“体用不遗，本末并行”①，方能真正治理好天下，从而使仁心仁政得以贯彻落实。此中的“体用合一”观念是在肯定仁道仁德为立国之本的基础上，又颇为强调各种具体建设对于为政治国的必要性和重要性。

显然，胡宏是以“体用合一”的观念建构其整个儒学，无论是天人关系、阴阳关系、道物关系、心性关系、仁义关系，还是本体与工夫之关系、内圣与外王或德与政之关系等，他都通过这一观念加以统摄和把握。可见胡宏对“体用合一”思想的阐发与运用是较为系统、深入的，这极大地推动了整个湖湘学派体用思想的丰富和发展。其体用观是在以“体”为本的基础上，较为注重体用之间相涵互摄、相即不离的辩证统一性，并尤其强调体即在用、体由用显、用以成体的观点，由此充分彰显出“用”的重要性，从而阐扬了儒学积极务实、经世致用的精神。其弟子张栻继承了这一点，并予以一定程度的推进，明确提出了“体用相须”的观念。

四 张栻的“体用相须”思想

张栻（1133—1180 年），字敬夫，又字钦夫、乐斋，号南轩，学者称南轩先生，谥号宣，又称张宣公，魏国公张浚之子，南宋汉州绵竹（今四川绵竹）人。他既是一位勤政爱民、政绩卓著的官员，也是个在内圣与外王之学两方面都有创获的儒者，与朱熹、吕祖谦并称“东南三贤”，被陈

---

① 胡宏：《上光尧皇帝书》，《胡宏集》，中华书局 1987 年版，第 99 页。

亮誉为“一世学者宗师”[①]。张栻具有良好的家学渊源，自小即从其父学习儒家忠孝仁义之道，并受到二程洛学的熏陶。其后他又师事湖湘学派的大宗师胡宏，随之研习孔孟儒学精义和北宋诸儒的思想，这对其理学的形成和发展产生了重大影响。张栻直承孔孟道统，接续周程道学之正脉，在吸收和融会周敦颐、张载、二程、胡宏等先贤之思想的基础上，又与朱熹、吕祖谦等同时代的大儒反复论辩切磋，不断研习义理和践履道学，从而建立了既深广又颇具特色的理学体系。张栻一生精研理学而著述颇丰，主要有《南轩先生论语解》《南轩先生孟子说》《南轩易说》《新刊南轩先生文集》等著作。他作为湖湘学派的中坚力量，不仅对湖湘学和蜀学有振兴之功，而且对整个宋代理学的丰富与发展也产生了重要影响。

（一）张栻儒学建构的基本关切与核心理念

张栻儒学建构的问题意识主要有三：一是如何回应佛道思想的挑战；二是如何救治当时儒林内部所出现的空谈心性而不务实的弊病；三是如何在世衰道微、内外交困的严峻社会局势下救亡图存、经邦济世。为了解决这些问题，张栻一方面积极建构形上世界，以此为儒家的道德伦理及合理社会秩序的重建确立形上根基；另一方面则大力开拓人生实践论，以使超越的形上本体或天道性命之理能够真正贯彻落实于人生日用之中，即将其真实意义在修齐治平的人生实践中开显出来。这也就是要将超越追求与现实关怀、本体论与人生实践论有机统一起来。面对士人们“其号为安静者则一切不为，而其欲为者则又先怀利心”[②]，即或空谈道德性命之理而不务实行、不究实用，或不明道德性命之理而任意妄为的弊病，张栻反复强调为学和为治都应当“务实反本”[③]：既要注重体究天道性命之理，以使一切人生实践的展开都有本有据；又要重视实行践履、经世致用，以使天道性命之理能够贯彻落实于人的日用常行之中。

由此，张栻在本体论上强调形上与形下的相涵统一，在工夫论上注重存养与体察、持敬与穷理的相资互发，在外王论中则力主仁心与仁政、学与治或道德与政事的相依互成。也就是说，他是以“体用相须”的理念来

① 陈亮：《与张定叟侍郎》，《陈亮集》卷29，中华书局1983年版，第383页。

② 张栻：《与施蕲州》，《新刊南轩先生文集》卷26，《张栻集》，中华书局2015年版，第1153页。

③ 张栻：《南轩先生论语解》卷2，《张栻集》，中华书局2015年版，第127页。

建构其整个儒学的。这一理念反映了张栻的体用观注重体用之互动性的实质与特征，乃张栻对北宋诸儒之体用思想的消化与融通以及对湖湘学派胡安国、胡宏等先贤强调体用统一和体用兼重之体用思想传统的继承与发展。

（二）张栻体用思想的要义

“体用相须”是张栻体用思想的核心观念，这一观念是张栻在消化和吸收周敦颐、张载、二程、胡宏等先贤之体用学说的基础上提出来的，它强调的是体用之间相涵互摄、相资互成的辩证统一性，不仅承认体对于用的产生具有决定性意义（即用须本于体而产生），而且充分肯定用对于体的实现亦具有关键性影响（即体须通过用来实现）。张栻正是根据“体用相须”的观念来建构其整个儒学，这主要体现在如下四个方面：

首先，在其天道论中，就太极论而言，太极为体，二气五行万物为用，二者是相涵相须、互为一体的关系：一方面，太极必能创生二气五行万物，是二气五行万物存在及运化的根据，二气五行万物皆根源于、统摄于太极；另一方面，太极就体现并内在于二气五行万物之中，二气五行万物各都完整地涵具一太极。就性气论而言，性作为体，始终是一；气作为用，则有万殊。这两者相涵互摄、相即不离：一方面，万殊之气皆根源于一本之性，并各都备具一本之性；另一方面，一本之性必然显现为万殊之气，并普遍地存在于万殊之气当中。就道器论而言，形而上之道为体，形而下之器为用，二者相依互成、一体不离：一方面，器本于道而产生，以道为其存在及运行的根本法则，不可离于道；另一方面，道由器来表现、落实，并内在于器之中，不可离于器。

其次，在其心性论中，就性情论而言，性即仁义礼智之性，为体；情即恻隐、羞恶、辞让、是非四端之心，为用。性体与情用相倚不离、圆融不二：一方面，性是情得以生发的根源，情须依性而立；另一方面，情是性的发用和表现，性须待情而显。就仁义论而言，仁即普遍的道德法则或仁心仁道，为体；义即具体的道德规范或仁心仁道之表现，为用。仁体是一，而义用有万殊，二者之间乃“理一”与“分殊”相涵互摄、相须互济的关系：一方面，仁是义的来源和根据，义虽有万殊，但无不根源于、统摄于仁体，并完具仁体；另一方面，义是仁的运用和表现，仁体虽只有一个，但必显现为万殊之义，必通过万殊之义来体现和落实，并且就内在于万殊之义，就在万殊之义当中成就其自身。就中道论而言，“中体”即根本的中道原则，为体；“时中”即中道原则的具体应用和具体呈现，为用。中体是一，时中为万殊，两者也是相倚相成、互涵互摄的关系：一方面，中体是时中的根源，时中由中体统摄并涵具中体；另一方面，时中是中体的表现，中体由时中坐实并内在于时中。

再次，在其工夫论中，体指本体，用指本体之作用和表现。直接作用于“体”的存养或居敬工夫与从“用”处入手证体的察识或穷理工夫相辅相成、并进互发：一方面，对本体加以操存涵养在于立体，立体则能够致用，由此可以推动察识或穷理工夫的施行；另一方面，对本体之发见处加以体究、察识在于尽用，尽用则可以成体，从而能促进存养或居敬工夫的开展。据此，工夫修养就应当于体用两端兼用其力，既须操存涵养本体，又须体察本体之发见。因为体用之间相互依持、相互成就，所以这两个方面必然是相资互发、相须互成的关系。

最后，在其政治论中，就内圣与外王之关系而言，内圣成德为体，外王经世为用，两者相须相成、一体不分：一方面，外王经世之治须以内圣成德之学为根据，须本于内圣成德之学而展开；另一方面，内圣成德之学必须能经世致用，通过外王经世之治方能得以充分实现。就为政的基本理念而言，仁心为体，仁政为用，二者相互依持、相互促成：一方面，仁心是仁政得以生发的根源，仁政必本于仁心而立；另一方面，仁政是仁心的显现与坐实，仁心须通过仁政全面展开、完满实现。就为政之方而言，仁心仁道或立德明道为体，法制、经济、教育、国防等各个方面的具体建设和施为举措为用。为政治国既须以仁心仁道或立德明道（体）为本，注重道德心性修养；又必须采取积极务实的施为举措（用），重视各个方面的具体建设（用）。这两者相互作用、相互影响：用须以体为根据、原则和方向，体须由用来表现和贯彻落实。由此即决定，唯有“体用兼备，本末具举”，才能真正达到平治天下即实现仁政的目的。

可见，“体用相须”的观念贯穿于张栻的整个儒学之中。张栻体用思想的特点主要有三：其一，十分注重体用之间相依互成、相须互济的互动统一关系；其二，既充分肯定“体”的根本性地位，又颇为重视“用”，强调体在用中、体由用成；其三，重视用“理一分殊”的观念来表达“体用相须”的思想，这使得体用之间的互动性得到了更为充分的展示。显然，张栻的体用观尤其强调体用之间的辩证统一性，并对体用两面都给予了充分重视。这不仅继承和发扬了胡安国、胡寅、胡宏等先贤注重体用统一和贵体重用的体用论传统，而且在较大程度上丰富和发展了湖湘学派的体用学说。

总的来说，湖湘学派对于“体”“用”之内涵及其关系的认识主要体现在以下五个方面：其一，就本体与本体之活动性论“体用”。“体”指形上本体，“用”指形上本体自身生生不已之活动作用。如“性体心用”即是从这一意义上来说的。体用之间的关系为：体必是用之体，用即是体之所存；用必是体之用，体即是用之所在；用由体所发，体由用而显；即体即用，即用即体，体用相融为一而不二。其二，就天道本体内部结构中的阴阳两端或天道本体自身所涵的动静之性论“体用”。“体”指本体所涵之静性，“用”指本体所涵之动性。如“阳者，道之用；阴者，道之体”即是从这一意义上来说的。体用之间的关系为：体中涵用，用中涵体，体与用互涵互摄；体以生用，用以成体，体与用相生相成；用依体立，体待用显，体与用相倚相待。体用之间相互涵摄、相互依存、相互补充、相互成就。其三，就本体与现象或本体与实践论“体用”。“体”指形上本体，“用”指形上本体发用流行之具体表现或本体自身之呈现。如太极之体与二气五行万物之用、性体与气用、道体与物用、心体与迹用、性体与情用、本体与工夫等都是从这一意义上来说。体用之间的关系为：体是用的根源，用是体的表现；用须依体而立，体须由用而显；用以体为根本，体即存在于用；用不可离于体，体不可离于用。体与用相须互成、相倚不离、圆融不二。其四，就根本道德法则与具体道德规范论“体用”。“体”指具有超越性、普遍性、统一性的根本道德法则，“用”指具有经验性、特殊性、差异性的具体道德规范。如理体与义用、仁体与义用、中体与时中等即是从这一意义上来说的。体用之间的关系为：体是用的来源和根据，用是体的表现与落实；用须本于体而产生，体须通过用来实现。体与用相依互成、一体不离。其五，就一般所说根本和枝末的意义论“体用”。“体”是本，“用”是末。如心为体而身为用、内圣为体而外王为用、道德为体而法制为用等即是从本末的意义上言说“体用”。体用之间乃相互依存、相互作用、相互影响、相互成就的关系：不仅“体”对于“用”的开展具有决定性意义，而且“用”对于的“体”的实现亦具有关键性影响。

由此，体用双方的地位和作用都得到了充分的肯定和彰显。因而此处虽以体为本、以用为末，但绝无重本轻末、贵体贱用的意味，而恰恰是在以“体”为本的基础上，又强调“用”的重要性，所以实际上是体用双彰、本末俱显。而这样一种体用兼重并举的态度，无疑取决于对体用之间相倚互成、相须互济之辩证统一关系的深刻认识。一言以蔽之，湖湘学派体用思想的核心要义即是“体用相须互成，贵体重用不偏”。

第三节　湖湘学派体用思想的主要特点：尊生主动、崇实尚用、平衡互动、对比融通

湖湘学派的体用思想在充分肯定体用有别的前提下，颇为注重体用之间相互作用、相互影响的辩证统一关系，既肯认“体”对于“用”的决定性意义，又强调“用”对于“体”之显明的重要性，从而呈现出尊生主动、崇实尚用以及重视体用之平衡互动与对比融通的特点。

湖湘学派对“体”“用”意涵的理解比较丰富，对体用关系的把握较为辩证、深刻。相较历史上和同时代的诸家体用观而言，湖湘学派的体用思想主要有如下特点：第一，湖湘学派发挥了谢良佐“性，本体也。目视、耳听、手举、足运见于作用者心也”[①] 的观点，力倡“性体心用”之论，从本体与其自身之活动性的意义上把握“体”“用”。这种解读不仅彰明了形上本体的能动创造性，也凸显了“用”的地位和意义以及体用之间的本原统一性。湖湘学派以体用观念论心性，并主张心即性。这就意味着，体和用都是就形上本体而言，二者相涵互摄、本即为一。此不同于诸家一般从形上本体与其形下表现或形下事物与其功能作用等意义上理解“体”“用”。第二，无论从何种意义上诠释“体”“用”，湖湘学派在正视体用之别的基础上，十分注重“体”“用”的圆融统一与互动融通。这主要表现在他们着力推明体用之间的辩证统一关系。在他们看来，体和用相互依存、相互成就而一体不二，不仅“用”的开展须由“体”统摄、主

① 谢良佐：《上蔡语录》卷 1，《文渊阁四库全书》第 698 册，台湾商务印书馆 1986 年版，第 567 页。

宰，而且“体”亦须通过“用”表现、落实，二者之间既不可分割，也非一种单向度的决定与被决定的关系。这种对体用之相互统一关系的强调发挥了张载和程颢的体用观，而与程颐、朱熹比较注重体用之别有所不同。[①]第三，正是基于对体用相互作用、相互影响之辩证统一性的深切体认，湖湘学派既坚持以“体”为本，又颇为重视“用”，强调“体”和“用”的兼重并举。尤其是对“用”的方面给予了充分重视，更加彰显了湖湘学派体用思想的特色。具体而言，如他们在本体论上强调本体的活动性以及万事万物或现实世界存在的真实性及其价值和意义，在工夫论上强调于经验现实生活中实行践履，在外王论上强调积极作为、务实致用。这相较于佛、道、玄诸家思想的贵体贱用倾向以及北宋理学特重立体而于致用不足的主流来说，无疑有一定特色。以上三点使得湖湘学派的体用思想在总体上呈现出“体用相须互成，贵体重用不偏”的意蕴与特征。所谓“体用相须互成”，是指湖湘学派注重体用之间相依相成、互须互济的辩证统一性，强调体用的双向互动及其对比融通、对称圆融关系；而“贵体重用不偏”是指湖湘学派对体用双方采取不偏不倚、兼重并举的态度，既以“体”为本，又十分重视“用”。这两个方面显然具有内在关联，正因为认识到体用是互为相须的关系，所以才会采取既贵体又重用的态度。

湖湘学派的体用思想之所以具有以上特征，不仅取决于湖湘学派儒学自身的问题意识，而且与湖湘学者对儒家中道观念的推重密切相关。胡寅即明确以中道原则把握体用之关系以及体用双方的地位和作用，而胡宏“体用合一，未尝偏也”的观念和张栻“中体与时中相须”的主张也都蕴含着中道思想。中道观念强调的是不偏不倚、无过不及和圆融统一。以这样一种观念来把握体用关系和看待体用二者的重要性，则必然会注重体用之间的辩证统一性，并对体用双方的地位和作用皆予以充分肯定和重视。也就是说，将中道观念贯彻到体用论中，则必然主张体用兼该、体用合一：体必是有用之体，用必是有体之用，体不可离于用，用不可离于体，

---

① 参见陈赟《从“贵体贱用”到“相与为体”——中国体用哲学的范式转换》，《许昌学院学报》2003 年第 1 期；林月惠《王阳明的体用观》，载林月惠《宋明理学的超越蕲向与内在辩证》，台湾“中央研究院”中国文哲研究所 2008 年版，第 147—154 页；林维杰《朱子体用论衡定》，载林维杰《朱熹与经典诠释》，华东师范大学出版社 2012 年版，第 201—211 页；刘乐恒《伊川理学新论》，岳麓书社 2014 年版，第 5—13 页。

体用相倚不离、圆融不二。既然体用相互统一而不可分割，就应当体用兼重，而不可过分偏重或轻忽其中任意一方，即既不可离体论用、贵用贱体，也不可离用论体、贵体贱用。易言之，必须既贵体又重用而无任何偏忽，才合乎大中至正之道。可见，湖湘学派的体用思想深受中道观念的影响，从而颇为强调体用之间的平衡与统一、互动与融通。显然，注重以中道观念来把握体用关系及体用双方的重要性，也是湖湘学派体用思想的一大特点。

当然，仍需指出的是：首先，“体用相须互成，贵体重用不偏”虽旨在强调体用的辩证统一性、不可分割性，不能轻忽其中任何一方，但并不是说二者的地位和作用是完全一致的。湖湘学派一般认为“体”是“用”的统摄者和主宰者，所以“体”相对于“用”来说更为根本，二者并非平列并重或平面静止的关系。其次，“体用相须互成，贵体重用不偏”固然是湖湘学派诸儒建构学说的共同理念，然而他们对这一理念的具体运用和阐发存在一定差异。这不仅表现在他们为学的侧重点有所不同，而且反映在他们对“体”“用”的理解和对体用关系的把握也有其分别。这就使得湖湘学派内部诸家的体用观及其儒学建构呈现出不同的风貌。最后，湖湘学派并不停留于“体用相须互成，贵体重用不偏”的理论建构，而是力求在具体的人生实践当中将其实现出来。如果一味沉溺于理论建构而不重视躬行践履，那么反而会造成形上本体的空悬、体用的分离，而这正是湖湘学派所警惕的。由此，他们颇为重视践履实行与经世致用，强调形上不离形下、本体不离工夫及内圣与外王合一。

总而言之，湖湘学派的体用思想强调“体用相须”和“贵体重用”，具有尊生主动、崇实尚用及注重体用之平衡互动与对比融通的特征。这一特征不仅见之于湖湘学派理论上的阐发和思想上的建构，而且体现在其修德、讲学、为政、耕作等实践经历当中。于是湖湘学派同时从知行两个层面深度、有力地显明了儒学原本具有的体用兼该、彻上彻下之实义。

第三章　湖湘学派体用思想在天道论方面的展开

道必是有体有用、体用合一之道，这是湖湘学派对于儒家之道的根本体认，也是贯穿其整个儒学的核心理念。湖湘学派以“体用相须互成，贵体重用不偏”为根本意蕴的体用思想，便首先体现并展开于天道论的建构。具体而言，这主要表现在湖湘学派对天道（天命/天理/太极/性体）本身的领会及其对道物关系和性气关系的把握。在湖湘学派看来，一方面，天道本身即具有一种体用相须的内在结构，正是这一本源发生结构决定了天道本体的活动性，即决定天道必是即体即用、生生不已的形上本体；另一方面，天道本体与其发用流行之具体表现（气与万物）相依互成、相即不离、圆融不二，这种相须一体的关系又最终取决于天道本身的活动性。因此，湖湘学派的体用思想在其天道论中的开展，一是就天道本体内部结构中的体用相须关系或天道本体与其自身之活动性的相须关系而言，一是就天道本体与其发用流行之具体表现的体用相须关系而言。当然，这两个方面的意涵是根本相通的。

第一节　天道即体即用

“生生”乃儒家天道观的实质与奥秘之所在，也是儒学的无尽德慧之源。从《易传》直至周敦颐的太极说、张载的太虚论及二程的天道观，儒家天道生生不已、流行不息的精神不断得到诠释和演绎。湖湘学派继承和发扬先秦儒学与北宋儒学所留下来的思想遗产，对天道即体即用的能动性、创生性加以进一步阐释，从而在一定程度上丰富和深化了儒家天道生生的观念。具体而言，这主要体现在胡宏对天道健行不息之精神的领会、张栻对太极生生不穷之实质的体认以及他们对性体流行不已之意蕴的把握。

一 天道健行不息

对湖湘学派而言，天道作为万事万物产生的根源和万事万物存在及运行的根本法则，无疑具有创生性、普遍性、恒常性、超越性、绝对性、终极性。湖湘学派力主道必是体用合一、体用相须之道，即是以体用合一、体用相须来把握道的根本特质，而由此所彰显的正是道无所不包、无所不贯的普遍性、完满性及其生生不已的活动性。对此，胡宏做了颇为深入的揭示，他十分强调道体的能动性、创生性。他说：

> 天道至诚，故无息。①
>
> 皇皇天命，其无息乎！②
>
> 此乾之健，天行之所以无息也。③
>
> 天之所以为天者，至诚无息而已。④
>
> 生生不穷，无断无灭，此道之固然，又岂人之所能为哉？⑤
>
> 潜心三皇之纪，则知太和保和、生育无穷之道，无始而有始，无终而有终者也。⑥

由此足见胡宏对于天道之活动性、创生性的重视。在他看来，天道生生不息，能够不已地起创生作用。天道固有的创生作用具有如下特征：（一）至诚性。天道是至真至实之本体，其自身之活动作用亦必然真实无妄。也正因为天道至诚无妄，所以才能够生生不已、流行不息。所谓“天道至诚，故无息”，即是如此。（二）无穷性。天道无时不在创生，无处不在创生，其创生作用是持续不断、无始无终、无穷无尽的，永远不会断

---

① 胡宏：《知言·一气》，《胡宏集》，中华书局1987年版，第28页。
② 胡宏：《知言·义理》，《胡宏集》，中华书局1987年版，第30页。
③ 胡宏：《知言·汉文》，《胡宏集》，中华书局1987年版，第39—40页。
④ 胡宏：《与毛舜举书》，《胡宏集》，中华书局1987年版，第148页。
⑤ 胡宏：《知言·修身》，《胡宏集》，中华书局1987年版，第4页。
⑥ 胡宏：《皇王大纪论·西方佛教》，《胡宏集》，中华书局1987年版，第223页。

灭、不会止息。如有“一息或不继”，则“天道坏矣”。[①]（三）绝对性、终极性。创生不已乃天道之本然与实然，是天道自然而然之流行发用，它能够决定宇宙万有，却不受任何特定事物的影响。即使是作为万物之灵的人，也只能去体天道、法天道，而不能丝毫改变天道。这也就意味着天道不已的创生作用具有决定、主宰一切的绝对性、终极性。天道之创生性的以上三个特征并非各自独立，而是内在相通的：正因为天道至诚无妄，所以能生生不穷、运行不息；又因为天道至诚不息，所以能决定一切事物的存在及运行，从而具有终极意义。可见，至诚无息是天道最为根本的特征。

既然天道具有不已的创生性，那么其创生作用又如何表现呢？胡宏云：“乾元统天，健而无息。大明终始，四时不忒。云行雨施，万物生焉。察乎是，则天心可识矣。”[②] 又云：“‘维天之命，於穆不已’，圣人知天命存于身者，渊源无穷，故施于民者溥博无尽，而事功不同也。”[③] 由此表明，天道的创生作用主要体现在两个方面：一是宇宙万物的生养。天道是天地万物存在及运化的本原，通过宇宙生化之作用，使天地万物得以生成长养、运化不息；二是人间万事的成就。天道是人生实践的终极根据、原则和方向，人切切实实地依循天道而行，则能修身、齐家、治国、平天下，从而成就内圣外王之事业。由于“天道与人事本于一理”[④]，所以这两个方面是根本一致的，天地间万事万物的成就无不根源于生生不已的天道。胡宏之所以如此强调天道的创生性，既因为他对天道生生不已的特性有着深切的体认，也与他对人之主体能动性的弘扬密切相关。他说：“皇皇天命，其无息乎！体之而不息者，圣人也。是故孔子学不厌，教不倦。”[⑤] 在他看来，孔子之所以学而不厌、教而不倦，是因为他能够体认天道、效法天道而自强不息。这便是站在天人合一的立场上，将人生积极主动、自强不息的精神归根于天道不已的创生性。由此他又说：“人事之不息，天命之无息也。人生在勤，勤则身修、家齐、国治、天下平。”[⑥] 既然

① 参见胡宏《知言·中原》，《胡宏集》，中华书局 1987 年版，第 44 页。
② 胡宏：《知言·复义》，《胡宏集》，中华书局 1987 年版，第 38 页。
③ 胡宏：《知言·阴阳》，《胡宏集》，中华书局 1987 年版，第 9 页。
④ 胡宏：《与刘信叔书五首》，《胡宏集》，中华书局 1987 年版，第 118 页。
⑤ 胡宏：《知言·义理》，《胡宏集》，中华书局 1987 年版，第 30 页。
⑥ 胡宏：《知言·义理》，《胡宏集》，中华书局 1987 年版，第 30 页。

天道与人事同理，那么生生不已、健行不息作为天道之本然，也是人道之实然、人生之应然，而人事之不息正是天道生生不已的体现。基于此，人就应当效法天道以勤勉作为、奋进不息，从而尽力去成就修齐治平之事业。可见，胡宏高扬天道的创生性最终乃是为了彰显人道之不息，即强调人在现实生活中应当充分发挥其内在具有的主体能动性和自强不息的精神，以成就一个至善完满的人生。这也就是他所说的："君子不息，所以法天也。人以穷理尽性参赞化育天地之事期我，我其可不自强耶?"①

胡宏颇为注重道体的能动性、创生性，这一点贯穿于其整个儒学之中。他不仅在天道论中反复论说天道"生生不穷"，而且在心性论中力主"性不能不动"，在外王论中强调为政者须"法天以行其政"②，这就使得其整个儒学明显具有"尊生""主动"的特征。③ 而在胡宏看来，天道之所以能不已地活动、创造，是因为它内部含藏着阴阳互补对生的本源发生结构。正是这一动态的、充满生命力的原发结构，使得天道生生不已、流行不息。④ 他说："阳中有阴，阴中有阳，阳一阴，阴一阳，此太和所以为道也。始万物而生之者，乾坤之元也。物正其性，万古不变，故孔子曰：'成之者性。'"⑤ 胡宏认为，"太和"之所以为"道"，乃因为其本身即含有一种动态生成的结构。这一结构包含阴阳两端，二者既因具有不同的性质而彼此区分对待，又因互涵互摄、相生相成而彼此融合无间。阳中有阴，阴中有阳，阴阳相涵互摄；阳交于阴，阴交于阳，阴阳相感互运。正因为阴阳之间的对待统一和交互运作，才使得太和之道具有生生不已的特征，而宇宙万物得以生成和运化的原动力也就在于此。胡宏曰："天独健而无息，地道顺承而无成，而太极立矣。"⑥ 又曰："虽一物之微，必天地

---

① 胡宏：《与毛舜举书》，《胡宏集》，中华书局1987年版，第148页。

② 胡宏：《知言·复义》，《胡宏集》，中华书局1987年版，第38页。

③ "尊生""主动"为熊十力先生概括王船山思想特征的用语，笔者在此借用之，以表明胡宏儒学注重道体之创生性和人之主体性。

④ 向世陵指出："在他这里，本原不应是一个奇点，而应是一种有着充分的内部结构的整体模型。如此更便于说明宇宙后来生成变化的多样性和丰富性。换句话说，本原的功能和它的重要地位，说到底是由它内藏的阴阳互含互动的特定功能来说明的。"（向世陵：《善恶之上：胡宏·性学·理学》，中国广播电视出版社2000年版，第85页。）

⑤ 胡宏：《知言·大学》，《胡宏集》，中华书局1987年版，第32页。

⑥ 胡宏：《皇王大纪论·祭祀郊社》，《胡宏集》，中华书局1987年版，第267页。

合而后成。其施者，天也；产者，地也。”[①] 在他看来，无论是太极本体的挺立，还是宇宙万物的生化，都必须通过具有不同性质的天地或阴阳的相互作用才能实现。若二者或缺其一，或未能统合，则天地间一切事物都不可能存在。可见，一阴一阳的互补对生、交感相合是决定一切的本源发生结构，道体生生不已的本性取决于此，万事万物的化生也根源于此。这无疑继承和发挥了《周易》“一阴一阳之谓道”的观念、周敦颐的动静阴阳交感论和张载“一物两体”的思想。[②] 需要指出的是，此处所论及的“阴阳”主要是就天道的内在结构和性质而言，并非指天道本体创生的形而下的阴阳二气。胡宏说：“太和涵动静之性，一动一静，交天地之道也。”[③] 此处所谓“阴阳”即就此“动静之性”而言，其中“阳”为太和所含之动性，“阴”为太和所含之静性，二者皆统摄于太和。

对于天道所具有的阴阳互补对生结构，胡宏亦借助邵雍有关阴阳相生相成的论说来阐释。他在《皇王大纪》中引述邵雍之语云：

> 阴生阳，阳生阴；阴复生阳，阳复生阴。阴为阳之母，阳为阴之父。阳得阴而生，阴得阳而成。阳者，道之用；阴者，道之体。阳用阴，阴用阳。以阳为用，则尊阴；以阴为用，则尊阳。阳不能独立，必待阴而后生；阴不能自见，必待阳而后成。阳以阴为基，阴以阳为倡。[④]

显然，这主要是在强调阴阳之间的内在统一性、不可分割性。阴阳之关系表现为：一方面，阴为道之体，阳为道之用。这既表明阴阳皆为道体所统摄，共同构成道体的内在结构；也说明阴阳具有不同的性质和功能，二者相互区分、相互对比。另一方面，阳以阴为本，必须依赖阴方能生成；阴以阳为用，必须借助阳才能实现。这就意味着阴阳相互依存、相互作用、

---

① 胡宏：《皇王大纪论·天产地产》，《胡宏集》，中华书局1987年版，第277页。

② 参见向世陵《善恶之上：胡宏·性学·理学》，中国广播电视出版社2000年版，第82—89页。

③ 胡宏：《三皇纪·盘古氏》，《皇王大纪》卷1，《文渊阁四库全书》第313册，台湾商务印书馆1986年版，第9页。

④ 胡宏：《三皇纪·天皇氏》，《皇王大纪》卷1，《文渊阁四库全书》第313册，台湾商务印书馆1986年版，第10页。

相互补充、相生相成，二者密合无间、一体不分。此处虽以阴为道之体、阳为道之用，但二者并非单向的超越与被超越、决定与被决定的关系，而是相倚相待、互动互补、共生共存的关系。易言之，阳必是涵阴之阳，阴必是涵阳之阴，阴阳始终密切交融、共在一体，它们在根源上即是统一的。胡宏说："道固一体，不可分也。"① "道抱阴阳妙，天行日月长。"②这就指明了道体固有的统一性与结构性，而道体不已的创造作用及万事万物的化生便由此决定。胡宏曰："阴阳妙合互藏精，万物森然各有神。"③又曰："夫阴阳刚柔，天地之体也。体立而变，万物无穷矣。"④ 这都表明，天道不已的活动性即取决于其内在具有的阴阳互补对生结构，万事万物的存在及运化亦由此所决定。当然，胡宏虽强调阴阳双方的互补统一，但并非完全平列地看待阴阳二者。他认为："夫阴虽对阳为二，然阳存则生，阳去则死。天地万物生死于阳，则归之于一也。"⑤ 可见，在阴阳互补对生的结构中，他尤其强调"阳"这一端的重要性。这与他在乾坤之道中颇为重视"乾"，在心性关系中颇为重视"心"的立场是一致的。由此足见他十分注重道体的能动性、创生性。

对于胡宏而言，阴阳互补对生结构既决定了天道的创生性，也决定了天道的创生必定是有规则、有法度、有秩序的。这就体现在，天道不仅创生万事万物，而且使万事万物皆各得其所、各尽其性。胡宏所云"乾道变化，则万物各正性命"⑥ 以及"元亨利贞，乾之四德，行之昭明，浩然与万物同流，处之各得其分也"⑦，即点明了天道运行的秩序性、规则性。于是，天道融创生性与秩序性为一体，既是一切运化之本，又是一切秩序之源。天道之创生性与秩序性虽有不同，但二者是相互融摄、密合无间的，绝不可分割。一方面，天道之创生必是有序有则的创生；另一方面，天道作为秩序本身亦是能动的、生生的，其秩序性也就

---

① 胡宏：《皇王大纪论·周礼礼乐》，《胡宏集》，中华书局1987年版，第254页。

② 胡宏：《偶书四首》，《胡宏集》，中华书局1987年版，第79页。

③ 胡宏：《靡草》，《胡宏集》，中华书局1987年版，第78页。

④ 胡宏：《皇王大纪论·西方佛教》，《胡宏集》，中华书局1987年版，第224页。

⑤ 胡宏：《三皇纪·天皇氏》，《皇王大纪》卷1，《文渊阁四库全书》第313册，台湾商务印书馆1986年版，第10页。

⑥ 胡宏：《皇王大纪论·天产地产》，《胡宏集》，中华书局1987年版，第277页。

⑦ 胡宏：《知言·大学》，《胡宏集》，中华书局1987年版，第32页。

存在于、展现于不已的化育流行当中。正因为天道创生有序有则，其发用才能持续不已；也正因为天道生生不息，其秩序才会永远充满活力，从而能成为贯穿万世、融通万物而无弊的普遍法则。胡宏云："吾观天地之神道，其时无愆，赋形万物，无大无细，各足其分，太和保合，变化无穷也。"① 又云："酬酢变化，妙道精义，各有所止，亦无穷已。"② 此即表明天道之创生性与秩序性是根本一致的。这当然又取决于天道本身具有的阴阳互补对生结构。所谓"阳者，道之用；阴者，道之体"，即表明"道"乃阴体与阳用的统一，是由阴阳两种不同的性质或力量和合而成。其中阴性侧重于道体的秩序性而言，阳性侧重于道体的创生性而言。阴阳两性一并融摄于道体之中，具有一种原始统一性。这就体现在："阴中有阳，阳中有阴"，阴阳互涵互摄；"阳得阴而生，阴得阳而成"，阴阳相生相成；"阳用阴，阴用阳"，阴阳相互为用；"阳以阴为基，阴以阳为倡"，阴阳相互依存。阴和阳虽有彼此分别，但又不分彼此，相互为体，相互为用，都将自身深深地扎根于对方之中，彻底融为一体。就此而言，阴即阳，体即用，秩序性即创生性。因此，道必定是阴阳合一、体用合一、秩序性与创生性合一之道，必定是即阴即阳、即体即用、即秩序即创生之道。

由上可知，胡宏对于天道本体的认识颇具辩证色彩。在他看来，天道能动创生不已，且天道之创生必有秩序、理则可循，而这取决于天道内含阴阳互补对生的结构。此看法根源于他对"一阴一阳之谓道"的深切体认。胡宏颇为注重阴阳之间那种既相互对比又相互融合的辩证统一性。他说："物不独立必有对，对不分治必交焉，而文生矣。"③ "'易有太极，是生两仪。'故天地之间，物必有对，感则必应，出则必反，不易之理也。"④ "盖天地之间无独必有对，有此必有彼，有内则有外，有我则有物，是故'一阴一阳之谓道'，未有独者也。"⑤ 可见，他把阴阳之间的这种对待统一视为整个宇宙的普遍法则。他的体用合一论即贯穿着阴阳辩证统一的观

① 胡宏：《知言》，《胡宏集》，中华书局 1987 年版，第 332 页。
② 胡宏：《皇王大纪论·西方佛教》，《胡宏集》，中华书局 1987 年版，第 224 页。
③ 胡宏：《知言·纷华》，《胡宏集》，中华书局 1987 年版，第 25 页。
④ 胡宏：《释疑孟·理》，《胡宏集》，中华书局 1987 年版，第 325 页。
⑤ 胡宏：《论语指南》，《胡宏集》，中华书局 1987 年版，第 308 页。

念，以上所述天道即体即用的思想正是其具体表现。

二 太极生生不穷

胡宏对天道即体即用之能动性与创生性的注重，为其弟子张栻所承续。张栻云："天道之流行无息也。"[①] "天道流行，盖无终穷矣。"[②] 这就是在发明天道生生不已之义。不仅如此，张栻的太极论更是丰富、深入地展示了天道的创生性、活动性。

宋初，为回应佛道思想的挑战、推动儒学的复兴，周敦颐著《太极图说》与《通书》阐发太极学说，积极建构儒学本体论，以此为儒家的道德伦理与道德实践奠立形上根基。这对于整个宋明儒学的发展产生了重大影响。张栻十分推崇周敦颐的学行，他撰写了《太极图解序》《太极图解后序》《通书后跋》《濂溪周先生祠堂记》等多篇文章来宣扬周敦颐的学术地位和成就，并在各地组织修建祠堂以推尊和表彰周敦颐。[③] 张栻精研周敦颐的太极论说，并与朱熹等学者往复论辩，著成《太极图说解义》以阐发其太极思想。在他看来，周敦颐《太极图说》的宗旨即在于，"穷二气之所根，极万化之所行，而明主静之为本，以见圣人之所以立人极，而君子之所当修为者"[④]。他继承了周敦颐的太极学说既"深明万化之一原"又极尽"本体之流行发见"的大义，[⑤] 力主太极乃"兼有无、贯显微、该体用者也"[⑥]，从而坚持以"体用相须"的观念发明太极之义，强调太极本体的活动性以及太极之体与太极之用的相互涵摄、相互统一。

"太极"在张栻的理学中，既是指宇宙万有之根源，也是指天地万物存在及运化的根据，兼具宇宙论与本体论的双重意义。同时，张栻主张"太极"与"性"相互发明、相互规定，这又使得其太极学说兼具天道论

---

① 张栻：《南轩先生论语解》卷9，《张栻集》（一），中华书局2015年版，第281页。

② 张栻：《新刊南轩先生文集》卷31《答吴德夫》，《张栻集》（四），中华书局2015年版，第1245页。

③ 参见王丽梅《张栻对周敦颐的肯定与推崇》，《船山学刊》2006年第2期；王立新《从胡文定到王船山——理学在湖南地区的奠立与开展》，中国社会科学出版社2014年版，第35—36页。

④ 张栻：《新刊南轩先生文集》卷10《濂溪周先生祠堂记》，《张栻集》（三），中华书局2015年版，第914页。

⑤ 参见张栻《周子太极图解序》，《张栻集》（五），中华书局2015年版，第1603页。

⑥ 张栻：《太极图说解义》，《张栻集》（五），中华书局2015年版，第1605页。

与心性论两个方面的意蕴。[1] 此处着重从天道论的方面立意。张栻论太极的特点，首先在于他颇为强调太极本体的能动性、创生性。他说："夫生生不穷，固太极之道然也。……有太极则有两仪，生生而不穷焉。"[2] 在他看来，太极固有其创生性，乃生生不已的宇宙本体。当他认为性体生生不已之妙用须通过太极之说来发明时，则更加彰显了太极本体的活动义、创生义。张栻曰："太极所以形性之妙也，性不能不动，太极所以明动静之蕴也。……若只曰性而不曰太极，则只去未发上认之，不见功用，曰太极则性之妙都见矣。体用一源，显微无间，其太极之蕴欤！"[3] 他认为，太极之说是用来彰明性体生生不已之妙用的。性体虽具有不已的能动性，但其能动作用须通过"太极"这一观念来发明。如果只论性而不论太极，就只是体认其未发之体，却不能明识其已发之功用。而一旦论及太极，则性体之能动作用便可得以显明。太极之所以能彰明性体的活动性，就在于其本身即是"体用一源，显微无间"的，也就是说，太极兼该体用，且太极之体与太极之用相涵互摄、一体不离。张栻力主以太极之说发明性体的活动义，即彰显了太极本体的能动性、创生性。那么太极何以能生生不已？在他看来，这是因为太极内含动静交感互运之理。他说："太极涵动静之理者也。有体必有用。……一动一静，互为其根，动为静之根，而静复为动之根，非动之能生静，静之能生动也。动而静，静而动，两端相感，太极之道然也。"[4] 正因为太极内在具有动静相互交感运作之理，所以必具有不已的能动创造性。而太极所固有的动静交相互运之理即在于：一动一静，一静一动，动静两端交感运作不已；即动即静，即静即动，动静两端相互涵摄、相互作用、相互生成。这就决定了太极必具有生生不已之功用。

---

① 关于张栻将太极与性互诠互释的讨论，参见朱汉民《湘学原道录》，中国社会科学出版社2002年版，第120—123页；［韩］苏铉盛《张栻的思想世界》，博士学位论文，北京大学，2002年，第67—71页；［韩］苏铉盛《张栻的〈太极解〉》，载陈来主编《早期道学话语的形成与演变》，安徽教育出版社2007年版，第383—386、396—400页；邢靖懿《张栻理学研究》，博士学位论文，河北大学，2008年，第46—47页；杨柱才《张栻太极体性论》，《船山学刊》2014年第1期。

② 张栻：《新刊南轩先生文集》卷19《答吴晦叔》，《张栻集》（四），中华书局2015年版，第1054页。

③ 张栻：《新刊南轩先生文集》卷19《答吴晦叔》，《张栻集》（四），中华书局2015年版，第1054页。

④ 张栻：《太极图说解义》，《张栻集》（五），中华书局2015年版，第1605页。

三 性体流行不已

湖湘学派论“性”的最独特之处便在于，直接以“性”为齐同于天道的宇宙本体。[①] 又因湖湘学派颇为重视天道本体的生生之义，所以也就必然会注重性体的活动性与创造性。

在整个儒学史上，以“性”直接作为宇宙本体的情形极为少见。张载曾在《正蒙·诚明篇》云：“性者万物之一源，非有我之得私也。”[②] 这或许是儒家径直以“性”为宇宙本体的最早论述。此后湖湘学派对性本论做了精微、翔实的阐发，尤其是胡宏和张栻对此有丰深、明确的论述。如胡宏说：“性，天下之大本也。”[③]“性立天下之有……。”[④] 这显然是将“性”视为天地万物的本原。既然“性”是宇宙本体，那就必同天道一般具有生生不已的能动性、创造性。胡宏所谓“性之流行”[⑤]“性不能不动”[⑥]，即点明了性体的创生性。

张栻的太极体性论同样显明了性体的生生大义。张栻儒学本体论建构的一个重要特点即是：力求融会《周易》与《中庸》的思想，以及贯通周敦颐的太极论和二程的性理学说，从而主张以性释太极，以太极论性，将太极与性相互发明、相互诠释。对张栻而言，性与太极均属于本体性范畴，二者的意涵根本相通。他说：“太极不可言合，太极性也。惟圣人能尽其性，太极之所以立也。”[⑦] 这就是认为太极即性。又因在张栻看来，太极生生不穷，所以性体流行不息。如果说这仍然只是对性体创生性的一种间接推演，那么他所谓“性不能不动”[⑧] 则是对性体能动性的直接表达。

---

① 由此，向世陵等学者将湖湘学派视为性学派。参见向世陵《理气性心之间：宋明理学的分系与四系》，人民出版社 2008 年版，第 265—276 页。

② 张载：《正蒙·诚明》，《张载集》，中华书局 1978 年版，第 21 页。

③ 胡宏：《知言》，《胡宏集》，中华书局 1987 年版，第 328 页。

④ 胡宏：《知言·事物》，《胡宏集》，中华书局 1987 年版，第 21 页。

⑤ 胡宏：《知言·事物》，《胡宏集》，中华书局 1987 年版，第 22 页。

⑥ 胡宏：《知言》，《胡宏集》，中华书局 1987 年版，第 336 页。

⑦ 张栻：《新刊南轩先生文集》卷 31《答周允升》，《张栻集》（四），中华书局 2015 年版，第 1234 页。

⑧ 张栻：《新刊南轩先生文集》卷 19《答吴晦叔》，《张栻集》（四），中华书局 2015 年版，第 1054、1059 页。

总之，湖湘学派以天道即体即用的观念发明儒学生生之义，强调天道本体内在具足不已的能动性、创生性。而正因为天道生生不已，所以才能无尽不竭地生成天地间的万事万物，并使得天道与宇宙万有之间具有一种相倚互成、一体不离的内在关联。此中所言“体”“用”皆就本体自身而言，只具有纯形而上的意义。这种意义上的“体”“用”，可以说是体即用、用即体，也可以说是即体即用、即用即体，而并不同于跨越形上与形下两层的体用说。

第二节　性气相涵互摄

既然天道具有自动自发、生生不已的能动性、创造性，那么也就必然会产生“气”并进一步形成天地万物。如此一来，道气之间、道物之间便会构成一种新的体用关系（不同于天道本身的纯形上体用义）。这种体用关系的具体情形如何，在湖湘学派的性气论与道物论中得到了比较充分的展现。由于在湖湘学派的儒学中，性体即道体，且“气”相对于“物”而言具有逻辑上的先在性，所以本节先就其性气论来展示湖湘学派体用思想的具体运作。

一　性为万有之本

明确以“性”作为宇宙万有之大本，乃湖湘学派性论的独到之处和关键所在。这方面是由胡宏开其端，而后经其高足张栻继承、发扬之。

胡宏发挥了《礼记·中庸》“天命之谓性”的观念，认为性即是天命。[①] 他说：“天命为性，人性为心。”[②] 又说：“性，天命也。”[③] 这便是直接从天道、天命的意义上来把握“性”，以“性”为宇宙万化之本原。此是胡宏论“性”的独到之处。天道性命相贯通固然是宋明儒之共法，但很

---

① 向世陵认为：“从作为理论来源的《中庸》的‘天命之谓性’的观点来说，胡宏不是解作由天所命（气或理）而构成性，而是天命就是性。”（向世陵：《善恶之上：胡宏·性学·理学》，中国广播电视出版社 2000 年版，第 113 页。）

② 胡宏：《知言·天命》，《胡宏集》，中华书局 1987 年版，第 4 页。

③ 胡宏：《知言·修身》，《胡宏集》，中华书局 1987 年版，第 6 页。

少有理学家直接从宇宙本体的意义上言“性”。[①] 胡宏颇为强调“性”的宇宙本体地位，他表示：“性也者，天地之所以立也。”[②] “万物生于性者也，万事贯于理者也。”[③] 显然，在胡宏看来，“性”即宇宙万有产生的根源，是天地间万事万物存在及运化的根据，一切存在者皆因“性”而获得其具体、真实的存在性。

张栻将“太极”与“性”互诠互释，其实也就是将“性”视为与“太极”齐同的宇宙本体。他所说“太极不可言合，太极性也”，即是以“性”为与“太极”具有同等地位和作用之宇宙本体的明证。[④] 张栻在“万物成于性者也”[⑤]“天命之谓性，万有根焉”[⑥] 等性论中，也往往是从本体的意义上来把握“性”。

当然，湖湘学派虽特重“性”的宇宙本体义（性体义），但并不意味着其性论只有天道层面的意蕴。事实上，在湖湘学派的儒学中，“性”还具有人道层面的多方面意涵。

二　气为诸形之基

“气”是宋明儒学的核心概念，它主要在以下两种意义上被使用：其一是作为形而上的宇宙万物之本原，如明儒罗钦顺、王廷相的气论；其二是作为形而下的宇宙本体发用流行之表现，如宋儒程颐、朱熹的气论。湖湘学派的气论，大体是从后一种意义上来展开的。

首先，湖湘学派是将“气”视为在逻辑上比形上性体低一层级、比形下事物高一层级的概念。胡宏云：“非性无物，非气无形。性，其气之本乎！”[⑦] 又云：“形形之谓物……。”[⑧] 这其实是以性为气之本，又以气为物之基。换言之，在逻辑序列上，性是宇宙万有的最终根源，而气为天地万

① 张载曰：“性者万物之一源，非有我之得私也。”（张载：《正蒙·诚明》，《张载集》，中华书局1978年版，第21页。）

② 胡宏：《知言》，《胡宏集》，中华书局1987年版，第333页。

③ 胡宏：《皇王大纪序》，《胡宏集》，中华书局1987年版，第165页。

④ 参见肖永奎、舒也《张栻的性论思想辨析》，《湖北大学学报》（哲学社会科学版）2015年第3期；吴亚楠《张栻“太极”即“性”说辨析》，《中国哲学史》2016年第2期。

⑤ 张栻：《兼山中庸说序》，《张栻集》（五），中华书局2015年版，第1482页。

⑥ 张栻：《南轩先生孟子说》卷4，《张栻集》（二），中华书局2015年版，第490页。

⑦ 胡宏：《知言·事物》，《胡宏集》，中华书局1987年版，第22页。

⑧ 胡宏：《知言·纷华》，《胡宏集》，中华书局1987年版，第26页。

物第二义的根本。张栻也有此类观点，他说："太极动而二气形，二气形而万物化生，人与物俱本乎此者也。"[①] 在对宇宙万物生成脉络的这一论述中，从太极（性体）到阴阳二气再至天地万物，显然是以太极为万物存在的终极依据，而气则运作于太极与万物之间。"性—气—物"的逻辑序列，于此显而易见。

其次，湖湘学派认为"气"的重要特点是"有形"，[②] 其基本功能和作用在于让性体能"形"（形著、显现之义）和万物成"形"（形体或具体真实存在之义）。对湖湘学派而言，性是形而上者，气是形而下者。那么无形无象的形上性体如何具体、真实地呈现呢？这必须借助于气方可。胡宏云："性，天命也。命，人心也。而气经纬乎其间，万变著见而不可掩。莫或使之，非鬼神而何？"[③] 在他看来，正因为气的存在与运行，心性不已的创生性才得以真切显明。也就是说，"性之流行"必须通过"气之流行"来具体显现。[④] 张栻所谓"性之自然形乎气体"[⑤]，更是直接点明了此意。气不仅令性体能"形"，而且让万物成"形"。胡宏以"物之理"和"物之形"作为天地万物的两大规定，[⑥] 并将"气"视为"物之形"的直接依据和基本支撑（"非气无形"）。张栻也有"禀气赋形"[⑦] "口、耳、目丽乎气，故有形者皆得其同"[⑧] 之说，这即是以"气"为"形"的直接生成依据，而"形"又是物的基本规定。朱熹所谓"气以成形"[⑨]，可用于精到概括湖湘学派这方面的主张。

最后，"气"在湖湘学派的儒学中，尽管被统摄于性体之下，却得到了足够的重视。胡宏云："一气大息，震荡无垠，海宇变动，山勃川湮，

---

① 张栻：《新刊南轩先生文集》卷11《存斋记》，《张栻集》（三），中华书局2015年版，第931页。

② 张栻云："盖志无迹，而气有形。"（张栻：《南轩先生孟子说》卷2，《张栻集》（二），中华书局2015年版，第359页。）

③ 胡宏：《知言·修身》，《胡宏集》，中华书局1987年版，第6页。

④ 胡宏：《知言·事物》，《胡宏集》，中华书局1987年版，第22页。

⑤ 张栻：《南轩先生孟子说》卷7，《张栻集》（二），中华书局2015年版，第595页。

⑥ 胡宏云："夫可以有无见者，物之形也。物之理，则未尝有无也。"（胡宏：《知言·阴阳》，《胡宏集》，中华书局1987年版，第8页。）

⑦ 张栻：《南轩先生孟子说》卷6，《张栻集》（二），中华书局2015年版，第483页。

⑧ 张栻：《南轩先生孟子说》卷6，《张栻集》（二），中华书局2015年版，第548页。

⑨ 朱熹：《四书章句集注》，中华书局1983年版，第17页。

人消物尽，旧迹亡灭，是所以为鸿荒之世欤？气复而滋，万物生化，日以益众，不有以道之则乱，不有以齐之则争。”① 这显然充分肯定了“气”在整个宇宙生成和万物生化中的基础性作用。湖湘学派的儒学建构主张回归儒家健全的入世精神，强调直面现实生活世界，此即意味着它必须重视“气”。这在湖湘学派有关性气关系的讨论中得到了坚实印证。

三 性体气用相即不离

对于性气之关系，湖湘学派注重二者的双向互动与辩证统一。如胡宏一方面强调性为气之本及性对于气的主宰性，因而有所谓“气之流行，性为之主”② “气有性，故其运不息”③；另一方面又颇为重视气对于性的彰显、呈现作用，故而有所谓“气经纬乎其间，万变著见而不可掩”。可见，他颇能正视性气之间的互动关系，并对双方的地位和作用都予以积极肯定。

张栻继承了胡宏对性气关系的基本看法，同时做了更为丰深的诠释。在性气论中，张栻以性为本体，以气为性体发用流行之具体表现，十分强调二者的辩证统一性。在他看来，一方面，性为气之本，故气不离于性；另一方面，性由气显现，且性即在气之中，故性亦不离于气。性与气乃相依不离、互为一体的关系。张栻还延续了胡宏直接以“性”为天下大本的思想，同样将“性”视为宇宙万化之本原。他说：“万物成于性者也。”“天命之谓性，万有根焉。”“天命之谓性者，大哉乾元，人与物所资始也。”④ 这就是从宇宙本体的意义上来规定“性”。既然“性”是宇宙万有之基，那么“气”作为宇宙万有也就必当以性为其本原，自不可离于性而存在。同时张栻指出，性就体现并内在于气之中，并不离于气而别有所在。他说：“观天下之物，就其形气中，其生理何尝有一毫不足者乎？此性之无乎不在也。”⑤ “盖如饥食渴饮、手持足履之类，固莫非性之自然形

① 胡宏：《知言·一气》，《胡宏集》，中华书局1987年版，第27页。

② 胡宏：《知言·事物》，《胡宏集》，中华书局1987年版，第22页。

③ 胡宏：《知言·好恶》，《胡宏集》，中华书局1987年版，第11页。

④ 张栻：《新刊南轩先生文集》卷29《答胡伯逢》，《张栻集》（四），中华书局2015年版，第1211页。

⑤ 张栻：《新刊南轩先生文集》卷29《答胡伯逢》，《张栻集》（四），中华书局2015年版，第1211页。

乎气体者也。”[①] 这就是认为，性即普遍地存在于天地万物的形气之中，而并不在一切形气之外，并且性是通过气来显现其自身的。由此，性气之间必定相互依存、相互统一而不可分割。

张栻对性气之辩证统一关系的发明，充分体现在其“性体气用”“性一气殊”的思想当中。他说：

> 论性之本，则一而已矣，而其流行发见，人物之所禀，有万之不同焉。盖何莫而不由于太极，何莫而不具于太极，是其本之一也。然有太极则有二气五行，絪缊交感，其变不齐，故其发见于人物者其气禀各异，而有万之不同也。虽有万之不同，而其本之一者亦未尝不各具于其气禀之内。故原其性之本一，而察其流行之各异；知其流行之各异，而本之一者初未尝不完也，而后可与论性矣。故程子曰：“论性而不论气，不备；论气而不论性，不明。”盖论性而不及气，则昧夫人物之分，而太极之用不行矣；论气而不及性，则迷夫大本之一，而太极之体不立矣。用之不行，体之不立，焉得谓之知性乎？异端之所以贼仁害义，皆自此也。[②]

在他看来，性之体是一，而性体之流行发见（即人、物所禀之气）千差万别。性体之所以为一，乃在于性体（太极）是宇宙万有之本原，天地间禀气不同的万事万物无不根源于、统摄于性体；而性体之所以有万殊之表现，则是因为性体具有不已的活动性，其流行发用、变化万端，从而使得人、物所禀之气产生种种差异。张栻进一步指出，虽然人、物所禀之气存在各种差异，但作为大本的性体始终备具于不同的气禀之中。于是，禀气不同的万事万物既都根源于、统摄于性体，又都完整地涵具性体，性体即内在于禀气各异的万事万物之中。易言之，一本之性（性之体）与万殊之人物气禀（性之用）是相涵互摄、一体不分的关系：一方面，万殊之气皆根源于一本之性，皆由一本之性所统摄；另一方面，一本之性必表现为万殊之气，并内在于万殊之气。据此张栻认为，由性之本一则必知性之流行

① 张栻：《南轩先生孟子说》卷7，《张栻集》（二），中华书局2015年版，第595页。
② 张栻：《南轩先生孟子说》卷6，《张栻集》（二），中华书局2015年版，第540页。

发见各异，由性之流行发见各异则亦必知性之本一，一本之性与其万殊之流行变化（即性体与气用）必然相互涵摄、相互依存而圆融不二。由此，论性必及气，论气必及性，唯有深明性气之间相涵相倚、互动互成的一体关系，方能确当把握“性”的真实意涵。否则，如果只是认识到性之本为一，而不知性之流行发见各异，就无法辨明人与物之间的分别，如此性之用便无从显现，性即成为无用之体；同样，如果只知万物之气禀存在种种差异，而没有认识到万物之本原为一，就是不明性之大本，如此性之体便无从挺立，气即成为无体之用。[1] 这两种情况无疑都割裂了性体与气用之间的统一性，只是看到其中一面，而没有真正明识性体气用相须相涵之义。可见，张栻颇为注重性体与气用之间的相互统一关系。

显然，湖湘学派是以“体用合一”“体用相须”的观念来把握性气之关系，强调性体与气用的互动统一，并由此主张性体、气用两面兼重。同时，其“性体气用”“性一气殊”的观念贯穿着“理一分殊”的思想。在湖湘学派看来，性之体始终是一，而性之用（气）有万殊，这两者之间：一方面，万殊之气皆根源于一本之性，并各都完具一本之性；另一方面，一本之性必表现为万殊之气，并普遍地存在于万殊之气当中。一本之性体与万殊之气用乃相依互涵、一体互摄的关系。张栻所云“太极一而已矣，散为人物而有万殊，就其万殊之中而复有所不齐焉，而皆谓之性。性无乎不在也”[2]，即是在发明此义。湖湘学派的“体用合一”“体用相须”观念与“理一分殊”的思想是融贯相通的，甚至可以说，其“体用合一”“体用相须”思想也就是一种“理一分殊”式的体用思想。这从湖湘学派的太极论、性气论、道物论等便可得到鲜明体现。

第三节　道物相依互成

湖湘学派体用思想在天道论上的开展，不仅见之于其对天道即体即用

---

① 对于张栻理学中的性气关系问题，蔡方鹿、杨柱才等学者皆有探讨，但主要不是从体用观的角度立意。参见蔡方鹿《一代学者宗师：张栻及其哲学》，巴蜀书社 1991 年版，第 83—84 页；杨柱才《张栻太极体性论》，《船山学刊》2014 年第 1 期。

② 张栻：《南轩先生孟子说》卷 6，《张栻集》（二），中华书局 2015 年版，第 541 页。

之义的发明及其对性气关系的辩证把握，还反映在其与性气论一体贯通的道物论之中。既然在湖湘学派看来，性体即天道即形而上者，气与物为形而下者，且性气之间相须互济、一体不二，那么道与物也必然蕴含着相依互成、相即不离的关系。对此，胡寅与胡宏的道物论及张栻的太极体用论和道器论都有丰深的展示。

一 道者致用之体

湖湘学派论“道”，除了揭明“道”的根源义、本体义、创生义、法则义、秩序义，还十分强调道为致用之体、道必是有用之道。这在胡寅的道论中得到了比较丰实的展现，其他湖湘学者在义理上也有一致的主张。

胡寅论“道”，既从本体意义上来讲，也从具体的方法和原则意义上来讲。对于“道”的内涵与特征，胡寅主要从以下四个方面来把握：

其一，道为生物之本、万化之源。胡寅曰：“天生蒸民，自一而二、自二而三、自三而不可胜穷。致用有源，起数有祖，岂可贰哉？贰则生物之功息矣。”[①] 在他看来，万事万物的产生必然有其根源，而根源只有一个，不可能有二；若有二本，则宇宙生化之功便被止息，从而不可能产生天地间的万事万物。因而他表示：“天之生物，无非一本。”[②] “天生万物，皆一本也，岂有二本者乎？”[③] 这主要是在强调一本论，反对二本论，同时表明宇宙万有的存在都有其根源，而这一根源就是天或天道，天道具有生生不已的功用。胡寅说：“天地万物本末终始，皆一道所以生生化化而无终穷……今春夏秋冬之序，雷霆风雨霜雪惨舒之变，是皆万物所以生成，而造化所以不息者。”[④] 他指出，天地万物都是由道所化生，道即是天地万物产生的根源。既然万事万物皆以道为本原，那么它们就不可离于道而存在。

其二，道为天下事物所当行之理。胡寅既把“道”看作万事万物存在的根据，又将其视为一切事物合理运行的基本法则，即人之用物处事的根

---

① 胡寅：《崇正辩》卷2，中华书局1993年版，第104页。

② 胡寅：《崇正辩》卷2，中华书局1993年版，第73页。

③ 胡寅：《致堂读史管见》卷29，《续修四库全书》第449册，上海古籍出版社1994年版，第245页。

④ 胡寅：《崇正辩》卷3，中华书局1993年版，第163—164页。

本原则。他说：“物无不可用，用之尽其理，可谓道矣乎？”① 又说：“盈天地之间无不可用者，用而当其理，是则道也。”② 这就是认为，天地万物都可以被运用，对物的运用能够合乎其本有之理即是道。此处的“道”当是指万事万物如理运作的基本法则，亦为人合理正当地用物处事的根本原则。胡寅以人之用物处事合于理界定“道”，正体现出“道”的内在性，即“道”存在于万事万物之中而并不离于一切事物的特征。

其三，道具有绝对性、恒常性、普遍性。胡寅曰：“道一而已，亘万古而无弊。得之者，或先百世而生，或后百世而出，其言得行，若合符契。盖至当归一而精义无二也。”③ 他认为，无论百世以前，还是百世之后，古往今来，道始终只有一个，此道永恒常在，贯通万世而无弊。这就彰显了“道”的绝对性与恒常性。同时，胡寅也十分强调“道”的普遍性，认为不具有普适性的“道”就不是真正意义上的“道”。他说：

> 道者，共由之路也。④
>
> 非人可共由，行之而有弊，则不谓之道。道者，天下所共由，万世而无弊者也。此儒释之辩也。⑤
>
> 若夫道则以天下共由而得名，犹道路然，何适而非道哉？得道而尽，惟尧、舜、文王、孔子而已。黄帝之言无传矣，老聃八十一篇，概之孔业，固难以大成归之，自其所见而立言，不可与天下共由也。独善其身，不可与天下共由，而名之曰道，此汉以来浅儒之论，以启后世枝流分裂之弊，岂可用也？⑥

在他看来，“道”必定是天下之人都可以共同遵循而行者，唯有如此，才

---

① 胡寅：《衡岳寺新开石渠记》，《斐然集》卷20，中华书局1993年版，第416页。

② 胡寅：《致堂读史管见》卷17，《续修四库全书》第449册，上海古籍出版社1994年版，第49页。

③ 胡寅：《崇正辩》卷2，中华书局1993年版，第66页。

④ 胡寅：《崇正辩序》，《崇正辩》，中华书局1993年版，第5页。

⑤ 胡寅：《崇正辩》卷2，中华书局1993年版，第89页。

⑥ 胡寅：《致堂读史管见》卷25，《续修四库全书》第449册，上海古籍出版社1994年版，第184页。

能被视为真正意义上的“道”。若只能独善其身，而不能为天下人所共同依循，则必然是有弊端者，故而不可称之为“道”。此处将“天下所共由”视为“道”的本质特征，旨在凸显“道”的普遍性。当然，由此也可体现出“道”的内在性。因为“道”是能够为天下人所共同依循而行者，所以“道”并不在人事之外，而是寓于人事之中，必当是有用之道。若离世绝俗，不能济人利物，则不可谓之为“道”。依胡寅之见，显然只有儒家之道才是真正的“道”，而佛老之道都不能为天下所共由。因而根据这一点，就可以将儒与佛老从根本上区分开来。所谓“此儒释之辩也”“老聃八十一篇，概之孔业，固难以大成归之，自其所见而立言，不可与天下共由也”，即是根据“天下所共由”之“道”分判儒与佛老。

其四，道必是有用之道。这是胡寅颇为强调的一点。他指出：“道者，用之不穷者也。无用之道，圣人不行也。”① “道”具有无穷无尽的功用，乃一切用得以生发的根源，所以道必定是有用之道。而无用之道，圣人并不会施行。这就表明儒家之道必有用。对胡寅而言，道之用可从以下两方面来把握：一方面，从天道的角度来说，道具有不已的宇宙生化之作用，能够生成天地万物。所谓“天地万物本末终始，皆一道所以生生化化而无终穷”与“天地之道，养万物而已”②，即指明了道具有创生和养成天地万物之大用。另一方面，从人道的角度来说，道对于人的行事作为具有统摄、规范和指引的作用，能够成就人间万事。胡寅曰：“夫道固以济物为用，大丈夫用道者也。可求田问舍则求田问舍，可经营四方则经营四方，心岂有大小远近之限哉？”③ 这里的“物”是就人事而言。在他看来，道本来就是以济人利物为功用的，大丈夫乃由道而行者，可独善其身便独善其身，能兼济天下则兼济天下，心志并无大小远近的限制。由此可知，儒家之道必能安身立命和经世致用，能够成就修齐治平之人事。

除了从正面论述儒家之道必有用，胡寅还通过批判佛老之学的空疏无

① 胡寅：《致堂读史管见》卷17，《续修四库全书》第449册，上海古籍出版社1994年版，第49页。

② 胡寅：《致堂读史管见》卷1，《续修四库全书》第448册，上海古籍出版社1994年版，第413页。

③ 胡寅：《致堂读史管见》卷5，《续修四库全书》第448册，上海古籍出版社1994年版，第485页。

用来强调这一点。他说：

> 圣人之道，无为而不为，是故孔子曰："无为而治者，其舜也与!"又曰："易无思也，无为也，寂然不动，感而遂通天下之故。"舜明于知人，所任四岳、九官、十二牧，代天理物，物得其所，事得其序。舜所以恭己正南面而无为，盖无为而治者也。若佛则洁身于山林，以理为障，以事为碍，自为无为，盖无为而不治者也。圣人与道为一，己即是理。无所用思，不思而中；无所用为，不勉而中。寂然不动，犹明鉴焉，犹止水焉，感而遂通天下之故……若佛则以天下事物无非幻妄，遗人独立，谓之真空。息云为，屏思虑，梦幻人世，因缘天地，而应物之用有所不周，盖非寂然不动、感而遂通天下之故者也。不通天下之故，乃块然无用之道，犹枯木不复能生，死灰不复能然，竟将何施邪?①

在此，胡寅将佛与圣人做了一个对比，通过这一对比来说明儒家之道必是能经世致用、济人利物的有用之道，并由此批评佛家之道脱离现实、空虚无用的弊失。在他看来，圣人之道是无为而无不为。因为圣人自身就是天道、天理之所在，所以无思无为、寂然不动便可以感通天下事物，使事事物物都各得其所、各循其序、各尽其性。而佛家之道则是无为而不治。因为佛氏彻底否定了天下事物及其本原（天理）的客观真实性，决然超脱于现实世界之外，所以并不能兼济天下事物，其道便成为无用之道。在这里，胡寅以有用之道与无用之道来分判儒、佛，并指出产生这种差异的根本原因在于二家对天理、事物有着截然相反的态度。对于佛教空谈心性、无益世用的弊失，胡寅曾反复批评。他说："空虚寂灭，莫适于用，道之弃也。此亦狷介褊小之极，其智不足以尽万物之变，其才不足以周万事之务，顾视一己无可奈何于天地之间，遂谓人理皆可以如此，而终于不可言、不可行。"② 在他看来，佛教空虚寂灭而不能开物成务、经世致用，正是儒家之道所坚决鄙弃的。可见对他而言，道必定是有用之道，无用之道

---

① 胡寅：《崇正辩》卷3，中华书局1993年版，第120页。
② 胡寅：《崇正辩》卷2，中华书局1993年版，第96—97页。

便不成其为道。

依胡寅之见，不仅佛家之道无用，老庄之道亦无用。他说："老子之言，其害非若释氏之甚也。然弃仁义、捐礼乐以为道，则其道亦不从事于务。遗物离人，趋于冲泊，而生人之治忽矣。"① 又说："老庄之言，反经悖道者多矣。使人用其言而不知其所以言，则以礼法不足尚，事务不足理，超然放旷，以空虚相尚而不究其实。"② 这就是批评道家否弃人伦日用，超离于现实世界之外，崇尚虚无而不务实事、不究实用，以致无益于经世济民、安邦治国。此外，他还批评魏晋玄学"虚无幽渺，不涉世用"③，指斥王安石"以佛道之似，乱周孔之实，绝灭史学，倡说虚无"④。可见，对于胡寅而言，真正的道必定是能开物成务、济人利物的有用之道，它就体现并存在于人的日常生活世界之中，而并非远离现实人生、不涉世用的虚无存在。这即是在强调儒家之道具有直面生活的本质和积极务实的精神。而胡寅之所以如此注重儒学经世致用的一面，与他身处两宋动乱之际具有十分密切的关联。

总之，胡寅对儒家之道的把握，一方面是要表明道的超越性，即认为道是万事万物产生的根源，是一切事物存在及运行的基本法则，亦是人们应物处事的根本原则，必具有绝对性、普遍性与恒常性。就此而言，物不离道（用不离体）。另一方面则是要彰显道的内在性，即主张道必是能经世致用、济人利物的有用之道，是天下之人都可以共同遵循而行者，它并非超离于现实世界之外，而是存在并体现于天地万物、人伦日用之中。就此而言，道不离物（体不离用）。显然，胡寅是在以道为本的前提下，又颇为强调道即在物、道不离物。这就既肯定了"道"（体）的本原性地位，又凸显出"物"（用）的重要性，对道物（体用）双方的地位和作用都给予了充分的正视与肯定。这无疑体现了湖湘学派"体用相须互济，贵体重

① 胡寅：《致堂读史管见》卷14，《续修四库全书》第448册，上海古籍出版社1994年版，第638页。

② 胡寅：《致堂读史管见》卷8，《续修四库全书》第448册，上海古籍出版社1994年版，第528页。

③ 胡寅：《致堂读史管见》卷6，《续修四库全书》第448册，上海古籍出版社1994年版，第499页。

④ 胡寅：《上皇帝万言书》，《斐然集》卷16，中华书局1993年版，第347页。

用不偏”的基本共识与核心洞见。

二 物者实而有用

“物”在湖湘学派的思想体系中是一个十分宽泛的概念，凡天地间（现实世界中）存在的一切具体事物都涵括在内，甚至本体意义上的“天”“道”有时也被称为“物”，如所谓“惟天曰‘天斯昭昭之多’，夫昭昭果何物哉”① 及“道果何物哉”②，即是如此。道物论中的“物”，乃是从具体事物的意义上来说。湖湘学派论“物”，着重凸显“物”的客观真实存在性和有用性。对此，胡宏所谓“形形之谓物”“实而可用之谓形”③，可以说是比较明确而具有概括性的论断。胡寅的相关论述则更为详尽地展示了湖湘学派对“物”的这一共识。关于“物”的内涵与特征，胡寅主要强调以下两点：

一者，物必客观真实存在。依胡寅之见，天下事物皆为客观真实存在者。他说：“天地之内，事物众矣。其所以成者，诚也。实有是理，故实有是心；实有是心，故实有是事；实有是事，故实有是物；实有是物，故实有是用。”④ 在他看来，天地间的万事万物都产生于“诚”本体，而诚体真实无妄，由其生成的事物亦真实无妄，所以“事”必是“实有是事”，“物”必是“实有是物”，天地间的事物都是客观真实存在者，绝非虚妄。胡寅之所以强调天下事物及其本原的客观真实性，主要是为了驳斥佛教的“缘起性空”之论。针对佛教“以理为障”“以心为空”“以天下事物无非幻妄”的说法，他批评道：“凡人世实理与事物之迹皆指为幻化不真，而无形色名声如天堂地狱轮转、无稽之言反指为真实不诬，是可信乎？”⑤ 此即是说，佛氏把本来真实无妄的人世实理与事事物物都视为虚幻，而将天堂地狱轮转等虚妄不实者反倒看作真实的，这显然

① 胡寅：《致堂读史管见》卷10，《续修四库全书》第448册，上海古籍出版社1994年版，第573页。

② 胡寅：《致堂读史管见》卷23，《续修四库全书》第449册，上海古籍出版社1994年版，第142页。

③ 胡宏：《知言·大学》，《胡宏集》，中华书局1987年版，第34页。

④ 胡寅：《衡岳寺新开石渠记》，《斐然集》卷20，中华书局1993年版，第417页。

⑤ 胡寅：《致堂读史管见》卷23，《续修四库全书》第448册，上海古籍出版社1994年版，第613—614页。

是荒谬的。他又指出：

> 佛之道以空为至，以有为幻，此学道者所当辩也。今日月运乎天，山川著乎地，人物散殊于天地之中，虽万佛并生，亦不能消除磨灭而使无也。日昼而月夜，山止而川流，人生而物育，自有天地以来，至今而不可易，未尝不乐也。此物虽坏而彼物自成，我身虽死而人身犹在，未尝皆空也。①

在这里，胡寅对于佛教以空为本从而将宇宙万有视为虚幻的看法加以驳斥。他认为，日月运行于天，山川显著于地，人、物存在于天地之中，即使万佛并生，这些事物也都无法被消除、磨灭。而日昼月夜、山止川流、人生物育这些亘古即有的自然法则，亦是恒常一如、不可变易的。天地之间的事物，此物虽已消亡，但彼物又会产生；我身虽已死去，但人身依然存在。显然，整个世界绝非空幻。因此，佛之道以空为至、以有为幻，必是违背常情、常道、常理的。这就是通过对天地间万事万物之客观实在性的肯定来批驳佛教的万有皆空论。另外，胡寅还根据佛氏的日用常行与世人无异来反驳其否定宇宙万有之实存性的做法。他说：

> 夫既以空虚寂灭为道之至矣，虽天伦之重，乾坤之大，照临之显，山河之著，犹将扫除殄绝，洞然不立，则凡见于形象，当一毫无有焉。今乃建大屋，聚徒党，耕良田，积厚货，憧憧扰扰，与世人无异，而以佛之遗书营置储贮，巍然焕然，郁相望也。乌在其为空乎？不能空其言说之迹，而欲空并育之万有，乌知其可乎？②

在他看来，尽管佛教以空虚寂灭为至道，将天伦、乾坤、照临、山河等一切真实存在的事物皆视为虚幻不实者加以否弃，然而他们建造大屋、聚集徒众、耕种良田、厚积财货等日用常行却与世人无异，他们所储藏的经书汗牛充栋、蔚为大观，也是实实在在的，而绝非虚幻。既然佛氏无法将其

---

① 胡寅：《崇正辩》卷1，中华书局1993年版，第42—43页。

② 胡寅：《桂阳监永宁寺轮藏记》，《斐然集》卷20，中华书局1993年版，第415页。

自身的日常生活所需与所言所行空却，那么他又如何能否定宇宙万有的真实存在性呢?[①] 因而胡寅认为佛氏否定现实世界的空论是站不住脚的。可见，胡寅主要以凸显事物的客观实存性批驳佛氏“弃有趋空”的弊病。[②]由此他充分肯定了现实世界，肯定了宇宙万有存在的真实性与客观性，同时也可表明他注重从“迹”或“用”的层面辟佛。

二者，物必有用。对胡寅而言，天地万物不仅真实存在，而且都是有用者，事物的真实存在性与其有用性相互涵摄。他说：“实有是物，故实有是用。”“凡物必有用，物而无用，天地不生也。”[③] 这就明确指出，天地间的事物必然都是有其作用和价值的，不可能存在无用的事物。胡寅认为，即便是“禀赋偏浊，如虎狼虺蝎、野葛乌喙”，也“各有益于人”；甚至是“污秽之甚，如矢如溺，如粪壤蛲蚘”，亦“有已病起死之功”。[④] 由此，他坚持认为“物无不可用”[⑤] “盈天地之间无不可用者”[⑥]。当然，胡寅又指出：“夫物虽皆可用，非人莫能用之。人为至灵，圣贤又其灵之尤者也。其功至于弥纶天地，赞助化育，使天地日月、山川动植各得其所，而其本则由阴阳施受而生。”[⑦] 在他看来，物所具有的作用和价值只有通过人才能得以充分发挥，因为人为万物之灵，而圣贤又是人之中最为灵秀者，能够经天纬地、参赞化育，从而使万事万物都各得其所、各尽其用。可见，胡寅所强调的物的有用性主要是就物对于人的作用而言的。并且，人也是万物中的一物，只不过是万物之至灵而已，而人之至灵正体现在其

---

① 胡寅曰：“释氏自谓迹绝于物，君未之见也。抑能绝谷粟而不食乎？能绝布帛而不衣乎？能绝地而不履乎？能绝天而不戴乎？能绝釜甑匕勺而不用乎？能绝喉舌唇齿而不施乎？凡此皆物与身接，欲去而不得者，孰谓其能绝哉？然彼方且绝人伦以为至道，盖亦强绝之矣，实则不可绝也。如其可绝，则自释迦说法至今几千年，必能绝之久矣，何为人物之类生生而不绝也？名者，实之宾，无是实，则名不可得之于口矣。”（胡寅：《崇正辩》卷3，中华书局1993年版，第139—140页。）这也是驳斥佛教否定天地万物、人伦日用之真实存在性。

② 参见胡寅《桂阳监永宁寺轮藏记》，《斐然集》卷20，中华书局1993年版，第416页。

③ 胡寅：《致堂读史管见》卷17，《续修四库全书》第449册，上海古籍出版社1994年版，第49页。

④ 参见胡寅《致堂读史管见》卷17，《续修四库全书》第449册，上海古籍出版社1994年版，第49页。

⑤ 胡寅：《衡岳寺新开石渠记》，《斐然集》卷20，中华书局1993年版，第416页。

⑥ 胡寅：《致堂读史管见》卷17，《续修四库全书》第449册，上海古籍出版社1994年版，第49页。

⑦ 胡寅：《致堂读史管见》卷17，《续修四库全书》第449册，上海古籍出版社1994年版，第50页。

具有经天纬地的大才大用。此外，胡寅还指出，人在用物之时应当遵循物本身固有的法则，绝不可违背物之理用物，唯有合乎其理，才能积极地发挥出物的功用。所以他说：“用之尽其理，可谓道矣。”“用而当其理，是则道也。”显然，对胡寅而言，天地间存在的事物必都是有用者，而物之用唯有通过人才能充分实现，且用物必须合理方可尽其用。

总之，湖湘学派对于“物”的把握，一方面是要强调“物”的真实存在性，另一方面是要凸显“物”的有用性。由此表明，湖湘学派对“物”的价值和地位给予了足够重视和肯定。“物”作为天地间万事万物的统称，乃道体发用流行之具体表现，因而对“物”的实存性和有用性的彰显，也就体现出湖湘学派对于体用之“用”这一方面的注重。

三　道体物用一如不二

既然在湖湘学派看来，天道即体即用，具有不已的能动创造性，那么就必然会发用流行产生万事万物。对于道物之关系，湖湘学派吸收了程颢“道之外无物，物之外无道，是天地之间无适而非道也”[1] 的道物一体思想，既坚持以“道”为本，又颇为重视“物”，强调道即在物中、道不离于物，亦即道物相依不离、圆融不二。这在胡寅的道物不二论、胡宏的道物一体说以及张栻的太极体用相涵论和道器相须观中得到了充分体现。

（一）胡寅的道物不二论

在道物关系问题上，胡寅主要强调以下两个方面：

一方面，道为物之本原，物不离于道。在胡寅看来，道乃宇宙万有之本原，天地间的万事万物都根源于道，都由道生成，故物不可离于道。道的这种本原性意义可从天道与人道两个层面来讲：就天道论而言，道是天地万物创生的根源，天地万物皆以道为其存在与运化的根据，不可离于道而存在。胡寅曰：

> 仲尼之言天地山川也，皆以自微至著明之……惟天曰“天斯昭昭之多”，夫昭昭果何物哉？及其无穷也。日月星辰系焉，万物覆焉，

---

① 程颢、程颐：《河南程氏遗书》卷4《二先生语四》，《二程集》，中华书局2004年版，第73页。

而不离于昭昭之多。故昔人言天，未有亲切显白如仲尼者也。……天果远乎哉？故自赋予而言则曰天命，自禀受而言则曰天性，自无息而言则曰天道，自不惑而言则曰天理，自发用而言则曰天心……。①

他指出，日月星辰等天地万物皆不可离于“昭昭之多”，而“昭昭之多”即是指生生不已、流行不息的天道。也就是说，天地万物都本于天道而产生，不可离于天道而存在。再就人道论而言，道是一切合理正当的人生实践（如修齐治平）之根据、原则和方向，故而人的日用常行亦不可离于道。胡寅云：“夫道非有一物可把玩而好之也，百姓日用而不能离，亦犹鸟之有翼、鱼之有水，顾不自知耳。”② 他把人与道的关系比作鸟与翼、鱼与水的关系，这就表明，道对于人具有不可或缺的重要性，乃人生日用一刻也不能离者，只不过寻常百姓并不自知自觉而已。此即意味着，一切人生实践都应当以道为根本原则，绝不可背离于道。胡寅还说：“儒书之要，莫过乎《五经》、邹鲁之语，是七书者，上下关千五百余岁，非一圣贤所言，总集百有余卷而已。既经仲尼裁正，理益明，道益著，三才以立，万世无弊，违之则与人道远焉。未尝丁宁学者收藏夸眩，以私心是之。而所以至于今存而不废者，盖人生所共由，自不可离故也。”③ 在他看来，那些经过孔子裁定的儒家经典之所以传承不衰、经久不息，主要在于它们都是载道之书，而道乃人生实践的根本原则，是人人都必须遵循而行者，人生自不可离于道而存在。可见，胡寅充分肯定了道的本原性地位。正因为道是天地间万事万物存在及运行的根据，所以万事万物才不可离于道而存在。

另一方面，道即体现并内在于物之中，道不离于物。胡寅在肯定道为万事万物之本原的前提下，又强调道就体现并存在于事物之中，并不离于事物而别有所在。他说：“道无不在，离世绝俗则不谓之道。故先正程公曰：‘道外无物，物外无道。’”④ 在他看来，道即内在于现实世界之中，而

① 胡寅：《致堂读史管见》卷10，《续修四库全书》第448册，上海古籍出版社1994年版，第573页。

② 胡寅：《致堂读史管见》卷17，《续修四库全书》第449册，上海古籍出版社1994年版，第40页。

③ 胡寅：《桂阳监永宁寺轮藏记》，《斐然集》卷20，中华书局1993年版，第413页。

④ 胡寅：《崇正辩》卷3，中华书局1993年版，第144页。

并不在现实世界之外，若外在于现实生活世界，则不可谓之为道。他又指出：

> 父子君臣之伦，礼乐刑政之具，以至取予之一介，交际之一言，加帚于箕之仪，捧席如桥之习，无非性与天道也。谓此非性与天道，则人所以行乎父子君臣、礼乐刑政者，是皆智巧伪设、土苴秕糠之迹，而性与天道茫昧杳冥，无预乎人事，此岂《五经》所载、孔孟所教耶？①

这就是说，性与天道就体现并存在于父子君臣之伦、礼乐刑政之具以及取予之一介、交际之一语、加帚于箕之仪、捧席如桥之习等日用事物当中。如果说这些并非性与天道，或者说性与天道外在于人伦日用，那么人在日用常行中遵循的法则便只是些智巧伪设的糟粕，而性与天道也就沦为与人事无涉的虚无空洞之物，这显然违背了儒家的根本教义。可见，胡寅意在表明，人伦日用即是性与天道之所在，道就体现并内在于人伦日用之中，而并非超离于人伦日用之外，凡外在于人伦日用者，就不是儒家所谓之道。胡寅曰："盖死生之说、鬼神之情状，即性命道德之理，非有二致。"②又曰："饥而食，渴而饮，动静皆然，天理之自然也。"③ 这些都指明了道即在物、日用即道之意。由此也表明，道之所以不离于日常生活世界，是因为道须通过日用伦常事物来体现、落实，人伦日用中的事事物物即是道体发用流行之表现。

正是根据道即在物、道物一体的立场，胡寅大力批评佛老之学离物谈道的弊失。如他针对佛教说："今佛使人弃俗然后从道，是道有间别矣，而可乎？"④ 又说：

> 言道而弃物，体妙而用粗，或以为精，吾见其二于物也。五谷饱

---

① 胡寅：《致堂读史管见》卷3，《续修四库全书》第448册，上海古籍出版社1994年版，第461页。

② 胡寅：《致堂读史管见》卷16，《续修四库全书》第449册，上海古籍出版社1994年版，第29页。

③ 胡寅：《崇正辩》卷1，中华书局1993年版，第29页。

④ 胡寅：《崇正辩》卷3，中华书局1993年版，第144页。

人者也，今有人不种不获，廪庾无积，釜甑无爨，持其枵腹而语于众曰：“吾饫于食，吾之腹果然。”汝奚不作稻粱黍稷之想而自肥乎？又奚不忘稻粱黍稷之念而已饱乎？众美其词，相与赞之曰：“先生不忍独饱，又忧弟子之饥。”吾一闻之，了达无疑，咀嚼至教，而厌足甘味，虽六瑚八簋，丰盛乎前，皆幻物也。吾见天下之人皆口充乎此而中馁者也。迭唱更和，以为至矣。居无何，不免于为若敖氏之鬼。谓道不在物，至妙非事为之用者，不类此欤……尔不能耕不土之田，居无地之室，衣不蔽之服，而食无米之饭，是则诚之不可掩也。而独外此以为道，可乎?①

在他看来，佛氏弃物言道、离用谈体，割裂了道物或体用之间本即具有的统一性，所以是“二于物也”。这种认为道不在物、至妙之体非事为之用的看法，就如同有人不种五谷，粮仓没有积累，釜甑中无米饭，却抱着空腹对众人说“我已经吃饱了”这样荒谬。他进而指出，既然人不可能耕种无土之田，居住无地的屋室，穿不能遮体的衣服，吃没有米的饭，那么也就无法脱离这些具体事物或者说外在于现实世界论道、求道。也就是说，道必定内在于人伦日用之中，而并非与日常生活世界相隔绝。这主要是批评佛教以天下事物为幻妄从而离世绝俗、弃物谈道的荒谬做法。胡寅同样以此批判道家的学说，他表示：“所谓道者，杳杳冥冥，超乎日用之外。即父而慈，即子而孝，即君而仁，即臣而忠，斯是矣。君臣父子，各失其宜，而道云道云，此庄周、瞿昙之所言，非尧、舜、仲尼之所行也。”② 这就指出，老庄之道虚无缥缈、空洞恍惚，超离于日常生活世界之外，以致无法合宜得当地处理君臣父子等日用伦常关系。而儒家之道就在人伦日用中，现实生活中的事事物物皆因之各得其宜、各安其所。从这些批评来看，胡寅始终坚持道物一体的立场，强调道不离物，道就存在于现实生活世界之中。这不仅显明了“物”（用）的重要地位和作用，也体现出“道”（体）之具体、真实的品性。“道”并不脱离于具体事物与实际生活，而是就在现实世界当中作具体、真实、鲜活的发用与呈现。

---

① 胡寅：《衡岳寺新开石渠记》，《斐然集》卷20，中华书局1993年版，第416—417页。

② 胡寅：《致堂读史管见》卷30，《续修四库全书》第449册，上海古籍出版社1994年版，第265页。

显然，在道物关系上，胡寅既坚持以道为本原，认为物不可离于道；又强调道就体现并内在于物之中，主张道不可离于物。这既肯定了“道”的根本性地位，又凸显出“物”的重要性。可见，胡寅颇为强调道物之间的统一性、圆融性，并充分正视二者的地位和作用。而在当时佛道盛行与内忧外患时局的双重刺激下，为了应对佛道思想的挑战和救治时弊、经世济民，他尤为注重发明道即在物、道不离物之义，以强调一种积极入世的精神和敢于担当现实的情怀。

（二）胡宏的道物一体说

对于天道与万事万物之关系，胡宏通过“体用合一”的理念加以把握。他颇为强调道物之间的统一性，主张天道体现并内在于宇宙间的万事万物之中，道与物相倚不离、一体不二。

在道物关系上，程颢曾指出：“道之外无物，物之外无道，是天地之间无适而非道也。即父子而父子在所亲，即君臣而君臣在所严（一作敬），以至为夫妇、为长幼、为朋友，无所为而非道，此道所以不可须臾离也。”① 这就是说，道普遍地存在于天地之间的万事万物之中，并不离于天地万物、人伦日用而别有他在。胡宏的道物论继承和发挥了程颢所主张的道即在物、日用即道的思想。② 他说：“道不能无物而自道，物不能无道而自物。道之有物，犹风之有动，犹水之有流也，夫孰能间之？故离物求道者，妄而已矣！”③ 在他看来，道与物一体无间、圆融不二，二者内在统一而不可分割，这就如同风与风之动、水与水之流密合无间而无法分离一般。道物之间的统一性可从两个方面来说：一方面，“道不能无物而自道”，即道不可离于物而存在。这是因为：天地万物即是道体发用流行之表现，道就体现并存在于天地万物之中。若无物或离于物，则道体的存在性便无法体现，从而也就没有道之存在可言。这就如同风之动是风之存在性的体现，水之流是水之存在性的体现。若风不能动、水不能流，则风不

---

① 程颢、程颐：《河南程氏遗书》卷4《二先生语四》，《二程集》，中华书局2004年版，第73—74页。

② 胡宏云：“河南先生举世皆以为得圣人之道者。其言曰：‘道外无物，物外无道，是天地之间无适而非道也。’”（胡宏：《与原仲兄书二首》，《胡宏集》，中华书局1987年版，第120页。）这可体现出他对程颢之道物圆融说的推崇，其道物一体论即吸收了程颢“道外无物，物外无道”的思想。

③ 胡宏：《知言·修身》，《胡宏集》，中华书局1987年版，第4页。

成其为风、水不成其为水，自然也就无所谓风、水之存在了。此显然是以风不能无动、水不能无流来说明道即在物、道不离物之理。另一方面，“物不能无道而自物”，即物不可离于道而存在。这是因为：道是天地万物得以生成的根源，若无道，则天地万物便无从产生。这就如同风之动必根源于风，水之流必根源于水，若无风、无水，自然也就不存在风之动、水之流。由此表明，物须以道为本，必不可离于道。① 其实胡宏在这里也就是以道为体、以物为用，依据“体用合一”的理念把握道物之关系，从而力主道物一体不离。只不过于此他更为强调道不离物、体不离用的一面，所谓“离物求道者，妄而已矣”，正是要指明道体即在物用之中，不可离物而求道。对于这一点，胡宏曾反复论及：“事本乎道，道藏乎事……。”② “道充乎身，塞乎天地……存乎饮食男女之事……。”③ 在他看来，道就存在于天地万物、人伦日用之中，并不离于现实生活世界中的事事物物而别有所在。既然如此，就应当即事即物、在日用常行之中求道，而不可外在于日常生活世界以求道。

从道即在物、道不离物的基本立场出发，胡宏批评了佛教离物谈道的弊失。他说：“即物而真者，圣人之道也；谈真离物者，释氏之幻也。”④ 在他看来，儒家即物言道，道物圆融一体，所以真实无妄；而佛教离物谈道，道物判然分离，所以虚幻不实。这就是将是否即物论道视为儒、佛的根本差异。他还说：

昔孔子下学而上达，及传心要，呼曾子曰：“吾道一以贯之。”曷

---

① 王开府解读“道之有物，犹风之有动，犹水之有流也，夫孰能间之”曰：“动是风的动，流是水的流，如果无风无水，自无所谓动与流。风与水是流动的体；流动是风和水的用。同样地，道是物的体；物是道的用。本体是不变的、是一；发用却是变动的、是多。”（王开府：《胡五峰的心学》，台湾学生书局 1978 年版，第 35 页。）苏子敬认为：“此解固是，然只表显出‘物在道中’之义，至于‘道在物中’之义则尚未突显出。如是，五峰下文接着强调‘离物求道者，妄而已矣’，吾人便不易顺遂地明其所以，只能由一般的所谓‘体不能离用’而了解之耳。故吾人举出‘风无动（水无流）则不成其为风（水）’，使‘道在物中’之义亦显明起来。”（苏子敬：《胡五峰〈知言〉哲学课题之研究——以“内圣外王”概念展开之》，台湾新北花木兰文化出版社 2009 年版，第 34 页。）

② 胡宏：《皇王大纪论 · 西方佛教》，《胡宏集》，中华书局 1987 年版，第 223 页。

③ 胡宏：《知言 · 天命》，《胡宏集》，中华书局 1987 年版，第 3 页。

④ 胡宏：《知言 · 往来》，《胡宏集》，中华书局 1987 年版，第 13 页。

尝如释氏离物而谈道哉？曾子传子思，亦曰："可离，非道也。"见此，则心迹不判，天人不二，万物皆备于我……释氏狭隘褊小，无所措其身，必以出家出身为事，绝灭天伦，屏弃人理，然后以为道，亦大有适莫矣，非邪说暴行之大者乎？①

这也是站在儒家道不离物、道物一体的立场上批判佛教离物言道、道物分离的弊病。由此段论述可知，胡宏强调道即在物和即物求道，主要在于肯定日用伦常和现实生活世界的真实性及其价值和意义，以阐扬儒家直面生活的本质和积极入世的精神。他批评佛教离物谈道也主要是针对其否弃人伦日用和缺乏足够现实关怀而言。既然道就体现并存在于人伦日用之中，那么人伦日用中的事事物物必因道体的贯注而真实无妄，必有其自身的价值和意义。于是胡宏说："事事物物者，乃人生之不可无，而亦不能扫灭使之无者也。儒者之道，率性保命，与天同功，是以节事取物，不厌不弃，必身亲格之，以致其知焉。"② 可见，胡宏颇能正视现实事物的重要性，其思想具有很强的务实性格。③ 就此而言，胡宏的道物论既以道（体）为本，又颇为重视物（用），明显具有道物兼重及强调道物统一的特点。当然，这并不意味着胡宏完全同等地看待道、物的地位和作用，只是他在道物关系的处理中颇为注重二者的平衡与统一。事实上，他对道物之分别也有明确的认识。他说："形形之谓物，不形形之谓道。物拘于数而有终，道通于化而无尽。"④ 这就指出，道为无限的形而上者，物为有限的形而下者，道物之间并非完全平列的关系，而是超越与被超越、决定与被决定的关系。由此即彰显出道体的根本性地位。因此，胡宏的道物论是以道为本的道物一体论，而并非以物为本或道物并重。

胡宏的道物一体思想也体现在他对性物关系的处理上。在性物论中，胡宏首先指明了性物之间的区分。他说："形而在上者谓之性，形而在下

① 胡宏：《与原仲兄书二首》，《胡宏集》，中华书局 1987 年版，第 121 页。

② 胡宏：《复斋记》，《胡宏集》，中华书局 1987 年版，第 152 页。

③ 胡宏曰："事本乎道，道藏乎事……。"（胡宏：《皇王大纪论 · 西方佛教》，《胡宏集》，中华书局 1987 年版，第 223 页。）"物无非我，事无非真。"（胡宏：《知言 · 事物》，《胡宏集》，中华书局 1987 年版，第 22 页。）这也可表明胡宏对于形而下的事事物物或现实生活世界的意义颇为重视。

④ 胡宏：《知言 · 纷华》，《胡宏集》，中华书局 1987 年版，第 26 页。

者谓之物。”① 此即以性为形而上者，以物为形而下者，二者存在形上与形下之分别。在此基础上，胡宏进一步强调二者的统一性。他说：“性外无物，物外无性。”② 这就彰显出性物之间的内在统一性、不可分割性。具体而言，性物之统一性主要体现在以下两点：一者，性是万事万物产生的根源，万事万物的存在不可离于性。胡宏所云“非性无物”③ 与“万物生于性者也”④，即表明性是物之本原，物不能脱离于性而存在。二者，性体通过万事万物的存在及运化显现自身，内在于万事万物之中，而并不在事事物物之外。胡宏曰：“万物万事，性之质也。”⑤ 万事万物既为性体所创生，以性体为其存在和运化的根据，那么便是性体具体、真实的表现（性之质）。就此而言，一方面，性体须通过万事万物来体现其自身，不可离于事物而存在；另一方面，事事物物皆为性体所统摄，都是性体发用流行之全体不可分割的一部分。这正如胡宏所谓：“事物属于性”⑥“万物皆性所有”⑦。由此彰显了性与物的一体不二关系。可见在性物论中，胡宏主张以性为本，并十分强调性物之间的圆融性、统一性。

显然，在道物关系上，胡宏既坚持以道为本，主张物本于道、物不离道；又颇为重视物，强调道即在物、道不离物。于是他的道物论便呈现出注重道物统一及道物兼重的特点。这正是其“体用合一”思想在处理道物关系问题上的贯彻与运用。胡宏的道物一体论蕴含的体用观为：体是形上本体，用即本体发用流行之表现，二者相即不离、圆融不二：体是用的根源，用由体生发，用不离于体；用是体的显现，体即在用之中，体不离于用。这就是在以体为本的前提下，又颇为重视用，强调体在用中、体不离用。

（三）张栻的太极体用相涵论与道器相须互成说

在天道论中，张栻对道物关系问题的看法，具体表现在他对太极与二气五行万物之关系的阐发及其对道器关系的论述。对此，张栻十分强调形

① 胡宏：《释疑孟·辨》，《胡宏集》，中华书局1987年版，第319页。
② 胡宏：《知言·修身》，《胡宏集》，中华书局1987年版，第6页。
③ 胡宏：《知言·事物》，《胡宏集》，中华书局1987年版，第22页。
④ 胡宏：《皇王大纪序》，《胡宏集》，中华书局1987年版，第165页。
⑤ 胡宏：《知言·往来》，《胡宏集》，中华书局1987年版，第14页。
⑥ 胡宏：《知言·纷华》，《胡宏集》，中华书局1987年版，第25页。
⑦ 胡宏：《知言·一气》，《胡宏集》，中华书局1987年版，第28页。

上之体与形下之用相涵互摄、相依互成的辩证统一性。因而其道物关系论贯穿着“体用相须”的思想。

1. 太极体用相涵

此所谓“体”指的是太极本体，“用”指的是作为太极本体发用流行之具体表现的二气五行万物。张栻的太极体用相涵论主要体现在以下两个方面：

（1）有太极则有二气五行万物：体中涵用，用依体立

既然太极具有活动性、创造性，那么也就必然会发用流行产生二气五行万物。张栻说：“太极动而二气形，二气形而万物化生，人与物俱本乎此者也。”① 他认为，有太极则必有二气五行万物之化生，即有体则必有用。这就意味着，二气五行万物皆根源于、统摄于太极，皆以太极为其存在及运化之根据。张栻云：“太极混沦，生化之根，阖辟二气，枢纽群动。”② 又云：“二气五行，乃变化之功用，亦非先有此而后有彼。盖无不具在于太极之中，而命之不已者然也。”③ 这是说，太极乃二气五行万物之本体，而二气五行万物为太极本体的作用和表现，无不为太极所统摄、涵具。这一方面表明太极本体具有生化二气五行万物之功用（体中涵用），另一方面则意味着二气五行万物之用皆根源于太极之体（用依体立）。张栻所说“只于不息验端倪，太极分明涵万象”④，即是在发明太极本体必涵能动创生作用之义；其所谓“太极立则天地、日月、四时、鬼神之理其有外是乎？故无所不合也，则以其一太极而已矣”⑤，则表明一切事物都本于太极而产生。由此即彰显出太极本体的创生性及其本原性地位。

（2）二气五行万物皆各具太极：用中涵体，体即在用

张栻的太极论既注重发明“体中涵用，用依体立”之义，又颇为强调“用中涵体，体即在用”的观念。对张栻而言，一方面，太极具有生生不已之功用，必然产生二气五行万物，二气五行万物皆以太极为本原；另一

---

① 张栻：《新刊南轩先生文集》卷11《存斋记》，《张栻集》（三），中华书局2015年版，第931页。

② 张栻：《新刊南轩先生文集》卷11《扩斋记》，《张栻集》（三），中华书局2015年版，第934页。

③ 张栻：《太极图说解义》，《张栻集》（五），中华书局2015年版，第1606页。

④ 张栻：《春风楼上梁文》，《张栻集》（五），中华书局2015年版，第1495页。

⑤ 张栻：《太极图说解义》，《张栻集》（五），中华书局2015年版，第1608—1609页。

方面，太极就存在于二气五行万物之中，二气五行万物各都完整地涵具太极。他表示："五行生质虽有不同，然太极之理未尝不存。"① "既曰物莫不皆有太极，则所谓太极者，固万物之所备也。惟其赋是气质而拘隔之，故物止为一物之用，而太极之体则未尝不完也。"② 在他看来，天地万物的形质或所禀之气虽存在种种差异，但无一不完整地涵具太极本体，即便那些禀气昏浊之物同样如此。张栻云："物虽昏隔不能以自通，而太极之所以为极者，亦何有亏欠乎哉!"③ 这也是在发明天地万物皆备具太极之义。既然事事物物都完具太极，那么也就意味着太极普遍地存在于天地万物之中。太极本体与其所产生的万事万物乃相倚不离、一体不二的关系。

针对有人所认为的"天命独人有之，而物不与焉"的看法，张栻批评道："为是说者，但知万物气禀之有偏，而不知天性之初无偏也；知太极之有一，而不知物物各具太极也。故道与器离析，而天地万物不相管属，有害于仁之体矣，谓之识太极可乎？不可不察也。"④ 对他而言，太极作为宇宙万有之本原，必然普遍地存在于万事万物之中，而万事万物也都必然涵具太极本体。若以为人备具太极而物不备具太极，则是只知万物之气禀有偏却不知其天性（太极）本来无偏，只知太极本体为一却不知天地万物各都涵具一太极。这也就是割裂了太极与天地万物之间的统一性，而没有认识到太极体用相涵的真实意蕴。可见，张栻在这里是以"理一分殊"的观念把握太极与天地万有的关系：一方面，太极本体具有活动性，必然产生二气五行万物，从而不得不表现为万殊（用殊）；另一方面，二气五行万物虽存在种种差异，但无不根源于太极本体，所以又都统摄于一本（体一）。这就表明，太极与天地万有、一本与万殊乃是相依互涵、相即不离的一体关系。当然，张栻之所以着力发明物物各具太极和太极遍在于万物即"用中涵体，体即在用"之义，主要在于彰显太极的普遍性与内在性，从而为禀气不同的人都可以挺立道德本性、成就道德人格确立坚实的形上

① 张栻：《太极图说解义》，《张栻集》（五），中华书局 2015 年版，第 1606 页。

② 张栻：《新刊南轩先生文集》卷 31《答周允升》，《张栻集》（四），中华书局 2015 年版，第 1235 页。

③ 张栻：《新刊南轩先生文集》卷 28《与吴晦叔》，《张栻集》（四），中华书局 2015 年版，第 1199 页。

④ 张栻：《新刊南轩先生文集》卷 29《答胡伯逢》，《张栻集》（四），中华书局 2015 年版，第 1211 页。

根基。[①]

可见，在张栻看来，太极之体与二气五行万物之用相互涵摄、相互统一：一方面，太极具有生化二气五行万物的功用，二气五行万物都根源于太极，都以太极为其存在与运行的根据；另一方面，太极就体现并存在于二气五行万物之中，二气五行万物各都完整地涵具太极。张栻明确阐发“太极体用相涵”之义云：“语其体，则无极而太极，冥漠无朕，而动静阴阳之理，无不具于其中；循其用，则动静之为阴阳者，阖辟往来，变化无穷，而太极之体各全于其形器之内。”[②] 就太极之体而言，虽无形无像、无声无臭，而动静阴阳之理、生化不已之用则莫不涵摄其中；就太极之用而言，虽动静阴阳两端交感互运、变化无穷，而太极之体则无不备具于二气五行万物之中。这也就是：太极之体中涵用，用中涵体，体用互涵互摄；太极之用由体立，体即在用，体用相倚相待。对于太极之体与太极之用的这种圆融统一关系，张栻还说：“盖有太极则有二气五行，而万物生焉，此所谓性外无物也。万物之生，禀二五之气，虽成质各不同，而莫不各具一太极，此所谓物外无性也。”[③] 在他看来，有太极则必然产生二气五行万物，而二气五行万物的化生，其形质虽有种种不同，但又无不完整地涵具一太极。太极之体与二气五行万物之用必然相互涵摄、圆融不二。此正所谓“有太极则有物，故性外无物；有物必有则，故物外无性”[④]。

2. 道器相须互成

张栻的道器论与其太极体用论是内在贯通的，因而他在太极体用论中强调太极之体与二气五行万物之用相即互摄、一体不离，则亦必然在道器论中力主道体与器用相倚互涵、一体不二。

道器关系问题明确发端于《系辞传》，涉及形上与形下之关系等基本

---

① 这可以通过张栻的以下论述来把握：“人与物均禀乎天而具太极者也。……盖原其本始，则天地之心，人与物所公共也。察其气禀之分，则人独为秀而最灵，而物则有异焉。又察其成质之后，于人之中又有厚薄昏明之殊焉。然人之赋质虽有殊，而其殊者可得而反也。其可得而反者，则以其气为最灵，太极之未尝不在者，有以通之故尔。物虽有昏隔，而太极之所以为者亦何有亏欠乎哉！”（张栻：《太极图说解义》，《张栻集》（五），中华书局 2015 年版，第 1607—1608 页。）

② 张栻：《太极图说解义》，《张栻集》（五），中华书局 2015 年版，第 1606 页。

③ 张栻：《太极图说解义》，《张栻集》（五），中华书局 2015 年版，第 1607 页。

④ 张栻：《南轩先生孟子说》卷 6，《张栻集》（二），中华书局 2015 年版，第 546 页。

哲学问题，历来备受中国古代思想家们的关注。张栻通过阐释《系辞传》“形而上者谓之道，形而下者谓之器”这一经典论述，对道器关系问题提出了自己的看法。他在肯定道器之间存在形上、形下之分别的基础上，着重强调道器相互依存、相互成就的一体性。这与其太极论和性气论中的立场是根本一致的。张栻说：“知太极之有一，而不知物物各具太极也。故道与器离析，而天地万物不相管属，有害于仁之体矣，谓之识太极可乎?”① 据此可知，道即太极（体），器即天地万物（用），于是道器关系也就是太极与万物相资互发的关系。②

张栻论道与器，在肯定道器之差异性的前提下，着重凸显二者的内在统一性。他说：“形而上曰道，形而下曰器，而道与器非异体也。”③ 形而上者称为道，形而下者称为器，道与器虽存在形上、形下之分别，但二者并非截然分割、彼此孤立，而是相互依存、一体不离的。那么道器之间何以具有这样一种统一性以及这种统一性又是如何体现的？这可以通过张栻的以下论述来把握：

> 道不离形，特形而上者也；器异于道，以形而下者也。……离形以求道，则失之恍惚，不可为象，此老庄所谓道也，非《易》之所谓道也。《易》之论道器，特以一形上下而言之也。然道虽非器，礼乐刑赏，是治天下之道也；礼虽非玉帛，而礼不可以虚拘；乐虽非钟鼓，而乐不可以徒作。刑本遏恶也，必讬于甲兵，必寓于鞭扑；赏本扬善也，必表之以旂常，必铭之于钟鼎。是故形而上者之道讬于器而

---

① 张栻：《新刊南轩先生文集》卷29《答胡伯逢》，《张栻集》（四），中华书局2015年版，第1211页。

② 蔡方鹿表示：“张栻哲学的道，一方面作为宇宙的本体……与物的关系是本体与作用、本原与派生的纵向联系；另一方面，道作为天地万物的规律，与器（物）范畴相联系，道器一体，不相分离，但道以器为存在的前提，有了具体事物（器），才有了具体事物之道（规律），舍器则无所谓道。张栻的道器关系说是从他道为事物规律的思想逻辑演变而来的理论，这是张栻有别于朱熹哲学道论的地方。……张栻在论述道器关系时所说的道，是指事物规律、规则之道，而不是宇宙本体之道，这是特别需要加以指出的。”（蔡方鹿：《一代学者宗师：张栻及其哲学》，巴蜀书社1991年版，第89页。）实则，根据张栻所云“知万物气禀之有偏，而不知天性之初无偏也；知太极之有一，而不知物物各具太极也。故道与器离析，而天地万物不相管属”可知，其道器论中的“道”具有宇宙本体的意义。道即太极，为体为本；器即天地万物，是用是末。可见，道具有本原性地位。

③ 张栻：《南轩先生论语解》卷6，《张栻集》（一），中华书局2015年版，第181页。

后行，形而下者之器得其道而无弊。①

在这里，张栻首先抓住“形”这一勾连“形而上者”与“形而下者”的中介语词，来显明道器之间的辩证统一性。他认为，《周易》论道器，特别以“形”上与“形”下加以言说，即在于强调道器的不可分割性。道不离于“形”，只是“形”而上者；器不同于道，也只是“形”而下者。道和器既以“形”上、“形”下来加以区分，又通过“形”获得其内在关联性，二者都不可脱离于“形”而论。当然，这主要是从名言概念上来说的，其实质意义乃在于凸显道器之间的一体性，强调“道”就体现于、内在于“形”“器”之中，并不离于“形”“器”而别有所在。“形”“器”在张栻的思想中都是就形而下的具体事物而言，也是指代现实世界。他说：“夫乾坤者，生成万物之体也；变化者，乃乾坤生化万物之用也。其覆载范围之中可得而见者谓之象也，可指其形者谓之器也。”② 这就是将天地间一切有形的具体事物都视为“器”。另外，张栻也将“形”“器”二字连言以指称形而下的具体事物。所谓“太极之体各全于其形器之内”“扫去形而下者而自以为在形器之表”③，便是如此。因而“道不离形”即是指“道不离器”，意在表明道就存在于现实世界之中，而并不在现实世界之外。这也就意味着，道既具有超越性和普遍性，又是具体而真实的，绝非抽象空洞、虚无缥缈之物。④ 张栻以“道

① 张栻：《南轩易说》卷1《系辞上》卷下，《张栻集》（一），中华书局2015年版，第25页。

② 张栻：《南轩易说》卷1《系辞上》卷下，《张栻集》（一），中华书局2015年版，第18页。

③ 张栻：《新刊南轩先生文集》卷25《答彪德美》，《张栻集》（四），中华书局2015年版，第1140页。

④ 向世陵指出：“张栻将‘形’的概念严格化了。‘上下’既然只能依形而判，否定了形也就根本无从谈上下之分。离开形象去求道，也就只能是老庄的虚无恍惚之道，而不可能是《周易》亦即儒家的实在确定之道。他以为，《周易》论道器，专门立足于‘形’来谈上下，道理就在儒家之‘形’从来就是以丰富充实的内容为前提的，绝非空洞虚无之形。”（向世陵：《理学与易学》，长春出版社2011年版，第99页。）［韩］苏铉盛主张：“他（张栻——引者注）在道和器之间还要设一个‘形’这个中介概念，其目的是区别老庄之道和《易》之道之间的不同。由此他想强调所谓‘道’者系存在于‘现在这个世界之内’。我们无法怀疑现在这个世界的实在性、伦理价值和其他丰富意义。这是儒家哲学的存在论的理论基础。”（［韩］苏铉盛：《张栻的思想世界》，博士学位论文，北京大学，2002年，第139页。）

不离形”推明儒家的根本精神，并据此批评老庄之道的虚无。所谓“离形以求道，则失之恍惚，不可为象”，即在于指斥老庄之道超离于现实世界的空洞虚浮，而由此所凸显的正是儒家之道直面现实生活的本质和积极入世的精神。

张栻不仅通过“道不离形”之说发明道即在器、道不离器之义，而且借助对“礼、乐、刑、赏”之道与“玉帛、钟鼓、甲兵、鞭扑、旂常、钟鼎”等具体器物之关系的讨论来阐明道器一体的原因。他认为，道虽然不是器，但礼、乐、刑、赏都是治理天下之道，也就是说，要以道治理天下，就必须采取礼、乐、刑、赏等方面的举措。在此，礼、乐、刑、赏作为治理天下的具体手段，相对于根本之道而言，仍属于“器”的层面。道必须借助于礼、乐、刑、赏才能实现治理天下的目的，也就意味着道必须通过器才能得以贯彻落实。对此，张栻又通过礼、乐、刑、赏作为治天下之道须依赖于具体器物实现来说明。他表示，礼虽不是玉帛，但必须通过玉帛才能体现；乐虽不是钟鼓，但必须借助钟鼓才能表达；同样，遏恶之刑罚必须依赖甲兵和鞭扑方能落实，扬善之奖赏必须通过旂常和钟鼎方能实现。否则，礼、乐、刑、赏之道就不可能真正坐实。基于此，张栻总结道：“是故形而上者之道讬于器而后行，形而下者之器得其道而无弊。”这就是说，一方面，形上之道必须通过形下之器来体现和落实，如此则道作为形而上者乃具体真实之道，并非脱离于现实世界而沦为抽象、空洞、虚无之物；另一方面，形下之器也必须以形上之道为其存在及运行的根据和法则，如此则器作为形而下者是有本有据、由道所统摄之器，从而不会产生任何弊失。由此，张栻主张“在道不泥于无，在器不堕于有，微妙并观，有无一致”①。可见，在他看来，道和器是相互依待、相互成就而一体不二的。

当然，张栻在此主要是强调道不可离于器，对于器不可离于道未加翔实论析。关于器不离道的方面，可通过其《论语解》《孟子说》中的相关论述加以说明。如张栻曰：“玉帛固所以行礼也，钟鼓固所以为乐也。谓玉帛钟鼓为非礼乐则不可，然礼乐岂止乎玉帛钟鼓之间哉？得其本，则玉

---

① 张栻：《南轩易说》卷1《系辞上》卷下，《张栻集》，中华书局2015年版，第25页。

帛钟鼓莫非吾情文之所寓，不然，特虚器而已。”① 又曰：“有其本，而后法制不为虚器也。”② 这里的“本”是指道或仁道。玉帛钟鼓之于礼乐，法制之于为政治国，只有得其道或合于道，才真正成为道的表现与落实，才能实现其应有的价值和意义，否则只是徒有形式而无实质的虚器。这就表明，器必须以道为本，不可离于道而存在。

显然，张栻是在肯定道器之分别的基础上，又颇为强调二者的互动统一。在他看来，一方面，器须以道为其存在与运行的根据和法则，不可离于道存在及实现其本有的价值；另一方面，道须通过器来体现、落实，且道就存在于器之中，并不离于器而别有所在。由此，道与器必是相依互成、一体不二的关系。张栻之所以如此注重道器之间的统一性，主要在于强调道与天地间的万事万物或现实生活世界的不可分割性。他说：

> 道无往而不存。……事事物物，莫不有其道，盖所当然者，天之所为也。夫以一日之间，起居则有起居之道，饮食则有饮食之道，见是人则有待是人之道，遇是事则有处是事之道，道不可须臾离也，一失所宜，则为废是道矣。……道之所在，如影之随形，盖无往而非是矣。③

张栻认为，道普遍地存在于万事万物之中，事事物物皆有其道，此是天理之所当然，任何事物都不可离于道存在。这主要是在发明道为器本、器不离道之义。同时他又反复强调，道就体现并内在于器之中，并不离于器存在。他说：“形而上者固不外乎洒扫、应对之间也。舍是以求道，是犹舍规矩以求巧也。”④ “今夫目视而耳听，口言而足行，以至于食饮起居之际，谓道而有外夫是，乌可乎？”⑤ “不过于声气容色之间，洒扫、应对、进退之事，此虽为人事之始，然所谓天道之至赜者，初亦不外乎是，圣人无隐

① 张栻：《南轩先生论语解》卷9，《张栻集》（一），中华书局2015年版，第279页。
② 张栻：《南轩先生孟子说》卷2，《张栻集》（二），中华书局2015年版，第379页。
③ 张栻：《南轩先生论语解》卷8，《张栻集》（一），中华书局2015年版，第265页。
④ 张栻：《南轩先生孟子说》卷6，《张栻集》（二），中华书局2015年版，第562页。
⑤ 张栻：《新刊南轩先生文集》卷10《潭州重修岳麓书院记》，《张栻集》（三），中华书局2015年版，第900页。

乎尔也。"[①] "至于充之而尽，亦初不离乎洒扫、应对、进退之间。若以此为末，而别求所谓本，则是析本末为二体，形而上者与形而下者不相管属，其为弊盖有不胜言矣。"[②] 这些无不是在发明道即在器、道不离器之义。由此足见张栻颇为强调道器之间的互动性、统一性。而从其整个理学的问题意识来看，他之所以大力推明道器一体尤其是道在器中之义，既是为了回应佛道思想的挑战，也是为了救治当时儒林内部所出现的空谈心性的弊病。[③]

综上所述，湖湘学派体用思想在天道论层面的展开主要体现在如下几方面：

其一，天道即体即用。这是指天道本体内在结构中的阴体与阳用两端的相须，即天道本体所固有的秩序性（阴性、静性）与创生性（阳性、动性）的相须，亦即天道本体与其自身之活动性的相须。这一意义的"体用相须"只是就形上本体自身而言，其意涵为：体中涵用，用中涵体，体用互涵互摄；体以生用，用以成体，体用相生相成；用依体立，体待用显，体用相倚相待。体用之间相互涵摄、相互依存、相互补充、相互成就。甚至可以说，体即用，用即体，体和用本来就密合无间、一体不分。依湖湘学派之见，天道本身具有阴阳互补对生的结构，在此结构中，阴为道之体，阳为道之用，二者互涵互动、相生相成，从而决定了天道融创生性与秩序性为一体。天道生生不已、变易不息，且其生生变易始终有序有则。就此而言，天道必是即体即用之体。湖湘学派以这种独特的体用论来强调道体的活动性、创生性。由于天道（太极/性体）具有自主自发、自动不已的创造性，所以必然会生成气与天地万物，从而也就会产生性气关系、道物关系的问题。这当然已涉及形上与形下之体用关系。

其二，性体与气用相须。在性气论中，湖湘学派以性为本体，以气为性体发用流行之表现。在其看来，性之体为一，而性之表现各异，性气关

① 张栻：《新刊南轩先生文集》卷 14《论语说序》，《张栻集》（三），中华书局 2015 年版，第 969 页。

② 张栻：《南轩先生论语解》卷 10，《张栻集》（一），中华书局 2015 年版，第 295 页。

③ 以上论述虽摄入诸多人道论的内容，似乎与天道论无多大关联，但因人道是天道在人之表现，天道与人道相贯通，所以人道论层面的道器之辩证关系无疑可以折射天道论中的道物之辩证关系。

系即一本与万殊之间的相资互摄关系：一方面，一本之性是万殊之气的根源，万殊之气皆统摄于一本之性；另一方面，一本之性普遍地存在于万殊之气当中，万殊之气皆完整地涵具一本之性。于是性体与气用必相即互摄、圆融不二。因在天道论中性气关系与道物关系内在贯通，故道物之间也必然蕴含着体用相须的关系。

其三，道体与物用互成。在胡寅与胡宏的道物论中，“道”是指宇宙万有之本原，具有绝对性、普遍性与恒常性，天地间的万事万物皆本于“道”而产生，其存在与运行皆以“道”为根本法则；同时，“道”必定是能开物成务、济人利物的有用之道，就在其造化天地万物与成就人间万事的大用中开显自身、实现自身，而绝不孤悬于、空挂于现实世界之外。“物”是指天地间存在的万事万物，乃道体发用流行之表现，必具有客观真实性和有用性。根据这一界定，道物之间的关系必当为：物以道为本原，道通过物显现并内在于物之中，二者相即不离、圆融不二。因此，湖湘学派的道物一体说是在以“道”为本的前提下，又颇为重视“物”，强调道即在物、道不离物以及道物之间的辩证统一性。这点也充分体现在张栻的太极体用相涵和道器相须互成的主张之中。在太极论中，张栻以太极为体，以二气五行万物为用，他认为：一方面，太极固有能动创生性，必产生二气五行万物，而二气五行万物皆以太极为本原，且各都完整地涵具太极；另一方面，二气五行万物即太极作用流行之表现，太极就体现并内在于二气五行万物之中。由此，太极之体与二气五行万物之用必相涵互摄、一体不离。在道器论中，张栻以形而上之道为体，以形而下之器为用，他主张：一方面，器必须以道为其存在与运行的根据和法则，如此方成其为器；另一方面，道必须通过器来显现与坐实，且道就存在于器之中。因而道器之间必相依互成、一体不二。

可见，湖湘学派的性气论与道物论也渗透着“体用相须”的思想。只不过此中的“体用相须”已触及形上与形下的关系，颇为强调形上本体与形下事物相倚互涵、相即互摄的辩证统一性。具体而言，“体”为本体，“用”为本体的作用和表现，二者之关系为：用以体为本，体即表现并存在于用之中；体必是有用之体，用必是有体之用，体用相依、一体无间；体中涵用，用中涵体，体用相涵互摄、相融互通；体为用本、用依体立，体由用显、体即在用，体用相倚互成、一体无间；体是一，用是多，一多圆融，体用不二。这就显明了体用之间相互统一、相互作用、相互成就的辩证关系。湖湘学派既以体为本，又注重发明体在用中、体不离用之义，并将“理一分殊”的思想融入其中，从而使其体用思想充满了辩证色彩。正因湖湘学派在以体为本的前提下，又十分注重体用之间的平衡统一与互动融通，所以令其体用思想明显具有强调体用互成和贵体重用的特点。

第四章　湖湘学派体用思想在心性论方面的展开

天道性命相贯通是宋明儒的基本共识，胡宏所谓“天人不二”“天道与人事本于一理”，张栻将太极与心性、天命与仁心等互诠互释，[①] 即是在发明此义。既然天道与人道、天道与心性内在相通，那么湖湘学派在天道论中所秉持的体用观念亦必然贯通于其人道论、心性论。而这主要体现在其性体心用相须的心性观、性体情用相须的性情观、心体身用相须的身心观、心体迹用相须的心迹观、仁体义用相须的仁义观、理体义用相须的理义观、道体事用相须的道事观、中体和用相须的中和观、中体时中相须的中道观以及“天理人欲同体异用”的理欲观等多个方面。对此，下文将按照从人道之体用的总说到性之体用与心之体用的分说来展开论述。

第一节　人道之体用：性与心、仁与义、中与和

在宋明儒学中，心性论显然是人道论的核心内容，而在天道与人道相

① 张栻说：“太极性也。惟圣人能尽其性，太极之所以立也。人虽具太极，然沦胥陷溺之，则谓之太极不立，可也。”（张栻：《新刊南轩先生文集》卷31《答周允升》，《张栻集》（四），中华书局2015年版，第1234页。）“太极之动，发见周流，备乎己也。然则心体不既广大矣乎？道义完具，事事物物无不该、无不遍者也。”（张栻：《新刊南轩先生文集》卷11《扩斋记》，《张栻集》（三），中华书局2015年版，第934页。）“理之自然，谓之天命，于人为性，主于性为心。天也，性也，心也，所取则异，而体则同。”（张栻：《南轩先生孟子说》卷6，《张栻集》（二），中华书局2015年版，第585页。）这些都蕴含着天道性命相贯通之意。所谓“天道性命相贯通”，是指天道是人之道德心性的终极根源和超越根据，而人之道德心性即天道在人的体现与落实，天道与心性贯通一如。

贯的义理脉络下，湖湘学派既以“体用相须，贵体重用”的理念揭明天道论之内蕴，则同样以此观念掘发人道论之意涵。这主要体现在其分别以性与心、仁与义、中与和为人道之体用，并对体用之间的互动关系、体用双方的地位和作用皆予以充分肯认。

一 “性”为道之体而“心”为道之用

“性”为道之体、“心”为道之用，是由胡宏明确提出的主张。同时他主张性动即心、心以成性，所以心性相涵为一、体用相即互摄。此中蕴含的“体用相须”义纯就形上本体自身的意涵与特征（即体即用）而言，相对于一般所谓跨越形上与形下两层的体用义，这无疑是一种独特的体用说。

“性体心用”既是胡宏心性论的重要主张，也是其体用思想的独到之处。在“性体心用”说中，胡宏以道之体论性、以道之用论心，并主张性之动即心。这正是其“体用合一”思想在处理心性关系问题时的具体运用和贯彻落实。由于在胡宏的心性论中，“心”“性”主要指形上本体，心体即是性体，所以内含于“性体心用”说的体用思想必有其独特的意蕴。①

胡宏以体用观念论心性主要见于这段文本：“天地，圣人之父母；圣人，天地之子也。有父母则有子矣，有子则有父母矣，此万物之所以著见、道之所以名也。非圣人能名道也，有是道则有是名也。圣人指明其体曰性，指明其用曰心。性不能不动，动则心矣。圣人传心，教天下以仁也。”② 由此可知，他并非直接以性为体、以心为用，而是本于道之体用来论心性，并以体用对举、心性并说的方式展开。名实统一是胡宏一贯坚持

---

① 关于胡宏的心性论，目前学界已有不少研究成果。这方面可参见牟宗三《心体与性体》第2册，台北正中书局1968年版，第436—512页；唐君毅《中国哲学原论·原性篇》，中国社会科学出版社2005年版，第357—360、367—370、374—379页；王开府《胡五峰的心学》，台湾学生书局1978年版，第43—68、85—124页；向世陵《善恶之上：胡宏·性学·理学》，中国广播电视出版社2000年版，第127—147页；张琴《胡宏“知言”哲学研究》，浙江大学出版社2018年版，第78—177页；曾亦《湖湘学派研究》，商务印书馆2021年版，第25—137页。本书是在前人研究的基础上，着重考察蕴含于胡宏心性论中的体用思想。

② 胡宏：《知言》，《胡宏集》，中华书局1987年版，第336页。

的原则，正如他所说："名者，实之表著也。"[①]"有实，而后有名者也。实如是，故名如是。"[②] 因此，有道之名则必当有相应的道之实。而道之实是由体用两方面的内容或意涵共同构成的，其中道之体为性，道之用为心，唯有体用合一或性心合一才是道之所以为道之实。[③] 由此足以表明，性与心、体与用是一体不分的。这种一体性就反映在："性不能不动，动则心矣。"所谓"性不能不动"，是说性本身即具有生生不已的活动性，它必然能动，且无时不在动，并不存在不动之性；而"动则心矣"是指性之动即心，或者说，性体的活动作用落实在心处，由心来体现。这就意味着，心即性体的活动性，乃性之所以为性之实，而并非性外之一物。

既然性体生生不已的实质在心，那么可以说心即是性，心、性都是指形上本体。[④]"圣人传心，教人下以仁也"一语，即是以"仁"为心的实质，由此也可以确证，"心"是指本体意义上的心即道德本心。可见，性之实在心，心之实在仁，心、性、仁融为一体，心即性即仁。这就意味着，我们不能僵化地看待心性之间的体用关系，即不可固执地认为性只是道之体而非道之用、心只是道之用而非道之体。实则，心与性都是有用之

---

① 胡宏：《与曾吉甫书三首》，《胡宏集》，中华书局 1987 年版，第 116 页。

② 胡宏：《知言·汉文》，《胡宏集》，中华书局 1987 年版，第 43 页。

③ 牟宗三认为："依五峰，并非性为体，心为用。心性俱是体。就道之用说心（'指明其用曰心'），或就性之动说心（'性不能不动，动则心矣'），皆是就道体或性体之'活动'义说心。此活动义是道体或性体之一本质，故就此说心，亦即是体也。故并非性是体，心为用。此心性义非可以体用说。"（牟宗三：《心体与性体》第 2 册，台北正中书局 1968 年版，第 491 页。）林家民则指出："五峰说：'圣人指明其体曰性，指明其用曰心'，明明是以心性分体用，心是用，性是体；心性俱是'创造实体'，是合'体用'乃成其为创造实体。"（林家民：《论胡五峰之"天理人欲同体而异用"》，《鹅湖学志》1989 年第 3 期。）王开府表示："心性分体用，在五峰的思想中，还是一种分析式的说法。'人性为心'，就人来说，性即是心，心即是性。即体即用，即用即体，体用不二。心显现性，事实上是性的自体呈现而为心。性的自体呈现而自觉地对其自己，就是心。所以五峰的思想，终归要说心性不二义。"（王开府：《胡五峰的心学》，台湾学生书局 1978 年版，第 115 页。）曾亦主张："五峰言'性体心用'，故性即是体，心即是用，然心即是性，故'心即性'实已涵有'体用不二'之义。"（曾亦：《湖湘学派研究》，商务印书馆 2021 年版，第 110 页。）笔者认为，胡宏"性体心用"说中的"体""用"仍可视作一对概念，只是有其特定意涵，须加以清晰界定，不可混同于一般所谓本体与现象意义上的"体用"范畴。

④ 牟宗三指出："'性不能不动，动则心矣'。此动是就性体之为'即活动即存有'之'活动'义说，不是激发起之动，更不是气之动静之动。故不就此'活动'义说情说欲，而说心。就此活动义说心，此心是形而上的本心……心性俱是形而上者，只是一个'即活动即存有'之创造实体。"（牟宗三：《心体与性体》第 2 册，台北正中书局 1968 年版，第 488—489 页。）

体，皆为有体之用，乃是即体即用、即用即体之体。① 胡宏既以道之体为性、以道之用为心，又主张心即性，那么道之体与道之用必然相融为一。在这里，“体”指本体自身（自体、当体），“用”指本体生生不已之功用即本体自身的活动性，两者相涵互摄、为一不二：体是用之体，用是体之用；体不能不动，体之动即是用，用之所在便是体；体中涵用，用处见体；体即在用，用即为体；即体即用，即用即体；体即是用，用即是体。

既然性体与心用本来为一，那么胡宏为何又将体用对举、心性对说呢？这一方面是为了凸显本体生生不已的活动性，表明体是具体、真实之体；同时在于强调体之实就在其用，即性体的活动性必由心来体现、落实。② 尽管体用之间、心性之间并无实质性的差异，但其间仍存在一定的分际，必有其不同的意义。这一点从体用对举、心性对说的方式中就可以看出。胡宏视性为道之体、心为道之用，本身即肯定了体和用、性和心的分别。正是在此基础上，胡宏通过“性不能不动，动即心矣”来讲体用为一、心性为一，便彰显出性体与心用为一的真实意涵及二者之所以为一的根本缘由。既然如此，那就有必要辨明“体”与“用”、“性”与“心”的义理分别。胡宏云：“‘心’‘性’固是名，然名者实之表著也。义各不同，故名亦异，难直混为一事也。”③ 在他看来，名是实的体现和表征，既然“心”“性”之名不同，那么“心”“性”之实亦必有异，不可混为一

---

① 苏子敬表示：“此处牟先生既肯认就道之‘用’或性之‘动’说心即是就道体或性体之‘活动’说心，则‘用’当即相当于‘活动’的意义。而活动既是存有之活动，用既是体之用，如是既可言‘即活动即存有’、‘即存有即活动’，复可言‘即用即体’、‘即体即用’。故若云‘心性俱是体’，自亦可云‘心性俱是用’；同样的，若云‘心性俱活动’，自亦可云‘心性俱存有’也。在此义下，‘体’与‘用’之间的立言分际，当犹如‘存有’与‘活动’之间的立言分际也，故云‘指名其体曰性，指名其用曰心’自算切当，但若云‘性是体，心为用’则在立言上虽不谬，但若将之看死了，执死了，则又起误解矣。是则，若顺此说下来，此处牟先生所云‘并非性是体，心为用。此心性义非可以体用说’便可以解作：从实处看，性既是体亦是用，心既是用亦是体，不可截然将‘体’划属于‘性’，将‘用’划归于‘心’。”（苏子敬：《胡五峰〈知言〉哲学课题之研究——以“内圣外王”概念展开之》，台湾新北花木兰文化出版社 2009 年版，第 64 页。）王立新也指出：“五峰论心性，并没有将‘心’单纯地作‘用’处理……在五峰的‘性本论’哲学体系中，‘心’虽是显性者，但亦如性一样，皆是体。‘心’首先是‘体’，与‘性’同一，然后才是‘用’，从性中流出而以显‘性’为功。”（王立新：《从胡文定到王船山——理学在湖南地区的奠立与开展》，中国社会科学出版社 2014 年版，第 294 页。）

② 牟宗三认为：“心性是一，对言者为明心之‘形著之用’，亦为明性为‘具体而真实’之性。”（牟宗三：《心体与性体》第 2 册，台北正中书局 1968 年版，第 489 页。）

③ 胡宏：《与曾吉甫书三首》，《胡宏集》，中华书局 1987 年版，第 116 页。

谈。由此他指出："'心性'二字，乃道义渊源，当明辨不失毫厘，然后有所持循矣。"[①] 这就是强调，必须精微地辨析"心""性"的区分，确切地把握各自的真实意涵，如此才能真正有所持循。那么对于胡宏来说，"性"与"心"、"体"与"用"之意涵究竟有何差异？以这种差异为前提的心性合一、体用合一观念又应当如何理解？这显然需要回到胡宏有关心性、体用的论说中去索解。

（一）性：道之体

胡宏论"性"，着力阐发其创生性、超越性、绝对性、普遍性、客观性和秩序性，以充分彰显其作为本体的意义。这从以下几点即可体现出：

其一，性为天下之大本。胡宏所谓"性立天下之有""万物生于性者""性，其气之本乎""性，天下之大本也""性也者，天地之所以立也"，无不是在强调"性"之本体义。当然，"性"既是天道本体，也是人道大本。既然如此，那么它就当具有创生性、超越性、绝对性、普遍性、客观性与秩序性。

其二，性之道在于"中"。《礼记·中庸》曰："中也者，天下之大本也。"胡宏充分吸收了这一观点，以此来阐发"性"的本体意涵。他说："中，天性。"[②] 又说："中者，道之体。"[③] 这是直接从本体的意义上论中、论性。另外，他还把"中"看作性体的根本特征，以此凸显性体的超越意涵。所谓"中者，性之道乎"[④]，就是将"中"视为性之所以为性的本质特征。胡宏认为，"中"具有不偏不倚、无过不及、究极完满之义。他以"中"论性，也就是要彰显"性"作为本体的超越性。这种超越性首先就体现在，"性"是一切存在物之所以存在的根据，宇宙中的万事万物都以性为本，都禀有此性，无一例外，也不容例外。正因为以"中"为性的根本特征，所以胡宏主张"未发只可言性"[⑤]。在他看来，喜怒哀乐之情未发之时，"圣人与众生同一性"[⑥]，"冲漠无朕，同此大本，虽庸与圣，无以异

① 胡宏：《与曾吉甫书三首》，《胡宏集》，中华书局 1987 年版，第 115 页。
② 胡宏：《知言·汉文》，《胡宏集》，中华书局 1987 年版，第 41 页。
③ 胡宏：《知言·往来》，《胡宏集》，中华书局 1987 年版，第 14 页。
④ 胡宏：《知言·天命》，《胡宏集》，中华书局 1987 年版，第 1 页。
⑤ 胡宏：《与曾吉甫书三首》，《胡宏集》，中华书局 1987 年版，第 115 页。
⑥ 胡宏：《与曾吉甫书三首》，《胡宏集》，中华书局 1987 年版，第 115 页。

也”[①]。只有在喜怒哀乐之情已发之后，才能体现出圣人与众生的差别：圣人能尽其性，故而“感物而静”，即在应物处事之际能够顺性而为，可持守其本心善性不失；众人不能尽其性，故而“感物而动”，即应物处事之时往往易受事物的牵制和干扰，不能循顺其本心善性作为。[②] 在此，喜怒哀乐未发之时圣人与众生同一性和已发之后圣人与众生出现尽性与不尽性之别正好形成对比，这种对比既表明工夫实践的重要性，也在一定程度上彰显了性体的超越性。圣人与众生本来即具有此性，无论未发已发、尽性不尽性，性体都是恒常遍在的，并不会受到经验现实的任何影响。由此即可体现出“性”作为天地万物、人间万事共有之大本的超越性。

其三，性超善恶。依胡宏之见，“性”既然是宇宙万有之本，具有超越性、绝对性，那就不能用作为一切经验事实之价值判断的指谓谓词（如是非、善恶）来论说。他说：“性也者，天地鬼神之奥也，善不足以言之，况恶乎?”“而世儒乃以善恶言性，邈乎辽哉!”[③] 在他看来，“性”是天地间万事万物的本原，不可用通常所说的“善恶”来规定。世儒以“善恶”规定“性”，便远远地偏离了“性”的本义。“善恶”之所以不足以言“性”，是因为一般所说的“善恶”是就具体的事或性体之表现而言，是对经验事实所做的价值判断，具有相对性。但性体并非形而下的经验事物，而是一切事物的来源，是价值判断的绝对标准，具有终极性、绝对性。[④] 既然“性”不能以“善恶”言说，那么孟子的性善论又该如何解释？胡宏引述胡安国之语云：“孟子道性善云者，叹美之辞也，不与恶对。”[⑤] 他认为，孟子所说的“性善”之“善”并不是与“恶”相对而言的“善”，即并非用于判断经验事实之价值的指谓谓词，而是用于赞叹性体本身绝对至善的“叹美之辞”。胡宏虽反对以“善恶”言性，但并非认为性体只是中性的（即无善无恶或无任何价值意味），而是要凸显性体的超越性、终极性、绝对性。对他而言，“性”为宇宙万有之本原，一切存在和价值都根

---

① 胡宏：《与曾吉甫书三首》，《胡宏集》，中华书局 1987 年版，第 116 页

② 参见胡宏《与曾吉甫书三首》，《胡宏集》，中华书局 1987 年版，第 115—116 页。

③ 胡宏：《知言》，《胡宏集》，中华书局 1987 年版，第 333、334 页。

④ 参见牟宗三《心体与性体》第 2 册，台北正中书局 1968 年版，第 461—468、471—474 页。

⑤ 胡宏：《知言》，《胡宏集》，中华书局 1987 年版，第 333 页。

源于此。

其四，性具万理。胡宏认为，“性”作为宇宙本体，具有普遍性和整全性，无所不包、无所不贯。他说：“大哉性乎！万理具焉，天地由此而立矣。世儒之言性者，类指一理而言之尔，未有见天命之全体者也。”① 在他看来，性体乃备具万理、统摄万有的大全体，天地万物皆由此产生。这里的“理”并非本体意义上的“理”，而是指一事一物存在及运行的具体法则。性体是宇宙万有之根本法则，一切具体法则皆根源于此，皆由此所决定、统摄，因而是备具万理于一体。世儒仅仅从具体的一事一物之理上把握性体，乃是一偏之见，并未体认到性之全体。胡宏曰：“天命之谓性，流行发见于日用之间。患在学道者未见全体，窥见一斑半点而执认己意，以为至诚之道。”② 他表示，性体普遍地存在于天地万物、人伦日用之中，一般学道者不明性体之大全，往往略有所见就以为是至诚之道。这也是在强调性体无所不在、无所不有的普遍性和整全性。当然，若从性体作为万事万物存在及运行的根本法则的意义上来说，这也可以体现出性体所含的秩序性。正因为性体本身就是宇宙秩序、宇宙法则，所以才能使天地万物各行其道、各安其位、各正性命。胡宏云：“心穷其理，则可与言性矣。”③ 由此可表明性体必含理则之义、秩序之义。

从以上四点来看，胡宏论“性”，主要是从天道、天命即宇宙本体的意义上来说的，且着重突出其超越义、绝对义、普遍义、客观义和秩序义，而这也是他之所以将“性”视为道之体的根本缘由所在。当然，作为宇宙本体的“性”同时涵盖了天道与人道两个层面。

（二）心：道之用

胡宏一方面凸显性体的超越义，同时又强调心体的重要性。他说：“万事不论惟论心。”④ 又说：“圣门事业无多子，守此心为第一门。”⑤ 这就充分肯定了“心”在儒学中的关键性地位，由此足见胡宏对于“心”的重视。在他看来，超越之性体的意义于人必须通过内在道德本心的活动作

① 胡宏：《知言·一气》，《胡宏集》，中华书局 1987 年版，第 28 页。
② 胡宏：《知言·复义》，《胡宏集》，中华书局 1987 年版，第 39 页。
③ 胡宏：《知言·纷华》，《胡宏集》，中华书局 1987 年版，第 26 页。
④ 胡宏：《绝句二首》，《胡宏集》，中华书局 1987 年版，第 72 页。
⑤ 胡宏：《赠人》，《胡宏集》，中华书局 1987 年版，第 72 页。

用才能得到体现和落实。于是胡宏论“心”，着力阐发其道德性、主宰性和能动性，以充分彰显其作为道德本心的意义。这可以通过以下三点来说明：

第一，心之道在于“仁”。胡宏继承了孟子的心性思想，以“心”为人皆固有的道德本心。他认为，心的实质为仁，仁即是心之仁，心即是仁之心。胡宏曰：“仁者，心之道乎！”① 在他看来，仁是心的本质意涵，是心之所以为心者。这就意味着，心即是仁心，心体即是仁体。胡宏还说：“仁，人心也。”②“何谓仁？心也。”③ 在此，仁与心互诠互释、互相发明。这也就是将“心”视为纯粹至善的道德本心。对胡宏而言，“人有不仁，心无不仁”④，即现实当中虽然存在不仁之人，但不可能有不仁之心，人之本心始终是纯粹至善的。这即是在凸显心体所固有的道德性。不仅如此，他还强调，此仁心善性是每一个人都本来就具有的。他说：“人皆有良心，故被之以桀、纣之名，虽匹夫不受也。”⑤“此心本于天性，不可磨灭，妙道精义具在于是。”⑥ 人人都具有仁心，此心本于天性，乃人之所固有者，恒常遍在而不可磨灭。这就指明了仁心的普遍性和超越性。可见，胡宏主要从道德本心的意义上论“心”，认为“心”即人皆本有的仁心，内在具足道德意涵，是一切价值和意义的根源。

第二，心宰万事万物。胡宏论“心”，尤为强调“心”的主宰作用，对“心”之主宰义多有阐发，这也是其心论颇为重要的一点。胡宏说：“心也者，知天地，宰万物，以成性者也。”⑦ 他认为，“心”是能够主宰天地万物从而充分地彰显和实现性体之意义者，即“心”通过对天地万物之主宰大用的发挥，可以挺立作为天下大本的性体。依胡宏之见，“性”作为宇宙本原，是万事万物存在与运行的根本法则，一切事物都由之所统摄和主宰。同时他主张，“性”的本体意义于人须通过心的主宰作用来体现和落实。这就凸显了“心”的重要地位和价值。胡宏反复强调“心”的

---

① 胡宏：《知言·天命》，《胡宏集》，中华书局1987年版，第1页。
② 胡宏：《论语指南》，《胡宏集》，中华书局1987年版，第315页。
③ 胡宏：《上光尧皇帝书》，《胡宏集》，中华书局1987年版，第83页。
④ 胡宏：《论语指南》，《胡宏集》，中华书局1987年版，第311页。
⑤ 胡宏：《知言·仲尼》，《胡宏集》，中华书局1987年版，第16页。
⑥ 胡宏：《与原仲兄书二首》，《胡宏集》，中华书局1987年版，第120—121页。
⑦ 胡宏：《知言》，《胡宏集》，中华书局1987年版，第328页。

主宰性，如他说："宰物而不死者，心之谓欤！"①"万物生于天，万事宰于心。"②"盖良心者，充于一身，通于天地，宰制万物，统摄亿兆之本也。"③这都是在彰明"心"对于万事万物的主宰作用。而"心"之所以能主宰万事万物，乃因为它是具有绝对性、普遍性、恒常性的道德本心，它本身就是事物存在与运行的根本法则，能够自主自律、自觉自理，从而应事接物无不合宜得当。胡宏云："此心宰制万物，象不能滞，形不能婴，名不能荣辱，利不能穷通，幽赞于鬼神，明行乎礼乐，经纶天下，充周咸遍，日新无息。虽先圣作乎无始，而后圣作乎无穷，本无二性，又岂有阴阳寒暑之累，死生古今之间哉！是故学为圣人者，必务识心之体焉。识其体矣，不息所以为人也。"④在他看来，心体恒常遍在、生生不息，是天地之间万事万物的主宰者和统御者，能够治理并成就天下一切事物，却不受任何事物的影响。这一主宰之"心"正是人之所以为人之本，人人皆固有此心，只是往往不自知、不自觉而已。于是，要挺立人之根本、实现人之德性，就应当显明此心以充分发挥其主事宰物之大用。由此足见胡宏对于心体之主宰性的重视。

第三，心体生生不穷。人皆固有的道德本心具有主宰天地万物之大用，从而也就获得了本体的意义。这从胡宏对心体之创生义的大力发明中亦可体现。他说："天地之心，生生不穷者也。必有春秋冬夏之节、风雨霜露之变，然后生物之功遂。"⑤这是直接从本体的意义上论"心"，指明心体生生不息，具有不已的能动创造性。另外，胡宏强调通过体察乾道之健行不息来把握"心"的本质，也能表明他颇为重视"心"的能动性、创生性。他说："欲识心之性情，察诸乾行而已矣。"⑥"欲识心者，必先识乾。乾者，天之性情也。"⑦在他看来，要明晓心之所以为心者，就应当察识乾道之性情。而"乾元统天，健而无息"，正是乾道之性情所在，胡宏

① 胡宏：《知言·一气》，《胡宏集》，中华书局 1987 年版，第 28 页。
② 胡宏：《知言·修身》，《胡宏集》，中华书局 1987 年版，第 6 页。
③ 胡宏：《上光尧皇帝书》，《胡宏集》，中华书局 1987 年版，第 83 页。
④ 胡宏：《不息斋记》，《胡宏集》，中华书局 1987 年版，第 155 页。
⑤ 胡宏：《知言·修身》，《胡宏集》，中华书局 1987 年版，第 6 页。
⑥ 胡宏：《知言·复义》，《胡宏集》，中华书局 1987 年版，第 38 页。
⑦ 胡宏：《知言·汉文》，《胡宏集》，中华书局 1987 年版，第 41 页。

认为“察乎是，则天心可识矣”。[①] 这种通过对乾道的体察来明识心体的做法，是以肯定心体和乾道的内容与意义具有根本相通性作为前提的。唯有二者内在一致，才可能经由一方去把握另一方的实质。由此，乾道之生生不已、流行不息，即意味着心体必具有不已的能动创造性。从宇宙本体的意义上来说，这种创造性体现在本体不已地进行宇宙生化，从而产生天地万物；从道德本心的意义上来说，这种创造性体现在本体不已地进行道德创造，从而成就道德实践。胡宏之所以着力发明心体的创生义，主要在于凸显心体自动自发、自主自律、自觉自理的活动性。

显然，胡宏论“心”，主要是从道德本心的意义上着眼，重在突出其道德义、主宰义和能动义。他在“性体心用”说中将“心”视为道之用，正是为了凸显本体的活动性、创造性。当然，胡宏也有从经验的意义上论“心”，但这并非其心论的重点所在。

由上可知，在胡宏的心性论中，心和性都主要是从本体的意义上来说的，二者并无实质性的差异。它们的分别主要在于：“性”侧重从天道的层面立意，“心”着重从人生的层面立意；“性”主要就超越的宇宙本体而言，“心”主要就内在的道德本心而言；“性”偏重于理则义、秩序义，“心”偏重于活动义、创生义；“性”侧重于本体的客观必然性方面，“心”侧重于主体的能动性方面。就此而言，“心性合一”或“体用合一”之道应具有如下意涵：道体贯通天人，必是天人合一之道；[②] 道体既具有超越性，又具有内在性；道体既是宇宙生化之本，又是道德创造之本；道体不仅具足理则、秩序，而且能够活动、创生；道体乃是主客圆融之道体。由此，胡宏“性体心用”说中的“体用合一”具有“天人合一”“秩序性与创生性合一”等意涵。所谓“天人合一”，是指天道性命相贯通，即作为超越之宇宙本体的“性”是人之内在道德本心的终极根源，而人之道德本心乃天道、性体在人生的体现与落实。这正如胡宏所说：“天命为

① 参见胡宏《知言·复义》，《胡宏集》，中华书局 1987 年版，第 38 页。

② 黄台玹认为：“胡宏主张性本论，以性为其根据，但不偏于心性的一方，一方面明确区分心性的固有意义（‘性体心用’），另一方面又强调其根源的合一性……这种心性的合一，在胡宏的哲学体系里，也就是‘天人合一’。”（黄台玹：《胡五峰的心性论》，载陈来主编《早期道学话语的形成与演变》，安徽教育出版社 2007 年版，第 181 页。）实则，胡宏重视心与性的分别，正是为了更好地彰明“心性合一”的真实意涵。

性，人性为心。”① “性，天命也。命，人心也。”② 就此而言，形上本体乃宇宙生化与道德创造合一之体。所谓“秩序性与创生性合一”，是指本体自身既是法则、秩序，又具有能动性、创生性，乃是即体即用、即用即体之体。

当然，这里所说的“体用合一”是就形上本体自身的内涵与特征而言的。此“合一”由本体所固有的原始统一性所决定，必为根源意义上的合一，即本来就是一体，而本体也只能唯一，不能有二。既然如此，那么所谓道体、性体、心体就都指同一本体，只是各自的具体意涵有所不同。由此，我们便不能僵化地去理解胡宏的“性体心用”说，以为性只是道之体而心只为道之用。从胡宏的整个理学来看，实则“道”“性”“心”都是体用合一之体。因为“合体与用，斯为道”乃胡宏一以贯之的理念。他之所以倡导“性体心用”说，主要是为了：第一，发明天人合一即天道性命相贯通之义；第二，凸显本体的活动性、创造性；第三，强调性体的意义于人须通过道德本心的活动作用来彰显、落实。

（三）性动即心、心以成性：体用合一

在心性关系上，胡宏的基本主张为“心即性”，这具体是通过其“性动即心”“心以成性”等观念来阐明的。由此即可明晓性体与心用之间的原始统一关系及“体用合一”的确切意涵。③

一者，性动即心。胡宏曰：“性不能不动，动则心矣。”这就是说，性必然能动，其动就是心。“不能不动”表明性体生生不已，必具有活动性。此不已的活动性便是性之所以为性者，也就是说，性体的实质就在于其生生不已之动。“动则心矣”则是指，性体生生不已之活动即心，或者说彰显、体现于心。这就意味着，心即是性体固有的活动作用，是性体的实质所在。④ 对于心性之间的这种关系，胡宏通过水与水之就下的关系加以类

---

① 胡宏：《知言·天命》，《胡宏集》，中华书局 1987 年版，第 4 页。

② 胡宏：《知言·修身》，《胡宏集》，中华书局 1987 年版，第 6 页。

③ 上文着重从道与心性或体用的关系入手，通过对胡宏心性论中“心”“性”之内涵与特征的分析，来考察心性之间的义理分别，再据此把握其“性体心用”说中“体用合一”之道的确切意涵。本部分则主要围绕性与心或体与用的关系问题，通过对胡宏心性论中“心”“性”之关系的考察，来显明其“性体心用”说中“体用合一”的真实意蕴。

④ 曾亦指出：“五峰‘性体心用’之说很容易让人误解，似乎是说先有一个不动的性，然后发之于外而为心。其实不然，五峰只是说‘性不能不动，动则心矣’，所谓‘性不能不动’，不是说那个本来不动的性必然要发之于外，而是说性即是动，不可能有不动的性，一说性便是动了，此即心之所在。”（曾亦：《湖湘学派研究》，商务印书馆 2021 年版，第 112 页。）

比。他说："性譬诸水乎，则心犹水之下……。"① 水自然能向下流动，向下流动是水的本性所在。将"性"比为水，将"心"比作水之就下，一方面表明性必定具有能动性，不可能有不动之性；另一方面则表明心就是性内在具有的能动创造作用，就是性的生生不已之动。正因为性之所以为性之实即在心，所以胡宏表示："心由天造方成性"② "此心本于天性，不可磨灭"③。可见，性与心的关系也就是性与其自身之活动作用的关系。因为性必具有活动性，无动即不成性，所以性必涵心；又因动必是性之动，无性便无动，所以心必涵性。于是，性之外无心，心之外无性，心性本为一体。易言之，心即是性，性即是心。这就是由"性之所以为性者在于动，而动即是心"来发明"心即性"之义。胡宏之所以主张"性动即心"，既是为了表明性体必具有活动性，也在于强调性体的活动性必由心来显明、坐实。

二者，心以成性。性之所以为性者在于生生不已，而生生不已之动即心，由此即可通过心来呈现性体。胡宏说："性，天下之大本也。尧、舜、禹、汤、文王、仲尼六君子先后相诏，必曰心而不曰性，何也？曰：心也者，知天地，宰万物，以成性者也。六君子，尽心者也，故能立天下之大本。"④ 既然"性"是天下一切事物存在与运化的根本，那么为何尧、舜、禹、汤、文王、孔子六位圣人先后相传，却必言心而不言性呢？在他看来，这是因为心具有主宰天地万物之大用，唯有通过本心的活动作用，才能真正彰显、呈现性体。这显然是在强调心体的重要性。心体之所以重要，就在于它是主宰天地万物的"成性者"，通过其能动作用可将性体从客观潜存的状态具体真实地呈现出来。⑤ 而心之所以能"成性"，是因为心即性体之创生活动，心、性本来为一。若无心，即无生生不已之动，则性

① 胡宏：《知言·往来》，《胡宏集》，中华书局 1987 年版，第 13 页。

② 胡宏：《次刘子驹韵》，《胡宏集》，中华书局 1987 年版，第 72 页。

③ 胡宏：《与原仲兄书二首》，《胡宏集》，中华书局 1987 年版，第 120 页。

④ 胡宏：《知言》，《胡宏集》，中华书局 1987 年版，第 328 页。

⑤ 牟宗三表示："'成性'是形著之成，非'本无今有'之成。即因心之形著而使性成其为真实而具体之性也。性至此，始真成其为性。'六君子尽心者也，故能立天下之大本'。此'立'亦是形著之立，非'本无今有'之立。此言惟因'尽心'，始能使作为'天下之大本'之性得其具体化与真实化，彰显而挺立，以真成其为'天下之大本'也。"（牟宗三：《心体与性体》第 2 册，台北正中书局 1968 年版，第 447 页。）

体便无从体现、落实，而只是一客观潜存者。这就意味着，性体必须由其生生不已之动（心）来开显。因此，胡宏曰：“夫性无不体者，心也。”①“性之流行，心为之主。”② 这就是说，性体生生不已之活动见之于心，或者说由心来表现、坐实。这里的“体”“主”即“成性”之“成”义，都是就心对于性体的彰显、实现而言，亦即使性体由隐至显、由潜存状态到具体真实的呈现。

既然性由心成，那么成性立本的工夫就应当在“心”上做，其关键即在于能否尽心。胡宏云：“天命之谓性。王者受命于天，宰制天下。其所以祭天地者，尽其心以成吾性耳。”③ 从工夫修养的角度来说，“尽其心”指充分地体现或扩充人之道德本心，这是“成吾性”的过程与道路；“成吾性”指开显、实现人之道德本性，这是“尽其心”的结果和目的。当然，“尽其心”也可以从工夫修养的最终结果或境界上来理解，就此而言，“尽其心”即意味着“成吾性”。

胡宏力主“心以成性”“尽心以成性”，可见其颇为强调“心”的重要性。他之所以如此重视“心”，主要是为了在现实生活中切实地挺立、开显人之道德本性，从而真正实现其宰制情欲和治理事物之大用。他说：“气主乎性，性主乎心。心纯，则性定而气正。气正，则动而不差。动而有差者，心未纯也。”④ 他认为，气由性主宰，即气之动须由性来范导、调节，唯有通过性之主宰，气之动方能合理得当。由于性之能动作用是由心来体现、落实（性主乎心），所以性对于气的主宰实际上是通过心来完成的。于是，气之动能否得到有效的规范和指引，关键就在于本心是否能呈现、发用。若本心彰显无遗，则性定而气正；若本心被陷溺或遮蔽，则性不定而气动有差。可见，唯有本心开显从而挺立本性，才能真正主宰情气的流动，以至于人的一切行为都能合理得当。

胡宏虽极力凸显“心”的重要性，但并未因此轻忽“性”的地位和作用。对他而言，心性本来为一，所以重心即必重性，重性亦必重心。只不过在他看来，心性之间毕竟存在一定的义理分别，必须明辨清楚，才能真

① 胡宏：《知言·仲尼》，《胡宏集》，中华书局 1987 年版，第 16 页。
② 胡宏：《知言·事物》，《胡宏集》，中华书局 1987 年版，第 22 页。
③ 胡宏：《皇王大纪论·周礼礼乐》，《胡宏集》，中华书局 1987 年版，第 253 页。
④ 胡宏：《知言·仲尼》，《胡宏集》，中华书局 1987 年版，第 16 页。

正通晓心性为一的真实意涵。心性之所以为一，就在于二者相互发明、相互作用、相互成就。胡宏说："事物属于性，君子不谓之性也，必有心焉，而后能治；裁制属诸心，君子不谓之心也，必有性焉，然后能存。"① 在他看来，心性之间相涵互摄、相依互成、相辅互补。一方面，事物虽以性为本，由性所统摄、主宰，但必须通过心才能得到治理。因为性体之活动作用须由心来彰显，若无心，则性体之活动作用便无从实现，事物就无法得以治理。另一方面，裁制事物之作用虽归属于心，但必须有性，心之能动主宰作用方可生发并能持续不已。因为性体是心的终极根源和超越根据，若无性，则心之能动主宰作用便无根无本。这就意味着，性必涵心，心必摄性，心与性相互涵摄、一体不分。所谓"心纯，则性定""性定，则心宰"②，即可体现出心性之间相互作用、相互影响、相互决定的一体关系。当然，这里的心性一体并不是说心、性作为相对待的两物具有统一性，而是说心即性、性即心，心、性在根源上是统一的，二者本为一体。

显然，性与心的关系在此也就是形上本体与其自身之活动作用的关系。一方面，活动作用由本体所发，是本体自身的活动作用，若无本体，则不存在其活动作用；另一方面，本体须通过其活动作用来显明自身，活动作用就是本体之所在，若无活动作用，则本体无从显现与坐实，也就无所谓本体了。因此，本体必是活动作用之本体，而活动作用也必是有本有体之活动作用，二者必然同时具足、一体共在。由于性为道之体、心为道之用，所以这种心性关系蕴含的体用关系便是：用以体为本，无体即无用；体由用而显，无用即无体；体必是有用之体，用必是有体之用；体中涵用，用中涵体，体用相涵相摄；体以立用，用以成体，体用互生互成。这也就是即体即用、即用即体，体用相融为一而不二。胡宏通过"性动即心""心以成性"发明"心即性"之义，不仅意味着性体必具有活动性，而且表明性体之活动性必须通过本心来显现。从体用的角度来看，这即是主张体必有用、体即在用、用以成体。由此可知胡宏颇为重视"用"。当然，他也强调心之活动作用必须端赖性体才能显发，即肯定用须以体为本，由此又体现他重"体"的一面。因此，其"性体心用"说具有注重体

① 胡宏：《知言·纷华》，《胡宏集》，中华书局 1987 年版，第 25 页。

② 胡宏：《知言·义理》，《胡宏集》，中华书局 1987 年版，第 30 页。

用之辩证统一和兼重体用的特征。

总而言之，胡宏的“性体心用”说贯穿着“体用合一”的思想。此“体用合一”具有如下意涵：其一，天人合一，即天道性命相贯通。“体”即作为超越的宇宙本体之性，“用”即人之内在道德本心。“体用合一”确指“性”是“心”的终极根源和超越根据，而“心”是“性”在人生的体现与落实。就此而言，宇宙本体与道德本心相融为一。也就是说，形上本体既是宇宙生化之体，又是道德创造之体。其二，秩序性与创生性合一。本体自身既是法则、秩序，又具有能动性、创生性，必是即体即用、即用即体之体。易言之，本体不仅有理，而且能动。其三，形上本体与其自身之活动作用合一。本体必然能活动作用，而其活动作用亦必有本有据。本体通过其活动作用来呈现，活动作用由本体而生成，本体与其活动作用必然一体不二。胡宏的心性论既注重发明性体的超越义，又颇为强调心体对于性体的彰显、呈现作用，于心性二者兼重并举。这落到其体用思想上来说，则必然表现出注重体用之双向互动及既贵体又重用的特征。

二　“仁”为道之体而“义”为道之用

仁义关系即人道之根本法则与其具体规范或具体运用之间的关系，是儒学当中颇为重要的问题。直接以体用观念把握仁义关系始见于二程的以下语录：“仲尼言仁，未尝兼义，独于《易》曰：‘立人之道曰仁与义。’而孟子言仁必以义配。盖仁者体也，义者用也，知义之为用而不外焉者，可与语道矣。”[①] 在这里，二程明确以仁为体，以义为用，并强调义的内在性，即认为义作为仁道这一根本原则的具体运用和表现，根源于人之内在道德本性，而并非外在的强制性规范。湖湘学派承继并推进了二程的仁体义用论，这主要体现于胡宏与张栻的仁义观。

（一）胡宏的仁体义用论

胡宏吸收了二程以体用论仁义的思想，主张仁为道之体、义为道之用，并由此强调二者的内在统一性以及仁道的具体运用和贯彻落实。在他看来，仁为道之体，即一切事物存在与运行的根本法则；义为道之用，即

---

① 程颢、程颐：《河南程氏遗书》卷4《二先生语四》，《二程集》，中华书局2004年版，第74页。

一切事物存在与运行的具体规范。二者内在统一而不可分割：仁是义的来源和根据，义是仁的具体运用和表现，仁和义相倚不离、一体不二。这是胡宏的“体用合一”思想在其仁义论中的贯彻与运用。

胡宏云：“道者，体用之总名。仁，其体；义，其用。合体与用，斯为道矣。‘大道废，有仁义’，老聃非知道者也。”① 在他看来，道必然有体有用、体用兼备，必然涵摄体用两面之内容，而仁即是道之体、义即是道之用。既然仁和义是道的实质内容或意涵，那么老子以为大道废弃后方有仁义道德的出现，显然是不明道。在此，胡宏强调仁义就是道体本身具有的内容或意涵，而并非外在于或背离于道。他还表示：

> 仁之为体要，义之为权衡，万物各得其所，而功与天地参焉。此道之所以为至也。②
>
> 圣人仁以为体，义以为用，与时变化，无施不可。学圣人者，以仁存心，以义处物，相时而动，亦岂必于进退哉！③

可见，胡宏以仁为道之体，以义为道之用，也就是将“仁”视为天地间万事万物存在与运行的根本法则，将“义”视为这一根本法则在不同情境、不同事物当中的具体运用和表现。这不仅揭示出仁和义的分别，而且标明了二者的内在关联。就仁义之分别而言，仁为形而上之本体，义是仁体在形下经验世界中的具体呈现；仁作为根本法则具有普遍性、统一性，义作为具体规范具有特殊性、多样性。胡宏曰：“义有定体，仁无定用。”④ 此即是说，义作为具体的原则，其来源和根据只有一个，这就是仁，而仁道是恒常不变者；仁作为根本性、普遍性的法则必具有无限丰富多样的运用和表现，此即是义，而义往往随不同情境、不同事物发生相应变化，必然存在千差万别。由此可知，仁义之间存在普遍与特殊、一与多、常与变之别。就仁义之关联而言，仁是义得以产生的根源，若无仁，则义便成无源之水、无本之木；义是仁道因时因地、因事因物而生成的具体运用和表

① 胡宏：《知言·阴阳》，《胡宏集》，中华书局 1987 年版，第 10 页。
② 胡宏：《与原仲兄书二首》，《胡宏集》，中华书局 1987 年版，第 121 页。
③ 胡宏：《上光尧皇帝书》，《胡宏集》，中华书局 1987 年版，第 82 页。
④ 胡宏：《知言·修身》，《胡宏集》，中华书局 1987 年版，第 5 页。

现，若无义，则仁便无从体现和落实。胡宏曰："义者，权之行也。仁，其审权者乎。"① 又曰："仁者，道之生也。义者，仁之质也。"② 这就是认为，义是仁这一根本原则的具体运用和具体表现，而仁是义这一具体规范的根本依据和最终判准。此即意味着，一方面，义必须以仁为本，不可离于仁；另一方面，仁必须由义来表现、落实，不可离于义。由此，仁与义必圆融一体、相即不离。

总之，在仁义论中，胡宏以仁为义之体，以义为仁之用，颇为注重仁体与义用的内在统一性。他既坚持以仁为本，主张仁是义的来源、根据；又十分重视义，认为义是仁道在事事物物当中的具体运用和表现，从而强调仁须通过义显现、落实。这样一种仁体义用说无疑也贯穿着"体用合一"的思想，同样体现出注重体用统一和贵体重用的特点。当然，此中的"体用合一"已涉及形上与形下之间的统一性，并不同于性体心用说中仅就形上本体自身而言的"体用合一"。这两种"体用合一"须加以分辨，前者是就形上本体与其具体表现（现象）之间的统一性而言，后者则主要针对形上本体与其自身之活动作用的统一性来说。二者虽然存在义理上的分别，但又是密切关联的。正因为形上本体具有生生不已的活动性，所以它必然能发用流行而有种种具体表现。这些形下表现既然根源于形上本体，是形上本体自身发用的结果，那么也就必然与形上本体一体不分。可见，形上与形下圆融不二意义上的"体用合一"最终取决于就形上本体自身而言的"体用合一"。因而后者具有本原性的地位。

（二）张栻的仁体义用说

张栻充分吸收了程颐所提出的"理一分殊"观念，主张以理一之体与分殊之用相须互济的体用观来把握仁义之关系。在他看来，"仁"作为普遍的道德法则或仁心仁道本体即是理一之体，"义"作为具体的道德规范或仁心仁道之具体表现即是分殊之用，二者相依互成、相须互济。基于仁义之间的这种相互依持关系，他主张兼重仁义二者：既坚持以"仁"为本，又充分肯定"义"对于体现和落实仁道的重要作用。张栻"体用相须"的仁义说建基于"理一分殊"的思想，故而需要首先考察其"理一分

① 胡宏：《知言·天命》，《胡宏集》，中华书局 1987 年版，第 3 页。
② 胡宏：《知言·天命》，《胡宏集》，中华书局 1987 年版，第 4 页。

殊”之论。

1. 理一分殊

“理一分殊”是贯穿于整个宋明儒学的核心观念，这一观念源远流长，而其明确提出者是程颐。① 他在《答杨时论西铭书》中云：

> 《西铭》之为书，推理以存义，扩前圣所未发，与孟子性善养气之论同功，（自注：二者亦前圣所未发。）岂墨氏之比哉？《西铭》明理一而分殊，墨氏则二本而无分。（自注：老幼及人，理一也；爱无差等，本二也。）分殊之蔽，私胜而失仁；无分之罪，兼爱而无义。分立而推理一，以止私胜之流，仁之方也；无别而迷兼爱，至于无父之极，义之贼也。子比而同之，过矣。且谓“言体而不及用”。彼欲使人推而行之，本为用也，反谓不及，不亦异乎？②

据此可知，“理一分殊”的观念是程颐对张载《西铭》一书之大义的发明，并且是针对杨时以为“《西铭》言体而不及用，恐其流遂至于兼爱”③ 的看法而提出的。依程颐之见，《西铭》既明“理一”之体，亦明“分殊”之用，绝非只言体而不言用。“理一分殊”观念强调普遍道德法则（或根本道德精神）与具体道德规范（或具体道德表现）的统一，既认为一切具体的道德规范都根源于仁道这一根本法则（理一），也肯定仁道在具体情境中必有其不同的表现（分殊）。但墨子的兼爱学说主张爱无差等，并不认为仁爱原则在具体的实施过程中应存在一定分别。这是“二本而无分”，由此只会导致毁仁害义的结果。显然，《西铭》之“理一分殊”思想与墨

---

① 有关“理一分殊”思想的讨论，参见熊琬《宋代理学与佛学之探讨（朱子理学与佛学之探讨）》，台北文津出版社 1985 年版，第 156—162 页；刘述先《理一分殊》，上海文艺出版社 2000 年版，第 1—7 页；权相佑《朱熹理一分殊思想研究》，博士学位论文，中国社会科学院研究生院，2003 年；王广《“理一分殊”理念下的朱熹哲学》，博士学位论文，山东大学，2005 年；景海峰《“理一分殊”释义》，《中山大学学报》（社会科学版）2012 年第 3 期；束景南、杨志飞《理一分殊：中国文化本体论与方法论的体用模式——中国传统文化思想的普世价值问题》，《浙江社会科学》2013 年第 3 期。

② 程颢、程颐：《河南程氏文集》卷 9《答杨时论西铭书》，《二程集》，中华书局 2004 年版，第 609 页。

③ 杨时：《寄伊川先生》，《龟山集》卷 16，《文渊阁四库全书》第 1125 册，台湾商务印书馆 1986 年版，第 6 页。

子的兼爱观念有着根本差异。因此，程颐认为杨时将这两者“比而同之”，乃是“过矣”。“理一分殊”的观念自被程颐明确提出后，即对后世理学家们的思想建构产生了重大影响，如杨时、李侗、胡宏、朱熹等宋儒即对这一观念做了重要阐发。[①] 张栻也深受“理一分殊”观念的影响，其太极论、性气论、仁义论、中和论等便充分吸收了此观念。对于“理一分殊”观念的意旨，他主要是从“体用相须”的意义上来把握。

张栻对“理一分殊”思想的认识主要体现在以下三点：

第一，他充分肯定了这一思想对于儒学的重要性。他说：“理一而分殊者，圣人之道也。”[②] 在他看来，“理一分殊”乃圣人之道。这也就是将“理一分殊”视为儒家的根本精神。并且，对他而言，“理一分殊”是一种“公共底道理”[③]（普遍法则），具有广泛作用于宇宙、社会、人生的普适性价值和意义。由此足见张栻对“理一分殊”思想的重视。

第二，他继承了程颐的观点，认为张载的《西铭》贯穿着“理一分殊”的思想，并就杨时对《西铭》的认识提出了自己的见解。张栻说：“《西铭》所谓理一而分殊，无一句不具此意。”[④]“第某寻常切谓《西铭》须是全篇浑然体认涵泳之，所谓理一而分殊者，句句皆是也。”[⑤] 这就充分肯定“理一分殊”乃张载《西铭》一书的宗旨、大义。就杨时对《西铭》的理解，他表示：

> 理一分殊之指，龟山后书终未之得。盖斯铭之作，政为学者私胜之流昧夫天理之本然，故推明理一以极其用，而其分之殊自不可乱。

---

① 参见朱修春、林凤珍《杨时的“理一分殊”学说发微》，《南昌大学学报》（人文社会科学版）2005 年第 2 期；何乃川、陈进国《论李侗的“理一分殊”思想》，《厦门大学学报》（哲社版）1994 年第 3 期；向世陵《善恶之上：胡宏·性学·理学》，中国广播电视出版社 2000 年版，第 112—118 页；权相佑《朱熹理一分殊思想研究》，博士学位论文，中国社会科学院研究生院，2003 年；王广《“理一分殊”理念下的朱熹哲学》，博士学位论文，山东大学，2005 年；束景南《朱熹的“理一分殊”及其认识论指向》，《四川师范大学学报》（社会科学版）2006 年第 2 期。

② 张栻：《南轩先生孟子说》卷 7，《张栻集》（二），中华书局 2015 年版，第 620 页。

③ 张栻：《新刊南轩先生文集》卷 27《答戚德锐》，《张栻集》（四），中华书局 2015 年版，第 1187 页。

④ 张栻：《新刊南轩先生文集》卷 22《答朱元晦》，《张栻集》（四），中华书局 2015 年版，第 1098 页。

⑤ 张栻：《新刊南轩先生文集》卷 27《答戚德锐》，《张栻集》（四），中华书局 2015 年版，第 1187 页。

> 盖如以民为同胞，谓尊高年为老其老，慈孤弱为幼其幼，是推其理一而其分固自在也。故曰：“分立而推理一，以止私胜之流，仁之方也。”龟山以无事乎推为理一，引圣人“老者安之，少者怀之”为说，恐未知《西铭》推理一之指也。①

张载于《西铭》云：“天地之塞，吾其体；天地之帅，吾其性。民吾同胞，物吾与也。大君者，吾父母宗子；其大臣，宗子之家相也。尊高年，所以长其长；慈孤弱，所以幼其幼。圣其合德，贤其秀也。凡天下疲癃残疾、惸独鳏寡，皆吾兄弟之颠连而无告者也。”② 这主要是在发明仁者与天地万物一体之义，亦即阐扬儒家具有普遍性、超越性、恒常性的仁道。杨时认为《西铭》“民胞物与”等说法只是推明了根本的仁道原则（理一之仁体），却没有指出这一普遍道德法则在具体情境中往往有不同的运用和表现（分殊之义用），从而担心这可能会导致像墨子兼爱学说之爱无差等一样的流弊。③ 张栻则主张，张载作《西铭》主要是为了救治学者私欲横流而不明天理大本的弊病，由此才十分注重推明“理一”之体以统摄、主宰“分殊”之用。但他并未因此就忽视了“分殊”之用的重要性。因为“分殊”之用根源于、统摄于“理一”之体，二者本即内在一体而不可分割，所以一旦推明“理一”之体，则“分殊”之用也必然随之得以开显。于是张栻说：“推其理一而其分固自在也。”“即其理一之中，乾则为父，坤则为母，民则为同胞，物则为吾与，若此之类，分固未尝不具焉。”④ 在他看来，《西铭》对“理一”之体的强调并没有轻忽“分殊”之用，而是肯定了其存在的客观性与必然性，因而也就不可能出现像墨氏兼爱论那样的流弊。基于此，张栻认为杨时可能并未真正领会《西铭》“理一分殊”的宗旨。

第三，对于“理一”与“分殊”的关系，张栻强调二者相互涵摄、相

---

① 张栻：《新刊南轩先生文集》卷22《答朱元晦》，《张栻集》，中华书局2015年版，第1095页。

② 张载：《正蒙·乾称》，《张载集》，中华书局1978年版，第62页。

③ 参见杨时《龟山集》卷16《寄伊川先生》，《文渊阁四库全书》第1125册，台湾商务印书馆1986年版，第6—7页。

④ 张栻：《新刊南轩先生文集》卷30《答朱元晦》，《张栻集》（四），中华书局2015年版，第1224页。

互依存、相互成就的辩证统一性，从而主张对这两者都应予以充分重视，而不可轻忽其中任何一方。根据上文可知，张栻注重从“理一”“分殊”相统一的立场把握张载《西铭》的宗旨。并且他认为，“理一”“分殊”之间的统一关系并非单向地由一方决定另一方，而是一种相互影响、相互决定的双向互动统一关系。他指出：

> 《西铭》……论分立而推理一，与推理以存义之说，颇未相同。某意以为分立者，天地位而万物散殊，其亲疏皆有一定之势；然不知理一，则私意将胜，而其流弊将至于不相管摄而害夫仁。故《西铭》因其分之立而明其理之本一，所谓“以止私胜之流，仁之方也”。虽推其理之一，而其分森然者，自不可乱，义盖所以存也。①

在他看来，《西铭》之“分立而推理一”与“推理以存义”二说并不同。前者意在表明，天地间的万事万物虽然千差万别，各有具体的法则，但其根本法则始终只有一个，一切具体法则无不根源于、统摄于这一根本法则，并都贯穿着这一根本法则。如果过分注重差异性的一面，而不知具有统一性、普遍性的根本法则，就会导致私欲横流，从而造成根本法则的沦丧。这显然是在强调“理一”之体的重要性。而后者意在表明，天下一切事物的根本法则虽只有一个，但这一根本法则在不同情境、不同事物中的具体表现必然千差万别，事事物物皆各有其法则，不可混同无别。这主要在于强调“分殊”之用的重要性。可见对张栻而言，《西铭》充分肯定了“理一”“分殊”之间的互动统一关系，乃“理一”之体与“分殊”之用两面兼重。关于这一点，张栻多有论及，如他说：“《西铭》之作，惧夫私胜之流也，故推明其理之一以示人。理则一，而其分森然，自不可易。”②“《西铭》之作，推明理之本一，公天下而无物之不体；然所谓分之殊者，盖森然具陈而不可乱。”③ 这都是在阐明“理一”“分殊”之间的辩证统

① 张栻：《新刊南轩先生文集》卷22《答朱元晦》，《张栻集》（四），中华书局2015年版，第1098页。

② 张栻：《新刊南轩先生文集》卷33《跋西铭》，《张栻集》（四），中华书局2015年版，第1274页。

③ 张栻：《新刊南轩先生文集》卷33《跋西铭示宋伯潜》，《张栻集》（四），中华书局2015年版，第1274页。

一性。

总之，张栻认为，“理一”之体必涵“分殊”之用，并必表现为“分殊”之用；“分殊”之用必涵“理一”之体，并必统摄于“理一”之体。“理一”之体与“分殊”之用相互涵摄、相互依持而一体不分。张栻所云“其所以为万殊者，固统乎一；而所谓一者，未尝不各完具于万殊之中也”[①]，即直接指明了“理一”与“分殊”的互涵互动关系。正是基于这种认识，张栻强调兼重“理一”之体与“分殊”之用而不可偏忽。这在他的仁义论与中道论中得到了充分体现，他对仁义关系和中道与时中之关系的探讨，即贯彻了“理一”之体与“分殊”之用相涵相须的思想。

2. **仁一义殊，体用相须**

对于仁义即普遍道德法则与具体道德规范或仁道与其具体表现的关系，张栻主张两者相倚互济、相须互成而不可分割。这正是基于他对“理一”与“分殊”之互动关系的深切认识。他说：“理一而分殊者，圣人之道也。盖究其所本，则固原于一；而循其所推，则不得不殊。明乎此，则知仁义之未尝不相须矣。”[②] 就“体”上而言，一切“分殊”都具有一个共同的根据（理一）；就“用”上而言，“理一”必然存在各种不同的表现（分殊）。易言之，“分殊”皆根源于“理一”，“理一”必表现为“分殊”。领会“理一”“分殊”之间的这种辩证统一关系，即可以明晓仁义相须互济之理。张栻还表示：“惟识夫理一，乃见其分之殊；明其分殊，则所谓理之一者斯周流而无蔽矣。此仁义之道所以常相须也。”[③] 一方面，“理一”是“分殊”的根据，唯有明识“理一”之体，方能把握“分殊”之用的根本；另一方面，“分殊”是“理一”的具体表现，唯有通晓“分殊”之用，“理一”之体才得以贯彻落实。这就是仁义之所以互为相须的缘由。简言之，张栻是以“理一”之体与“分殊”之用相涵相须的观念把握仁义之关系，从而强调二者的互动统一。

需要指出的是，此中“仁”“义”不同于“仁、义、礼、智、信”五德中的概念，并非就同一层次的不同具体德目而言，而是指普遍的道德法

---

① 张栻：《南轩先生孟子说》卷7，《张栻集》（二），中华书局2015年版，第604页。

② 张栻：《南轩先生孟子说》卷7，《张栻集》（二），中华书局2015年版，第620页。

③ 张栻：《新刊南轩先生文集》卷33《跋西铭》，《张栻集》（四），中华书局2015年版，第1274页。

则与具体的道德规范，或者说仁心仁道本体与仁心仁道之具体表现。这里的“仁”是体（本体），具有超越性、普遍性和统一性；“义”是用（本体之发用和表现），具有经验性、特殊性和差异性。二者显然处于不同的层面。所谓“居仁则体立，由义则用行”①，即是以仁为体，以义为用。仁与义虽存在体用之别，但又相互统一而不可分离。对于仁义之关系，张栻明确指出：“盖仁义，体用相须者也。”② “仁济之以义，义济之以仁。”③此即认为，仁是体，义是用，二者相依互成、相须互济。他还在《太极图说解义》中说：“中也，仁也，动而通也，始而亨者也。正也，义也，静而复也，利以贞者也。……中也、仁也本为体，而周子则明其用。正也、义也本为用，而周子则明其体。盖道无不有体有用，而用之中有体存焉。”④ 这也蕴含着仁体义用相须之义。而仁义之间何以具有这种辩证关系？张栻曰：“大抵儒者之道，为仁之至、义之尽者，仁立则义存，义精而后仁之体为无蔽也。”⑤ 仁是义的根源，唯有仁体挺立，义方得以生成；义为仁的表现，唯有精熟于义，仁体才得以充分显明。正因为义须以仁为本，仁须由义而显，所以仁义之间必相互依持、一体不离。就此，张栻又说：“盖爱敬之心由一本，而施有差等，此仁义之道所以未尝相离也。”⑥“仁莫大于爱亲，其达之天下，皆是心所推也。故其等差轻重，莫不有别焉，此仁义之道相为用者也。”⑦ 他认为，人的仁爱之心或仁道始终是同一的（仁体、一本），而在具体作用过程中因应不同情境则又必然产生种种差异（义用、万殊）。易言之，仁心仁道虽始终为一，但其具体表现（义）则各异；虽有诸种不同表现，但又都根源于同一仁心仁道。于是仁义乃相涵互济、相须互成的一体关系。由此，张栻必兼重仁义二者。这正是“理一”之体与“分殊”之用相须互涵的思想在其仁义论中的贯

---

① 张栻：《南轩先生孟子说》卷7，《张栻集》（二），中华书局2015年版，第610页。

② 张栻：《南轩先生孟子说》卷7，《张栻集》（二），中华书局2015年版，第644页。

③ 张栻：《南轩易说》卷2，《张栻集》（一），中华书局2015年版，第52页。

④ 张栻：《太极图说解义》，《张栻集》（五），中华书局2015年版，第1608页。

⑤ 张栻：《新刊南轩先生文集》卷22《答朱元晦》，《张栻集》（四），中华书局2015年版，第1098页。

⑥ 张栻：《新刊南轩先生文集》卷30《答陈平甫》，《张栻集》（四），中华书局2015年版，第1226页。

⑦ 张栻：《南轩先生孟子说》卷3，《张栻集》（二），中华书局2015年版，第418—419页。

彻和体现。

张栻在以仁为本的基础上，又颇为强调义的重要性。这首先体现在他对义的内在性及其存在之客观性与必然性的积极肯认。他针对告子的义外说指出：“有是性则具是理，其轻重、亲疏、小大、远近之宜，固森然于秉彝之中而不可乱。事物至于前者虽有万之不同，而有物必有则，泛应曲酬，各得其当，皆吾素有之义，而非外取之。此天所命也。惟夫昧于天命，而以天下之公理为有我之得私，而始有义外之说。”① 在他看来，人性本即涵具天理，天理乃是事事物物之所以然。② 天地间的事物千差万别，各有其当然之理，而万事万物之理（分殊）皆根源于天理（理一），皆统摄于人的德性。人循顺其道德本性应物处事，使事事物物皆各得其所、各尽其性，这就是“义”。“义”乃人性之所固有、天理之所当然，而绝非外在于人者，亦非某个人主观私有者。这就明确肯定了义的内在性及其存在的客观性与必然性。张栻对“义”这一差异性、特殊性原则的重视，还体现在他颇为强调义对于实现仁体的重要性，力主仁由义显、仁不离义。他说：“人之不仁，以非义害之也。不为非义，而后仁可得而存。”③ 人之不仁往往由不义所致，唯有不行不义之举，方能存仁。这就意味着，行义乃存仁的前提和基础。他又认为：“若夫爱无差等，则是无义也；无义，则亦害夫仁之体矣，以失其所以为本之一者故也。”④ “仁义之道常相须，若于义不足，则所谓仁者亦失其正矣。”⑤ 这就指出，如果无义或义不足，那么仁道便无法得以有效坐实。可见，“义”对于仁体的实现具有十分重要的价值。由此足见张栻对义的重视。因为仁是义之体，义为仁之用，所以重义即是重“用”，亦即重视仁的显现与落实。义作为仁这一普遍道德原则在现实生活中的具体表现，乃仁心仁道作用于人所处特定情境的产物。因而对义的重视，也意味着对现实生活情境的在意与关切。这可以说是对儒学直面现实世界、积极入世的务实精神的阐扬。

---

① 张栻：《南轩先生孟子说》卷6，《张栻集》（二），中华书局2015年版，第542页。

② 张栻云：“事事物物，皆有所以然。其所以然者，天之理也。”（张栻：《南轩先生孟子说》卷6，《张栻集》（二），中华书局2015年版，第558页。）

③ 张栻：《南轩先生孟子说》卷7，《张栻集》（二），中华书局2015年版，第644页。

④ 张栻：《南轩先生孟子说》卷3，《张栻集》（二），中华书局2015年版，第419页。

⑤ 张栻：《新刊南轩先生文集》卷25《寄吕伯恭》，《张栻集》（四），中华书局2015年版，第1138页。

总之，在仁义论中，张栻将“仁”这一普遍道德法则或仁心仁道视为“理一”之体，将“义”这一具体道德规范或仁心仁道之具体表现视为“分殊”之用，主张仁体与义用相涵相须、互摄互济，从而强调二者的兼重并举。这显然贯彻了“理一分殊”“体用相须”的思想。仁义之间的这种互动性、一体性，以现实生活世界作为出发点和落脚点，以种种具体的人事情境作为运作的场域和纽带。这表明张栻既注重不同层次的道德法则或根本道德原则与具体道德规范之间的互动，也十分重视普遍道德原则与特定存在情境之间的融通。

三　“中”为道之体而“和”为道之用

“中和”之说出自《礼记·中庸》：“喜怒哀乐之未发，谓之中；发而皆中节，谓之和。中也者，天下之大本也；和也者，天下之达道也。致中和，天地位焉，万物育焉。”宋明诸儒曾围绕中和问题（未发已发或性情问题）展开了丰深繁复的讨论。湖湘学派主张从人道之体用的角度，并以“理一分殊”的思想来诠释和把握“中和”观念。

胡宏以“中”为道之体、“和”为道之用：“中者，道之体；和者，道之用。中和变化，万物各正性命而纯备者，人也，性之极也。”① 张栻则认为：“‘中庸’统言道之体用，‘中和’就人身上说。”② 此即主张从人道之体与用来发明“中”“和”之义。并且，他本于“理一分殊”观念进行诠释。弟子彭龟年曾与张栻讨论中和问题，彭氏曰：“‘中也者，天下之大本也；和也者，天下之达道也。’朱编修云：‘大本者，天下之理皆由此出，道之体也；达道者，由此而出无所不通，道之用也。’龟年窃谓大本者即此理之存，达道者即此理之行，谓之中和，已是说出性情之理。若曰大本者，天下之理由此而出，无所不通，则是大本达道之外，又有所谓理也，不识此言如何？”③ 张栻答道：“大本者，理之统体。会而统体，理一而已；散而流行，理有万殊。若曰大本即此理之存，达道即此理之行，却

① 胡宏：《知言·往来》，《胡宏集》，中华书局1987年版，第14页。

② 张栻：《新刊南轩先生文集》卷31《答周允升》，《张栻集》（四），中华书局2015年版，第1238页。

③ 张栻：《新刊南轩先生文集》卷31《答彭子寿》，《张栻集》（四），中华书局2015年版，第1239页。

恐语意近类释氏。万殊固具于统体之中。”① 他认为，“大本”之“中”即为“理一”之体，“达道”之“和”乃是“分殊”之用，二者相涵互摄、相倚互成。由此即在人道视域下显明了中体和用相须、中一和殊相资的观念。

对于“中和”之义，张栻主张从“性情”的角度加以理解。他说：“程子曰：‘喜怒哀乐未发，只是中也。’盖未发之时，此理亭亭当当，浑然在中；发而中节，即其在中之理，形乎事事物物之间而无不完也，非是方其发时，别为一物以主张之于内也。情即性之发见也，虽有发与未发之殊，而性则无内外耳。若夫发而不中节，则是失其情之正而沦其情之理。然能反之则亦无不在此者，以性未尝离得故也。”② 由此可知，喜怒哀乐未发之中指向内在于本心之理体，喜怒哀乐已发之和指向该理体于事事物物的发用和表现。因为性即是理，所以此处“中”“和”也就与性之体、性之用相应。张栻所谓“性之体中，而其用则和”③，即有此意。又因他以“情”为“性之发见”即性之用，所以表明他正是从“性体情用”的立场来阐发“中和”之义。再据“情即性之发见”可推知，性（理）是情的来源、根据和原则，情则是性（理）的发用、显现和落实，二者相互作用、相互成就。就此而言，“中一和殊”便蕴含着具体之“情”与普遍之“理”的融通。当然，这主要是从道德境界或道德理想的意义上立论。而任何道德境界或道德理想的生成都归根于道德主体。若就道德主体而言，则“中一和殊”又意味着道德境界上理性与情感的交融。张栻以道德本性之体用把握情感未发之中与情感已发中节之和，这种“和”的道德境界内含性与情或理与情的有机融合。而此不同而和之道德境界的达至，则取决于道德主体之情感和理性的积极互动与融通。

“和”在《中庸》中，既是作为“天下之达道”，也具有“发而皆中节”的意义。就后者而言，“和”意味着因应具体情境合宜地流露喜怒哀乐等情感。在此意义上，“发而皆中节”之“和”便与“时中”观念相

① 张栻：《新刊南轩先生文集》卷31《答彭子寿》，《张栻集》（四），中华书局2015年版，第1239页。

② 张栻：《新刊南轩先生文集》卷20《答朱元晦秘书》，《张栻集》（四），中华书局2015年版，第1070页。

③ 张栻：《新刊南轩先生文集》卷20《答朱元晦秘书》，《张栻集》（四），中华书局2015年版，第1067页。

通。张栻云："喜怒哀乐之未发，无所偏倚，中之所以得名。中者，所以状性之体段。若曰目视、耳听、手举、足履，则是已发矣。其无不当者，迺是中节，所谓时中也。"[①] 这即是以发而中节之"和"阐发"时中"之义。于是"中一和殊"亦可从"中一时中殊"的意义上来理解。

张栻十分重视儒家的中道观念，认为"道以中为至"[②]。"中"在张栻理学中主要有两种用法：一是作为形容词用于描述本体不偏不倚、无过不及的特征；二是作为名词用于直接指称本体。就前一用法而言，如张栻云："中者，言其理之无过不及也。"[③] 这里的"中"是用来形容天理本体无过不及的特征。又如他说："中也者，所以状性之体段，而不可便曰中者性之体。若曰性之体中，而其用则和，斯可矣。"[④] 在他看来，《中庸》"喜怒哀乐之未发，谓之中"的"中"是用来形容性体不偏不倚的特征，而并非直接指性体。可见，他对于"中"作为描述本体的形容词和作为直指本体的名词这两种用法有着明确的区分。就后一用法而言，如张栻说："《易》有太极者，函三为一，此中也。……此太极函三为一，乃皇极之中道也。"[⑤] 这是以"中"指称太极本体。此时"中"具有本体的意义，乃直指中道、中体而言。用于指称本体的"中"也可从本体的发用层面立意。如张栻云："事事物物，莫不有中。中者，天理之当然，不可过而不可不及者也。"[⑥] 此即是说，天地间的万事万物皆有其"中"，"中"乃天理之当然，既无过之，亦无不及。这里的"中"是天理本体所显发之用，指天理本体在事事物物当中的具体表现。可见，作为名词义的"中"，既用于直接指称本体（体），亦用于指称本体发用流行之具体表现（用）。二者都是意指本体，只不过存在从"体"上立意与从"用"上立意的分别。

显然，"中"的后一用法展开为"中之体""中之用"两个层面："盖

---

① 张栻：《新刊南轩先生文集》卷31《答彭子寿》，《张栻集》（四），中华书局2015年版，第1242页。

② 张栻：《南轩先生孟子说》卷6，《张栻集》（二），中华书局2015年版，第618页。

③ 张栻：《南轩先生论语解》卷3，《张栻集》（一），中华书局2015年版，第154页。

④ 张栻：《新刊南轩先生文集》卷20《答朱元晦秘书》，《张栻集》（四），中华书局2015年版，第1067页。

⑤ 张栻：《南轩易说》卷1，《张栻集》（一），中华书局2015年版，第18页。

⑥ 张栻：《南轩先生论语解》卷5，《张栻集》（一），中华书局2015年版，第189页。

中字若统体看，是浑然一理也；若散在事物上看，事事物物各有正理存焉。"①"中之体"是指具有统一性、普遍性的本体之理（理一），"中之用"即是本体之理在万事万物当中的具体呈现（分殊）。后者也就是张栻所谓的"时中"。"时中"具有本体论和工夫论双重意蕴。张栻云："中见于用，所谓时中者也。"② 此"时中"从本体论层面立意，指中道本体所显发之用，即中道在不同情境、不同事物当中的具体运用和表现。张栻还从工夫论意义上把握"时中"。他说："事事物物皆有中，天理之所存也。惟其心无所倚，则能执其中而不失，此所谓时中也。"③"心之所为一者，天理之所存，而无意、必、固、我加乎其间，当其可而已，此之谓时中。"④ 在他看来，人之本心不偏不倚，能因应不同情境和不同事物而各尽其理、各得其宜，即是"时中"。⑤ 这一观念强调于差异中求统一、于变中求不变、于用中求体。

张栻既从本体论和工夫论两个层面阐发"时中"之义，又以"随时以取中""用权以取中"指明其实践之道。他说："事事物物各有正理存焉。君子处之，权其所宜，悉得其理，乃'随时以取中'也。"⑥ 这就指出，中道既具有普遍性和统一性，同时在具体情境、具体事物中又必有其不同的

---

① 张栻：《新刊南轩先生文集》卷31《答彭子寿》，《张栻集》（四），中华书局2015年版，第1240页。

② 张栻：《太极图说解义》，《张栻集》（五），中华书局2015年版，第1608页。

③ 张栻：《南轩先生论语解》卷10，《张栻集》（一），中华书局2015年版，第300页。

④ 张栻：《南轩先生孟子说》卷4，《张栻集》（二），中华书局2015年版，第493页。

⑤ 对于"时中"之义，张栻多有发明："盖当此时则有此时之中，此乃天理之自然，君子能择而得之耳。"（张栻：《新刊南轩先生文集》卷30《答朱元晦》，《张栻集》（四），中华书局2015年版，第1219页。）"以其天理时中，一而已。……《易》之为书，卦者事也，爻者事之时也。于其事，当其时，而各有处焉，盖莫非天理之素也。"（张栻：《南轩先生孟子说》卷4，《张栻集》（二），中华书局2015年版，第497页。）"颜子、孟子易地则皆然。若夫墨氏兼爱，则似乎禹、稷之忧民者；杨氏为我，则似乎颜子之在陋巷者；惟其不知天理时中，而妄意以守一义。"（张栻：《南轩先生孟子说》卷4，《张栻集》（二），中华书局2015年版，第494页。）"当其可即是道。盖事事物物之间，道无往而不存极，无适而不为中也。孔子之去鲁，迟迟其行，是去父母国之道也；去齐，接淅而行，是去他国之道也。虽或迟或速之不同，而其为道则一。苟执一以为道，则有所不能贯通，而非道矣。……凡一饮食、一起居之间，莫不有其道焉。贤者随时而循理，在圣人则如影之随形，道固不离乎圣人也。……时异事异，则其道亦异。"（张栻：《南轩先生孟子说》卷7，《张栻集》（二），中华书局2015年版，第632—633页。）

⑥ 张栻：《新刊南轩先生文集》卷31《答彭子寿》，《张栻集》（四），中华书局2015年版，第1240页。

运用和表现，即时时处处、事事物物皆各有其“中”。人之应物处事若要得中，就应当随时变通即因时因地、随事随物而各得其理、各适其宜，切不可机械僵化地执一以为中。就此，张栻也强调“用权以取中”[①]。他指出：“何以取中而不失乎？所以贵于能权也。权者，权其轻重而适其平之谓。此君子所以贵于时中也。或者不知权之所以为中，乃指为反经合道。夫经者，道之所以为常也；权者，所以权其变而求合夫经也。”[②] 那么如何才能执守中道而不失？对他而言，关键在于能权衡变通。所谓权变，是指灵活应对千差万别的事物及千变万化的情况，使事事物物皆各得其所、各尽其理，从而让中道得以有效坐实。当然，权衡变通绝非反经离道，而恰恰是为了更好地贯彻落实中道。因为中道并非抽象、固化、僵死的教条，而是具有普适性并充满活力的根本法则，其具体表现原本就千差万别、丰富多样，其具体运用也必然是灵活多变的。

强调随时用权以执守中道，乃张栻中道观的重要特征。这样一种中道观在根本上贯穿着“理一分殊”“体用相须”的思想。张栻曰：“《中庸》谓‘中也者，天下之大本’，此言夫统体之一也；又曰‘君子而时中’，此言其散殊之万也。”[③] 对他而言，“中”即“理一”之体，“时中”即“分殊”之用，二者之间也就是“理一”之体与“分殊”之用互涵互摄、相须相成的辩证统一关系。对此，张栻表示：“夫时有万变，事有万殊，物有万类，而中无定体也。无定体者，以夫极无适而不为中也。当此时则此为中，于彼时则非中矣。当此事则此为中，于他事则非中矣。即是物则此为中，于他物则非中矣。盖其所以为中者，天理之所存也。故论其统体，中则一而已；分为万殊，而万殊之中各有中焉。其所以为万殊者，固统乎一；而所谓一者，未尝不各完具于万殊之中也。”[④] 他表示，时势千变万化，事物千差万别，于是中道也就必有其灵活多样之表现，而没有完全固定不变的成规成矩。既然中道因时、因事、因物而有丰富多变之表现，那么对于此时为中者，在彼时则为非中；对于此事为中者，在彼事则为非中；对于此物为中者，在彼物则为非中。中之所以为中，乃在于它是天理

---

① 张栻：《南轩先生孟子说》卷 7，《张栻集》（二），中华书局 2015 年版，第 604 页。

② 张栻：《南轩先生论语解》卷 5，《张栻集》（一），中华书局 2015 年版，第 189 页。

③ 张栻：《南轩先生孟子说》卷 7，《张栻集》（二），中华书局 2015 年版，第 604—605 页。

④ 张栻：《南轩先生孟子说》卷 7，《张栻集》（二），中华书局 2015 年版，第 604 页。

之所在。从“体”上来说，天地间只有一个中道，事事物物之中（时中）皆根源于、统摄于中道，每一事物都完整地涵具中道；从“用”上来说，中道必存在千差万别之表现（万殊），事事物物无不各有其“中”，中道见之于并内在于事事物物之“中”。这可以说是一种“中一分殊”的思想：中之体一，中之用（时中）万殊，一本之中体生成、统摄万殊之时中，万殊之时中显现、备载一本之中体，二者相涵互摄、相依互成。在此基础上，张栻指出：“然则即其本之一者而言之，谓之中有定体可也；而即其无适而不为中者言之，谓之中无定体可也。是则非知权者其能执之而勿失乎？今夫权之得名，以夫权量轻重而未尝不得其平也。执中之权，亦犹是耳。是以君子戒慎恐惧存于未发之前，察于既发之际，大本立而达道行，则有以权之故也。”① 所谓“中有定体”“中无定体”仍是从“体”“用”两个层面上来说的。由于中之体恒常不变一如，所以可说中有定体；又因中之用丰富多样、变化万端，故也可说中无定体。既然万事万物各有其“中”，那么必须权衡变通方能执守中道而不失。而人要懂得如何权变，就应当在未发之时存养中之体，在已发之际察识中之用。中之体得以挺立，中之用得以呈现，方能通达权变而执中不失。

显然，“中”在张栻的中道论中，或直指中道本体（中之体），或意指中道的具体运用和表现（中之用）。“时中”即是“中之用”，其本体论意义为，中道在万事万物当中千差万别的具体表现和千变万化的具体作用；其工夫论意义在于，随时随处变通、因事因物权衡以合于不同情境和不同事物之理，此意强调于特定的现实情境落实普遍的道德原则。“时中”这两方面意涵一致相通，因为中道与时中乃体用不二关系。对此，张栻又以“理一分殊”观念来阐释。在他看来，中道为“理一”之体，时中为“分殊”之用，两者相资互发、相须互济而一体不二：中道是时中的来源和根据，时中生成于中道并备具中道；时中为中道的作用和表现，中道显现为时中并内具于时中。在此，张栻十分重视“时中”观念。“时中”在本体论上指中道所显发之用，即中道本体于时时处处、事事物物中的具体发用和表现。中道体现并备具于时中之用，在时中之用中得以成就。这就决定了人应当经由时中之用把握中道之体，根据具体的存在情境实现普遍的道

① 张栻：《南轩先生孟子说》卷7，《张栻集》（二），中华书局2015年版，第605页。

德原则。由此表明，张栻颇为注重道德实践中一般道德原则与个别存在情境之间的沟通。简言之，在中和论中，张栻通过对性（理）体与情用、中道与时中之辩证互动关系的演绎，丰富而深入地诠释了“理一分殊”的观念，辩证而精详地展示了其“体用相须”的思想。

总而言之，在人道论中，湖湘学派乃以道之体用来统摄“性”与“心”、“仁”与“义”、“中”与“和”三对观念，并且透过性体心用相须、仁体义用相须、中体和用相须的主张，翔实而深刻、丰满而有力地展现了其“体用相须，贵体重用”的理念。

第二节　性之体用及其展开：性与情、理与欲、道与事

根据湖湘学派“性体心用”（道之体为性、道之用为心）之论，性体本身即具有活动性，内在具足不已的能动、生生之作用。这意味着，即体即用之性不仅生成气化流行之世界，而且运作于、展现于此气化流行之世界。就人道而言，人的情欲、事为都根源于性体，都是气化流行世界中的具体存在。如此一来，性之体用必显现和作用于性情之间、理欲之间、道（理）事之间等。湖湘学派正是以体用观念来处理和把握性情之关系、理欲之关系、道事之关系。

一　性体情用

宋儒论性情关系大体上有两种路线：一种是沿着孟子“恻隐之心，仁之端也；羞恶之心，义之端也；辞让之心，礼之端也；是非之心，智之端也”的说法，就仁义礼智之性与四端之心论性情；另一种则是沿着《中庸》“喜怒哀乐之未发，谓之中；发而皆中节，谓之和”的说法，就喜怒哀乐之未发和已发论性情。本部分对湖湘学派性情论的探讨主要是就前一种方式而言。因张栻对此有翔实、精深的论述，所以此处以其性情论为重点展开探析。在性情论中，张栻以“性”（仁义礼智之性）为道德本体，以“情”（四端之心）为性体之发用、呈现，主张性体与情用相资相须、一体不二。

（一）“性”“情”之意涵：仁义礼智之性（体）与四端之心（用）

“性”在张栻的理学中既指宇宙本体，也指人与物共同具有的纯粹至善之本性。所谓“天命之谓性，万有根焉”，即是以“性”为宇宙万有之本原。所谓“原性之理，无有不善，人物所同也”①，则是将“性”视为人与物都本有的善性。虽然人、物皆固有善性，但通常只言人性善而不言物性善。这在张栻看来，是因为“惟人得二气之精、五行之秀，其虚明知觉之心有以推之，而万善可备，以不失其天地之全”②。人有虚明知觉之心，能够尽性、全性。也就是说，人可以通过其“心”的能动推扩作用，把客观潜存的善性充分地实现出来。因而“性善之名独归于人，而为天地之心也”③。特就人性而言，张栻表示：“其所性之实，谓仁义礼智也，四者具于性而根于心，犹木之著本、水之发源，由是而生生不息也。”④ 他认为，仁、义、礼、智为人性所固有，乃人性的实质内容。这就意味着，人性具足道德意涵，即是仁义礼智之性。张栻说：“人均有是性，仁义礼智之体，无不完具于一性之内，天道初亦无所亏欠也。”⑤ 此处称“仁义礼智之体”，也就是从道德本原的意义上规定人之性。就此而言，人之所以为人之性即是仁义礼智之性，亦即人所固有的道德本性。这也就是从道德本体的意义上论性。

“情”在张栻的理学中或指七情六欲之情，抑或指四端之心。张栻将后一意义的“情”视为人之德性即仁义礼智之性的直接呈现。他说：“情即性之发见也，虽有发与未发之殊，而性则无内外耳。”⑥ 这是认为，“情”即是性体之发用和表现，虽然有未发、已发之别，但性必然贯通情之未发、已发而一体无间。既然“情”是人之德性的直接显现和本然发露，那么它也就是纯粹至善的。张栻曰：“盖人具天地之性，仁义礼智之所存，其发见则为恻隐、羞恶、辞逊、是非，所谓可欲也，以其渊源纯粹，故谓

---

① 张栻：《南轩先生论语解》卷9，《张栻集》（一），中华书局2015年版，第275页。

② 张栻：《南轩先生孟子说》卷6，《张栻集》（二），中华书局2015年版，第539页。

③ 张栻：《南轩先生孟子说》卷6，《张栻集》（二），中华书局2015年版，第539页。

④ 张栻：《南轩先生孟子说》卷7，《张栻集》（二），中华书局2015年版，第599—600页。

⑤ 张栻：《南轩先生孟子说》卷7，《张栻集》（二），中华书局2015年版，第637页。

⑥ 张栻：《新刊南轩先生文集》卷20《答朱元晦秘书》，《张栻集》（四），中华书局2015年版，第1070页。

之善，盖于此无恶之可萌也。”[①] 在他看来，人本即具有天命之性，仁、义、礼、智四德内含其中，其发用流行则显现为恻隐、羞恶、辞让、是非之情。因为仁义礼智之性纯粹至善，所以由性体直接显发的四端之情也必然纯善无恶。这正是张栻所云：“自性之有动者谓之情，顺其情则何莫非善，谓循其性之本然而发见者也。”[②] 可见，张栻是将恻隐、羞恶、辞让、是非四端之情，视为仁义礼智之性的本然呈现和自然流露，并根据性善而肯定情亦善。既然四端之情是仁义礼智之性已发之表现，那么二者的内在关联即已明确，而二者的分别也得以呈现。张栻指出：“虽然，恻隐、羞恶、恭敬、是非，其发见者也，以此为仁义礼智之体则未可，然固仁义礼智之端也。”[③] 他表示，恻隐、羞恶、恭敬、是非四端之情只是仁义礼智之性的具体表现，而并非仁义礼智之性体本身。也就是说，仁义礼智之性与四端之情有未发、已发或体、用之别，不可混同。所谓情与性“有发与未发之殊”以及“‘自性之有动谓之情’……盖就发上说，只当谓之情”[④]，即指明性情之间存在未发之体与已发之用的差异。当然，张栻在肯定性情之别的基础上，又颇为强调二者的辩证统一性。这就体现在其“互为相须”的性情关系论中。

（二）“性”“情”之关系：“互为相须”

根据以上“性”“情”之义，“性”指仁义礼智之性，即人皆固有的道德本性；“情”指恻隐、羞恶、恭敬、是非四端之情，即仁义礼智之性的具体显现。由此决定性和情必然相须相成、一体不离：一方面，性是情的根源，情依性而起；另一方面，情是性的呈现，性待情而显。这也就是以仁义礼智之性为体，以四端之情为用，主张性体与情用相倚相待、互动互成。张栻云：“人之性，仁、义、礼、智四德具焉：其爱之理则仁也，宜之理则义也，让之理则礼也，知之理则智也。是四者虽未形见，而其理固根于此，则体实具于此矣。性之中只有是四者，万善皆管乎是焉。……惟性之中有是四者，故其发见于情，则为恻隐、羞恶、是非、辞让之端，

---

① 张栻：《南轩先生孟子说》卷7，《张栻集》（二），中华书局2015年版，第638页。

② 张栻：《南轩先生孟子说》卷6，《张栻集》（二），中华书局2015年版，第545页。

③ 张栻：《南轩先生孟子说》卷6，《张栻集》（二），中华书局2015年版，第546页。

④ 张栻：《新刊南轩先生文集》卷29《答吴晦叔》，《张栻集》（四），中华书局2015年版，第1206页。

而所谓恻隐者亦未尝不贯通焉。此性情之所以为体用，而心之道则主乎性情者也。”① 他认为，人之性本即涵具仁、义、礼、智四德，其爱之理即是仁，宜之理即是义，让之理即是礼，知之理即是智。这便是从理体的意义上把握人性固有的仁、义、礼、智四德，亦即以仁、义、礼、智四德为体。同时他表示，人之性本有此四德，故而其流行发用则必然呈现为恻隐、羞恶、辞让、是非四端之情。由此，仁义礼智之性与四端之情也就是互为体用的关系。

在此基础上，张栻又通过“体用互为相须”之论来推明性情之间的辩证统一关系。他说：“仁义理知具于性，而其端绪之著见，则为恻隐、羞恶、辞让、是非之心。人之良心具是四者，万善皆管焉，外此则非性之所有，妄而已矣。人之为人，孰不具是性？若无是四端，则亦非人之道矣。然分而论之，其别有四，犹四体然，其位各置，不容相夺，而其体用互为相须；合而言之，则仁盖可兼包也。故原其未发，则仁之体立，而义、礼、知即是而存焉；循其既发，则恻隐之心形，而其羞恶、辞让、是非亦由是而著焉。”② 在他看来，人皆本有仁义礼智之性，其流行发见即为恻隐、羞恶、辞让、是非四端之心，这是人之所以为人的根本所在。其中仁义礼智之性是未发之体，四端之心乃已发之用，即仁义礼智之性具体、真实的显现。分而言之，一方面，此四德之体与四端之用中的任何一者都有其独立的意涵与价值，不容彼此混淆，不可相互替代；另一方面，它们又“互为相须”、一体无间而不可相离。所谓“互为相须”是指：四德之体是四端之用得以生发的根源，四端之用是四德之体的具体呈现。易言之，四端之用本于四德之体而生成，四端之体通过四端之用来显现。这两者既有分别，而又相互依存、相互成就、相互统一。合而言之，则“仁”可兼包四德，“恻隐”能统摄四端。性体未发之时，仁之体立，则义、礼、智之德由此而存；性体已发之际，恻隐之心呈现，则羞恶、辞让、是非之心亦随之彰显。而“仁”之所以能兼包四德，“恻隐”之所以能统摄四端，主要是因为“仁”即天地生物之心（生生之体），乃一切道德和价值的根源。由此张栻说：“所谓爱之理者，是乃天地生物之心，而其所由生者也。故

① 张栻：《新刊南轩先生文集》卷18《仁说》，《张栻集》（四），中华书局2015年版，第1032页。

② 张栻：《南轩先生孟子说》卷2，《张栻集》（二），中华书局2015年版，第373页。

仁为四德之长，而又可以兼能焉。惟性之中有是四者，故其发见于情，则为恻隐、羞恶、是非、辞让之端，而所谓恻隐者亦未尝不贯通焉。”①

既然四德可统摄于“仁”，四端可统摄于“恻隐”，而恻隐之心又为仁体的发用，那么四德与四端也就可归结为“仁”之体用。张栻曰：“夫其所以与天地一体者，以夫天地之心之所存，是乃生生之蕴、人与物所公共，所谓爱之理者也。故探其本则未发之前爱之理存乎性，是乃仁之体者也；察其动则已发之际爱之施被乎物，是乃仁之用者也。体用一源，内外一致，此仁之所以为妙也。”② 在他看来，人之所以与天地万物一体，是因为人原本就涵具天地之心，天地之心内在于人即是仁。此天地之心乃生生之体，是宇宙万有的存在根据，为人、物所共同具有，所谓“爱之理者”正是就此而言。若探究其本原，则未发之时爱之理存于性，此即为仁之体；若体察其发用，则已发之际仁爱施于万物，此即为仁之用。仁之体与仁之用相即不离、圆融不二，这就是仁之所以为仁的奥妙所在。就此而言，仁义礼智之性可视为仁之体，四端之情可视为仁之用，因体用一如、相依互成，故四德与四端也就圆融地统摄于“仁”之体用。又因张栻主张仁即心，③ 所以仁之体用便是心之体用。这也就意味着，仁义礼智之性即心之体，四端之情即心之用，性和情都圆融地统摄于一心。所以张栻说：“此性情之所以为体用，而心之道则主乎性情者也。”“‘自性之有动谓之情’，而心则贯乎动静而主乎性情者也。”④ 心之体为性，心之用为情，一心贯通于未发之体与已发之用而无间。由此也可彰明性体与情用之间的互动统一性。

总之，在性情论中，张栻以“体用相须”的观念来把握仁义礼智之性

---

① 张栻：《新刊南轩先生文集》卷18《仁说》，《张栻集》（四），中华书局2015年版，第1031—1032页。

② 张栻：《新刊南轩先生文集》卷20《答朱元晦秘书》，《张栻集》（四），中华书局2015年版，第1069页。

③ 张栻曰：“仁，人心也。”（张栻：《南轩先生孟子说》卷4，《张栻集》（二），中华书局2015年版，第482页。）“仁者心之所为妙也。”（张栻：《新刊南轩先生文集》卷15《送曾裘父序》，《张栻集》（三），中华书局2015年版，第989页。）“盖仁者天地之心，天地之心而存乎人，所谓仁也。”（张栻：《新刊南轩先生文集》卷14《洙泗言仁序》，《张栻集》（三），中华书局2015年版，第970页。）这都是将仁与心相互发明、相互诠释，主张仁即心、心即仁。

④ 张栻：《新刊南轩先生文集》卷29《答吴晦叔》，《张栻集》（四），中华书局2015年版，第1206页。

与四端之情的关系，在肯定“性”“情”存在体用之别的基础上，十分注重二者相倚互资、相须互成的辩证统一性。

二 “天理人欲同体而异用”

“天理人欲同体而异用”之论为胡宏所创发，是湖湘学派理欲观的重要主张，与其体用思想有密切关联。该论一度备受学界关注、研讨，迄今有关认识仍存在诸多分歧。唯有澄清“天理”“人欲”及“体”“用”之内涵，此说的确切意蕴方可得以显明。

“天理”“人欲”是宋明理学的重要范畴和基本观念，二者相对而立，具有特定的意涵，乃宋明儒者用以表达儒家明辨善恶、为善去恶之根本道德立场的专名。在宋明理学中，无论是道德认识上的“天理”“人欲”之辨，还是道德实践层面的“存天理，灭人欲”，均在于强调“天理”“人欲”之间的内在张力。显明“天理”和“人欲”的紧张与对立，乃宋明理学理欲观的基调，亦即宋明理学家的一般共识。对此，湖湘学派大儒胡宏在继承先贤基本观点的基础上予以创新和发展。他在《知言》中提出：“天理人欲同体而异用，同行而异情。”[①] 此说立足于其性本论，将“天理”“人欲”的观念统摄于“体”“用”框架之中，并着重从人事或人的生命活动出发，以“同”中辨“异”的方式阐明儒家义理，可谓辨析入微、精辟独到、深切著明。这既蕴含着他对儒家价值理想的坚守和道德立场的捍卫，也渗透着他对儒家直面现实生活世界的入世态度和务实精神的深刻体认与阐扬。胡宏此论不仅在南宋儒学界引起了震动，而且对元、明、清诸多儒家学者的思想也产生了一定影响。然而目前学界对“天理人欲同体而异用”之说在具体的理解和评价方面，却众说纷纭、莫衷一是，甚至包括大相径庭的认识。无论是基本概念的把握，还是整体意蕴的领会，学界于此都存在诸多分歧。[②] 这些分歧的出现主要是因为对“天理”“人欲”“体”“用”等基本概念的界说和对胡宏性论等的认识不一或不到位。

（一）“天理”“人欲”之含义

在胡宏的“天理人欲同体而异用”说中，“天理”“人欲”共同作为

① 胡宏：《知言》，《胡宏集》，中华书局1987年版，第329页。

② 学者们关于胡宏“天理人欲同体而异用”说的诸多理解将在下文中展示。

主语、主词而存在，“同体而异用”则是对“天理”“人欲”何如的具体论述。显然，若要阐明胡宏此说的意涵，则必须澄清“天理”“人欲”的含义。然而单从此说本身的内容来看，“天理”“人欲”的内涵并不明晰。既然如此，那么须将其置于更为宽广的理学或儒学脉络当中来把握。

根据已有文献可知，“天理”“人欲”成对出现始于《礼记·乐记》：“人化物也者，灭天理而穷人欲者也。”孔颖达对此疏解道：“人既化物，逐而迁之，恣其情欲，灭其天生清净之性，而穷极人所贪嗜慾也。”① 这是以“天理”为人的天生清净本性，以“人欲”为人的贪欲，二者为对立关系。虽然“天理”“人欲”对言的情况在宋代以前很少存在，但有关论述所彰显的二者在人事价值上的对反关系则开启了宋明理学理欲观的基本论调。自北宋以来，“天理”“人欲”作为一对概念逐渐被理学家频繁使用，广泛出现在理学著述之中。程颐曰：“不是天理，便是私欲。……无人欲即皆天理。”② 张载说：“不是人欲便是天理，不是天理便是人欲……。”③ 谢良佐云：“天理与人欲相对……人欲才肆，天理灭矣。”④ 胡安国谓：“人欲日长，天理日消……。”⑤ 凡此诸说，无不在彰显“天理”和“人欲”的冲突，强调二者的分辨，主张存“天理”而去“人欲”。此中“天理”“人欲”相对，是针对人的行为表现所做的道德评判，具有完全相反的价值内涵。这就意味着，相对“人欲”而言的“天理”不是就宇宙本体来说的，而是指向道德伦理中的种种正向价值观念（如善、正、公）；相对“天理”而言的“人欲”不是一般所谓人的欲望（中性），而是指向道德伦理中的种种负向价值观念（如恶、邪、私）。简言之，“天理”“人欲”乃人道或道德层面一正一反、截然对立的两种价值取向。

从胡宏的整个思想来看，他继承和发扬了北宋诸儒的基本立场，注重“天理”“人欲”的判别，倡导遏“人欲”而明“天理”。具体而言，这主

① 郑玄注，孔颖达疏：《礼记正义》卷37《乐记第十九》，《十三经注疏》（三），清嘉庆刊本，中华书局2009年版，第3315页。

② 程颢、程颐：《河南程氏遗书》卷15《入关语录》，《二程集》，中华书局2004年版，第144页。

③ 张载：《张子语录》，《张载集》，中华书局1978年版，第342页。

④ 谢良佐：《上蔡语录》卷1，《文渊阁四库全书》第698册，台湾商务印书馆1986年版，第569页。

⑤ 胡安国：《春秋传序》，《春秋胡氏传》，浙江古籍出版社2010年版，第2页。

要体现在胡宏以下论述当中：

> 天理人欲同体而异用，同行而异情。进修君子宜深别焉。①
>
> 小人好恶以己，君子好恶以道。察乎此，则天理人欲可知。②
>
> 人欲盛，则于天理昏。理素明，则无欲矣。③
>
> 天理人欲，莫明辨于《春秋》。圣人教人清人欲、复天理，莫深切于《春秋》。④
>
> 沦夷至于战国，天下横溃，人欲肆而天理灭矣。使天下诸侯有能知孟子之言，遏人欲、明天理于天下者，是《春秋》之法行也，岂与圣人异乎?⑤
>
> 存一分之天理而居平世者，必不亡；行十分之人欲而当乱世者，必不存。⑥

胡宏云："恐伊川指性指心，盖有深意，非苟然也。'心''性'固是名，然名者实之表著也。义各不同，故名亦异，难直混为一事也。"⑦ 这表明他重视概念的界定，注重不同概念的辨析，强调概念之形式与内涵的统一，力主以义定名即以概念的内涵决定概念的形式。既然如此，那么"天理""人欲"对胡宏而言必具有特定的含义和不同的意涵，并在其思想体系中保持语义的一致。这就意味着，通过考察胡宏在其他场域的有关论述，来揭示其"天理人欲同体而异用"说中"天理""人欲"的内涵，是合理、可行的。根据胡宏对"天理""人欲"的所有直接论述可知：其一，"天理""人欲"之论是针对格致诚正、修齐治平等具体的人事或人的生命活动而提出的，指向人伦日用的生活世界，蕴含着强烈的现实关怀，绝非脱离人世实际的抽象思辨或空洞说教。换言之，"天理""人欲"必然关联于具体的人事或人的生命活动，并不可脱离人事而论。其二，"天理""人

---

① 胡宏：《知言》，《胡宏集》，中华书局1987年版，第329页。
② 胡宏：《知言》，《胡宏集》，中华书局1987年版，第330页。
③ 胡宏：《知言·纷华》，《胡宏集》，中华书局1987年版，第24页。
④ 胡宏：《知言·一气》，《胡宏集》，中华书局1987年版，第28页。
⑤ 胡宏：《释疑孟》，《胡宏集》，中华书局1987年版，第326页。
⑥ 胡宏：《与樊茂实书》，《胡宏集》，中华书局1987年版，第124页。
⑦ 胡宏：《与曾吉甫书三首》，《胡宏集》，中华书局1987年版，第116页。

欲”之说不是从实然层面对人事或人的生命活动所做出的事实陈述，而是从应然层面对人事或人的生命活动所给出的价值判断。其三，“天理”“人欲”是一对道德伦理方面的概念，如同“善”“恶”等范畴，虽处于相同层次，却具有完全对立、截然相反的价值内涵：“天理”是人事或人的生命活动之善，即人的具体行为所蕴含、所显现的正向道德观念；“人欲”则为人事或人的生命活动之恶，即人的具体行为所蕴含、所显现的负向道德观念。其四，“天理”乃人应当如何行动的根本道德准则，“人欲”则意味着人的行为失范无度即背离这一准则，二者在特定人事中势如水火、此消彼长，绝不可并存。其五，“天理”是人应当追求、遵循、坚守的价值原则和行动准则，“人欲”则是人必须否定和去除的消极、负面的对象。

显然，胡宏对“天理”“人欲”概念的使用延续了先儒的基本规定，[①]并使这对范畴在其思想体系的不同语境中保持了内涵的一致性。既然“天理”“人欲”在胡宏哲学中有其特定而一贯的含义，那么在考察其“天理人欲同体而异用”说时，就应当注意结合相关论述厘清这对概念的意涵。然而多数学者对此并未给予足够重视，以致引发了一些根本性误解或自相矛盾的看法。如有的论者从本体的意义上来理解该“天理”；有的论者从一般所言中性的人的欲望来把握此“人欲”；有的论者认为胡宏此说肯定了“人欲”存在的合理性，彰显了理欲之间的统一性，从而是对先儒存“天理”去“人欲”观点的一种修正或突破。[②] 这无疑都是对胡宏“天理”“人欲”论的不确当认识。

（二）“体”“用”之内涵

为澄清“天理人欲同体而异用”之义，既于上文已明确“天理”“人欲”的内涵，则需进一步分析“同体而异用”的意义。此中“同”与

---

① 参见杜保瑞《南宋儒学》，台湾商务印书馆 2010 年版，第 164 页。

② 参见蒙培元《理学范畴系统》，人民出版社 1989 年版，第 299、303 页；朱汉民《宋代理学家胡宏的理欲论和圣人论》，《福建论坛（文史哲版）》1989 年第 6 期；王育济《天理与人欲——理学理欲观演变的逻辑进程》，齐鲁书社 1992 年版，第 6、128、131 页；侯外庐、邱汉生、张岂之主编，张岂之修订《宋明理学史》，西北大学出版社 2018 年版，第 276—278 页；向世陵《善恶之上：胡宏·性学·理学》，中国广播电视出版社 2000 年版，第 183—185 页；陈代湘《论胡宏的性善恶论及其理欲观》，《哲学研究》2012 年第 5 期；张琴《胡宏“知言”哲学研究》，浙江大学出版社 2019 年版，第 125、131 页。

“异”相对，“体”和“用”相对，“同体而异用”即“体同而用分”①，其字面义为“体”同而“用”不同。过往学者从本体、事体、人体、生命个体、整体等意义来把握该“体”，从发用、作用、表现等意义来理解该“用”。究竟此处的“体”“用”当作何解？这既取决于“天理”“人欲”之义，又与胡宏的体用论有重要关联。从其整个思想体系来看，胡宏的体用说主要体现在：其一，就本体与本体之活动性论“体用”。“体”指形上本体，“用”指形上本体自身生生不已之活动作用。如“性体心用”即是从这一意义上来说的。其二，就本体与现象（本体之形下表现）论“体用”。“体”指形上本体，“用”指形上本体于形下世界发用流行之具体表现。如中体与和用、仁体（理体）与义用便是如此。其三，就一般所说本末或主次的意义来论“体用”。“体”是本，“用”是末。如道德为体、法制为用即是此类。胡宏无论从何种意义把握“体”“用”，皆强调二者乃相依互成、相资互发的一体关系。

（三）“天理人欲同体而异用”之意蕴

根据胡宏对“体”“用”的主要用法及其对“天理”“人欲”的基本理解可知，“天理人欲同体而异用”说中的“体”“用”宜从本体和现象的意义上来把握。首先，“天理”“人欲”乃就具体的人事所做的道德判断，是体现于人事的两种对立的价值取向，必紧扣形而下的现实人事立意，所以纯就形上本体自身而言的“体”“用”义不符合此说的语境。其次，若将此处的“体”“用”释为本末或主次，则“天理人欲同本（主）而异末（次）”显然于义不通。最后，如果以本体与其发用流行之具体表现解释“体”“用”，那么“天理人欲同体而异用”则可理解为（字面义）：“天理”“人欲”虽具有共同的本体（同体）却是这一本体的不同发用和表现（异用）。在此，“体”“用”对言，“体”是“用”之“体”（来源和根据），“用”是“体”之“用”（发用和表现）。因而“异用”之“用”不是隶属于“天理”“人欲”的“用”，而是隶属于“同体”之“体”的“用”。也就是说，“天理”“人欲”均为此“体”之“用”，乃“异用”的具体所指或确切内容。这意味着，“天理”“人欲”虽然其内涵相对，却同属于形下之“用”，而与形上之“体”处于不同的层级。既然

① 胡宏：《知言·阴阳》，《胡宏集》，中华书局 1987 年版，第 9 页。

如此，那么此处的“天理”也就不能从本体的意义上来理解。

上述对“天理人欲同体而异用”的阐释，固然于字面义可通，然而在实质意涵上是否合理得当，则取决于“体”的具体所指及“天理”“人欲”与该“体”的确切关系。根据胡宏的性本论，此处的“体”当指性体。而作为“天下之大本”① 的性体，不具有善恶、是非之类的任何特定价值，乃超越于一切具体价值之上的绝对至善者（至善无对、不与恶对）。胡宏云：“性，天命也。”“人事有是非，天命不囿于是非，超然于是非之表，然后能平天下之事也。或是或非，则在人矣。”② 在他看来，是非在于人，人事上才有是非可言，而天命（性体）则超越于是非之类的价值之上，本身无所谓是与非。但这绝不意味着，人事上的种种价值与性体无关。恰恰相反，因为“性”乃天地万有之本，所以它必然是一切价值存在者和非价值存在者的终极依据，既为宇宙本体亦为价值本体（道德本体）。易言之，性体创造、统摄、决定了一切价值，乃所有价值的最终来源、根据和评判者。“天理”“人欲”作为就人事而言的两种价值取向，自然也不例外。既然“天理”“人欲”是由性体所生成、给定、决断的价值存在者，是性体作用于人事的产物，那就可以说二者乃性体在人事之中发用流行的具体表现。当然，也只有在性体于人事之表现（性之用）的层面才能说“天理”和“人欲”，就性体之本然或本身（性之体）而言，是无所谓或不能讲“天理”“人欲”的。简言之，“天理”“人欲”与性体之间是一种体用关系：后者为前者之体，前者为后者之用，二者虽处于形上、形下之不同层次，却相即不离、一体不分。据此，则“天理人欲同体而异用”宜解作：“天理”“人欲”虽然同以“性”为本体却是性体作用于人事的不同道德价值表现。

那么，同一性体的发用和表现何以存在如此差异？在胡宏看来，这与“气”有着颇为重要的关联。他说：“性，天命也。命，人心也。而气经纬乎其间，万变著见而不可掩。”“非性无物，非气无形。性，其气之本乎！”③ 对他而言，“性”是形而上者，为“气”之本体；“气”乃形而下者，为“性”显现自身的载体。“气”的作用在于让天地万物有形、使性

① 胡宏：《知言》，《胡宏集》，中华书局 1987 年版，第 328 页。

② 胡宏：《知言·义理》，《胡宏集》，中华书局 1987 年版，第 30 页。

③ 胡宏：《知言·事物》，《胡宏集》，中华书局 1987 年版，第 22 页。

体得以具体、真实的呈现。由于“气”本身蕴含着种种差异，所以当性体通过“气”来显现时，则必然产生诸多分别。这种分别既见之于宇宙万物的差异，也体现在人事价值上的不同。胡宏曰：“观万物之流形，其性则异；察万物之本性，其源则一。”[①] 他认为，宇宙万物流动变化的形体即性之用是多，充满着各种差异；而宇宙万物的本性即性之体则为一，无任何分别可言。“气”令宇宙万物具备不同形体，宇宙万物的形体及其活动之差异便反映出“性”显现于“气”的分别。同时，这也表现于人事中的诸种价值。胡宏指出：“一人之性，万物备之矣。论其体，则浑沦乎天地，博浃于万物虽圣人，无得而名焉；论其生，则散而万殊，善恶吉凶百行俱载，不可掩遏。”[②] 性体本身乃是具有普遍性、恒常性、超越性、无限性的统一体，不存在任何差殊（性之体一）；而性体在人事中的发用和表现，则有善恶、吉凶、各种品行的相异（性之用殊）。可见，性体见之于人事，便呈现出善恶、吉凶等不同价值，这当然也包括“天理”“人欲”在内。胡宏的上述看法被其弟子张栻吸收，他表示：“盖如饥食渴饮、手持足履之类，固莫非性之自然形乎气体者也。形乎气体，则有天理，有人欲；循其自然，则固莫非天理也。”[③] 人的行为是性体在人的具体显现方式，当性体表露于某一行为，则可能生成“天理”“人欲”之不同价值。

关于胡宏“天理人欲同体而异用”之说，尚需指出的是：一者，本于儒者基本立场，胡宏在此强调的是“异用”而非“同体”，即重点在于“天理”“人欲”的分辨。二者，根据“天理”“人欲”的意涵可知，此处的性体当偏重于道德本体义而非宇宙本体义。三者，“天理”“人欲”是就性体之表现层上的事所做的两种价值判断，而纯粹至善的性体本身则是价值评判的绝对标准。四者，从体用观的角度来看，此中“体用”是跨越形上与形下、异质异层的“体用”，“体”指本体，“用”指本体发用流行之具体表现，二者的关系为：用本于体，体由用显，体用相倚，一体不二。可见，这仍然贯彻了胡宏“体用合一”的思想。只不过在“天理人欲同体

① 胡宏：《知言·往来》，《胡宏集》，中华书局 1987 年版，第 14 页。胡宏亦云：“乾道变化，各正性命，命之所以不已，性之所以不一，物之所以万殊也。”（胡宏：《知言·汉文》，《胡宏集》，中华书局 1987 年版，第 41 页。）

② 胡宏：《释疑孟》，《胡宏集》，中华书局 1987 年版，第 319 页。

③ 张栻：《南轩先生孟子说》卷 7，《张栻集》（二），中华书局 2015 年版，第 595 页。

而异用”说中，胡宏强调的重点并非体用合一，而在于“体同用异”。这无疑体现出对体用之别的积极肯认。总之，“天理人欲同体而异用”说蕴含着“体用合一”“体一用殊”“体同用异”的观念。

三 道体事用

从人道的层面来说，性体的开显、道体的呈现，显然必须通过人事或人的行动来实现和完成。于是道事关系或理事关系，便成为宋明儒学重点探讨的问题。湖湘学派对这一问题的处理，依然贯彻其体用合一或体用相须的思想。

（一）胡安国强调即事明理

湖湘学派对人所做之“事”给予了重要关注。胡安国在《春秋传》的序言中引用孔子的话：“我欲载之空言，不如见诸行事之深切著明也。”并表示：“空言独能载其理，行事然后见其用。”[①]“《春秋》见诸行事，非空言比也!”[②]“仲尼因事属词，深切著明，非五经比。”[③] 由此足见胡安国对“行事”即人所做之“事”的重视。事实上，他的《春秋传》便是要即“事”以明“理”。而之所以能即“事”明“理”，乃在于“事”中蕴含着“理”，或者说“理”融入了“事”中。当然，即“事”明“理”只是其中一方面，另一方面则是依“理”以行“事”，从而将“理”实现于“事”。胡安国的《春秋传》可谓即“事”明“理”并启迪人们依“理”行“事”的典范之作。此中便涉及理事之间相互作用、相互影响的辩证关系。

“天理”是胡安国春秋学的核心概念。他认为，《春秋》的宗旨即在于“明天理”[④]，或者说“遏人欲于横流，存天理于既灭”[⑤]，而即人事以显现天理便是实现这一宗旨的基本路径。胡安国尤其推崇这种即事明理的方式，这也是他研治春秋学的一个重要原因。他说：“仲尼……制《春秋》

---

① 胡安国：《春秋传序》，《春秋胡氏传》，浙江古籍出版社 2010 年版，第 1 页。

② 胡安国：《春秋传序》，《春秋胡氏传》，浙江古籍出版社 2010 年版，第 1—2 页。

③ 胡安国：《进表》，《春秋胡氏传》，浙江古籍出版社 2010 年版，第 6 页。

④ 参见胡安国《答罗仲素书》，《春秋胡氏传》附录三《胡传余沖》，浙江古籍出版社 2010 年版，第 578—580 页。

⑤ 胡安国：《春秋传序》，《春秋胡氏传》，浙江古籍出版社 2010 年版，第 1 页。

之义，见诸行事，垂训方来。”① “为国以义不以利，《春秋》之大法在焉。见诸行事，亦可谓深切著明矣。”② “《易》言其理，《春秋》见诸行事，若合符节，可谓深切著明矣。”③ 在他看来，《春秋》的重要特点乃在于将天理通过具体的行事展现出来。这种即事明理的方式是经由具体行事来显明天理之用的，而天理之用即为天理作用流行的表现，于是天理之体便因这些行事而得以具体、真实的呈现，由此可以说是“深切著明”。那么天理何以能通过人的具体行事来显明呢？这主要是因为，天理就寓于人之合理的行事之中，人的合理行事即是天理之流行发用。所谓“行事然后见其用”，即主张天理在人正需要通过人的行事来呈现其作用从而显明其自身。此中显然蕴含着天理之体见之于、不离于天理之用的观念。

当然，《春秋》所载的行事并非泛指人的一切行事作为，而是特指那些关涉着、承载着、含藏着天理之价值意蕴的重要人事。胡安国认为，孔子笔削《春秋》乃是将天理融入于史事之中，再由这些蕴含天理的史事来显明天理。所谓天理见之于行事、行事为天理之用，正是就此而言。确切地说，天理通过人的行事所显之用主要是指具体的道德伦理规范。胡安国在《春秋传》强调的“三纲九法”等内容都是天理的体现，如他说：“阳唱而阴和，夫先而妇从，天理也。”④ 这里的阳唱阴和、夫先妇从即是天理的具体表现，亦即天理之用。实则，整个《春秋》大义或《春秋》大法都是天理之用，天理之体正是通过这些大义、大法来显明的，而《春秋》之大义、大法又寓于它所记述的行事之中，所以人的特定行事便成为天理大本在人的具体呈现方式。这其中包含“事”“义”“理”三个相互关联的因素，人若能由事而知其义，再即义而明其理，则可以通晓天理。由此，胡安国说：“学是经者，信穷理之要矣。”⑤ 当然，既然天理是宇宙万有的本原，那么万事万物皆为其发用流行之具体表现，而并不会局限于任何特定的某一方面。天理流行发用不已，故而其表现也必然无穷无尽。总之，

① 胡安国：《进表》，《春秋胡氏传》，浙江古籍出版社 2010 年版，第 6 页。
② 胡安国：《春秋胡氏传》卷 28《定公下》，浙江古籍出版社 2010 年版，第 473 页
③ 胡安国：《春秋胡氏传》卷 18《宣公下》，浙江古籍出版社 2010 年版，第 285 页。
④ 胡安国：《春秋胡氏传》卷 8《庄公中》，浙江古籍出版社 2010 年版，第 105 页。
⑤ 胡安国：《春秋传序》，《春秋胡氏传》，浙江古籍出版社 2010 年版，第 2 页。

天理之体生生不息，天理之用发动不已，体由用显，体即在用，体用相即不离、相融不二。

上述体由用显、体不离用的观念还体现在胡安国“生活日用即道”的思想之中。据《武夷学案》所载，弟子曾几曾问胡安国：“甚处是精妙处？甚处是平常处？”胡安国答道：“此语说得不是。无非妙处。”① 他认为，精妙处就在平常处，平常处即是精妙处，精妙处遍在于平常处，离于平常处就无所谓精妙处。② 此所谓“精妙处”是就道体而言，“平常处”即包含诸多人事的日常生活世界，亦即道体发用流行之表现处。胡安国意在强调道就体现并内在于人的日常生活世界之中，而并非外在于人伦日用。这可以从两方面来理解：一是就道体自身而言，道体无时无处不在，原本就恒常地、普遍地存在于万事万物，从而也就不离于人伦日用；二是从人生修养方面来说，若于日用平常处实见道体，便可明晓日常生活不离道、道不离日常生活，道体与日常生活一体不二。《武夷学案》又载：“吉甫尝问：‘今有人居山泽之中，无君臣，无父子，无夫妇，所谓道者果安在？’曰：‘此人冬裘夏葛，饥食渴饮，昼作入息，能不为此否？’曰：‘有之。’曰：‘只此是道。’”③ 于此，曾几问胡安国：有人隐居在山泽中，无君臣、父子、夫妇，未处身于伦常关系之中，那么道又体现在何处呢？胡安国表示：此人冬裘夏葛、饥食渴饮、昼作夜息的日常行事便是为道，也就是说，道就体现在此人顺应天道而为的日常生活行事之中。这一方面说明道体无所不在，并不限于道德伦理的方面，人之一切合道合理的行为举动都是道体作用流行的体现；另一方面则表明道体就在人生日用之中，并不离于人的日用常行而在。④ 易言之，具有形上超越性的道体就内在于、显现于形而下的经验生活世界（事事物物），所以道体既具有普遍性、恒常性、

---

① 黄宗羲原著，全祖望补修：《武夷学案》，《宋元学案》卷 34，中华书局 1986 年版，第 1178 页。

② 参见王立新《开创时期的湖湘学派》，岳麓书社 2003 年版，第 108—109 页。

③ 黄宗羲原著，全祖望补修：《武夷学案》，《宋元学案》卷 34，中华书局 1986 年版，第 1178 页。

④ 朱汉民指出：“胡安国的理学思想有一个重要特点，就是具有由人道而及天道、注重在日用伦常中获得本体性超越的理论特色。”“胡安国主要是从生生不息的天地自然中谈天道，尤其是从饥食渴饮、冬葛夏裘的日用生活中谈天道。”（朱汉民：《湘学原道录》，中国社会科学出版社 2002 年版，第 92、93 页。）

绝对性，也是具体的、真实的、客观的存在。既然如此，那么人们就可以在日常生活（事）中明道、体道、践道，并且也只有立足于日用常行（事）才能真切地把握道体、呈现道体。这显然贯彻了胡安国强调即事明理的一贯立场，同时蕴含着体由用显、即用见体的体用观。

（二）胡宏主张“事本乎道，道藏乎事”

胡宏继承并发扬了胡安国重“事”的观念，他表示：“事事物物者，乃人生之不可无，而亦不能扫灭使之无者也。儒者之道，率性保命，与天同功，是以节事取物，不厌不弃，必身亲格之，以致其知焉。”这不仅从客观上指出事事物物乃人生不可或缺的要素，而且以积极应对事物为儒家的基本立场和儒学的根本精神。他还认为“事物属于性”“万物万事，性之质也”，也就是将事事物物视为性体具体、真实的发用与表现。这其中便涉及性事之关系：一方面，“事”以“性”为其存在和运行的根据；另一方面，“性”通过“事”得以真切显现、坐实。就此而言，可以说“性”是“事”之体而“事”为“性”之用，二者乃体用相须互成的关系。

由于性体即道体即理体，所以性事关系可等价于道事关系或理事关系。胡宏云：“事本乎道，道藏乎事。”① 在他看来，人所做之“事”以“道”为基本原则，而“道”即蕴含在人事之中，通过人所为之“事”来体现、落实。这也就是以“道”为“事”之体、“事”为“道”之用。此即为“性”之体用相须关系的具体展开。

总之，依湖湘学派之见，性体具有不已的能动性、创生性，因而性之即体即用必然运作于、展现于气化流行的世界，由此定会产生性体与情用相须、天理与人欲同体异用、道体与事用相须等辩证关系。这显然是湖湘学派一以贯之的体用思想在其性论中的展开与表现。

第三节　心之体用及其展开：理与义、心与身、心与迹

基于湖湘学派“性体心用”之论，性体之义见之于心体，性体之

① 胡宏：《皇王大纪论·西方佛教》，《胡宏集》，中华书局 1987 年版，第 223 页。

实显之于心体。如此一来，性之体用必内在地关联于心之体用，并最终展现于、坐实于心之体用。而对湖湘学派来说，心体（仁心/道德本心）本身就是即体即用、能动生生之形上本体，因而定如性体一般必然作用于、显现于气化流行的形下世界。在湖湘学派的儒学思想中，理体义用、心体身用、心体迹用，即是心之体用在气化流行的现实世界之中的展开。

一　理与义为本心之体用

（一）“心”之体用义

在湖湘学派诸儒中，以体用观念论道德本心始于胡安国。他在《答赣川曾几书》中说：“夫自本自根、自古以固存者，即起灭心是也。不起不灭，心之体；方起方灭，心之用。体用一源，显微无间。”① 这里的体用关系主要是就人皆固有的道德本心来说。“自本自根、自古以固存者”指本心之体，即心本体；“起灭心”指本心之用，即心本体发用流行之具体表现，如四端之心和承载道德伦理规范的“五典”等。此处“即”字虽有“即是”“等同”之义，但并非说“自本自根，自古以固存”的心之体就完全等同于作为心之用的“起灭心”，而是指心之体与心之用都属于同一本心。因为心之体与心之用毕竟有形上、形下之别，并不相等，所以此处其实是认为心之体与心之用相即不离、圆融不二。这具有两方面意涵：一方面，即体而言，则心之用不离于心之体；另一方面，即用而言，则心之体不离于心之用。而二者不可相离的原因主要在于：心之体是心之用的根源，无体则用无从生起；心之用是心之体的显现，无用则体无法表现、坐实。就后者而言，“方起方灭”“四端五典”② 等即是心体的发用与呈现，心之体正是通过具体的四端之心、道德规范、道德实践等心之用来显现、落实。正因为如此，心体才不是抽象、空洞的体，而是具体、真实的体。也就是说，心体所具有的不已的道德创造力就是由其发用流行来体现或具体化与真实化。这就意味着，人欲明识、存养心体，就可以且应当从心体

① 胡安国：《答赣川曾几书》，转引自胡寅《先公行状》，《斐然集》卷 25，中华书局 1993 年版，第 557 页。

② 胡安国：《答赣川曾几书》，转引自胡寅《先公行状》，《斐然集》卷 25，中华书局 1993 年版，第 556 页。

的发用流行显现处着眼，即心之用以求心之体。胡安国所谓“充四端可以成性，惇五典可以尽伦”①，无疑指明了此意。

（二）本心该贯理体义用

胡寅继承了胡安国的本心体用说，并以理体义用相须来把握道德本心的内在意蕴。这当然也是本于体用观念对孟子所云“心之所同然者何也？谓理也，义也”（《孟子·告子上》）进行理学诠释。在他看来，人皆固有的道德本心是有体有用、体用兼该的，理为心之体，义为心之用，理体与义用共同构成本心之全体。并且他认为，理是义的根源，义是理的表现，理与义一体不离。因而心之体与心之用也就圆融不二。此中涉及心与理义的关系以及理和义的关系。

其一，理义植根于人心，理为心之体，义为心之用。胡寅主张，理义根源于人心，为人心所本有。他说：“理义出于良心，不可泯也。”②“夫理义出于人心，其可否，岂不犹鼻口之于臭味欤?”③“理义出于人心，虽世乱之极，有不可灭者。”④这就表示，理义根源于、内在于人心，为人心所涵摄，具有先验性、超越性、恒常性，绝不可泯灭、消亡。他还认为，理是心之体，义是心之用，人的本心备具理义、兼该体用。胡寅云：

> 圣学以心为本，佛氏亦然，而不同也。圣人教人正其心，心所同然者，谓理也、义也。穷理而精义，则心之体用全矣。佛氏教人以心为法，起灭天地而梦幻人世，擎拳植拂、瞬目扬眉以为作用，于理不穷，于义不精，几于具体而实则无用，乃心之害也。⑤

在他看来，儒家与佛教虽然都主张以心为本，却存在根本性的差异。儒家

---

① 胡安国：《答赣川曾几书》，转引自胡寅《先公行状》，《斐然集》卷25，中华书局1993年版，第557页。

② 胡寅：《致堂读史管见》卷3，《续修四库全书》第448册，上海古籍出版社1994年版，第446页。

③ 胡寅：《致堂读史管见》卷14，《续修四库全书》第448册，上海古籍出版社1994年版，第648页。

④ 胡寅：《致堂读史管见》卷29，《续修四库全书》第449册，上海古籍出版社1994年版，第241页。

⑤ 胡寅：《崇正辩》卷1，中华书局1993年版，第48页。

所倡导的“心”是理义之心、体用兼备之心，故而强调通过穷理精义的工夫以成就本心之全体大用；而佛教则以心为空，既不穷理，又不精义，如此则心之体用不全，以致人的本心陷溺。可见对胡寅而言，人所固有的道德本心必是有体有用、体用该备的大全之心，而理即是此心之体，义即是此心之用，故而唯有穷理精义以至于理明义精方能开显本心之全体，从而真正整全地挺立人之本心。当然，因为理体、义用皆为本心所统摄，皆内在于本心之中，所以也可以转换视角说“闲邪去伪以存其心，其心常存，则理明义精”①。

其二，理为义的本原，义是理的表现。依胡寅之见，本心并非简单、机械地包含体和用，而是将体用加以有机的、辩证的融合统一。这通过理义之间一体不二的关系即可体现出来。胡寅曰：“义者，天理之公也，华夏圣贤之教也。……故善学者择义而已矣。今夫慈孝忠顺，交际辞受，语默动止，出处久速，各有不可易之理。处之当夫理，是义也。……今而后二三子穷理期于精，由义期于熟。必也不惑，然后智益明；必也不离，然后仁益敦。”② 在他看来，一切事物都有其应然或当然法则（理），处事应物合乎理就是义。可见，义即使事事物物都各当其理、各行其道、各得其所，也就是本体意义上的理（根本原则）落在具体事物上的分殊表现（具体规范）。所以，义乃理体在万事万物当中的具体呈现，而理体则是义的来源和根据。胡寅曰：“泛酬曲酢，未尝不当。万变迁代，而心则自如。无所冀而为之，如水之必湿，火之必热，止于各得其所宜焉尔。夫湿之在水，热之在火，岂伪设而用，其润与熯者岂附益哉？是故各得宜者，中国圣人谓之义。”③ 这是认为，事事物物皆各得其宜即是义。而使事物得宜与否的根本标准则在于是否合乎相应的法则（理）。换言之，事物固有之理便是宜之所在。这就意味着，理与义是内在统一、根本相通的：就本体意义上的理而言，理是义的根源，义是理的发用和显现；就理体的具体表现即分殊之理而言，则义即是理。

根据上述“理为心之体、义为心之用”的观点，“理”当是指本体之

① 胡寅：《致堂读史管见》卷22，《续修四库全书》第449册，上海古籍出版社1994年版，第136页。

② 胡寅：《桂阳监学记》，《斐然集》卷20，中华书局1993年版，第430页。

③ 胡寅：《义斋记》，《斐然集》卷20，中华书局1993年版，第425页。

理。又因理体即仁体、理义之心即仁义之心,[①] 故理义关系也可通过仁义关系来把握。对于仁义之间的关系，胡寅表示："孟子传之曰：'仁，人心也；义，人路也。'本末、内外、精粗、隐显，其致无二。中国有道者明之曰：'体用一源，显微无间。'"[②] 这就是以体用不二的观念把握仁义之关系，主张仁是义之体，义是仁之用，两者相即相融、一体不二。他还说："人之所以异于夷狄、禽兽者，以有仁义之心也。……既人矣，则当以仁存心，以义行事，全其所以为人者。"[③] "虽然圣学无传焉，如其有传，则传之者其心必仁。存诸心者仁，则形诸事者义。"[④] "仁者，人君之大用，即所谓元也。……不能体元，则其心不仁，心不仁则事不义，《春秋》之所治也。"[⑤] 在他看来，仁义之心乃人之所以为人而异于他物的本质所在，人之为人，就应当以仁存心、以义行事。此中又必须以操存仁心为根本，因为人之心仁则其处事必守义，人之心不仁则其处事必不义。由此可以表明，仁是义得以产生的根源（体），义是仁作用于事的具体表现（用），二者是内在一体、不可分割的。既然如此，那么理义之间也就是体用不二的关系。又因理即心之体、义即心之用，故心之体与心之用必然圆融一如、相即不离。

可见胡寅主张，人之本心有体有用、体用该贯，理为心之体，义为心之用，并且理是义的本原、根据，义是理的运用、表现，因而理体与义用相倚不离、一体不二。这即是以体用不二的观念阐释道德本心的内在意蕴与结构。

二　心与身互为体用

湖湘学派不只本于体用思想建构其本心论，而且以体用观念处理身心

---

① 胡寅曰："仁义正理根诸人心，出于子思、孟轲之口者，未尝亡也。"（胡寅：《致堂读史管见》卷1，《续修四库全书》第448册，上海古籍出版社1994年版，第416页。）又曰："理义出于人心，虽下愚蠢蠢，犹不可亡灭，而况英杰之资乎？"（胡寅：《致堂读史管见》卷17，《续修四库全书》第449册，上海古籍出版社1994年版，第47页。）据此可知，仁义之心即理义之心。

② 胡寅：《崇正辩》卷3，中华书局1993年版，第123页。

③ 胡寅：《致堂读史管见》卷23，《续修四库全书》第449册，上海古籍出版社1994年版，第148页。

④ 胡寅：《致堂读史管见》卷30，《续修四库全书》第449册，上海古籍出版社1994年版，第271页。

⑤ 胡寅：《致堂读史管见》卷29，《续修四库全书》第449册，上海古籍出版社1994年版，第251页。

关系问题，主张心与身互为体用。这是其体用思想在身心论中的展开，而其中胡寅的身心体用观颇具有代表性。心身相须、体用相成，是胡寅身心观的基本论点，也是其以体为本的体用不二思想在身心论中的运用和表现。这里的“身”是指人的形体或肉身，如耳、目、口、鼻、手、足等都属于身体方面的内容；“心”主要是指人的道德本心，有时也就一般所谓人的意识尤其是人的理性、意志而言。在胡寅看来，“身”与“心”相互依存、相互作用、相互影响：“身”须通过“心”来统驭、主宰，“心”须借助于“身”来体现、落实，二者一体不离。

胡寅力主身心相须相成，强调身心之间的内在统一性，其直接目的乃在于批评佛教“谓心为空”“离亲毁形”之割裂身心一体性的做法。他说：

> 佛教以心为法，不问理之当有当无也。心以为有则有，心以为无则无。理与心一，谓理为障，谓心为空。此其所以差也。圣人心即是理，理即是心，以一贯之，莫能障者。是是非非、曲曲直直，各得其所。物自付物，我无与焉。……夫又何必以心为空，起灭天地，伪立其德，以扰乱天下哉？今夫人目视而耳听，手执而足行，若非心能为之主，则视不明、听不聪、执不固、行不正，无一而当矣。目瞽、耳聩，心能视听乎？手废、足蹇，心能执行乎？一身之中，有本有末，有体有用，相无以相须，相有以相成，未有焦灼其肌肤而心不知者也？学佛者言空而事忍，盖自其离亲毁形之时已失其本心矣。积习空忍之久，于封劓焚炼而不以为痛，盖所以养心者素非其道也。凡人之生无不自爱其身，彼学佛者，于蚊蚋之微、草芥之细，犹不忍害，广悲愿也。自爱乃能爱人，爱人乃能爱物，故养心保身者，济人利物之本也。今乃残之如此，将何为哉？非有丧心之疾而然乎？①

此处对佛教的批评主要涉及心理关系和身心关系两大问题，而这两者是密切关联的。在心与理的关系问题上，胡寅主张“理与心一”，这可以通过

① 胡寅：《崇正辩》卷2，中华书局1993年版，第69页。

其“实有是理，故实有是心”[①]“心无理不该”[②]“知理合之谓心”[③]等论说来理解。他认为，心原本就统摄理并能明识此理，理内在于心，心乃所觉之理与能觉之灵的合一。既然如此，那么心绝非为“空”，而是真实存在的涵具众理之心、能够明理之心。佛教既以心为空，认为心中无理，则必以理为障，不能通晓此理，于是心与理截然相分为二。又因“理”是万事万物存在及运行的根本法则，故会导致事事物物不能得到合宜有效的安顿，从而扰乱整个天下秩序。与此相反，圣人心即是理，理即是心，心与理相融为一，从而能使是非曲直皆各得其当、万事万物都各得其所。这主要是站在儒家“心与理一”（心中有理、心能明理）的立场来批评佛教“心与理二”（心中无理、心不明理）的弊失。在身心关系问题上，胡寅主张以心为身的主宰，并充分肯定了身体的重要性，强调身与心相互依存、相互成就。在他看来，人的一身（兼形体与心灵而言）之中，有本有末，有体有用，心为体为本，身（仅指形体）为用为末，二者相依互成、相须互济。对于这一点，他通过心与目、耳、手、足之间的互动关系来说明。他认为，人以目视，以耳听，以手执，以足行，如果没有“心”来统驭、主宰，就会视不明、听不聪、执不固、行不正，即一切身体行为都不能合理得当。这就是说，人的身体必须有心之主宰方能正常合理地发挥其功用。其主要原因就在于“理与心一”，视、听、执、行等身体活动的基本法则（理）原本就内在于心之中，且心能自觉自主地明晓此理。正因为此，人的身体由心统摄、主宰，便能按照相应的法则运行，从而可以如理得当地发挥其功用，否则只会适得其反。这正如胡寅所说：“心无理不该，以言乎远莫之御也。去而不能推，则视之不见，听之不闻，痒痾疾痛之不知。存而善推，则潜天地、抚四海，致千岁之日至，而知百世之捐益。”[④]由此表明，心是身的主宰，身不可离于心而存在。当然，这只是一方面。另一方面，胡寅又认为，若眼盲、耳聋、手废、足断，则心不能视、听、执、行。也就是说，人的身体毁坏了，其心便无法表现、落实。这就意味

① 胡寅：《衡岳寺新开石渠记》，《斐然集》卷20，中华书局1993年版，第417页。

② 胡寅：《陈氏永慕亭记》，《斐然集》卷20，中华书局1993年版，第426页。

③ 胡寅：《致堂读史管见》卷6，《续修四库全书》第448册，上海古籍出版社1994年版，第503页。

④ 胡寅：《陈氏永慕亭记》，《斐然集》卷20，中华书局1993年版，第426页。

着，心必须依赖身体才能显明其自身，必须通过身体行为才能实现其自身。就此而言，心也不可离于身而存在。可见，胡寅颇为强调身心之间的互动性、统一性，他不仅肯定了心的根本性地位，而且对身体的重要性亦给予了足够重视。正是根据身心一体互成的观念，他批评佛教自残形体的行为，认为佛徒对身体的残害是丧失本心的表现，唯有自爱才能爱人、爱物，养心保身方为济人利物的根本。据此可知，胡寅颇能正视身体的重要性，并对身心之间的相倚互动关系有着深切的体认。显然，胡寅的身心观强调身心是相互作用、相互影响的统一体，具有以心为本且又颇重身体的特征。这具体展现在以下两个方面：

一方面，身由心主。胡寅认为，唯有通过心的主宰、统驭，人的身体才能正常有效、合理得当地发挥其作用。他说：

> 譬如人身，四支尚强，而心既蛊病，无使形者，则形将焉用矣。……身无使形者，即项羽重瞳子，而首体五分；有使形者，则孙膑无足，祖珽无目，而战胜攻取，以小揆大，何往不然。故思保天下国家者，常正其心，使极于清明，莫能欺蔽，则虽少康一旅足以祀夏配天，刘秀骑牛足以兴复汉室。何况中天下而立，抚四海之众，孰得而窥觎之？苟为不然，灵者愦愦，则弃贤保奸，不恤百姓，绝忠谏之路，长祸乱之阶。①

胡寅认为，一个人如果四肢强健，而其心却已经蛊坏，以致没有主宰形体者，那么他的形体也就不能产生作用。人的形体若无心加以主宰，则即便项羽双目重瞳，最后也是被五马分尸；人的形体若有心加以主宰，则即便孙膑无足，祖珽无目，也能够克敌制胜，无所不至。因此，为政者应当常做正心工夫，使心至于澄明之境，如此才能治理好国家；否则，虚明灵觉之心昏昧，则只会祸国殃民、危害社会。可见，为政者能否以心统摄、主宰其形体，会产生截然不同的政治效果。这就凸显了心的根本性意义。由此可知，人的身体能否得到心的主宰对于其功能、作用（如视听言动与修

---

① 胡寅：《致堂读史管见》卷6，《续修四库全书》第448册，上海古籍出版社1994年版，第508页。

齐治平）的发挥具有关键性影响。胡寅在批评佛教心迹分离的弊病时也指明了这一点。他说：“实有是心，故实有是事……今以手举物，而曰心未尝举，亦初无物也。以口对客，而曰心未尝对，亦初无客也。斯亦妄人而已矣。”① 又说：“譬如有人，终日涉泥途，历险阻，而谓人曰：‘吾足自行耳，吾心未尝行也。’则可信邪?”② 在他看来，佛氏认为人以手举物、以口对客及以足涉泥途、历险阻，而其心却丝毫未动，这是荒谬不可信的。因为“实有是心，故实有是事”，身体的一切行为都是在心的主导、统摄下才发生的。也就是说，身体必须通过心的主宰才能合理有效地产生行为活动，否则，身体的功用就会废止。正所谓“以一身论之，目不能视，耳不能听，手不能执，足不能行，则一身之用废矣”③。当然，胡寅强调以心主宰身，主要是指以本心或正心（天理）来统驭人的身体，使身体的一切行为活动都能合理得当，从而产生积极的作用，而并非简单地只是认为身体的运行需要依赖心的主宰和控制。易言之，胡寅不是主要从心理学和认识论的角度来说，而是着重从道德价值的方面立论。因此，胡寅身心观中的“心”虽含有一般所说的理性、意志之义，但主要是就人的道德本心（即道即理即性）而言的。

另一方面，心以身行。胡寅的身心观不仅强调心对于身的主宰性，而且颇为重视身对于心的开显、实现作用。他说：

> 扬子云有言：“绌身，将以伸道也。孔子见所不见、敬所不敬者，绌身也。”此言亦非也。身者行道之具，犹烛者照暗之物也。身既绌矣，道安能伸？烛自不明，安能破暗？孔子无不见、无不敬，未尝绌也。其言曰“天厌之，天厌之”“吾将仕矣”，以天自处，行止在我，曾是以为绌乎？斯道也，惟知圣人者知之。④

对他而言，人的身体乃是行道的工具，就如同蜡烛为照暗之物一般；人要

① 胡寅：《衡岳寺新开石渠记》，《斐然集》卷20，中华书局1993年版，第417页。

② 胡寅：《崇正辩》卷2，中华书局1993年版，第85页。

③ 胡寅：《致堂读史管见》卷12，《续修四库全书》第448册，上海古籍出版社1994年版，第614页。

④ 胡寅：《致堂读史管见》卷19，《续修四库全书》第449册，上海古籍出版社1994年版，第71页。

行道必须依赖身体才能实现，就好比照暗必须要有照暗之物。如果身体已屈就，则道必不能伸；如果蜡烛不明，则暗必不能破。所以，他不同意扬雄“绌身，将以伸道”的看法，而是颇为强调身体的重要性，认为身体对于道的显明与落实具有不可或缺的意义。诚如他所言：“身者，道之所待以行也。既残剖形体，其亏伤已多，安得全正之极哉?”[①]“宣道者言，任道者身。身则弗行，言则谁信?”[②]这就表明，道必须借助于人的身体才能得以推行。既然如此，那么人要行道，就应当保养、爱惜身体，而不能残害身体。至于如何养护身体，胡寅表示：“人之保其身者，于百骸四体、五脏六腑兼所养，无尺寸之肤不爱焉，无尺寸之肤不养焉，夫然后心广而体胖。夫岂为心官足恃而肺肠无用，元首在身而肘腓可弃哉?”[③]他认为，对身体的养护应当是全方位的，而不能过分偏重或轻忽身体的某些部分。可见，胡寅已充分意识到身体对于行道的重要性。因为在胡寅的思想世界中，“心”主要是指道德本心，而本心即理即道，[④]所以身道之关系即是身心之关系。就此而言，人的身体也就是“心之所待以行”者，即心必须通过身体的作用才能得以表现、实行。因而心的存在与运作也不可脱离于身。这就凸显出了身体的重要性。

总之，对胡寅来说，身心之间是相互依存、相互成就的关系：一方面，心是身的主宰，身体必须通过心的主宰、统驭才能正常有效、合理得当地发挥其作用；另一方面，身是心得以表现、落实的资具，心必须借助于身体的行为活动才能体现或实现出来。这就既指明了心的根本性地位，又彰显出身体的重要性。因此，胡寅的身心观具有强调身心相须及兼重身心的特点。而这种以心为本的身心相须论正是其以体为本的体用相须论在身心观上的贯彻。就其体用观而言，心为体（本），身为用（末），用须由体主宰，体须由用实现，体以立用，用以成体，体和用相互依赖、相互成

---

① 胡寅：《崇正辩》卷3，中华书局1993年版，第130页。

② 胡寅：《元公塔铭》，《斐然集》卷26，中华书局1993年版，第568页。

③ 胡寅：《致堂读史管见》卷15，《续修四库全书》第449册，上海古籍出版社1994年版，第3页。

④ 胡寅曰：“圣人之教亦多术，然其要使人不失其本心而已。欲得此心者，惟志乎圣人所示之学，循其序而进焉。至于一疵不存、万理明尽之后，则其日用之间，本心莹然，随所意欲，莫非至理。盖心即体，欲即用，体即道，用即义，声为律而身为度矣。”（转引自朱熹《四书章句集注》，中华书局1983年版，第55页。）由此可知，本心即理即道。

全，二者一体而不可相离。于是，由胡寅的身心观所展示的体用思想也就具有强调体用相须及贵体重用的特征。

三 心与迹互为体用

由于身与心的互动会产生人的种种行为事迹，所以湖湘学派的身心体用观进一步展开，则必表现为其心体迹用不二之论。在这一方面，胡寅仍有颇为丰富、精到的论述。在胡寅的心迹论中，“心”或者指人之道德本心，或者就统摄人的认知、情感、意志、欲求、思想等内容的经验实然之心而言；“迹”是指人之表现于外的言行举止、行事作为及其产生的结果。二者被视为源与流、里与表、实与名的关系。胡寅坚持源流一贯、表里一如、名实相符的观点，从而力主心迹一体不二之论，强调心迹的内在统一性、不可分割性。他指出：“夫天人无二道，心迹不可判，此孔孟之学也。”① 而他之所以认为心迹不可相离，主要基于以下两点认识：

其一，心为迹之本。在胡寅看来，“心”是“迹”产生的根源，“迹”以“心”为本。② 他说：“尧、舜、禹、汤、文、武之德衣被天下，仲尼、子思、孟轲之道昭觉万世。凡南面之君，循之则人与物皆蒙其福，背之则人与物皆受其殃，载在方册之迹著矣。其原本于一心，其效乃至于此，不可御也。”③ 尧、舜、禹、汤、文、武衣被天下之德，即是仁德；仲尼、子思、孟轲昭觉万世之道，即是仁道。胡寅认为，君王依循仁道行事则可以造福天下苍生，背离仁道作为则会祸害天下生灵，相关事迹在书册之中都有明确记载。为政治国之所以会产生“人与物皆蒙其福”与“人与物皆受其殃”两种截然不同的结果，其根本原因即在于人君仁与不仁。也就是说，人君本于仁心而行，则可以造福天下；本于不仁之心（非本心不仁）而行，则会祸害天下。可见，为政者的行事作为（迹）如何最终取决于其心。这就彰显了迹本于心之意，即所谓“其原本于一心，其效乃

---

① 胡寅：《致堂读史管见》卷29，《续修四库全书》第449册，上海古籍出版社1994年版，第246页。

② 胡寅云：“圣学以心为本，佛氏亦然，而不同也。”（胡寅：《崇正辩》卷1，中华书局1993年版，第48页。）无论在心迹论还是在身心观中，胡寅都始终坚持以心（主要指道德本心）为本。

③ 胡寅：《崇正辩序》，《崇正辩》，中华书局1993年版，第3页。

至于此”。

正因为君心何如对于为政治国具有关键性的影响，所以“正心”或“格君心之非”便成为治道之根本。胡寅云：“乾坤之元，万物所资；而人君治国，正心为本也。万物资焉，其仁普矣；心无不正，其仁不可胜用矣。”① 此即主张以正心为人君治国之本。而人君正心也就是要革除君心之非以显明人之道德本心（仁心），亦即孟子所谓“求放心”。他还表示：

> 莫难强如怠心，莫难制如欲心，莫难降如骄心，莫难平如怒心，莫难抑如忌心，莫难开如惑心，莫难解如疑心，莫难正如偏心，然皆放心也。大人格君心之非者，格此等也。……君心怠则强之，欲则制之，骄则降之，怒则平之，忌则抑之，惑则开之，疑则解之，偏则正之。要使君心常收而不放，则善日起，恶日消，治可立，安可保矣。夫水源浊则流污，源清则流洁，古之人所以恶夫逢君之恶者，为病其源也。②

在他看来，“君心之非”是人君放失其本心所造成的，如果能将怠惰、私欲、骄傲、愤怒、忌妒、疑惑、偏邪等君心之非去除掉，以使其本心常存而不放失，那么人君便可以兴善去恶，从而安邦治国。胡寅还将君心与人君为政的事迹比作水源与水流的关系，认为水源浑浊则水流必污秽，即君心不仁则必行恶政；水源清澈则水流必洁净，即君心仁厚则必行善政。这就显明了君心仁善与否对于为政治国的根本性影响。于此，心与迹被视为源与流的关系，即表明迹根源于心，乃是由心所生发者。胡寅之“心澄迹自洁”③“源清者流澄，本端者末正，有诸内必形诸外”④ 等说法，也蕴含着此意。既然心为迹之本源，那么本于仁心行事则产生善迹，本于不仁之

---

① 胡寅：《致堂读史管见》卷29，《续修四库全书》第449册，上海古籍出版社1994年版，第251页。

② 胡寅：《致堂读史管见》卷25，《续修四库全书》第449册，上海古籍出版社1994年版，第185页。

③ 胡寅：《题单令双清阁》，《斐然集》卷2，中华书局1993年版，第44页。

④ 胡寅：《乙卯上殿札子》，《斐然集》卷10，中华书局1993年版，第214页。

心行事则产生恶迹。所谓“根诸良心必形诸仁术”①“存诸心者仁，则形诸事者义”② 以及“心不仁则事不义”③ “心体既差，其用遂失”④，正表明了这一点。由此可知，心与迹显然具有内在一致性，不可截然分割，且心对于迹具有决定性、统摄性、主宰性。依胡寅之见，以仁心为本的心迹一体论正是儒学的基本立场，而佛、道、玄等诸家的学说都存在着心迹分离的弊病。他说：“佛之术以慈为先，而其行则忍；其道以空为至，而其迹则泥。虽泥而观之以空，虽忍而号之以慈，盖名实不相副者也。圣人之道则异乎此矣。实有是心，故实有是事；实有是事，故实有是德。表里同符，隐显一致，所以能成己而成物也。”⑤ 这是站在心迹不二的立场上辟佛立儒，指出佛学存在割裂心迹之统一性的问题，而儒家之道则是心迹一体不二，实有是心（仁心）则实有是事（善迹），实有是事则实有是德，心与迹内外一如、隐显一致。此即指明心迹之间具有内在统一性。当然，这种统一是以心（仁心）为本的统一，由“实有是心，故实有是事”即可体现出“心”的根本性地位。因此，胡寅所主张的是以心（仁心）为本的心迹不二论。这是合理、确当的价值取向。唯有先立定根本、确立原则、明确方向，才能实现心迹之间的良性互动与辩证统一。

其二，迹为心之显。在心迹论中，胡寅不仅从心为迹之根源的角度凸显心迹之间的内在关联，而且从迹为心之显现的方面强调心与迹的根本一致性。他在批评佛教时表示：

> 师之为名，教我而我效法之者也。兴于鸠摩罗什，师其言乎？则梵语胡言，译而后明，非所以出教令、修法度也。师其行乎？则不饮酒，不茹荤，非所以待臣下、训军旅也。师其威仪乎？则髡首偏袒，服坏色衣，非人君所当为也。师其道乎？则无父子、夫妇、君臣，三

---

① 胡寅：《澧州谯门记》，《斐然集》卷20，中华书局1993年版，第431页。

② 胡寅：《致堂读史管见》卷30，《续修四库全书》第449册，上海古籍出版社1994年版，第271页。

③ 胡寅：《致堂读史管见》卷29，《续修四库全书》第449册，上海古籍出版社1994年版，第251页。

④ 胡寅：《乙卯上殿札子》，《斐然集》卷10，中华书局1993年版，第214页。

⑤ 胡寅：《致堂读史管见》卷12，《续修四库全书》第448册，上海古籍出版社1994年版，第613页。

纲沦绝，非治国所当用也。抑曰："吾遗其外而师其内，舍其迹而师其心乎？"则外者内之表，迹者心之显，非有二致也。[1]

胡寅认为，佛教的言行、威仪、道法等都违背了为政治国的常道，人君不应当去效法。若舍弃言论行事、威仪法度等具体表现（迹），而只是效法其内在精神（心），那也是不可取的。因为表露于外的"迹"乃隐藏在内的"心"的显现，内与外、心与迹是一致不二的。可见，"心"通过"迹"来显明其自身，"迹"即是"心"本身的呈现。既然"迹"为"心"的具体表现，那么也就可以"以迹揆心"[2]。由此可知，胡寅既充分肯定了"心"对于"迹"的决定性作用，又颇能正视"迹"对于"心"的重要性，即"迹"能使"心"得以具体、真实的呈现。所谓"外者内之表，迹者心之显，非有二致"，则主要是为了强调心迹之间的内在一致性、不可分割性。

胡寅正是从心为迹之本和迹为心之显两个方面来把握心迹之间的统一性，这也是他力主心迹不二论的根本理据。胡寅对佛、道、玄等诸家的批评即是以"心迹不二"作为立论的基本依据。如他批评佛教，谓其"以心迹为两途"[3]；批评玄学，谓其"以心与迹二，道与事殊"[4]；批评荆公新学，谓其"以行与言二，以迹与心判"[5]。这些都足以表明，胡寅颇为强调心迹之间的不可分割性。他甚至通过"心即是迹，迹即是心"这般强势表达来凸显此意。胡寅云："如彼所说，真空无相。以相见我，事障理障。如我所说，一阳一阴。心即是迹，迹即是心。谓迹非近，道终不近。于行必诐，于辞必遁。"[6] 所谓"心即是迹，迹即是心"，乃在强调心迹之间是相即不离、圆融不二的关系，而并不是说"心"与"迹"的内容和意义完

① 胡寅：《致堂读史管见》卷9，《续修四库全书》第448册，上海古籍出版社1994年版，第554页。

② 胡寅：《致堂读史管见》卷10，《续修四库全书》第448册，上海古籍出版社1994年版，第566页。

③ 胡寅：《崇正辩》卷2，中华书局1993年版，第85页。

④ 胡寅：《致堂读史管见》卷7，《续修四库全书》第448册，上海古籍出版社1994年版，第515页。

⑤ 胡寅：《致堂读史管见》卷30，《续修四库全书》第449册，上海古籍出版社1994年版，第265页。

⑥ 胡寅：《元公塔铭》，《斐然集》卷26，中华书局1993年版，第568页。

全等同。显然，依胡寅之见，心和迹必定相依互成、一体不离。当然，他所主张的是以心为本的心迹不二论。

若从体用观的角度把握胡寅的心迹不二论，则“心”为体（作“来源”“根本”义解，不直接作“本体”义解，因为在胡寅的心迹论中，“心”并非都指心性本体），“迹”为用，体是用的根源，用是体的显现。相较于“用”，“体”更为根本，而“用”对于“体”也具有不可或缺的价值。总之，心体与迹用相即不离、一如不二。这就蕴含着以体为本的体用不二论。

由上可知，在心性论中，湖湘学派从性体心用、仁体义用、中体和用三个方面来揭示人道之体用意涵，并立足性之体用发明性体情用、天理人欲同体异用、道体事用之义，且将心之体用展开为理体义用、心体身用、心体迹用。无论是对人道之体用的总体把握，还是对性之体用与心之体用的分别认识，湖湘学派都十分强调体用双方相涵相倚、互摄互济的辩证统一性。具体而言，在性体心用论中，性为道之体、心为道之用，性动即心、心以成性，心中有性、性由心显，心即是性、心性为一，体用同质同层、相涵相摄。在仁体义用论中，仁为道之体、义为道之用，仁是义的来源、根据，义是仁的运用、表现，仁义一体不离，体用圆融不二。在中体和用论中，中为道之体、和为道之用，中体与和用相依互成、相须互济，并进一步展开为中道与时中之体用关系，即中道为体、时中为用，用以体为本、体由用而显，体用相资、互倚不离。在性体情用论中，“性”即仁义礼智之性，为体；“情”即恻隐、羞恶、辞让、是非四端之心，为用。这两者相倚不离、圆融不二：一方面，性是情生发的根源，故情须依性而立；另一方面，情是性之发用、呈现，故性须由情而显。在“天理人欲同体而异用”论中，体即形上本体，用即本体发用流行之形下表现，体用合一、体同用异、体一用殊。在道体事用论中，道为事之体，事为道之用，事本于道而作，道经由事而行，道事相成、体用互济。在本心说或理体义用论中，理为心之体，义为心之用，本心兼备理义、该贯体用。理是义之本原，为体；义是理之具体表现，为用。用本于体，体显于用，体用相即不离、一体不二。在心体身用论中，心是身得以合理运行之主宰，为体；身是心赖以表现、落实之资具，为用。用由体主宰，体待用实现，体用相互依存、相互成就。在心体迹用论中，心是迹之根源，为体；迹是心之显现，为用。用由体生，体由用显，体用相资互发、一致无二。由此可见，湖湘学派的心性论在坚持以体为本的前提下，又颇为重视体用之间的统一性、圆融性，强调体和用的辩证互动与平衡融通。当然，通过其“性体心用”“天理人欲同体而异用”等观念，不难发现湖湘学派对体用之分别也有深刻的认识。

就湖湘学派的仁义论和中道观而言，其体用思想还渗透着“理一分殊”的观念。因为在其仁义论和中道观中，“仁”与“中道”为体，指具有统一性、普遍性的根本道德法则；“义”与“时中”为用，指具有差异性、特殊性的具体道德规范或根本道德法则在不同情境、不同事物中的具体运用和表现。这两者乃“理一”之体与“分殊”之用的关系：一方面，“理一”是“分殊”之根源，“分殊”必统摄于“理一”并涵具“理一”；另一方面，“分殊”是“理一”之体现，“理一”必表现为“分殊”并内在于“分殊”之中。“理一”与“分殊”相互依存、相互成就而一体不离。这就意味着，仁体与义用、中体与时中必是相涵互摄、相须互济的辩证统一关系。于此，湖湘学派既主张以仁体、中体为本，又十分重视“义”“时中”。在其看来，仁体、中体备具于义用、时中，并在义用、时中当中得到实现。由此强调于差异中求统一、于变中求不变、于用中以求体。在心性论中，“体用相须”的观念被明确提出，并与“理一分殊”的思想融会贯通，从而产生了“体一用殊相须”之论：体即本体，是一；用即本体发用流行之表现，是殊。二者之间：一方面，“体一”是“用殊”的来源和根据，“用殊”为“体一”所统摄并备具“体一”；另一方面，“用殊”是“体一”的作用和表现，“体一”由“用殊”来落实、成就并内在于“体一”之中。因此，“体一”与“用殊”相涵互济、相须互成而圆融不二。湖湘学派既以“体一”为本，又颇为注重“用殊”的意义，强调即“用殊”以求“体一”。这充分表明其体用思想注重体用之互动并兼重体用两面。

第五章　湖湘学派体用思想在工夫论方面的展开

依宋明儒的基本共识，本体决定了工夫展开的可能性、必要性及其根本方向，工夫使本体得以显现和落实，二者即构成一种体用相须的关系：一方面，本体既是工夫之所以可能的超越根据，也是工夫所指向的最终目的和终极境界。换言之，本体为工夫的展开提供了根据、原则和方向，工夫必由本体发动、规范和指引。由此决定工夫不离于本体。另一方面，工夫即是本体发用流行之表现，唯有通过工夫，本体才能在现实生活中得以真正的显明、实现。这就意味着本体不离于工夫。既然本体与工夫相依互成、一体不二，那么贯通于湖湘学派天道论与心性论中的“体用相须，贵体重用”思想必然影响其工夫论的建构。也就是说，湖湘学派在天道论与心性论中强调体用相涵互摄、相资互济的辩证统一性，决定其在工夫论中必注重于“体”（本体）、“用”（本体之作用、表现）两端兼用其力，并主张作用于“体”的工夫与作用于“用”的工夫乃相互支撑、相互促进的互动关系。张栻曰：“降于圣人，则贵乎修为。……要当于未发之时，即其体而不失其存之之妙；已发之际，循其用而不昧乎察之之功……。”[①] 又曰：“学者当默存其体而深穷其用，则所谓弘毅之功不可以不进也。”[②] 这就是主张工夫实践应当于“体”“用”两端兼重并修，而不

① 张栻：《太极图说解义》，《张栻集》（五），中华书局2015年版，第1609页。

② 张栻：《新刊南轩先生文集》卷26《答章茂献》，《张栻集》（四），中华书局2015年版，第1165页。

可有所偏忽。[①] 他还认为，工夫修养于“体”“用”两面共同施力，乃是“内外交修，相须以成”[②]。此即是湖湘学派体用思想作用于、展现于其工夫论的重要明证。具体而言，这主要体现在其“察识与涵养交修并进”“主敬与穷理相须互成”的工夫论主张以及贯穿其中的“致知与力行相资互发”的知行观。

第一节　察识与涵养交修并进

察识与涵养是宋明儒学工夫论中的重要观念，它源于宋明儒学对《中庸》之中和问题（未发已发问题）的思考，既牵涉到对“中和”的理解，也与《礼记·乐记》“人生而静”一章的内容密切相关，因而这一观念深度触及宋明儒学颇为重要的心性论问题。湖湘学派十分重视察识与涵养的工夫，其相关论说正是随着对未发已发等心性问题的探讨而逐渐形成并演进的。尽管湖湘学派诸儒对“察识”“涵养”之意涵的把握有一定差异，并在工夫次第上存在“先察识后涵养”“先涵养后察识再涵养”的不同主张，但就现实的工夫历程而言，他们都认同察识与涵养是相互配合、相辅相成的实践法门。这当然深受贯穿其天道论与心性论中的体用观念的影响。

一　由用求体的察识工夫

在工夫论上，湖湘学派尤其重视“察”的工夫。胡安国曾有“物物而察”“物物致察”[③] 之说，并认为察道主要包括“近察诸身”和“远察诸

---

① 张栻曰：“是当涵泳乎义理之中，敬恭乎动静之际，察夫偏党、系吝而克去之，则所谓正大者，盖可存其体而得其用矣。”（张栻：《新刊南轩先生文集》卷15《送严主簿序》，《张栻集》（三），中华书局2015年版，第993页。）“君子戒慎恐惧存于未发之前，察于既发之际，大本立而达道行，则有以权之故也。”（张栻：《南轩先生孟子说》卷7，《张栻集》（二），中华书局2015年版，第605页。）“惟养于中，大本攸立。惟敏于外，达道攸饬。内外交修，相须以成。久而有常，则能日新。”（张栻：《新刊南轩先生文集》卷36《蒙斋铭》，《张栻集》（四），中华书局2015年版，第1312页。）这都是在强调工夫修养应当于“体”“用”两端兼用其力。

② 张栻：《新刊南轩先生文集》卷36《蒙斋铭》，《张栻集》（四），中华书局2015年版，第1312页。

③ 胡安国：《答赣川曾几书》，转引自胡寅《先公行状》，《斐然集》卷25，中华书局1993年版，第556页。

物”两大方面。[①] 易言之，在湖湘学派的儒学中，“察”的工夫具体展开为对自身的省察和对外物的体察两个维度。胡安国所谓“察于心性”[②]“充四端以成性”[③]，即是“近察诸身”。这方面的观念为胡宏所承续，并被发展为以察识或识心为本的工夫论。胡宏以性为天下之大本，同时主张性动即心、心以成性。由此他认为，成性立本的关键即在于尽心，能尽其心，则可以挺立天下之大本。胡宏所谓“尽其心以成吾性”“尽心……故能立天下之大本”，正是此意。而对于如何尽心，他倡导察识与存养的工夫。所谓“察识”，是指就现实生活中本心之萌蘖处（心之用）直下体证本心（心之体）。胡宏云：“齐王见牛而不忍杀，此良心之苗裔因利欲之间而见者也。一有见焉，操而存之，存而养之，养而充之，以至于大，大而不已，与天地同矣。此心在人，其发见之端不同，要在识之而已。”[④] 在他看来，人人都有良知本心，此心恒常遍在，且具有自觉自主活动作用之本性，故而必然能在现实生活中发用、呈现。即使此心被利欲陷溺、遮蔽，也总会有流露、显发之时。齐王见牛而不忍心杀之，这就是良心之萌发，即其固有的良知本心在利欲的陷溺当中自动自发地显现出来。当然，问题的关键还在于，人们对于良知本心的发见要能自觉加以体认、觉识。这才是“察识”的工夫。

可见，胡宏所主张的察识工夫乃是就本心之发见处当下体证本心，显然具有即用明体的特征。所谓“良心之苗裔”、良心“发见之端”是就本心之发用而言，“一有见焉”即体察、觉识到本心之用，并由心之用体认、确证心之体。简言之，这就是即心之用以明心之体。就此而言，察识工夫便是即用明体的工夫。据此可知，察识工夫具有由用求体的特点。而这正是由其体即在用、体不离用的本体论所决定的。

胡安国、胡宏父子所倡导的即用明体的察识工夫，为张栻所继承并予以一定程度的发展。这主要体现在其“察识与涵养并进”的工夫论主张之

---

① 参见刘荀《明本释》卷上，《文渊阁四库全书》第703册，台湾商务印书馆1986年版，第170页。

② 转引自刘荀《明本释》卷上，《文渊阁四库全书》第703册，台湾商务印书馆1986年版，第170页。

③ 胡安国：《答赣川曾几书》，转引自胡寅《先公行状》，《斐然集》卷25，中华书局1993年版，第557页。

④ 胡宏：《知言》，《胡宏集》，中华书局1987年版，第335页。

中。他对于察识工夫的理解尚未出胡氏父子的基本洞见，仍将其视为一种于用见体的工夫。

二　体上用功的涵养之道

为达到尽心成性、实现仁道的目的，湖湘学派不只强调察识工夫的重要性，而且主张以涵养（存养）工夫与之相配合。这种涵养之道实质上就是一种存养道德本心的工夫，其着力点在于心之体，目的在于操存仁心而不放失。

就存养本心的问题，胡安国指出："能操而常存者，动亦存，静亦存，虽百起百灭，心固自若也。放而不知求者，静亦亡，动亦亡，燕居独处，似系马而止也。事至物来，视而不见，听而不闻矣。是以善学者，动亦察，静亦察，无时而不察也。持之以敬，养之以和，事至物来，随感而应，燕居独处，亦不坐驰，不必言致其精明以待事物之至也。"[①] 在他看来，人若能持存自己的本心而勿失，则无论应事接物，还是静居独处，本心都如如常在、作用不已；若放失其本心而不知寻求，则无论静处之时，还是施为之际，本心都被遮蔽而不能显发其用，以致事至物来却麻木不仁。因此，善学者应当时时注意体察自己的本心，并予以操存涵养，让人能够在遇事接物之际随机应对，而闲居独处之时也无邪思杂念。于此，胡安国强调"察识"与"持养"的工夫。"察识"指在本心之流行发见处（心之用）体认本心（心之体），"持养"指持守、涵养本心以使之常存不失，而持养之道在于主敬。[②] 由此可知，涵养是一种直接作用于本心的存养工夫，着重于从心之体上用功。

胡宏在以察识为根本工夫的前提下，也颇为重视涵养工夫。他认为，人一旦在现实生活中对本心有所体察、觉识，便应当随即加以涵养、扩充，也就是随时察识、随时涵养。所谓"一有见焉，操而存之，存而养之，养而充之，以至于大，大而不已，与天地同矣"，即表明涵养是就本

---

① 胡安国：《答赣川曾几书》，转引自胡寅《先公行状》，《斐然集》卷25，中华书局1993年版，第557页。

② 胡寅云："士子问学，公（胡安国——引者注）教之，大抵以立志为先，以忠信为本，以致知为穷理之门，以主敬为持养之道。"（胡寅：《先公行状》，《斐然集》卷25，中华书局1993年版，第556页。）

心呈现处当下加以存养扩充，直至把握本心之全体，从而充分地彰显、实现本心。张栻同样如此把握“涵养”之义，所谓“即其体而不失其存之之妙”，正是将“涵养”视为直接作用于心体的操存工夫。

三 察识与涵养之间的体用互济关系

在湖湘学派的儒学中，察识与涵养都是作用于道德本心的工夫，其目的在于发明本心、挺立本心。当然，二者仍具有不同的意涵、功能和作用。并且，察识与涵养之间存在密切的关联。对于二者关系的认识，从胡安国、胡宏到张栻，经历了一个演变发展的历程。这其中主要涉及“先察识后涵养”“察识与涵养交修并进”两种看法。而从实际的工夫过程来看，这两种工夫论主张实则都认同察识与涵养相互补充、相互作用，并都贯穿着湖湘学派“体用相须互成”的思想。

（一）先察识后涵养

对于察识与涵养的具体关系，胡安国的有关论述并不十分明确。他说：“是以善学者，动亦察，静亦察，无时而不察也。持之以敬，养之以和，事至物来，随感而应，燕居独处，亦不坐驰，不必言致其精明以待事物之至也。”这似乎在隐约之中指出了察识与涵养之间存在一个先后次第的问题，即先察识后涵养：先察识本心之发见，并就此发见处体证心体，然后对本心加以操存涵养。当然，这在此还并非直接、明晰的论断。

在胡安国的基础上，胡宏明确主张“先察识后涵养”之说。他所谓“良心之苗裔”“发见之端”是就本心之发用而言，“一有见焉”指觉察到本心之用，“存而养之，养而充之，以至于大，大而不已，与天地同矣”，则是对所识得的心之用予以存养扩充，以至于最终开显本心之全体。在他看来，若能在现实生活中觉察到良心之发见，并直下加以操存涵养扩充，则可以将良知本心充分地实现出来；若对良知本心之呈现、发露不能自我察觉并加以存养扩充，则良知本心虽为人所固有，但也只是隐而未显，并不能真正发挥其主宰情欲、成就美德、善化人生之大用。由此胡宏认为，良知本心发见之端虽有种种不同，但关键在于能否体察到此心发见之端。[1]就此而言，察识工夫相对于存养工夫来说，具有逻辑上的优先性。因为只

---

① 参见牟宗三《心体与性体》第2册，台北正中书局1968年版，第475—484页。

有在对本心有所察识的前提下，存养工夫才有可施展之处。若根本不知存养何者，则存养工夫便无法实施。所以对胡宏而言，尽心成性的察识、存养工夫必然是先察识而后存养。当然，此所谓“先后”主要是从逻辑上、义理上来说的。若就时间上而言，则察识与存养不分先后，当是即察识即存养。因为察识与存养是指识得本心之发见，并当即就本心之发见处直下操存涵养本心，二者同时运行，无间断，无时间先后可言。

胡宏之所以主张“先察识后涵养”的工夫论，是由其“未发只可言性，已发乃可言心”（性体心用）的心性观所决定。“未发”“已发”出自《礼记·中庸》：“喜怒哀乐之未发，谓之中；发而皆中节，谓之和。”程颐与吕大临曾围绕未发已发问题展开了精详的论辩，二程弟子们对此问题也多有探讨。他们往往借《礼记·乐记》中的相关说法来阐释“未发”“已发”，即以“人生而静，天之性也”为“未发”，以“感于物而动，性之欲也”为“已发”。程颐还运用《系辞传》的内容进行解释。他说：“‘喜怒哀乐之未发谓之中。’中也者，言寂然不动者也，故曰‘天下之大本’。‘发而皆中节谓之和。’和也者，言感而遂通者也，故曰‘天下之达道’。”① 这是以未发之中为寂然不动者，以已发之和为感而遂通者。他又指出：“心一也，有指体而言者，（自注：寂然不动是也。）有指用而言者，（自注：感而遂通天下之故是也。）惟观其所见如何耳。”② 此即认为心兼体用，未发时寂然不动者为心之体，已发时感而遂通者为心之用，寂与感、未发与已发都就心而言。正是基于这一认识，他在工夫论上主张未发时主敬涵养、已发后省察致知。

胡宏不同意心兼未发已发的观点，认为喜怒哀乐未发之时只能言性，已发之际方可言心，即主张性为未发、心为已发。这与他强调圣凡之别在“心”而不在“性”的看法有密切关联。他表示：

> 窃谓未发只可言性，已发乃可言心……未发之时，圣人与众生同一性；已发，则无思无为、寂然不动感而遂通天下之故，圣人之所

① 程颢、程颐：《河南程氏遗书》卷25《畅潜道录》，《二程集》，中华书局2004年版，第319页。

② 程颢、程颐：《河南程氏文集》卷9《与吕大临论中书》，《二程集》，中华书局2004年版，第609页。

独。夫圣人尽性，故感物而静，无有远近幽深，遂知来物；众生不能尽性，故感物而动，然后朋从尔思，而不得其正矣。若二先生以未发为寂然不动，是圣人感物亦动，与众人何异？尹先生乃以未发为真心，然则圣人立天下之大业，成绝世之至行，举非真心耶？①

显然，胡宏主张以性为未发，以心为已发。他不同意以未发为“寂然不动”的看法，认为“寂然不动感而遂通天下之故”是在已发之心上来说。在他看来，圣人与凡人在未发之性（本体）上一定是相同的，而在已发之心（本体之作用和表现）上则不同。易言之，在未发之性上，根本就无法区分圣人与凡人，圣凡之别只在已发时的“感物而静”与“感物而动”：已发之时，圣人能够尽其性，故感于物而静；常人不能尽其性，故感于物而动。既然如此，众人成圣立本的工夫就应当在已发之心上来做。胡宏的“先察识后涵养”说正是对此而发，它指就现实生活中本心之发见处直下体证本心，并就此操存涵养，直至充分开显本心。因为只有对本心之发见有所察识，存养工夫才有可施之地，所以察识工夫具有逻辑上的优先性，在其中发挥着根本性作用。这种“先察识后涵养”的工夫理念对张栻的工夫论产生了深刻影响。②

张栻早期的工夫论即力倡其师之“先察识后涵养”说，尤为注重在已发之心上下工夫。这主要体现在他早年所作的《潭州重修岳麓书院记》

① 胡宏：《与曾吉甫书三首》，《胡宏集》，中华书局1987年版，第115页。

② 参见蔡方鹿《一代学者宗师：张栻及其哲学》，巴蜀书社1991年版，第110—122、135—144页；陈谷嘉《张栻与湖湘学派研究》，湖南教育出版社1991年版，第32—43页；曾亦《湖湘学派研究》，商务印书馆2021年版，第137—169页；王丽梅《张栻的思想世界》，中国社会科学出版社2019年版，第47—76页；［韩］苏铉盛《张栻的思想世界》，博士学位论文，北京大学，2002年，第52—61、116—128页；邢靖懿《张栻理学研究》，博士学位论文，河北大学，2008年，第85—124页；陈瑛《张栻与朱熹的“居敬”说》，载湖南大学岳麓书院文化研究所编《岳麓书院一千零一十周年纪念文集》第1辑，湖南人民出版社1986年版，第111—124页；王丽梅《张栻早期工夫论考》，《社会科学家》2006年第1期；王丽梅《“已丑之悟”新考：张栻晚期工夫论》，《求索》2006年第4期；王丽梅《察识与涵养相须并进——张栻与朱熹交涉论辩管窥》，《孔子研究》2006年第4期；刘原池《张栻修养工夫论的内涵及其意义》，载蔡方鹿主编《张栻与理学》，人民出版社2015年版，第344—361页；文碧方、洪明超《张栻早期、中期与晚期工夫论之演变》，《湖南大学学报》（社会科学版）2019年第4期。这些研究成果对张栻的知行观、察识涵养说、居敬穷理论进行了探讨，彰显了其工夫论的基本内容和特征，但都不是从体用的角度考察张栻的工夫论，并未揭示贯穿其工夫论的“体用相须”思想。

《艮斋铭》二文中。《潭州重修岳麓书院记》曰：

> 指乍见孺子匍匐将入井之时，则曰“恻隐之心，仁之端也”，于此焉求之，则不差矣。尝试察吾终日事亲从兄、应物处事，是端也其或发见，亦知其所以然乎？诚能默识而存之，扩充而达之，生生之妙，油然于中，则仁之大体岂不可得乎？及其至也，与天地合德、鬼神同用，悠久无疆，变化莫测，而其则初不远也。①

这就是说，恻隐之心乃本心、仁体之发见，若就此发见处下功夫以求其所以然之体，则功到自然成。本心仁体就作用、表现于侍亲从兄、应物处事的日用常行之中，若能在现实生活中觉察到本心、仁体之发见，就此发见处体证其所以然之体，并加以操存涵养扩充，用力之久，则可以明识本心、仁体，从而上达天地境界。这便是在推明“先察识后涵养”的工夫论。张栻还在《艮斋铭》中表示：“天心粹然，道义俱全。是曰至善，万化之源。人所固存，曷自违之。求之有道，夫何远而。四端之著，我则察之。岂惟虑思，躬以达之。工深力到，大体可明。匪由外铄，如春发生。”② 他认为，人皆本有天心，天心充塞道义、纯粹至善，乃宇宙万有之本原。此心生生不已，必有其萌动发见处，恻隐、羞恶、辞让、是非四端便是此心之萌发。若能察识此心之发见，就其发见处下功夫，则“工深力到”即可明识此心之体。这绝非外力强加所致，而是本心的自我开显。可见，“先察识后涵养”是一种返本体证、向内用力的工夫。“先察识”是在现实生活中体察、觉识本心、仁体之发见（用），并就此发见处体证本心、仁体（体）；“后涵养”则是对有所体认的本心、仁体进行存养，以使本心、仁体常存不失。这样一种察识本体之发见并就其发见处体证本体的工夫，显然具有即用求体的特征。

张栻的早期工夫论秉承了胡宏之说，与他早年对胡宏“性为未发，心为已发”之论的服膺密不可分。《朱子语类》载：“问：伊川言：‘喜怒哀

---

① 张栻：《新刊南轩先生文集》卷10《潭州重修岳麓书院记》，《张栻集》（三），中华书局2015年版，第900—901页。

② 张栻：《新刊南轩先生文集》卷36《艮斋铭》，《张栻集》（四），中华书局2015年版，第1308页。

乐未发谓之中’，中也者，‘寂然不动’是也。’南轩言：‘伊川此处有小差，所谓喜怒哀乐之中，言众人之常性；‘寂然不动’者，圣人之道心。’又，南轩辨吕与叔《论中书》说，亦如此……曰：‘前辈多如此说，不但钦夫，自五峰发此论，某自是晓不得。今湖南学者往往守此说，牢不可破。’”① 可见，张栻不同意程颐以“寂然不动”论“喜怒哀乐之未发”，认为“喜怒哀乐之未发”是针对“众人之常性”来说的，“寂然不动”则是就“圣人之道心”而言的。这即是主张以性为未发，以心为已发。如此则必然重视在已发之心上下功夫，从而倡导“先察识后涵养”的工夫论。

（二）察识与涵养并进互发

张栻后来反省旧学，对早期工夫论做了修正，提出了“存养体察并进”说，强调未发时之涵养与已发时之察识兼修并进。这固然受到了朱子“中和新说”的影响，但主要是因为张栻思想的发展有其内在逻辑，于是才有此转变。张栻工夫论发生转变的时间大概是在乾道八年（1172 年），而转变发生的主要原因在于他对未发已发问题有了新的认识。② 他在写给游诚之的信中说：“未发已发，体用自殊，不可溟涬无别，要须精析体用分明，方见贯通一源处。有生之后，皆是已发，是昧夫性之所存也。”③ 在他看来，未发为体，已发为用，二者之间存在体用之别。唯有明辨这一分别，才能真正把握未发之体与已发之用的内在统一性。未发之体与已发之用内在贯通、一体无间，即意味着未发之体必涵已发之用，已发之用必涵未发之体，二者相互涵摄、不可分割。这就决定心性必然贯通于未发已发，不再只是性为未发、心为已发。④ 张栻所云“有生之后，皆是已发，是昧夫性之所存也”，即表明性必贯通于未发与已发。他还表示：“未发之前，心妙乎性；既发，则性行乎心之用矣。”⑤ 此即认为，未发之时性之体必涵心之用，已发之际心之用必涵性之体，性体与心用相涵互摄、贯通于

① 黎靖德编：《朱子语类》卷 95《程子之书一》，中华书局 1986 年版，第 2415 页。

② 参见王丽梅《张栻的思想世界》，中国社会科学出版社 2019 年版，第 97—101 页；邢靖懿《张栻理学研究》，博士学位论文，河北大学，2008 年，第 99—102 页。

③ 张栻：《新刊南轩先生文集》卷 26《答游诚之》，《张栻集》（四），中华书局 2015 年版，第 1163 页。

④ 参见曾亦《湖湘学派研究》，商务印书馆 2021 年版，第 185、197 页。

⑤ 转引自朱熹《晦庵先生朱文公文集》卷 30《与张敬夫》，朱杰人、严佐之、刘永翔主编《朱子全书》（修订本）第 21 册，上海古籍出版社、安徽教育出版社 2010 年版，第 1317 页。

未发已发而无间。这就彰显了心性之间相倚相须的内在统一性。对心性关系、未发已发关系的这一辩证认识，显然蕴含着“体用相须”的观念。既然心性贯通于未发已发，那么挺立心性本体的工夫就不能只注重于已发之时察识本体之发见，还必须重视于未发之时操存涵养本体。也就是说，工夫修养必须于未发已发或体用两面兼用其力，如此才能将人所本有的道德心性充分地实现出来。由此，张栻即转变为主张存养（涵养）与体察（察识）兼修并进的工夫论。

张栻晚期工夫论（“存养体察并进”说）的形成，可明确体现在他与吴翌（吴晦叔）的一场论辩当中：

> （吴晦叔曰：）“若不令省察苗裔，便令培壅根本，夫苗裔之萌且未能知，而遽将孰为根本而培壅哉？此亦何异闭目坐禅，未见良心之发，便敢自谓我已见性者？”
>
> （张南轩云：）“不知苗裔，固未易培壅根本，然根本不培，则苗裔恐愈濯濯也。此话须兼看。大抵涵养之厚，则发见必多；体察之精，则本根益固。未知大体者，且据所见自持，（自注：如知有整衣冠、一思虑，便整衣冠、一思虑，此虽未知大体，然涵养之意已在其中。）而于发处加察，自然渐觉有功。不然，都不培壅，但欲省察，恐胶胶扰扰，而知见无由得发也。”①

吴翌认为，若不先察识本心之发见，就欲开展操存涵养工夫，则无异于闭目坐禅。因为不明察本心之发见，存养工夫就根本无处可施、无从下手。这显然是在强调察识工夫的优先性和重要性。张栻既肯定察识本心之发见对于开展存养工夫的意义，又认为，如果不对本心加以操存涵养，那么本心发见者就会被陷溺，从而察识工夫也就无从施展。在他看来，察识与涵养工夫相互作用、相互影响，二者不可缺一：一方面，存养本心越深厚，则本心之发见越多，如此就更有利于对本心的体察；另一方面，体察本心越精微，则本心越发澄明，从而也就更有助于对本心的存养。可见对张栻

---

①　张栻：《新刊南轩先生文集》卷29《答吴晦叔》，《张栻集》（四），中华书局2015年版，第1206—1207页。

而言，存养与体察乃相资互发、相须并进的关系。所以他说："存养体察，固当并进。"① 那么何以存养与体察之间必存在此种互动关系呢？这主要取决于体用之间相涵互摄、相倚互成的辩证统一性。"存养"是直接作用于"体"的工夫，即操存涵养本体（存体）从而立体以致用；②"体察"是从"用"处入手的工夫，即察识本体之发见（察用）从而即用以明体。③ 这两者之间：一方面，因为用依体立，体必涵用，所以要察用就必须存体。存体深厚，则本体之发用必多。本体之发用越多，则对本体发用处的察识便能更加精深。④ 另一方面，因为体由用显，用中涵体，所以要存体就必须察用。体察本体之发用处越精深，则越有助于对本体的操存涵养。⑤ 据此可知，张栻的"存养体察并进"说渗透着"体用相须"的思想。由于在"体用相须"的观念中，"体"具有根本性地位，这就决定"存养体察并进"说中的存养工夫当为本。张栻云："存养是本，工夫固不越于敬，敬固在主一。"⑥"如三省、四勿，皆持养、省察之功兼焉。大要持养是本，省察所以成其持养之功者也。"⑦ 对他而言，存养与体察固然应当兼重并

① 张栻：《新刊南轩先生文集》卷27《答乔德瞻》，《张栻集》（四），中华书局2015年版，第1180页。

② 张栻说："存养之未至，则于事事物物之间，其用有未能尽者，则心之体未能周流而无所滞，性之理亦为有所未完也。故必贵于存心养性焉。……然在学者则当求放心而操之。其操之也，虽未能尽其体，而体亦固在其中矣。"（张栻：《南轩先生孟子说》卷6，《张栻集》（二），中华书局2015年版，第585—586页。）可见，"存养"即是对心性本体加以操存涵养，其目的在于挺立心性本体以充分实现其主宰事物之大用。这可以说是"立体以致用"。

③ 张栻曰："愿只于日用间，更因其发见苗裔而深察默求之，勿舍勿弃，当的然见其枢机之所由发者矣。"（张栻：《新刊南轩先生文集》卷27《答范主簿》（四），《张栻集》，中华书局2015年版，第1178页。）这正是就"体察"或"察识"工夫而言。所谓"发见苗裔"，是指本心之发用、表现，即心之用；"枢机之所由发者"，是指本心之发用、表现的根源，即心之体。"因其发见苗裔而深察默求之"即体察心之用，"见枢机之所由发者"即明识心之体。因而体察工夫具有即用以明体的特征。

④ 张栻云："当常存乎此，本原深厚，则发见必多，而发见之际，察之亦必精矣。"（张栻：《新刊南轩先生文集》卷27《答潘叔昌》，《张栻集》（四），中华书局2015年版，第1184页。）这即是在阐明存养工夫对于体察工夫的积极促发作用。

⑤ 张栻曰："虽然，未能尽其心、知其性者，恬然无事于存养乎？盖大体言之，必尽心知性，而后存养有所施焉。"（张栻：《南轩先生孟子说》卷6，《张栻集》（二），中华书局2015年版，第586页。）这表明察识工夫对于存养工夫的开展具有奠基作用。

⑥ 张栻：《新刊南轩先生文集》卷27《答乔德瞻》，《张栻集》（四），中华书局2015年版，第1180页。

⑦ 张栻：《新刊南轩先生文集》卷28《与吴晦叔》，《张栻集》（四），中华书局2015年版，第1201页。

修，但存养才是根本，体察工夫也是用来成就存养之功的。这就明确肯定了存养工夫的根本性地位。

对于晚期工夫论的转变，张栻曾反思和总结道："某读书先庐，粗安晨夕。顾存养省察之功固当并进，然存养是本。觉向来工夫不进，盖为存养处不深厚，（自注：存养处欠，故省察少力也。）方于闲暇，不敢不勉。"[①] 所谓"向来工夫"，主要是就他早年所主张的"先察识后涵养"工夫而言的。与早期工夫论相比，晚期工夫论不仅强调存养与体察兼修并进、相资互发，而且工夫的重心及作用时节也发生了变化。"先察识后涵养"说主张先于本心之发见处觉识、体认本心，再加以操存涵养，此工夫只在已发时做，且更为注重对本心的察识；而"存养体察并进"说则主张未发时的存养与已发时的体察工夫兼重并修、相促互发，此时修养工夫贯通于未发和已发，且更为注重未发时对本心的操存涵养。张栻的工夫论经历了从"先察识后涵养"说到"涵养察识并进"说的转变，引发这一转变的主要原因在于其思想发展的内在逻辑，尤其是"体用相须"的观念对此产生了重要影响。

第二节　主敬与穷理相须互成

对于如何修身成德、挺立人道，湖湘学派也十分注重主敬与穷理的工夫。胡安国在工夫论上强调"以致知为穷理之门，以主敬为持养之道"[②]，胡宏则认为"敬者，圣门用功之妙道也"[③]"儒者莫要于穷理"[④]，张栻亦主张"君子之学，持敬以为本，穷理以为要"[⑤]。对他们而言，"主敬"即是一种操存涵养本心的工夫，"穷理"即是一种明识本心与天理的工夫，二者分别与"涵养""察识"具有相通一致的意涵。既然如此，那么主敬与穷理之间亦为"交相发"[⑥] 的互动关系。张栻说："就其体言之，天理浑

---

① 张栻：《新刊南轩先生文集》卷25《寄吕伯恭》，《张栻集》（四），中华书局2015年版，第1133页。

② 胡寅：《先公行状》，《斐然集》卷25，中华书局1993年版，第556页。

③ 胡宏：《知言·大学》，《胡宏集》，中华书局1987年版，第34页。

④ 胡宏：《皇王大纪论·姜嫄生稷》，《胡宏集》，中华书局1987年版，第225页。

⑤ 张栻：《爱身堂说》，《张栻集》（五），中华书局2015年版，第1488页。

⑥ 胡宏：《知言·纷华》，《胡宏集》，中华书局1987年版，第26页。

然，正且大也；推其用言之，散在事物之间，精微曲折，正大之理无不存焉。学者当默存其体而深穷其用，则所谓弘毅之功不可以不进也。”① 他指出，就其体而言，天理浑然一如、大公至正；就其用而言，天理散在事事物物之中，使事事物物都各具大公至正之理。由此，学者做工夫既当存养天理本体（本心），又须对天理本体之发见处即事事物物各具之理深加穷究。如此于体用两面兼修并治，方能达到修身成德的目的。张栻所谓“默存其体”即是就存养或居敬工夫而言，“深穷其用”即是就穷理或体察工夫而言。对于二者的关系，他曾明确表示：“穷理持敬工夫，盖互相资耳。”② 穷理与持敬乃相互促发、相互成就的关系。这同样贯穿着湖湘学派“体用相须”的思想。

一　主敬乃即体存养之方

在宋明儒学中，经过二程的思想创发，“主敬”成为颇为重要的成德工夫。依宋明儒学的看法，“主敬”至少有以下几种意涵：其一是指凝聚精神、专心致志；其二是指敬畏、慎重、惕惧（戒惧）；其三是指操存涵养道德本心。湖湘学派着重从存养本心的意义上把握主敬工夫。

胡安国所谓“持之以敬，养之以和”“能操而常存者，动亦存，静亦存，虽百起百灭，心固自若也”，即是在发明“主敬”之义，以“主敬”为对本心的操存涵养工夫。胡宏从内圣成德与外王经世两方面肯定了主敬工夫的重要性。他说：“天理存亡，在敬肆之间尔。”③ “是故明理居敬，然后诚道得。天道至诚，故无息；人道主敬，所以求合乎天也。孔子自志学至于从心所欲不逾矩，敬道之成也。敬也者，君子之所以终身也。”④ 这是将“主敬”视为君子修身成德、存理达道的根本法门。他还表示：“敬以直内，固学者之本，为政者敬以直内，可顷刻忘哉！”⑤ 此即强调“主敬”

---

① 张栻：《新刊南轩先生文集》卷26《答章茂献》，《张栻集》（四），中华书局2015年版，第1165页。

② 张栻：《新刊南轩先生文集》卷28《与吴晦叔》，《张栻集》（四），中华书局2015年版，第1195—1196页。

③ 胡宏：《知言·复义》，《胡宏集》，中华书局1987年版，第39页。

④ 胡宏：《知言·一气》，《胡宏集》，中华书局1987年版，第28页。

⑤ 胡宏：《论语指南》，《胡宏集》，中华书局1987年版，第314页。

对为政治国的重要性。对于何谓主敬，胡宏指出：“操吾心，谓之敬。”①这即是认为主敬乃存养本心之道。

在湖湘学派中，张栻对主敬工夫的诠释最为丰富、深入且有其独到之处。敬论乃张栻儒学的核心内容，贯穿于其整个思想体系，为其学问之道得以显明和落实的关键所在。张栻之学承续孔孟道统，以明善存心为根本宗旨。他主张学者为学乃在变化气质以挺立人之所以为人之本，即彰明人皆本有的善心。② 张栻之所以如此主张，是因为在他看来，人之为人而异于他物的根本即在人皆本有的善心，而人在现实中往往易被情欲陷溺，常常放失其本心而不知求。他表示：“舍其路而弗由，放其心而不知求，则人亦何以异于庶物乎？是可哀也。……是以学问之道，以求放心为主。”③至于如何明善存心，张栻主张以“敬”为本。他说：“夫敬者宅心之要，而圣学之渊源也。”④ 并且，他着重从“持养本心”“主静”两方面规定“主敬”的内涵，而这两方面是贯通一致的。

其一，主敬即持养本心。张栻继承了孟子的心性思想，十分强调存心养性的重要性，持敬工夫对他而言也就是一种存养本心的工夫。“心”是张栻儒学中的核心概念，涵具着本体义、道德义和主宰义。首先，“心”即生生之体，乃本体性范畴。张栻云：“人皆有良心，能存而养之，则生生之体自尔不息。”⑤ “夫人之心，天地之心也，其周流而该徧者本体也。”⑥ 这就直接点明“心”乃生生不息、恒常遍在的本体。其次，张栻以“仁”规定“心”的内涵。他说：“人之心，其德亦有四云云，而统言之，则仁为人之心……。”⑦ 可见，“心”内在具足道德意涵，乃纯粹至善的道

---

① 胡宏：《知言·事物》，《胡宏集》，中华书局1987年版，第22页。

② 张栻云：“心也者，万事之宗也。惟人放其良心，故事失其统纪。学也者，所以收其放而存其良也。”（张栻：《新刊南轩先生文集》卷9《静江府学记》，《张栻集》（三），中华书局2015年版，第881页。）

③ 张栻：《南轩先生孟子说》卷6，《张栻集》（二），中华书局2015年版，第554页。

④ 张栻：《新刊南轩先生文集》卷36《敬斋铭》，《张栻集》（四），中华书局2015年版，第1309页。

⑤ 张栻：《南轩先生孟子说》卷6，《张栻集》（二），中华书局2015年版，第549页。

⑥ 张栻：《新刊南轩先生文集》卷9《桂阳军学记》，《张栻集》（三），中华书局2015年版，第888页。

⑦ 张栻：《新刊南轩先生文集》卷20《答朱元晦书》，《张栻集》（四），中华书局2015年版，第1069页。

德本心。最后，张栻颇为强调“心”的主宰作用。他表示：“仁，人心也，率性立命，知天下而宰万物者也。”① “惟人全夫天地之性，故有所主宰，而为人之心所以异乎庶物者独在于此也。”② 心具有“率性立命”、主宰天地万物的作用，此即人之为人而异于他物的根本所在。张栻还指出：“心也者，贯万事，统万理，而为万物之主宰者也。”③ “事有万变，统乎心君。”④ “心宰事物。”⑤ 在他看来，心的主宰性主要体现在对万事万物万理的统摄与融贯。

张栻以道德本心为人之所以为人而异于他物的本质，认为当人放失其本心而不知求，则必将失却人之为人之道而沦为一物。因而他尤其强调求放心，以此来显明德性、挺立人道。至于如何求放心，他主张以“敬”为本。张栻说：“夫人位天地之中，而为万物之灵，岂不至贵至重矣哉？其惟心乎！放其良心，自流于物而不知，反为失其身矣。……故君子之学，持敬以为本，穷理以为要，涵泳浸渍，致知力行，放心可求，而身得其养矣。”⑥ 由此可知，持敬是一种存养本心的工夫。他还于《敬斋记》云：“敬者所以持是心而勿失也。”⑦ “敬”即操存本心而不令其放失。张栻尤为重视“敬”对于“心”的存养作用，他说：

> 敬者心之道，所以生生也……。⑧
>
> 盖心生生而不穷者，道也。敬则生矣，生则乌可已也；怠则放，

---

① 张栻：《新刊南轩先生文集》卷10《潭州重修岳麓书院记》，《张栻集》（三），中华书局2015年版，第900页。

② 张栻：《新刊南轩先生文集》卷11《存斋记》，《张栻集》（三），中华书局2015年版，第931页。

③ 张栻：《新刊南轩先生文集》卷12《敬斋记》，《张栻集》（三），中华书局2015年版，第938页。

④ 张栻：《新刊南轩先生文集》卷36《敬斋铭》，《张栻集》（四），中华书局2015年版，第1309页。

⑤ 张栻：《新刊南轩先生文集》卷12《敬简堂记》，《张栻集》（三），中华书局2015年版，第947页。

⑥ 张栻：《爱身堂说》，《张栻集》（五），中华书局2015年版，第1488页。

⑦ 张栻：《新刊南轩先生文集》卷12《敬斋记》，《张栻集》（三），中华书局2015年版，第938页。

⑧ 张栻：《新刊南轩先生文集》卷26《答李季修》，《张栻集》（四），中华书局2015年版，第1172页。

放则死矣。[①]

盖心宰事物，而敬者心之道所以生也。[②]

非敬则是心不存，而万事乖析矣，可不畏欤![③]

张栻认为，心乃生生之体，而此生生之体之所以能显发生生之用，关键在于“敬”，敬即心所以生生之道。也就是说，敬则心存，故心体能发用流行、生生不息；而不敬则心之生道止息，故不能显发生生大用。由此可见“敬”对于心体发用的重要性。可以说，“敬”与“心”俱存俱立、不可相离。张栻云：“方其存时，则心之本体固在此，非又于此外别寻本体也。”[④] 又云：“然要将个敬来治心则不可。盖主一之谓敬，敬是敬此者也。（自注：只敬便在此。）若谓敬为一物，将一物治一物，非惟无益，而反有害，乃孟子所谓必有事焉而正之，卒为助长之病。”[⑤] 可见，持敬工夫非指以“敬”去治“心”，先“敬”而后“心”方在，而是敬即心之敬，只敬心便在。因此，“敬”与“心”实则处于一种相即不离的关系当中。由此张栻强调，“克持其心，顺保常性。敬匪有加，惟主乎是”[⑥]。

其二，敬即主静。周敦颐的“主静”说与二程的“主敬”论对张栻之敬论产生了重要影响。他说：“一二年来，颇专于敬字上勉力，愈觉周子主静之意为有味。程子谓于喜怒哀乐未发之前更怎生求，只平日涵养，便是此意，须深体之也。”[⑦] 张栻力求融通“主静”和“主敬”，视二者为相通一致的工夫。他在《太极解义》中则明确指出，敬即主静。张栻云：

---

① 张栻：《新刊南轩先生文集》卷12《敬斋记》，《张栻集》（三），中华书局2015年版，第938页。

② 张栻：《新刊南轩先生文集》卷12《敬简堂记》，《张栻集》（三），中华书局2015年版，第947页。

③ 张栻：《新刊南轩先生文集》卷12《敬简堂记》，《张栻集》（三），中华书局2015年版，第947页。

④ 张栻：《新刊南轩先生文集》卷20《答朱元晦书》，《张栻集》（四），中华书局2015年版，第1063页。

⑤ 张栻：《新刊南轩先生文集》卷26《答曾致虚》，《张栻集》（四），中华书局2015年版，第1158页。

⑥ 张栻：《新刊南轩先生文集》卷36《敬斋铭》，《张栻集》（四），中华书局2015年版，第1309页。

⑦ 张栻：《新刊南轩先生文集》卷25《寄吕伯恭》，《张栻集》（四），中华书局2015年版，第1138页。

"太极之妙，不可以臆度而力致也。惟当一本于敬，以涵养既发之际，则因其端而致夫察之之功；未发之时，则即其体而不失其存之之妙。则其所以省察者，乃所以著存养之理；而其所以存养者厚，则省察者亦明矣。此敬之功也，所谓主静也。"① 他把对太极本体的体认归结为"敬之功"，且认为"敬之功"即是"主静"。他还表示，"主静者，天性之本然纯粹至善，太极之存乎人者也"②。"主静者"即纯粹至善之道德本性，也就是内在于人心的太极。因"敬"即"主静"，而太极与性都属于本体性范畴，故"敬"既具有工夫论意义，亦具有本体论意涵。

关于"静"，周敦颐认为"无欲故静"③，张栻进而指出："无欲故静者，非言人之无欲也，言天性之本然，欲之未萌者也。"④ "无欲故静"指天性之本然即欲望尚未萌发的状态。"所谓无欲者，无私欲也"⑤，无私欲则可达至"静"的境界，即复归"天性之本然，欲之未萌"的状态。因"敬"即"主静"，故也可说"无欲故敬"。张栻云："若何而能敬？克其所以害敬者，则敬立矣。害敬者莫甚于人欲。"⑥ 人之私欲乃害敬之大者，克除私欲则能达到"敬"的境界。由此可知，"敬"既为道德修养工夫，也是一种道德修养境界。因此，在张栻看来，"敬"内含工夫、本体、境界等多层意蕴。当然，它在根本上乃直接作用于心体的存养工夫。

根据张栻对"敬"的以上界定，便可知他十分重视"敬"在道德修养中的作用。而问题的关键还在于如何持敬，对此，张栻主张内外兼修。他表示："盖人道之相与，以敬为主也。……恭敬存于中，而仪物实于外，此君子之道所以为内外之宜，文质之中也。若恭敬之心虽存，而无以实之于外，君子亦恶夫虚拘也？……恭敬为之主，而其节文品式森然备具，而

---

① 张栻：《南轩文集并语录答问》，《元公周先生濂溪集》卷3，北京图书馆出版社2003年版，第14页。

② 张栻：《南轩文集并语录答问》，《元公周先生濂溪集》卷3，北京图书馆出版社2003年版，第13页。

③ 周敦颐：《太极图说》，《周敦颐集》卷1，中华书局2009年版，第6页。

④ 张栻：《南轩文集并语录答问》，《元公周先生濂溪集》卷3，北京图书馆出版社2003年版，第14页。

⑤ 张栻：《新刊南轩先生文集》卷26《答罗孟弼》，《张栻集》（四），中华书局2015年版，第1159页。

⑥ 张栻：《新刊南轩先生文集》卷12《敬简堂记》，《张栻集》（三），中华书局2015年版，第947页。

又有贵贱贫富之不同、小大多寡之或异，则是皆天之所为也。若昧乎此，不陷于豕交兽畜，则或失之于虚拘，皆非君子之道也。”[①] 他认为，人之道当以敬为主，敬乃人道之根本，而敬道的实现，则须内存恭敬之心，而外有仪物以使之具体、真实地展露。若只存恭敬之心，而外无节文品式来体现、落实，则为虚居，此亦非君子之道。所以，“敬”作为君子之道，内外工夫不可偏废，既须内存恭敬之心以立其本，又须以仪物坐实于外。持敬以内存敬心为主，而外在修养也不可或缺，二者虽有偏重但不可偏废。

不仅如此，张栻还对“主敬”的功用做了精详的论析。他主张“工夫须去本源上下沉潜培植之功”[②]，因为“本立则临事有力也”[③]“大本立而达道行”[④]。而在张栻看来，立本之道在于“敬”：“要须本源上用工，其道固莫如敬。……惟主敬以立本，而事事必察焉，此学之要也。”[⑤] 在他看来，“主敬”乃达道至德、立人成圣的根本。这主要体现在“敬”具有“宅心”“达仁”“至诚”等重要价值和功用。[⑥]

总之，张栻的敬论具有如下特点：其一，将“敬”与孟子的心性论加以融通，认为“敬”即对本心的操存涵养工夫，且以“敬”为“心”之生道，强调“敬”与“心”相即不离；其二，主张“敬”即“主静”，而“主静者，天性之本然纯粹至善，太极之存乎人者也”，故“敬”即工夫即境界，且具有本体论意蕴；其三，视“敬”为“立本”与上达“诚而天”之至上道德境界的根本工夫，认为“敬”则能与天德、天道融为一体，从而极大地彰显了“敬”在道德修养中的价值；其四，以“敬”作为湖湘学派“察识”“涵养”工夫之本，凸显了“敬”在工夫论中的地位；其五，既主张反求本心、向内用力，又强调日积月累、循序渐进，与朱熹之论和陆九渊之说皆有所不同。可见，张栻的敬论吸收和融会了先贤的思想，凝

---

① 张栻：《南轩先生孟子说》卷7，《张栻集》（二），中华书局2015年版，第614页。

② 张栻：《新刊南轩先生文集》卷26《答萧仲秉》，《张栻集》（四），中华书局2015年版，第1160页。

③ 张栻：《新刊南轩先生文集》卷27《答乔德瞻》，《张栻集》（四），中华书局2015年版，第1182页。

④ 张栻：《南轩先生孟子说》卷7，《张栻集》（二），中华书局2015年版，第605页。

⑤ 张栻：《新刊南轩先生文集》卷25《答吕子约》，《张栻集》，中华书局2015年版，第1142—1143页。

⑥ 参见邹啸宇《南轩敬论探析》，载武汉大学哲学学院编《哲学评论》第13辑，中国社会科学出版社2014年版，第183—189页。

结了理学家所持有的核心观念，典型反映了宋代理学家有关“敬”的思想，在宋明儒学中具有重要的地位和作用，对当时及后世理学家的相关学说产生了一定的影响。① 张栻是继二程之后少数极为推重居敬工夫的学者之一，他以“敬”作为理学的核心工夫，对之进行了详尽、独特的阐发，推动了理学工夫论的发展与完善。对湖湘学派的工夫论而言，他将“主敬”这种体上存养的工夫可以说推到了一个新的高度。

二　穷理为即用明体之法

在宋明儒学中，穷理是通常与主敬配合并行的另一种道德修养工夫，其意涵相通于格物致知。湖湘学派对穷理工夫的认识，除了继承程颐将其理解为穷究事事物物之理，还从明识本心的角度发明穷理之义。而无论从何种意义上去诠释与定位，湖湘学派都注重显明穷理之即用明体的工夫论意蕴。

（一）胡安国的穷理致知论

在湖湘学派当中，胡安国率先对格物穷理的工夫给予了足够重视。这当然与其经世致用的志趣密不可分。他以正心为治国平天下之本，其实质在于明识和挺立人皆固有的本心、仁体。经世致用的关键即落在如何发明本心、开显仁体的问题上。对此，胡安国既强调穷理致知实践，又颇重察识和持养工夫。在他看来，本心即是天理，天理遍在于万事万物，通过穷究事物之理以至于融贯相通便可明识本心。而一旦对本心有所察识，则又须操存涵养本心，以使本心持存不失。胡安国主张通过穷理致知以明识本心，并由主敬涵养以持存本心。

就穷理致知方面来说，胡安国在论及君王应当如何正心的问题时指出：“正心之道，先致其知而诚其意，故人主不可不学也。”② 他认为正心之道在于先致知、诚意，并由此劝导人君必须勤学以致其知。这显然是对

---

① 朱熹在读完张栻的《主一箴》后，即作《敬斋箴》，又作《跋德本所藏南轩主一箴》以阐明《主一箴》之旨。南宋熊禾也盛赞张栻的敬论云：“此古圣贤传授心法之妙，学者深体而履省之哉。”（熊禾撰，熊孟秉编：《勿轩集》卷1《敬斋铭箴跋》，《文渊阁四库全书》第1188册，台湾商务印书馆1983年版，第776页。）这都足以体现出张栻敬论的影响。

② 胡安国：《正心论》，转引自胡寅《先公行状》，《斐然集》卷25，中华书局1993年版，第547页。

《大学》“欲正其心者，先诚其意；欲诚其意者，先致其知”这一观点的直接吸收。不过胡安国很少谈论“诚意”这一环节，而主要探讨“致知”的问题。他说：“穷理尽性，乃圣门事业。物物而察，知之始也；一以贯之，知之至也。无所不在者，理也；无所不有者，心也。物物致察，宛转归己，则心与理不昧。故知循理者，士也。物物皆备，反身而诚，则心与理不违。故乐循理者，君子也。天理合德，四时合序，则心与理一，无事乎循矣。故一以贯之，圣人也。”① 据此可知，胡安国对“致知”的认识有以下四个要点：

其一，“致知”乃穷理尽性的道德修养工夫，而并非纯粹追求客观知识的认知活动。“穷理”侧重于从致知的过程与手段来说，指即事即物而穷究其所以然和所当然之理；“尽性”侧重于从致知的目的和结果来说，指透彻地了解或充分地发挥人的德性。

其二，“致知”的关键在于“穷理”，即“物物致察”，也就是体察万物、穷究万理。而所要体究之“物”的内容十分广泛，大凡客观外在的事物、主观内在的心性等都包括在内。胡安国曰：“物物而察，则智益明，心益广，道可近矣。又岂逐物而不自反哉？又岂以己与物为二哉？察于天行以自强也，察于地势以厚德也，察于云雷以经纶也，察于山泉以果行也，察于尺蠖明屈信也：远察诸物，其略如此；察于辞气颜色尊德性也，察于洒扫应对兼本末也，察于心性四辞养浩然之气也：近察诸身，其要如此。”② 可见，察物穷理的工夫主要包括体察外物与省察己身两大内容，其所察事物涵盖甚广，涉及自然现象、社会事物及道德心性等方面。那么投身于万事万物体究其所以然之理，会不会使人沉溺其中而不知反求诸己呢？胡安国于此特别指出，对万事万物加以体察、考究并不会令人陷溺于事物之中而不知自反，亦不会导致己物统一关系的割裂，而只会让人越发通达事理，心量更加宽广，从而日益觉悟大道本原。胡安国正是在深刻体认到己物本来统一及心本即是理的前提下，才尤其强调“物物致察”。他力主察物穷理的根本目的也就在于明识“心即理”，从而挺立人之本心

① 胡安国：《答赣川曾几书》，转引自胡寅《先公行状》，《斐然集》卷25，中华书局1993年版，第556页。

② 转引自刘荀《明本释》卷上，《文渊阁四库全书》第703册，台湾商务印书馆1986年版，第170页。

善性。

其三，“致知”既是穷究事物之理的过程，也是体认本心所固有之理即发明本心的过程。因为在胡安国看来，“天理根于人心”①，“心者，事物之宗”②，即人心原本就涵具天理，事事物物之理皆统摄于、内在于人之本心，都是本心、天理流行发用之表现，所以穷究具体事物之理也就是一个体察、明识本心的过程。当然，穷理致知只是明天理、显本心的一个重要方便法门，其最终目的在于达到那一切行为都是天理流行、本心呈现的境界，亦即臻于“心与理一”或“心即理”的圣人境界。“心即理”既是致知这一修养实践的终极目的和境界，也是致知活动之所以可能的超越根据。既然天理无所不在，万事万物各有其理，那么人的穷理致知活动何以能够把握事事物物之理，并一以贯之而上达天理本体呢？其根本原因即在于，天理内在于人心，人心无理不含，万事万物之理皆统摄于人之本心，本心即天理。这便是致知工夫之所以可能的本体论根据。胡安国所谓“心与理不昧”“心与理不违”“心与理一”，都是就具体的人生修养实践之结果或效果来说的，而并非本体论的直接表达，所以这并不否认或违背本体论意义上“心即是理”的基本立场。并且，恰恰是因为有此作为前提和根据，致知工夫才能够最终成就“心与理一”的圣人境界。可以说，穷理致知的根本理据和原动力就在于“心即理”。

其四，“致知”是一个始终有序、渐次升进的修养过程。就一事一物而穷究其理（分殊之用），从而逐渐把握到特殊的、有差异性的具体事物之理，这是致知的开始。而致知的最终目的在于贯通所明晓的具体事物之理，从而通达具有普遍性和统一性的本体之理（理一之体）。这也就是要明通万事万物之理的根源——天理本体，亦即挺立人之道德本心。人生修养至此便臻于“心与理一”即彻底觉悟、达至“心即是理”的圣人境界，从而整个致知的过程得以最终完成。显然，这绝非一蹴而就，而是一个步步践履、循序渐进甚至没有穷尽的修养过程。从知道应该遵循天理行事的士，到乐于依循天理而为的君子，再到自然而然由天理而行的圣人，这既是致知工夫所造就的三种不同的人格修养境界，也是致知实践本身三个不

① 胡安国：《春秋胡氏传》卷11《僖公上》，浙江古籍出版社2010年版，第160页。

② 胡寅：《先公行状》，《斐然集》卷25，中华书局1993年版，第523页。

同的阶段。这三个阶段步骤环环相扣、密切关联，从而使致知活动成为一个逐步展开、渐次升进、层层深入的修行过程。

胡安国十分注重致知活动的过程性，强调即事即物穷理的践履实行和逐步积累以及由士至君子再到圣人的循序渐进，反对空谈性命之理和“一超直入”。他的弟子曾几认为：“四端五典每事扩充，亦未免物物致察，犹非一以贯之之要。”[①] 这就是说，若事事物物都加以穷究，则未免太繁杂琐碎，而并非一以贯之的关键。胡安国批评这种看法“是欲不举足而登泰山，犹释氏所谓不假证修而语觉地也”[②]，并指出“四端固有非外铄，五典天叙不可违。在人则一心也，在物则一理也。充四端可以成性，惇五典可以尽伦，性成而伦尽，斯不二矣”[③]。在他看来，四端之心内在于人的本性而为人性所固有，五常作为根本的道德法则不可违逆。充扩四端之心，可以充分实现人的德性；笃行五常，可以克尽伦常之道。唯有尽性尽伦，才能达到“心与理一”的境界。胡安国在此强调的是，唯有通过“物物致察”的下学工夫，才能“一以贯之”地上达本体。也就是说，只有通过切实的修养工夫，才能真正地明识本心、天理。因此，胡安国特别重视穷理致知的工夫，强调即用以明体、因用以求体。这从“充四端可以成性，惇五典可以尽伦”即可充分体现出。“四端”“五典”在根本上是一致的，都是从本心、天理之发见处而言。既然“四端”“五典”为本心、天理之发见，那么充扩四端、敦行五常便是从本心、天理的发见处下功夫，而“成性”“尽伦”则是本心、天理之体最终得以充分显明、落实。这即是一个因用以求体的过程，致知活动的根本特点也就在于此。胡安国把尽心成性视为穷理致知的内容，一方面说明致知主要是一种道德修养工夫，另一方面则表明致知为内外兼修的工夫。而无论是外求还是内推，其最终指向都是内在的道德心性，并且在实现方式上都是即用以求体。

胡安国对这一具有即用求体特点的穷理致知工夫的推崇，表明他颇为注重践履实行，强调由下学而上达。从他对曾几脱离“物物致察”的躬行

---

① 胡安国：《答赣川曾几书》，转引自胡寅《先公行状》，《斐然集》卷25，中华书局1993年版，第556页。

② 胡安国：《答赣川曾几书》，转引自胡寅《先公行状》，《斐然集》卷25，中华书局1993年版，第556页。

③ 胡安国：《答赣川曾几书》，转引自胡寅《先公行状》，《斐然集》卷25，中华书局1993年版，第556—557页。

实践而空谈"一以贯之"的批评来看，他显然是以"物物致察"之下学作为"一以贯之"之上达的必要前提。在他看来，只有下学工夫积累到一定程度方能上达本体，即便像舜这样具有上上根器的人，也"犹好问，犹察言，犹取诸人以为善"，而曾几却以中等资质"欲了此事（'物物致察'——引者注），不从博学、审问、慎思、明辨、笃行以求之（'一以贯之'——引者注）"，这无异于"谈饮食而欲疗饥渴"的空想。① 他甚至认为这种不务践履而空谈性理的做法"犹释氏所谓不假证修而语觉地"，并通过对佛教的批评来强调穷理致知工夫的重要性。他说：

> 学佛者，其语则欲一闻便悟，其行则欲一超直入。纵有是理，必无是人……释氏虽有了心之说，然知其未了者，为其不先穷理，反以理为障，只求见解于作用处，全不究竟也。以理为障而求见解，故穷高极大而失其居。失其居，则惑人也，故无地以崇其德。至于流遁莫可致诘，于作用处全不究意，故接物应事颠倒差缪，不堪点检。②

胡安国否定佛教一悟即至佛地（顿悟成佛）之论。在他看来，佛氏虽言明心见性，但实际上并未真正了悟心性，其原因即在于不先穷理，反而以理为空幻，于是只在作用处求见解，却不能明识其天理本原。正因为不明本心、天理，所以佛氏便丧失了立身行事的根本，以致接物应事颠倒差缪、不堪点检。显然，胡安国是将本体上否认天理与工夫上不穷理视为佛教的根本缺失。他认为，主张通过穷理致知的下学工夫以上达本心、天理本体，正是儒家圣学的基本特质与优长所在。胡安国表示："圣门之学，则以致知为始、穷理为要。知至理得，不昧本心，如日方中，万象毕见，则不疑其所行而内外合也。故自修身至于天下国家无所处而不当矣。"③ 这就是认为，儒学强调以穷理致知为先，一旦识得天理、显明本心，则所行必

---

① 参见胡安国《答赣川曾几书》，转引自胡寅《先公行状》，《斐然集》卷 25，中华书局 1993 年版，第 556—557 页。

② 胡安国：《答赣川曾几书》，转引自胡寅《先公行状》，《斐然集》卷 25，中华书局 1993 年版，第 557 页。

③ 胡安国：《答赣川曾几书》，转引自胡寅《先公行状》，《斐然集》卷 25，中华书局 1993 年版，第 557 页。

合乎本心、天理，无论修身齐家还是治国平天下，都能合理得当，一切行事都是本心、天理的流行发用。此即意味着体用不二的本体论在人生当中得以彻底落实，即具体、真实的人生实践直接就是本心、天理的流行发用，于是本心、天理与人生实践即构成体用不二的关系。由此可知，胡安国是以穷理致知作为明识本心的前提条件，而又将明识本心视为修齐治平的关键。这表明其儒学具有即用以明体和因体以致用的特点。

可见，基于“体由用显，体不离用”的本体论认识，胡安国在如何明体的工夫论上力主“即用以明体”。所谓“体由用显，体不离用”，是指本体通过其自身的发用流行来表现，并不离于其发用流行之显现而存在，此中也蕴含着本体经由工夫而开显、落实之义。这具体展开为以下三点：第一，本心之体因本心之用（如四端、五典）而得以具体、真实地呈现，并不离于本心之用；第二，天理见之于人事；第三，道不离于日用常行，人伦日用即是道。由此所产生的“即用以明体”的工夫论，是指就本体发用流行之表现处明识、挺立本体，亦即由下学工夫以上达本体。这主要体现在穷理致知与察识、持养之工夫：一者，所谓“穷理致知”即“物物致察”，指就事事物物穷究其所以然与所当然之理。此处的“事物”涵盖面甚广，自然现象、生活行事、历史事件、四端之心、五典之常等万事万物皆涵括在内；“所以然与所当然之理”，指万事万物的本原及其存在与运行的根本法则——天理。穷理致知的要义有四：其一，它实质上是一种道德修养工夫，其根本目的在于真切、透彻地领会“心即理”之义，即明识与开显本心、天理，以至于随时随处随事都能依循本心、天理而行。其二，因为天理内在于人的本心，本心即是天理，所以它既是在穷究事物之理，也是在体证人之本心。其三，从“物物致察”的下学工夫开始，直至“一以贯之”的上达本体，这是一个实行践履、循序渐进的过程，并非一蹴而就。其四，穷理致知是内外兼修的工夫，既包括外向的穷究事物之所以然以明理，又包括内向的充扩四端之心以成性，而其最终指向都在于发明本心、开显德性。二者，察识与持养都是作用于本心的工夫，着重于对本心的体认与存养。“察识”是指体察、觉知本心之发见，并就此发见处体证本心，即就心之用以明识心之体。这具有直接当下见体的特点，不同于穷理致知的渐修工夫。“持养”是指对本心有所体认后再加以持守、涵养，以使之常存不失。这一察识、持养的工夫无疑也是要彰明、挺立人所固有的道德心性，与穷理致知的工夫是根本一致的。

总之，在如何正心明体的工夫上，胡安国强调躬行践履和循序渐进，力主穷理致知与察识持养兼修。这两大方面的工夫是相互作用、相互影响的，皆具有即用以明体的特点，其根本目的都在于人之道德心性的显明与挺立。

（二）胡宏的穷理尽性说

在道（性）物论中，胡宏一方面肯定道（性）是万事万物之本原，另一方面又强调道（性）就体现并内在于万事万物之中。这就决定他在工夫论上必然注重通过格物穷理的方式来把握道体、性体。从思想渊源上来说，这显然受到了程颐和胡安国之格物穷理说的影响。[①] 对于“格物”之义，程颐指出：“格，至也；物，事也。事皆有理，至其理，乃格物也。”[②] 此是以到事上穷理或穷究事理来解释“格物”。对于如何格物穷理，程颐则主张：“须是今日格一件，明日又格一件，积习既多，然后脱然自有贯通处。”[③] 他强调通过穷究一事一物之理的逐渐积累来达到最终豁然贯通即上达本体的境界。这对胡安国产生了深刻影响，使他同样注重即事即物穷理的渐修工夫。他表示：“穷理尽性，乃圣门事业。物物而察，知之始也；一以贯之，知之至也。”在他看来，唯有先“物物而察”，才能达到“一以贯之”的境地。也就是说，只有先对一事一物加以体察、考究，逐渐把握特殊的、多样化的具体事物之理，然后才能融会贯通，以至于最终明达具有普遍性、统一性的本体之理。这就表明，穷理尽性绝非一蹴而就，而是一个步步积累、循序渐进的过程。他们对格物穷理工夫的这般重视，既体现出躬行践履的重要性，也彰显了修养工夫的过程性。

在格物穷理论上，胡宏继承了程颐和胡安国的思想，主张通过对事事物物之理的穷究来把握道体，而这与他在本体论中强调道即在物、道不离物也是密不可分的。对于穷理工夫的重要性，胡宏多有论及：“儒者莫要

① 参见向世陵《善恶之上：胡宏·性学·理学》，中国广播电视出版社 2000 年版，第 149—152 页。

② 程颢、程颐：《河南程氏外书》卷 2《朱公掞问学拾遗》，《二程集》，中华书局 2004 年版，第 365 页。

③ 程颢、程颐：《河南程氏遗书》卷 18《伊川先生语四》，《二程集》，中华书局 2004 年版，第 188 页。

于穷理”[①]“学必以穷极物理为先”[②]“论为学者，贵于穷万物之义”[③]。这都是在强调为学求道应当注重格物穷理的工夫。对胡宏而言，“格物穷理”就是指穷究事事物物之理。他说：“近察诸身，远察诸物，穷竟万理，一以贯之，直造寂然不动之地，然后吉凶与民同患，为天之所为矣。”[④] 在他看来，人们通过对事事物物加以体察、考究，以全面透彻地把握万事万物之理，从而达到豁然贯通的境界，如此即可上达本体。易言之，穷究万事万物之理，乃“一以贯之”即明达本体的前提和基础。何以必须先穷究事事物物之理，才能达到一以贯之的境地？对此，胡宏表示：“万物不同理，死生不同状，必穷理，然后能一贯也。”[⑤] 这就是说，由于不同事物之理具有其特殊性、差异性，所以需要对它们加以穷究，才能把握贯穿其中的具有普遍性、统一性的本体之理。既然万事万物之理并不相同，那么通过穷理工夫又何以能达到一以贯之呢？这是因为：尽管不同事物之理存在差异性，但它们都根源于同一本体，都是本体发用流行之具体表现。本体自身具有普遍性、统一性，是一是体；而本体在具体事物中的各种表现（万理）则具有特殊性、差异性，是多是用。本体与万理乃一多圆融、体用不二的关系。胡宏云：“大哉性乎！万理具焉，天地由此而立矣。”[⑥] 又云：“观万物之流形，其性则异；察万物之本性，其源则一。”[⑦] 可见，性为宇宙万有之本原，统摄万理、备具万理。性体是万理之根源，为一；万理是性体发用流行之表现，为多。性体与理用相即不离、圆融不二。由此即决定，既可以承体以起用，由性体发用流行为万事万物之理；也可以即用以明体，通过万事万物之理来把握性体。这正是胡宏“体用合一”的思想在其本体论与工夫论中的双向展开与落实。所谓“穷理尽性以成吾仁”“心穷其理，则可与言性”[⑧]，即表明穷究万事万物之理便可以挺立性体，亦即尽用则可以成体。需要指出的是，胡宏所言“穷理”“万理”“万物不同

---

① 胡宏：《皇王大纪论·姜嫄生稷》，《胡宏集》，中华书局 1987 年版，第 225 页。
② 胡宏：《与张敬夫》，《胡宏集》，中华书局 1987 年版，第 131 页。
③ 胡宏：《与丁提刑书》，《胡宏集》，中华书局 1987 年版，第 128 页。
④ 胡宏：《与张敬夫》，《胡宏集》，中华书局 1987 年版，第 132 页。
⑤ 胡宏：《知言·义理》，《胡宏集》，中华书局 1987 年版，第 30 页。
⑥ 胡宏：《知言·一气》，《胡宏集》，中华书局 1987 年版，第 28 页。
⑦ 胡宏：《知言·往来》，《胡宏集》，中华书局 1987 年版，第 14 页。
⑧ 胡宏：《知言·纷华》，《胡宏集》，中华书局 1987 年版，第 25、26 页。

理”之“理”都是从“用”上来说，并非指“体”。“理”是性体之具体表现，而并不直接等同于性体。“性”与“理”既具有内在统一性，也存在体用之别。

简言之，穷理尽性是一个从穷究万事万物之理到一以贯之（成性达体）的过程。穷理是尽性的过程与手段、前提和基础，尽性是穷理的结果和目的，二者相互发明、相互规定。这当然取决于性理之间的体用合一关系：所穷之理即是性之用，所尽之性即是理之体，性体与理用相互依存、一体不二。由此，穷理尽性也就是一个尽用以成体的过程。

（三）张栻的穷理明心观

张栻吸收了胡安国、胡宏父子关于格物穷理的基本洞见。对他来说，“穷理”就是指穷究事物的所当然之则及其所以然之故，其实质乃在于返本体察以明识本心、天理。在他看来，“所当然”是指仁、义、礼、智等具体的道德伦理规范，即天理在人伦日用中的具体表现（分殊之用）；“所以然”是指这些具体道德伦理规范的来源和根据，即天理本体（理一之体）。因而“穷理”就是察识天理本体之发见，并就其发见处体认天理本体。可见，穷理工夫是从本体之发见处用功以体证本体，具有即用以明体的特征。

因为对张栻而言，天理本即内在于人之本心，所以穷理工夫归根结底就是反求诸己、察识本心的工夫。就心与理的关系，他表示：

> 人心天理初无欠，正本端原万善生。①
>
> 反身而至于诚，则心与理一，不待以己合彼……。②
>
> 心之所为一者，天理之所存，而无意、必、固、我加乎其间……。③

张栻认为，人心本即涵具天理，天理原本就内在于人心，人心与天理相互发明、本来为一。这也就是在推明本心即天理之义。既然心即是理，万事

① 张栻：《新刊南轩先生文集》卷7《律诗·元日》，《张栻集》（三），中华书局2015年版，第828页。

② 张栻：《南轩先生孟子说》卷6，《张栻集》（二），中华书局2015年版，第588页。

③ 张栻：《南轩先生孟子说》卷4，《张栻集》（二），中华书局2015年版，第493页。

万物之理皆统摄于人之本心，[①] 那么穷理在根本上就是返本向内以明识本心、天理，而并非向外探求一事一物之理。张栻云："所谓穷理者，贵乎能有诸己者而已。在己习之偏、意之私亦不一矣，非反而自克，则无以会其理之归。"[②] 在他看来，穷理的关键在于能返本向内体证本心，确信其真实存在于己身从而做到实有诸己。就此而言，穷理实质上就是一种体认本心的工夫。张栻说："致知所以明是心也……。"[③] "明尽心体之本然为尽其心，非善穷理者莫之能也。"[④] 这即是将穷理归结为一种明识本心的工夫。他还表示："盖乍见而怵惕恻隐形焉，此盖天理之所存。……虽然，怵惕恻隐，盖其苗裔发见耳。由是而体认其所以然，则有以见大体，而万理可穷也。"[⑤] 这就是说，人之怵惕恻隐之心乃本心、天理的呈现（用），若就此而体认其所以然（体），则可以明识本心而穷尽万理。在这里，穷理与察识两大工夫得以贯通，其即用以明体的特征也得到了彰显。显然，对张栻来说，"穷理"即明察本心、天理之发见并就此发见处体认本心、天理，乃是一种返本体证的工夫。

三　主敬与穷理之间的体用相须关系

既然对湖湘学派而言，主敬是存养本心的工夫，穷理是明识本心的工夫，那么二者相依互成、相须互济的关系便昭然若揭。就此，胡宏一方面主张主敬当以穷理为先，因为唯有先穷理识心，作为存养本心的主敬工夫才有根据、方向和入手之处；[⑥] 另一方面则认为"敬行乎事物之内，而知乃可精"[⑦]，因为唯有主敬以存心，念兹在兹，方能使穷理活动深入展开，

---

① 张栻说："盖万事具万理，万理在万物，而其妙著于人心。……心也者，贯万事，统万理，而为万物之主宰者也。"（张栻：《新刊南轩先生文集》卷12《敬斋记》，《张栻集》（三），中华书局2015年版，第938页。）

② 张栻：《新刊南轩先生文集》卷12《约斋记》，《张栻集》（三），中华书局2015年版，第943页。

③ 张栻：《新刊南轩先生文集》卷12《敬斋记》，《张栻集》（三），中华书局2015年版，第938页。

④ 张栻：《新刊南轩先生文集》卷31《答彭子寿》，《张栻集》（四），中华书局2015年版，第1242页。

⑤ 张栻：《新刊南轩先生文集》卷27《答直夫》，《张栻集》（四），中华书局2015年版，第1177页。

⑥ 参见胡宏《知言·大学》，《胡宏集》，中华书局1987年版，第34页。

⑦ 胡宏：《复斋记》，《胡宏集》，中华书局1987年版，第152页。

从而做到理明义精仁熟。也就是说，主敬与穷理是相互作用、相互影响的。

在此基础上，张栻对主敬与穷理的辩证关系有更为明确、精详的论述。在他看来，持敬与穷理都是心性修养工夫，都以挺立道德心性为根本目的，只是工夫的着力点和具体作用有所不同。穷理工夫在于察识本心、天理之发见，并就此发见处体认其所以然之体，这是从“用”处入手以体证本体，具有即用以明体的特征；而持敬工夫是指存养本心、天理以使之常存不失，这是直接作用于“体”的工夫，具有直下立体的特征。张栻曰：“致知所以明是心也，敬者所以持是心而勿失也。”① 致知（穷理）是用于明识本心的工夫，持敬是用于存养本心的工夫。这就表明，穷理与持敬虽然都是显发道德本心的工夫，但仍存在明心与存心之作用、分工的不同。在肯定穷理与持敬之分别的前提下，张栻又着重推明二者的辩证统一关系。他指出：“盖居敬有力，则其所穷者益精；穷理寖明，则其所居者益有地。二者盖互相发也。”② 这就是说，持敬工夫有力，则对本心、天理的体认就会更加精深；穷理工夫深透，则更有益于对本心、天理的存养。二者相互依持、相互促发而一体不离。持敬与穷理之所以具有这种相资互发的关系，在根本上是由体用之间的辩证统一性所决定的。因为持敬是“默存其体”，穷理是“深穷其用”，而体用相涵互摄、相倚互成，这就决定了持敬与穷理必是相须互济、相促互发的关系。就此而言，张栻“持敬穷理相资”的工夫论主张同样贯穿着“体用相须”的理念。

在工夫论中，张栻既主张持敬与穷理相资互发，又认为居敬与集义相须互成，而后者正是对前者的另一种表达，所以也可由此来把握贯彻于张栻工夫论中的“体用相须”思想。“集义”一词出自《孟子·公孙丑上》“知言养气”章，张栻解释道：“‘集义’者，积众义也。”③ “集训积。事事物物莫不有义，而著乎人心，正要一事一件上积集。”④ 他表示，万事万

---

① 张栻：《新刊南轩先生文集》卷12《敬斋记》，《张栻集》（三），中华书局2015年版，第938页。

② 张栻：《新刊南轩先生文集》卷26《答陈平甫》，《张栻集》（四），中华书局2015年版，第1157页。

③ 张栻：《南轩先生孟子说》卷2，《张栻集》（二），中华书局2015年版，第361页。

④ 张栻：《新刊南轩先生文集》卷32《答游诚之》，《张栻集》（四），中华书局2015年版，第1255—1256页。

物皆有其“义”，“集义”就是体察、考究一事一物之义而积聚众义。因为对张栻来说，“义”即是天理在万事万物当中的具体表现，所以“集义”也就是一种穷理工夫。他说：“曰理而又曰义，在心为理，处物为义，谓体用也。”① 天理内在于人心即为理，作用于事物则为义，理与义乃是体用关系。这就表明，“义”即天理发用流行之表现，亦即事事物物各自具有的分殊之理。由此来看，“集义”乃指察究事事物物之理，也就是穷理。所谓“集义则明理在其中”②，正蕴含此意。又因张栻认为，事事物物之义本即为人心所统摄，所以“集义”的实质便是反求诸已、体证本心。据此可知，“集义”与“穷理”相互发明，二者具有根本相通的意涵。既然如此，居敬与集义之关系就必定同于持敬与穷理之关系，也是相须相成、互促互发的。张栻曰：

> 孟子所谓持志者，即敬之道也。非持其志，其能以集义乎？敬与义盖相须而成者也。③
>
> 居敬、集义，工夫并进，相须而相成也。若只要能敬，不知集义，则所谓敬者亦块然无所为而已，乌得心体周流哉？④

在他看来，居敬与集义是相辅相成、相须并进的关系。一方面，若不居敬，则无法集义。因为本心是众义之根源，如果不存养本心，那么义便无从显发，从而也就无义可集；另一方面，若不集义，也无法居敬。因为众义是本心之显现，如果不积聚众义，那么本心就隐而不显、蔽而不明，从而居敬工夫也就无从施展。就此而言，居敬与集义必相互影响、相互决定而不可相离。这当然根源于体用之间的互动性、统一性。因居敬工夫在于存体（存养本心）以起用，集义工夫在于尽用（穷究众义）以成体，而体用之间相互依持、相互成全，故居敬与集义必然相须互成、相资互发。张

---

① 张栻：《南轩先生孟子说》卷6，《张栻集》（二），中华书局2015年版，第548页。

② 张栻：《新刊南轩先生文集》卷27《答李季修》，《张栻集》（四），中华书局2015年版，第1173页。

③ 张栻：《南轩先生孟子说》卷2，《张栻集》（二），中华书局2015年版，第363页。

④ 张栻：《新刊南轩先生文集》卷32《答游诚之》，《张栻集》（四），中华书局2015年版，第1255页。

栻曰："敬与义，体用一源而已矣。"① 这便是直接从体用一源的意义上阐发居敬与集义的相互统一关系。因此，"体用相须"的观念也贯彻在其居敬与集义相须相成的工夫论主张当中。

总之，湖湘学派偏重于从开显道德心性的立场来发明"主敬"与"穷理"之义，同时十分强调二者相辅相成、互促互发的辩证关系。这显然是湖湘学派"体用相须"的思想在其主敬穷理工夫论中的重要展现。

第三节　致知与力行相资互发

"知""行"（主要从道德修养方面立意）之关系是宋明儒学工夫论中十分紧要的问题。可以说，对知行关系的领会程度，在很大意义上决定了对察识涵养、主敬穷理等工夫的把握深度。湖湘学派的察识涵养说与主敬穷理论，即深深地渗透着某种知行观念。而这种知行观便蕴含着湖湘学派工夫论的重要原则和基本理念。在知行观上，湖湘学派既主张致知为先、力行为重，又强调致知与力行相互作用、相互促发。这也是其"体用相须"思想在知行观上的作用和表现。

一　"知为先，行为重"的工夫理念

在天道论和心性论中，湖湘学派一方面坚持以体为用之本，同时又力主体由用显、体即在用。这作用其工夫论则必然表现为：既主张先知后行，强调致知的逻辑优先性；又颇为注重即用以求体，强调实行践履。这种以致知为先、以力行为重的工夫论主张贯穿着体用合一、体用相须的思想。

（一）致知为先，明体以起用

所谓"致知为先"，是指先明晓修养实践之目的在于上达本体，即立志于宇宙、人生之大本的挺立。胡安国早在其儒学思想中便凸显了穷理致知的重要性，他说："不学以致知，则方寸乱矣，何以成帝王之业乎！"②

---

① 张栻：《南轩先生孟子说》卷6，《张栻集》，中华书局2015年版，第544页。

② 胡安国：《正心论》，转引自胡寅《先公行状》，《斐然集》卷25，中华书局1993年版，第547页。

"圣门之学，则以致知为始、穷理为要，知至理得，不昧本心，如日方中，万象毕见，则不疑其所行而内外合也。故自修身至于天下国家无所处而不当矣。"① 可见，胡安国明确表示，儒者之学当以致知为始。胡宏则进一步指明这一论断的理据：唯有先致知以明确工夫之目的，修养工夫才有其可能性和必要性，工夫之开展才有其原则和方向。他表示：

> 学道者，正如学射，才持弓矢，必先知的，然后可以积习而求中的矣。若射者不求知的，不求中的，则何用持弓矢以射为？列圣诸经，千言万语，必有大体，必有要妙。人自少而有志，尚恐夺于世念，日月蹉跎，终身不见也。君若不在于的，苟欲玩其辞而已，是谓口耳之学，曾何足云？夫留情于章句之间，固远胜于博奕戏豫者，时以一斑自喜，何其小也！何不志于大体以求要妙？譬如游山，必上东岱，至于绝顶，坐使天下高峰远岫、卷阿大泽悉来献状，岂不伟欤？②

胡宏认为，学道就如同学习射箭，必须先知道目标所在，才能通过反复地练习射中目标物。若射箭者无意明确目标，也不求射中目标物，则又何须持弓矢射箭呢？也就是说，如果不求知的、中的，那么根本就不必也不可能发生射箭行为。这就意味着，"的"为射箭行为的发生提供了可能性和必要性。而对于学道者来说，"的"即是道体。道体使一切求道的工夫实践得以可能和必要，为其指明了原则和方向。因而要学道、求道，就必须先立志于道体，有的放矢，方能真正明道达体。否则，执泥于文辞章句之间，缺乏真正的求道之志与求道工夫，那根本就无法上达道体。由此胡宏云："苟知不先至，则不知所终，譬如将适一所，而路有多歧，莫知所适，则敬不得施，内无主矣。内无主而应事物，则未有能审事物之轻重者也。故务圣人之道者，必先致知，及超然有所见，方力行以终之。"③ 这就是说，若不先致知以明工夫之根本指向在于道体，则工夫实践之目的和方向缺失。如此一来，工夫实践既无可施之地，又缺乏必要的范导和动力，

① 胡安国：《答赣川曾几书》，转引自胡寅《先公行状》，《斐然集》卷25，中华书局1993年版，第557页。

② 胡宏：《知言·大学》，《胡宏集》，中华书局1987年版，第33—34页。

③ 胡宏：《知言·大学》，《胡宏集》，中华书局1987年版，第34页。

从而也就不可能上达道体，甚至谈不上有真正的工夫实践存在。工夫始终不离于本体，总以本体为其根据、原则和方向，离于本体便无所谓工夫。基于此，胡宏主张学道者应当先致知，及至对道体有所识见，再通过力行工夫以充分地呈现道体。这就是强调知在行先。不过，这里的“先”主要是指逻辑上、义理上的在先，而并非时间上或具体操作过程上的在先。①

胡宏力主先致知以明体，一方面是要为人生修养实践树立确当的目标和方向，以启动和指引人生修养实践；另一方面是为了给人生修养实践指明根本原则，以规范和调控人生修养实践。在他看来，若不先对本体有所体察和认识，则修养实践就无从展开。即便有所谓的修养实践，那也只是无目的、无原则的冥行妄作。如此不知而行，是不可能达到修身成德与明道达体之目的的。胡宏云：“不知天道，是冥行也。冥行者，不能处己，乌能处物?”② 又云：“见处偏，践履处皆偏。”③ 他认为，若不先明晓工夫之目的在于达体就开展修养实践，则只是盲目行事。盲目地修为，既不能安身立命，更无法开物成务。或者说，如果对本体的体认有偏弊，那么随之而展开的修为实践也必然产生偏弊。这就是通过反证来强调“知”对于“行”的逻辑优先性。基于此，胡宏认为“君子必先致其知”④ “然后力行，则不差耳”⑤。

胡宏力主知先行后，实际是要明体（本体）以起用（工夫）。对他而言，唯有先明确工夫之根本指向在于本体，一切修养实践才有施展的可能和必要；也只有对本体先有所体认和察识，一切修养实践才有用力之处，才能循顺本体、合理恰当地展开，以至于最终达到全面彻底、充分深透地显现本体的目的。否则，若缺乏本体的启动、指引和规范，工

---

① 向世陵认为：“知既依赖于行，它如何能在行先呢？胡宏的观点是：一是从求知的目的和手段的关系看，显然是致知是目的而践行是手段，手段是为实现目的服务的，目的先于手段，所以致知要放在第一的位置……二是从理论的意义和效果方面看，有理论指导的实践才会有成功的把握和现实的意义，盲目的实践是不可取的，就此而言，知仍可以在行先。”（向世陵：《善恶之上：胡宏·性学·理学》，中国广播电视出版社 2000 年版，第 158 页。）

② 胡宏：《知言·一气》，《胡宏集》，中华书局 1987 年版，第 28 页。

③ 胡宏：《与曾吉甫书三首》，《胡宏集》，中华书局 1987 年版，第 114 页。

④ 胡宏：《知言·汉文》，《胡宏集》，中华书局 1987 年版，第 43 页。

⑤ 胡宏：《与孙正孺书》，《胡宏集》，中华书局 1987 年版，第 146 页。

夫也就不成其为工夫，或者说，根本就不存在工夫实践之可能。因此，要开展工夫实践，就应当先致知以明体。这种先知后行的工夫论主张，正是由其本体论上“体为用本”的立场所决定的。正因为用本于体而产生，所以唯有先立体，才能生发大用。当然，要立体，同样离不开力行工夫。所谓知在先行、知先行后，主要是一种义理上、逻辑上的先后，而在实际的修养过程中，知与行必定是相互依存、相互影响而一体不分的。

（二）力行为重，即用以求体

所谓“力行为重”，即强调实行践履的重要性，注重在日用常行即实际的经验生活中把握道体。在胡宏看来，先致知以明体，主要是为工夫实践确立目标以及指明原则和方向，如此修养工夫才有可施之地，才能得到规范和指引。但这只是开展工夫实践以上达本体的前提和基础，而要真正将本体在现实人生中充分呈现出来，还必须通过切身的实行践履才能达到。于是在工夫论中，胡宏也十分注重躬行实践，强调在应物处事的日用常行中做工夫以开显本体。对于力行的重要性，胡宏曾反复论及：

> 情通不碍天机妙，行到方知学海深。①
>
> 学者，学道者也。……学道，便是行仁义也。②
>
> 大抵入道，自有圣人所指大路，吾辈但当笃信力行……。③
>
> 学，即行也，非礼，勿视听言动。学也，行之也，行之行之而又行之。习之不已，理与神会，能无悦乎！学，行之上也，言之次也，教人又其次也。是以识前言往行，为学而已。④

他表示，为学即在于学道，而学道也就是践行仁义道德。可见，胡宏是以“行”来规定“学”的本质的。他认为为学的过程就是一个不断实行践履的过程，唯有躬行实践不已，方能真切地体认道体。于此，他把躬行践履

① 胡宏：《和范公授》，《胡宏集》，中华书局 1987 年版，第 62 页。
② 胡宏：《论语指南》，《胡宏集》，中华书局 1987 年版，第 315 页。
③ 胡宏：《与曾吉甫书三首》，《胡宏集》，中华书局 1987 年版，第 114 页。
④ 胡宏：《知言·中原》，《胡宏集》，中华书局 1987 年版，第 46 页。

看作为学求道的第一要义，而将言论说教等都置于次要的位置，足见他对“行”的重视。对胡宏而言，“行”不仅指人之表现于外的身体实践活动，而且包括人之内在的意识行为，[①] 如“戒慎恐惧，便是行也”[②]。既然工夫实践统摄身心两个方面，那么通过践履实行以上达本体的过程就必定是一个内外兼修的过程。

胡宏强调力行的重要性，一方面是要表明本体不离于工夫，唯有通过躬行实践才能真正显明或挺立本体；另一方面则在于指出，修道工夫并不远离经验生活世界，而就在应物处事的日常生活当中展开。他说：“儒者之道，率性保命，与天同功，是以节事取物，不厌不弃，必身亲格之，以致其知焉。”[③] 此即主张人们应当积极应对现实生活中的事事物物，就在其应事接物的切身实践中体道、明道。若隔绝于经验生活世界，不去躬行实践，便无法真切地明道识体。胡宏云：“只向静中寻底事，恐遭颠沛不员成。”[④] “饮水曲肱，安静中乐，未是真实乐。须是存亡危急之际，其乐亦如安静中，乃是真乐也。”[⑤] 他表示，工夫修养必须直面现实生活，唯有如此，才能深切地把握本体。由于胡宏颇为强调躬行践履，注重在日用常行中体证本体，所以他坚决反对空谈心性而不务实行的作风。他批评当时那些不重视躬行实践而只知空谈性命之理的学者道：“呜呼！执书册，则言之；临事物，则弃之。如是者，终归于流俗而已矣。切不可不戒也。”[⑥] 这就是说，学者如果只知固守书册空谈天道性命之理，却不能在应接事物的实行践履中体道明理，就只是流俗而已。这种陋习必须予以戒除。于是胡宏指出，对于儒家的仁道大本，“只于文字上见，不是了了，须于行持坐卧上见，方是真见也”[⑦]。胡宏所言之“行”涉及范围甚广，一切修齐治平之事皆涵括在内，甚至包括生产劳作行为。针对孙蒙正（字正孺）鄙视生产劳作的态度，胡宏斥责道：“岂可专守方册，口谈仁义，然

---

① 参见向世陵《善恶之上：胡宏·性学·理学》，中国广播电视出版社 2000 年版，第 159—160 页。

② 胡宏：《论语指南》，《胡宏集》，中华书局 1987 年版，第 315 页。

③ 胡宏：《复斋记》，《胡宏集》，中华书局 1987 年版，第 152 页。

④ 胡宏：《次刘子驹韵》，《胡宏集》，中华书局 1987 年版，第 72 页。

⑤ 胡宏：《与彪德美》，《胡宏集》，中华书局 1987 年版，第 138 页。

⑥ 胡宏：《与彪德美》，《胡宏集》，中华书局 1987 年版，第 136 页。

⑦ 胡宏：《与孙正孺书》，《胡宏集》，中华书局 1987 年版，第 147 页。

后谓之清高之人哉!”并告诫孙氏:“当以古人实事自律，不可作世俗虚华之见也。”[①] 由此足见他对实行践履的重视。这使得其工夫论具有很强的务实品性。

总之，在胡宏看来，唯有积极地投身于现实生活之中，通过不已的躬行实践，人们才能真切地把握本体，并将其充分地显明于真实的人生之中。他之所以如此强调躬行实践，注重在应事接物的现实生活中展开明道行道之工夫，主要是因为道就体现并内在于人生日用之中，并不离于日常生活世界而别有所在。这正取决于他在本体论上所倡导的道即在物、道不离物的思想。从体用的角度来说，正因为胡宏在本体论上强调体即在用、体不离用，所以在工夫论上必然注重即用以求体，强调本体不离工夫、工夫不离日用常行。胡宏所重视的察识存养和格物穷理的工夫便具有即用求体的特点。

张栻吸收了胡宏“知为先，行为重”的工夫理念。他说:“致知力行，盖互相发。然知常在前，故有始终之异也。”[②]“知有精粗，行有浅深。然知常在先，固有知之而不能行者矣，未有不知而能行者也。”[③] 这就是主张工夫践履当以致知为先。并且，张栻又颇为注重力行之维，认为在道德修养中时常存在“知而不能行”的情况，由此他主张“行之而又知其有进于此者，则又从而行之”。[④]

二　致知与力行的相辅相成关系

依湖湘学派之见，就道德修养的现实过程而言，知的工夫与行的工夫始终相辅相成、并进互发。在湖湘学派诸儒中，张栻对知行之间的互动关系阐发得最为精深、翔实。在为学工夫上，他尤为强调务实返本、知行并进。张栻认为，为学求道者应当“以务实反本为要”[⑤]，应当“致知力行，趋实务本，不忽于卑近，不遗于细微，持以缜密，

---

① 胡宏:《与孙正孺书》,《胡宏集》，中华书局 1987 年版，第 146 页。

② 张栻:《南轩先生孟子说》卷 5,《张栻集》(二)，中华书局 2015 年版，第 521 页。

③ 张栻:《新刊南轩先生文集》卷 19《寄周子充尚书》,《张栻集》(四)，中华书局 2015 年版，第 1047—1048 页。

④ 参见张栻《新刊南轩先生文集》卷 19《寄周子充尚书》,《张栻集》(四)，中华书局 2015 年版，第 1047—1048 页。

⑤ 张栻:《南轩先生论语解》卷 2,《张栻集》(一)，中华书局 2015 年版，第 127 页。

而养以悠久”[①]，而不能骄矜虚浮、好高骛远、躐等冒进。并且，他强调修养者在实际的工夫历程中必须于致知、力行两方面共同用力而不可有所偏忽。在他看来，这取决于致知与力行相资互发、相须并进的辩证互动关系。

张栻所言的“反本”，是指为学应当首先于本原处、根本处下功夫。“本”在张栻这里，一指仁心、仁道、仁德，一指修身正己之事。他说：“道莫不有本焉，务其本则为善学者矣。盖人道以亲亲为大，而莫先于事亲。有以事亲，则其所推皆是心也，然则乌往而不得其所事？身者，天下国家之本也。有以守身，则其所施皆是理也，然则乌往而不得其所守？”[②]若就人伦道德之理而言，则亲亲之仁当为首重，故要明人伦、尽人道，就应当以事亲为先；若就修齐治平之事而言，则修己治身乃为本要，故立家、立国、立天下皆须以修身为本始。这即是说，为学求道应先于人伦之本根处着力，于世事之切近处下功夫，绝不可舍本逐末、浮游无根。若本根不立，则读书为学终究只是表面功夫，难以真正有所进益。所以张栻慨叹道：“本乎本乎！学者其可不务乎？”[③]

“务实”也是张栻在为学工夫上所特别注重的方面。在他看来，儒学是“真可以经世而济用”的“实学”，[④]而“圣门实学，贵于践履，隐微之际，无非真实”[⑤]。既然如此，那么研习儒学、体究儒道，就必须重视躬行实践。否则，就是“骄矜浮虚不务实者”[⑥]，这种人无以论说儒学。张栻对当时儒林内部所存在的贪高慕远、空谈虚论的虚浮学风进行了大力批判。如其“窃虚声以自高，而不克践其实”[⑦]“妄意高远，不由其序，游谈相夸，不践其实”[⑧]等论述，即是就士人们空谈心性的问题而发。针对这

---

① 张栻：《新刊南轩先生文集》卷33《跋希颜录》，《张栻集》（四），中华书局2015年版，第1278页。

② 张栻：《南轩先生孟子说》卷4，《张栻集》（二），中华书局2015年版，第460页。

③ 张栻：《南轩先生孟子说》卷4，《张栻集》（二），中华书局2015年版，第482页。

④ 参见张栻《严州召还上殿札子》，《张栻集》（五），中华书局2015年版，第1458页。

⑤ 张栻：《南轩先生论语解》卷4，《张栻集》（一），中华书局2015年版，第157页。

⑥ 张栻：《南轩先生论语解》卷4，《张栻集》（一），中华书局2015年版，第165页。

⑦ 张栻：《新刊南轩先生文集》卷10《三先生祠记》，《张栻集》（三），中华书局2015年版，第918页。

⑧ 张栻：《新刊南轩先生文集》卷10《南康军新立濂溪祠记》，《张栻集》（三），中华书局2015年版，第916页。

一问题，张栻主张学者们应当“略文华，趋本实，敦笃躬行，循序而进”[①]。所谓“务实”，即强调修德须于人伦日用中实行践履以及依循始终条理渐次升进。张栻云：“所谓循序者，自洒扫应对进退而往皆序也，由近以及远，自粗以至精，学之方也。如适千里者，虽步步踏实，亦须循序次而进。”[②] 因此，唯有既身体力行而又循序渐进，才能务实；唯有务实，才能明道识理、积善成德。

张栻固然强调“学固是贵力行”[③]，但他并未轻忽“致知”的重要性，而是认为致知与力行相辅相成、互促互发，学者应当兼用其力而不可偏忽。他表示：“致知力行，互相发也。盖致知以达其行，而力行以精其知，工深力久，天理可得而明，气质可得而化也。”[④] “行之力则知愈进，知之深则行愈达……。”[⑤] “知之进，则行愈有所施；行之力，则知愈有所进，以至于圣人。……盖致知力行，此两者工夫互相发也。寻常与朋友讲论，愚意欲其据所知者而行之，行而思之，庶几所践之实而思虑之开明。不然，贪高慕远，莫能有之，果何为哉？然有所谓知之至者，则其行自不能已，然须致知力行工夫至到，而后及此，如颜子是也。彼所谓欲罢不能者，知之至而自不能以已也。若学者以想象臆度或一知半解为知道，而曰知之则无不能行，是妄而已。”[⑥] 显然，在他看来，致知与力行之间乃相互依存、相互促发、相互成就的关系。当然，此所谓“知”“行”主要是就道德修养工夫而言，在此意义下，知行之间的互动关系尤为明显。

正是基于对知行关系的这种深切体认，所以张栻主张“致知力行，学者所当兼用其力”[⑦]。他指明了如何在知行工夫上实用其力的具体方法和步

---

① 张栻：《南轩先生论语解》卷1，《张栻集》（一），中华书局2015年版，第103页。

② 张栻：《新刊南轩先生文集》卷32《答胡季随》，《张栻集》（四），中华书局2015年版，第1264页。

③ 张栻：《新刊南轩先生文集》卷27《答周颖叔》，《张栻集》（四），中华书局2015年版，第1187页。

④ 张栻：《新刊南轩先生文集》卷15《送钟尉序》，《张栻集》（三），中华书局2015年版，第994—995页。

⑤ 张栻：《新刊南轩先生文集》卷26《答陆子寿》，《张栻集》（四），中华书局2015年版，第1167页。

⑥ 张栻：《新刊南轩先生文集》卷19《寄周子充尚书》，《张栻集》（四），中华书局2015年版，第1048页。

⑦ 张栻：《南轩先生论语解》卷4，《张栻集》（一），中华书局2015年版，第173页。

骤，并分析了致知、力行相互作用的机制与过程。张栻说：“盖欲使学者于此二端兼致其力，始则据其所知而行之，行之力则知愈进，知之深则行愈达。是知常在先，而行未尝不随之也。知有精粗，必由粗以及精；行有始终，必自始以及终。内外交正，本末不遗，条理如此，而后可以言无弊。”① 他认为，人们在进行道德实践时，起初一般是根据已有的认知行动，行动越发得力，则会促进有关认识不断深化，而认知越发精深，则行动越能获得良善的成效。这一过程蕴含做工夫的以下条理秩序：认识有深有浅，且是由浅以入深；行动有始有终，且是由始以至终。可见，张栻对致知与力行的互动关系有着深刻的体认。并且，他还强调：“然则声气容色之间，洒扫应对进退之事，乃致知力行之原也，其可舍是而它求乎！”② 这就是说，无论是致知还是力行，都必须以现实生活世界为根本，都应当在具体的人事活动或日用常行中积极展开。人伦日用的现实人生才是一切道德修为的出发点和落脚点。

在此充满动态性、辩证性、务实性的知行观的主导下，张栻对秦汉以来学者割裂知行的弊病大加批驳。他说：“秦汉以来，学者失其传，其间虽或有志于力行，而其知不明，擿埴索途，莫适所依，以卒背于中庸。本朝河南君子始以穷理居敬之方开示学者，使之有所循求，以入尧舜之道。于是道学之传复明于千载之下。然近岁以来，学者又失其旨，曰吾惟求所谓知而已，而于躬行则忽焉。故其所知特出于臆度之见，而无以有诸其躬，识者盖忧之。”③ 在他看来，秦汉以来的为学者或知而不行（空谈虚论），或行而不知（冥行妄作），存在严重的弊失。他进而指出其根本原因在于：“此特未知致知力行互相发之故也。”④ 人若不能深切体认致知与力行交相互发的关系，则必然会导致重知轻行或重行轻知的流弊。张栻尤其对当时忽视实行的空谈学风予以痛斥：“致知力行，要须自近，步步踏实

---

① 张栻：《新刊南轩先生文集》卷14《论语说序》，《张栻集》（三），中华书局2015年版，第970页。

② 张栻：《新刊南轩先生文集》卷14《论语说序》，《张栻集》（三），中华书局2015年版，第970页。

③ 张栻：《新刊南轩先生文集》卷14《论语说序》，《张栻集》（三），中华书局2015年版，第969页。

④ 张栻：《新刊南轩先生文集》卷14《论语说序》，《张栻集》（三），中华书局2015年版，第969—970页。

地，乃有所进。不然，贪慕高远，终恐无益。近来士子亦往往有喜闻正学者，但多徇名遗实，反觉害事。”[①] 由此他颇为强调修己治人必须以务实为根本。所谓“务实为本”[②]“一一务实”[③]“务实近本”[④]“务实循本”[⑤]“务实趋本”[⑥] 等，反复申明儒家务实精神的重要性。

实则，张栻是本于儒家的中庸之道来处理致知与力行的关系。他说：“知者慕高远之见而过乎中庸，愚者又拘于浅陋而不及乎中庸。此道之所以不行也。贤者为高绝之行而过乎中庸，不肖者又安于凡下而不及乎中庸，此道之所以不明也。道之不行由所见之差，道之不明由所行之失，此致知力行所以为相须而成者也。”[⑦] 可见，在致知、力行的工夫实践中，唯有做到不偏不倚、无过无不及，才能真正明道、行道。一旦有所偏忽，无论是知而不行或重知轻行，还是行而不知或重行轻知，都会造成大道的遮蔽或虚悬。所以，中庸之道乃致知与力行相须互成的思想根据。当然，这也体现出“体用相须”观念对其知行观的深刻影响。

总之，湖湘学派紧紧围绕挺立德性、实现仁道这一目标，强调工夫修养必须于“体”“用”两面兼用其力、兼重并修：既须重视对本体的存养，又须注重察识本体之发见。因为对湖湘学派而言，体用之间具有相依互成、相须互济的辩证统一性，所以决定这两方面工夫必是相互作用、相互成就而不可分割的关系。此中显然贯穿着“体用相须，贵体重用”的理念。湖湘学派的“察识与涵养交修并进”说和“主敬与穷理相须互成”论，正是这一理念在其工夫论中的具体展开、运用和表现。“涵养”“主敬”是直接作用于“体”的存养工夫，而“察识”“穷理”则是从“用”

---

① 张栻：《新刊南轩先生文集》卷 27《答潘端叔》，《张栻集》（四），中华书局 2015 年版，第 1186 页。

② 张栻：《新刊南轩先生文集》卷 34《跋戊午说议》，《张栻集》（四），中华书局 2015 年版，第 1283 页。

③ 张栻：《新刊南轩先生文集》卷 26《与施蕲州》，《张栻集》（四），中华书局 2015 年版，第 1153 页。

④ 张栻：《新刊南轩先生文集》卷 27《答潘端叔》，《张栻集》（四），中华书局 2015 年版，第 1186 页。

⑤ 张栻：《南轩先生论语解》卷 1，《张栻集》（一），中华书局 2015 年版，第 101 页。

⑥ 张栻：《新刊南轩先生文集》卷 40《钦州灵山主簿胡君墓表》，《张栻集》（五），中华书局 2015 年版，第 1377 页。

⑦ 张栻：《新刊南轩先生文集》卷 30《答朱元晦》，《张栻集》（四），中华书局 2015 年版，第 1219—1220 页。

处发力体证本体的工夫，两者因体用之间的互动性而必然处于相须并进的辩证关系当中。不仅如此，湖湘学派“致知与力行相资互发”的观点，更是从深层次展现了其体用思想的实质性作用。在知行观中，湖湘学派首先倡导致知为先、力行为重的理念。所谓“致知为先”，即主张先对本体有所体察、认识，以确立工夫实践之原则和方向，再通过实行践履以充分透彻地开显本体。唯有先对本体有所体认，一切力行工夫才有施展之可能，也才有坚定确当的原则和方向。湖湘学派所主张的“先察识后涵养”，即贯彻了先知后行的工夫论原则。而这根源于其体为用本、用不离体的本体论立场。所谓“力行为重”，即强调实行践履，注重在现实生活中通过躬行实践来体证、呈现本体。湖湘学派所重视的察识与涵养、主敬与穷理工夫都具有强烈的务实性格，而这是由其本体论上体即在用、体不离用的观念所决定的。在以知为先、行为重的基础上，湖湘学派又表示，在实际的工夫实践过程中，致知与力行是相辅相成、并进互发的关系。由此主张学者应当于致知、力行两面共同用力而不可有所轻忽。这无疑是其体用思想在知行关系问题上深度运作与开展的结果。

显然，在工夫论中，湖湘学派在坚持“体用相须”理念的同时，又特别注重“即用以求体”的观念。所谓“即用以求体”，一是指通过切实的工夫实践来上达本体，而不能空谈心性；二是指在应物处事的现实生活中展开工夫实践以体证本体，而并不隔绝于经验生活世界；三是指从本体之作用表现处入手做工夫以把握本体。湖湘学派所力主的察识、穷理工夫都具有即用求体的特点：“察识”强调就现实生活中本心之发见处（心之用）当下体证本心（心之体），“穷理”则主张通过对万事万物之理（性之用）的穷究来把握性体（性之体）。湖湘学派之所以如此注重即用求体的工夫，主要是因其在本体论上强调体由用显和体在用中。由此可知，湖湘学派正是本于其体用思想，从而比较深入、圆融、有效地处理了察识与涵养、主敬与穷理、致知与力行等工夫之间的关系。

第六章　湖湘学派体用思想在政治论方面的展开

儒家倡导积极、彻底的入世精神，经世致用乃其必含之义。陆九渊有云："儒者虽至于无声、无臭、无方、无体，皆主于经世；释氏虽尽未来际普度之，皆主于出世。"① 从整个儒学史来看，历代大儒无不饱含家国天下的情怀，而绝无只顾个人修行的自了汉。即便是在内圣之学大盛的宋明时期，也不乏颇具现实关怀与担当精神的儒者。湖湘学派诸儒，便是其中的典范。湖湘学派兴起于两宋动乱之际，既面临佛、道思想的挑战，亦须救治儒林内部空谈心性的弊病，再加之当时严峻社会局势的刺激，令其不得不深思如何治国安邦的问题。这使湖湘学派在推动儒学形上化的同时，又颇为注重儒学本有的务实精神。湖湘学派承续原始儒学的经世精神，真正在理论上将内圣成德之教与外王经世之学结合起来，不只主张心性之学与经世之学两面皆须具备，更自觉以其体用观将二者加以有机融合。尤为可贵的是，湖湘学派诸儒深刻体认到道德与政治之间的互动关系，并洞察到二者的分际。由此，在政治理念上，他们坚持德业兼修、伦制共举，既注重发挥德治的力量，又十分强调制度的建构与实业的兴办。这些洞见与卓识，对整个宋代儒学的发展产生了重要影响。虽然学界不乏对湖湘学派儒学外王一面的肯定和重视，② 但犹有所憾的是，前贤时彦对湖湘诸儒究竟如何处理内圣与外王之关系，如何看待二者的地位，以及基于何种理念

---

① 陆九渊：《与王顺伯》，《陆九渊集》卷2，中华书局1980年版，第17页。

② 参见王立新《胡宏》，台北东大图书公司1996年版，第55—84页；朱汉民《湖湘学派史论》，湖南大学出版社2004年版，第99—155页；苏子敬《胡五峰〈知言〉哲学课题之研究——以"内圣外王"概念展开之》，台湾新北花木兰文化出版社2009年版，第81—88页；方国根《胡宏的经世致用思想》，《湖湘论坛》2000年第4期。

和路径来建构其外王学说等问题，则缺乏必要而精细的考察，而这些恰恰又能从深层次体现湖湘学派儒学的精神与特质。有鉴于此，本章以湖湘学派的外王学或政治论为着眼点，通过对其为学旨趣、核心政治观念及其建构理路等内容的论析，来展示其外王学方面的慧识。希冀借此回应古今学林对宋明儒学空谈心性的批评，并力求解答湖湘学派外王学研究中一些悬而未决的问题。此外，本章还试图由此范例来展现传统儒学视域中德、政关系的辩证性、丰富性与复杂性，澄清二者并非单向度的不对称关系。

湖湘学派不仅致力于儒家内圣（修身）之学的建构，而且颇为重视儒学外王（经世）一面的开拓。它继承和发挥了原始儒学的基本观念，既主张以内圣成德为本，又十分强调经世致用，认为儒学“真可以经世而济用”。对湖湘学派而言，儒家的内圣成德之教与外王经世之学缺一不可，二者融贯一体而不可分割，所以儒者之学必须两面兼顾、双向用力。既然如此，则贯穿于其内圣之学的“体用相须”思想势必影响其外王经世学说的建构。这主要体现在其以下政治理念当中：治道层面以天道-仁心为体，治法层面以道德、法制、实务兼重并修为用，二者相须相成、互促互发。而这一政治理念又植根于湖湘学派强烈的经世意识、务实精神及其外王政治理想。

第一节　湖湘学派的经世意识、务实精神与政治理想

湖湘学派对现实社会给予了深切关注，并为济世救民而积极奔走。它强调践履实行和经世致用，注重发挥儒学本有的入世精神和务实品格，殷切希望实现王道仁政的理想。

湖湘学派这种强烈的经世意识与务实精神及其对王道政治的追求，既源于对思想文化本身的反省，也与其所处的时代背景密切相关。靖康元年（1126 年），金兵南侵，宋徽宗、宋钦宗被俘，造成靖康之祸，宋朝政权被迫南迁。南宋建炎四年（1130 年），胡安国率子弟辟地隐居湖南湘潭碧泉一带，创办碧泉书堂，潜心学术研究，并授徒讲学、著书立说，湖湘学派即自此兴起。后经胡宏、张栻师徒的大力开拓而得到了重大发展，于淳熙

七年（1180年）张栻逝世之后逐渐走向衰退，一直延续到南宋末年为止。湖湘学派自开启之日至衰亡之时，就一直处于动荡不安、危机四伏的社会境况之中。宋高宗退居江南之后，偏安一隅，不思进取，过着醉生梦死的生活，毫无北进之志。对外采取投降主义的方针政策，依靠投降派打击迫害坚持对抗的将领和士大夫，企图凭借半壁江山苟延残喘；对内残酷地掠夺、剥削人民，通过繁重的赋税徭役以满足他们骄奢淫逸的生活。[①] 这使得时局动荡不安、战火频仍、民不聊生。面对内忧外患的国家情势，具有强烈忧患意识和担当精神的湖湘学者深刻反思如何经世济民、安邦治国的问题，他们慨然以济世救民为己任，十分关心国运民生，无论身居朝廷还是退处山野，都尽力直接或间接地参与现实政治，直言劝谏，不畏权贵，为抗击外扰、改革弊政及救亡图存积极贡献自己的力量。因此，湖湘学派的思想建构总是渗透着强烈的经世精神和务实品格，始终坚持学、治一体，正所谓“学可以至于圣，治不可以不本于学，而道德性命初不外乎日用之实”[②]，从而力求把对天道性命的探讨与对人伦日用的现实关怀有机结合起来。这不仅要让为治（治身、治家、治国、治天下）有本可循、有据可依，而且要使为学能够真正切实致用，可以利用安身、利国安民。

胡安国一生“强学力行，以圣人为标的”，潜心研究《春秋》，苦著《春秋传》，其志即在于“康济时艰”。[③] 他说：“《春秋》经世大典，见诸行事，非空言比。今方思济艰难，《左氏》繁碎，不宜虚费光阴，耽玩文采，莫若潜心圣经。”[④] 可见，胡氏之所以潜心钻研《春秋》，乃是为了救国济民、扶危解困。因而他对《春秋》的诠释始终贯穿着经世致用的精神。[⑤]

---

① 参见陈谷嘉、朱汉民《湖湘学派源流》，湖南教育出版社1992年版，第87页。

② 张栻：《新刊南轩先生文集》卷10《道州重建濂溪周先生祠堂记》，《张栻集》（三），中华书局2015年版，第907页。

③ 《宋史》载：“安国强学力行，以圣人为标的，志于康济时艰。见中原沦没，遗黎涂炭，常若痛切于其身。虽数以罪去，其爱君忧国之心远而弥笃，每有君命，即置家事不问。然风度凝远，萧然尘表，视天下万物无一足婴其心。”（脱脱等：《宋史》卷435《儒林五·胡安国传》，中华书局1977年版，第12915页。）

④ 脱脱等：《宋史》卷435《儒林五·胡安国传》，中华书局1977年版，第12913页。

⑤ 何俊指出：“胡安国因为处身于两宋祸乱之间，其志在经邦济世，故他的致知很自然地落实在历史兴替的研究上。换言之，史学的兴趣在胡安国那里明显地居于主要位置，纯性理的哲学思考成为次要的工作。”（何俊：《南宋儒学建构》，上海人民出版社2021年版，第69页。）

胡寅承续其父之志业，著《读史管见》以阐发《春秋》经世之旨，将心性义理之学与经史事功之学有机地融为一体，即以儒家的道德性命之理为标准来评断历史人物与历史事件，并借此历史性的评判来针砭时弊和指引现实政治的开展。无论是胡安国的《春秋传》，还是胡寅的《读史管见》，都是通过对历史事件的批判性陈述来展示儒家的基本精神和价值理念，其目的皆在于暗示现实政治的弊病并指明救国济民的良方，寄寓着强烈的现实关怀，因而呈现出理学与史学相融及历史与现实互摄的特征。①

胡宏和张栻则在学术上通过精微的思想建构将儒家的超越意识与担当精神全面挺立起来。胡宏云："学者，所以学为治也。讲之熟，则义理明；义理明，则心志定；心志定，则当其职，而行其事无不中节，可以济人利物矣。"② 他指出，学者为学的目的在于为治，即为了合理行事以济人利物；而为治又须以为学为前提，即应当以儒家的义理作为根本的原则和方向。因此，为学与为治是内在一体而不可分割的。面对"关、河重地，悉为敌封；园陵暴露，不得瞻拜；宗族拘隔，不得相见；土地分裂，人民困苦，不得鸠集；怨恨之气，外薄四海，不得伸雪"③ 的严峻社会局势，胡宏忧心如焚，汲汲于谋求济世救民之道。在为学方面，他指斥当时儒林空谈性命而不究实用的陋习，强调学者应当身体力行、务实致用。可见，胡宏对于儒家的务实品性与经世精神颇为重视，他所倡导的正是能够切实致用的为学之道。其弟子张栻继承和发扬了这一点，明确指出"所贵乎儒学者，以真可以经世而济用也"，并坚信"自古所以济世者实在于儒学"。张栻表示，"天下之事所以难立"就是因为"所谓君子者不能任事"，既然"曰君子而不能任事"，那么"事将归于小人"，由此便导致弊病百出。"所谓君子者"也就是"听其言则汗漫而无纪，考其事则迂阔而无成"的"腐儒"，这与"谈实学"、能"经世而济用"的"真儒"

---

① 何俊认为："将史学引入哲学的玄思，从而使哲学的思考获得坚实的历史支撑，同时使哲学的思考最终不流于为玄想而玄想，而是落实于现实的人类生活进程以为指引，这个方向在南宋儒学来说，胡安国、胡寅父子实有开启之功。"（何俊：《南宋儒学建构》，上海人民出版社 2021 年版，第 76 页。）

② 胡宏：《与丁提刑书》，《胡宏集》，中华书局 1987 年版，第 128 页。

③ 胡宏：《与高抑崇书》，《胡宏集》，中华书局 1987 年版，第 113 页。

有着本质的不同。[①] 他还指出“今日人才之病”在于：要么空谈性命之理而不去实践，要么背弃性命之理而胡作非为。这两者显然都背离了儒学的真精神，都不是“真儒”之所当为。在张栻看来，真正的儒者之政应当是一一务实、为所当为。[②] 由此，他规劝当时的治国者“无以腐儒之故而忽夫儒学之真，尊圣人制治之典，求开物成务之才”[③]。显然，张栻的思想也渗透着浓浓的现实关切和经世情怀，他对于儒家的道德性命之理与务实致用的精神无疑有着深切的体认，并能够予以积极地阐扬。

湖湘学派具有很强的经世务实性格，这不仅体现在其儒学建构强调形上天道性命之理不离于形下人伦日用之事，颇为注重形上本体于人生实践（修齐治平）中的贯彻落实，而且有其积极参与讲学、政事甚至生产劳作等实践经历加以印证。他们或居官任职，为政一方；或批评时政，直言劝谏；或力倡改革，献计献策；或投身革命，抵御外侵。简言之，他们无不以救世济民为己任。张栻之后，其弟子“多留心经济之学”[④]，至南宋末年元兵侵入长沙时，岳麓书院诸生“乘城共守”，最后被元兵攻破，以致“死者无算”,[⑤] 由此足见湖湘学派强烈的经世精神。湖湘学派虽然十分注重现实生活世界，强调践履实行与经世致用，但并未因此减杀天道性命之理的超越义与根本义，他们恰恰是要在人伦日用当中切实地挺立起作为宇宙万有之本原的天道性理，真正以之作为吾人生活实践的根据、原则和方向，令其贯彻落实于修齐治平的人生实践当中。

总之，湖湘学派主张形上与形下双彰、本体与工夫兼重、内圣与外王并举，力图在各两者之间找到最佳平衡点，而不过分偏重于任何一方，从而实现对形上本体的超越追求和对人伦日用的现实关怀的有机统一。

---

① 以上引文均见张栻《严州召还上殿札子》，《张栻集》（五），中华书局 2015 年版，第 1458—1459 页。

② 参见张栻《新刊南轩先生文集》卷 26《与施蕲州》，《张栻集》（四），中华书局 2015 年版，第 1153 页。

③ 张栻：《严州召还上殿札子》，《张栻集》（五），中华书局 2015 年版，第 1459 页。

④ 黄宗羲原著，全祖望补修：《岳麓诸儒学案》，《宋元学案》卷 71，中华书局 1986 年版，第 2383 页。

⑤ 参见黄宗羲原著，全祖望补修《南轩学案》，《宋元学案》卷 50，中华书局 1986 年版，第 1647 页。

第二节　治道层面以天道—仁心为体

湖湘学派作为身处两宋动乱之际的理学流派，十分强调经世致用的为学旨趣，颇为注重儒学外王一面的开拓。其政治学说即针对两宋之际朝政腐败、外敌入侵、社会动乱等现实问题而展开，其目的正在于救治时弊、经邦济世。在湖湘学派看来，引发当时诸种社会问题的症结在于当政者不明或不行治国之正道，以致君上昏庸无能、奸臣擅权乱国。因此，要解决当时出现的各种社会问题，就必须首先明天理、识仁心以正朝纲，即确立为政治国的根本原则和根本方向（治道），从而达到救国济民的目的。这就意味着，明道为经世之本。所谓“经世安民，视道之得失，不倚城郭沟池以为固也”①，即是在点明此意。此中便蕴含着以下体用逻辑：正因为明体为致用之本，所以“用”能不能“致”首先在于“体”是否已“明”，于是要“致用”就必须先“明体”。这当然又是以承认体用之间的辩证统一性作为逻辑前提的。可见，“明体为致用之本”或“致用必先明体”乃湖湘学派处理经世问题的基本理念，亦即其政治思想的核心主张。

一　胡安国、胡寅强调经世致用必先正心体仁明理

（一）经世大用本乎一心：用依体立

胡安国为学志在经世致用，对于如何经世致用，他极力主张先明体以为经世致用立本，即强调经世致用必须以明识经世致用之正道作为前提和基础。这一主张既源于他对当时世衰道微、内外交困的社会现实的深切反省，也源于他对体用之统一关系的基本体认。也就是说，胡安国坚持“致用必先明体”的外王经世观念，不仅因为他充分认识到为政者道义沦丧对于国家、人民的严重危害，而且有其本体论上的根据，即承认体用之间的内在统一性并以体为用的本原。胡安国曰：

天无所不覆，地无所不载，天子与天地参者也。《春秋》，天子之

① 胡安国：《春秋胡氏传》卷20《成公下》，浙江古籍出版社2010年版，第321页。

事，何独外戎狄乎？曰：中国之有戎狄，犹君子之有小人。内君子外小人为《泰》，内小人外君子为《否》。《春秋》，圣人倾否之书，内中国而外四夷，使之各安其所也。无不覆载者，王德之体；内中国外四夷者，王道之用。①

即位之一年必称元年者，明人君之用也。“大哉乾元，万物资始”，天之用也；“至哉坤元，万物资生”，地之用也；成位乎其中，则与天地参。故体元者人主之职，而调元者宰相之事。元即仁也，仁，人心也。《春秋》深明其用当自贵者始，故治国先正其心，以正朝廷与百官，而远近莫不一于正矣。②

元者何？仁是也。仁者何？心是也。建立万法，酬酢万事，帅驭万夫，统理万国，皆此心之用也。尧、舜、禹以天下相授，尧所以命舜，舜亦以命禹，首曰“人心惟危，道心惟微”，周公称乃考文王“惟克厥宅心，乃克立兹常事”，故一心定而万物服矣。③

第一段引文主要解释《春秋》之所以“外戎狄”的缘由。胡安国表示，中国与戎狄的关系就如同君子与小人的关系，内君子外小人符合天地之常道，故而为《泰》；内小人外君子则违背了天地之常道，因而为《否》。《春秋》根据天道来处理人事，为拨乱反正之书，所以要内中国而外夷狄，使之各居于当居之位，以免造成混乱失序。可见，内中国而外夷狄的最终根据在于天道，落到人事上来说即为王道。这里的“天无所不覆，地无所不载”与“无不覆载者”便是言天道，“天子与天地参者”指天子乃效法天道行事的王者，由此说天道为“王德之体”，即王德的根源；“内中国外四夷”指依循天道处理中国与四夷的关系以使之各安其所，此为“王道之用”，即王道的作用或王道的体现与落实。显然，此处的“体用”是针对外王经世问题而言的。“体”指天道、王道本体，即经世实践的根据、原则和方向；“用”指道体的发用或依道行事，即王道在经世实践当中的贯彻与运用或王道对于经世实践的范导和指引作用。体用之间内在统一、相依不离：体为用的本原、根据，用是体的显发、落实；用本于体而产生，

① 胡安国：《春秋胡氏传》卷1《隐公上》，浙江古籍出版社2010年版，第6页。
② 胡安国：《春秋胡氏传》卷1《隐公上》，浙江古籍出版社2010年版，第2页。
③ 胡安国：《春秋胡氏传》卷3《隐公下》，浙江古籍出版社2010年版，第37—38页。

体通过用来实现。

在第二、三段引文中，胡安国通过阐发《春秋》之“元”义来指明治国理政的根本在于仁心、仁道，并由此强调为政治国应当以正心、明道为本为先。他主要是从本体的意义上解释“元”，而且是在天人一体的视域当中来把握。引文中的“大哉乾元”“至哉坤元”是就天道本体而言的，“万物资始”“万物资生”则是天道本体的流行发用。胡安国进而表示天道（元）即是“仁”，并认为“仁”即是“心”。这就意味着，仁心既是宇宙生化之本（天道），也是道德创造之本（人道），万事万物、诸行诸法都根源于此。可见，胡安国意在强调仁心对于经邦治国的根本意义以及为政者正心体仁的重要性。既然仁心为万法之源、“万事之宗”[①]，那么一切人道法则与合理正当的人生实践都由此生发，而这些法则与实践也就是仁心的流行大用，亦即仁心随时随处随事之具体、真实的呈现。所谓“建立万法，酬酢万事，帅驭万夫，统理万国，皆此心之用”，即指明了仁心本有的经世大用，同时表明经世大用的根源即在于仁心。仁心之所以能生起万事万法之大用，乃因为它本身就是事物运行的普遍法则和依法行事的原动力。仁心自立法则、自定方向、自作主宰，能自觉自主自发地启动和范导吾人的行事作为，从而使一切行为都本于仁心而发。若“不昧本心”，并依循此心立身行事，则“自修身至于天下国家无所处而不当矣”，[②] 由此即可成就内圣成德与外王经世之大用。所谓“一心定而万物服”，即显明了此意。于是，胡安国力主治国必须先正心，强调人君以躬行仁道为本职，先正其心以率先垂范。

从体用的角度来说，表面上看，第二、三段引文似乎只论及“用”而没有言及“体”。实则，所谓“天之用”是以“天”或“乾元”为其体，“地之用”是以“地”或“坤元”为其体，“心之用”则是以“仁”或“心”为其体。体是用的根源，若无体，则必无用。“天之用”在于“万物资始”，若没有“乾元”之体，则万物何从资始？“地之用”在于“万物资生”，若没有“坤元”之体，则万物何以资生？而“心之用”在于“建立万法，酬酢万事，帅驭万夫，统理万国”，如果没有“心”之体，那

① 脱脱等：《宋史》卷435《儒林五·胡安国传》，中华书局1977年版，第12909页。

② 参见胡安国《答赣川曾几书》，转引自胡寅《先公行状》，《斐然集》卷25，中华书局1993年版，第557页。

么经邦理国何以可能？显然，用是以体为本的，绝不可离于体而存在。不难发现，胡安国是站在天人一体的立场上来展开他的论述的。“乾元”“坤元”为天道，万物化生为天道之发用，这是天道层面的体用；而天道之体用落实于人生则体现为仁心与其经世主事之大用，此即构成人道之体用。因为“元”即“仁”即“心”，所以天道之体用与人道之体用一贯相通。这就为人道层面体用问题的处理提供了坚实的理据。胡安国凸显“体”的根本地位最终是为了开出“用”，由此他对“用”也尤为重视。这从其经世致用的为学指向和即用明体的为学路径中即可显明。“用”对于“体”的重要性主要在于：具有形上超越性的“体”是由“用”来体现、落实的，若无“用”，则“体”便沦为抽象、孤悬、虚无之体。因此，体不可离于用，因其有用方成为具体、真实的体。引文虽旨在强调用不离体，但“天之用”“地之用”“心之用”的论述无疑蕴含着体必有用之意。万物资始、资生乃天道本体之用，建立万法、应对万事、统驭万夫、治理万国则为仁心大本之用。这就表明，体必有其用，并不离于用而存在。显然，胡安国是在充分肯定体用相互依存、相即不离的前提下凸显“体”的本原性地位。

除上述引文外，胡安国在《答赣川曾几书》中直接阐明了体用之间的内在统一关系。这封书信主要记载了胡安国与弟子曾几辩儒佛之异的情况，[①] 其中涉及对本心之体用关系问题的讨论。曾几表示：“四端五典，起灭心也。有所谓自本自根、自古以固存者。”[②] “四端”即恻隐、羞恶、辞让、是非四端之心，“五典”指五种基本的道德伦理规范（“五常”），这些都是本心（仁体）的具体表现。“四端五典”作为本心的呈现、发用，往往是特定的、具体的、当下的，是有起有灭的，因而从本心的作用上来

---

① 《宋元学案》载：“曾几，字吉甫，河南人。赐上舍出身，擢国子正，迁校书郎，为应天少尹。高宗即位，历提举湖北、广西运判，江西提刑，广西转运。为秦桧所恶，奉祠。桧死，起为浙西提刑，知台州。召对，授秘书少监。先生承平时已为馆职，去三十八年而复至，须鬓皓白，衣冠伟然，每会同舍，多谈前辈言行、台阁典章，荐绅推重焉。权礼部侍郎。孝宗立，以通奉大夫致仕。乾道二年，卒，年八十二，谥文清。著有《经说》二十卷、《文集》三十卷。子逢，亦以学称。”（黄宗羲原著，全祖望补修：《武夷学案》，《宋元学案》卷 34，中华书局 1986 年版，第 1184 页。）

② 胡安国：《答赣川曾几书》，转引自胡寅《先公行状》，《斐然集》卷 25，中华书局 1993 年版，第 557 页。

说便为“起灭心”；“自本自根、自古以固存”本是《庄子·大宗师》形容道体之语，此处乃就道德本心而言。本来“四端五典”之“起灭心”与“自本自根、自古以固存”之本心是一体两面，但曾几却认为“起灭心”之外另有所谓心本体，这就割裂了心之体与心之用的关联。于是胡安国指出：“夫自本自根、自古以固存者，即起灭心是也。不起不灭，心之体；方起方灭，心之用。体用一源，显微无间。能操而常存者，动亦存，静亦存，虽百起百灭，心固自若也。”① 在他看来，本心与起灭心并非二心，而只是一心之体用两面。恒常一如、不起不灭的心之体与千差万别、方起方灭的心之用，原本就一体不离、圆融不二。因此，只要能常存本心而不失，则无论本心如何作用、表现，都始终是同一本心。这就明确指出体用之间是内在统一、不可分割的。正因为在本体论上坚持体用统一的立场，所以于人生论由对体为用本的强调则必然主张致用必先明体，由对体由用显的注重则会力主即用以明体和因体以致用。简言之，胡安国的政治思想是本于体用统一观念而建构的。

正是基于体为用本的本体论观念，胡安国在其政治论中主张经世大用发于本心。他说：“夫良知不虑而知，良能不学而能，此爱亲敬长之本心也。儒者扩而充之达于天下，立万世之大经，经正而庶民兴、邪慝息矣。”② 他认为，良知良能即爱亲敬长之本心，儒者将此道德本心推行、充扩于整个天下，挺立起大本正道，便可安邦兴民、平治天下。简言之，经世大用本乎一心。这就指明了本心对于为政治国的根本性意义。胡寅承续了胡安国的以上主张，表示：“本心昭然，然后能执守中道，无所偏倚。犹鉴明水静，于人之美恶无不知也；犹权轻重、度长短，于事之举措无不当也。以此为元后，而仁覆天下矣。周道既衰，孔子作《春秋》，首明此心，以示万世人君南面之法。”③ 胡寅明确指出，开显道德本心对于治国理政具有关键性意义和决定性作用。他还认为，“心体既差，其用遂失”④。这是从反面揭示了心体对于经世致用的根本性价值。

---

① 胡安国：《答赣川曾几书》，转引自胡寅《先公行状》，《斐然集》卷25，中华书局1993年版，第557页。

② 胡安国：《答赣川曾几书》，转引自胡寅《先公行状》，《斐然集》卷25，中华书局1993年版，第557页。

③ 胡寅：《乙卯上殿札子》，《斐然集》卷10，中华书局1993年版，第214页。

④ 胡寅：《乙卯上殿札子》，《斐然集》卷10，中华书局1993年版，第215页。

（二）平治天下须先正心体仁明理：致用必先明体

胡安国主张仁心为经世致用之根本，强调治国平天下必先正心体仁。这是对两宋之际世道人心衰颓尤其是朝政腐败等现实问题的深切反思与积极应对，同时有其体用观作为坚实的理据。从思想渊源上来说，胡安国的政治学说既受到了孟子的仁政观念及《大学》“格致诚正”“修齐治平”思想的影响，也吸收了程颐之治道以正心（“格君心之非”）为本的主张。[①] 胡安国的《春秋传》即是“大纲本孟子，而微词多以程氏之说为证”[②]，并明确指出其春秋学“自伊川先生所发”[③]。而他早年在殿试策问中“推明《大学》格物、致知、正心、诚意、修身、齐家、治国、平天下，以渐复三代为对”[④]，则可体现出他对《大学》思想的服膺。总之，胡安国力主治国必先正心体仁，乃是对《大学》、孟子、程颐之政治理念的继承与发挥。

胡安国既然认为仁心为经世致用之本，并由此主张为政治国必先正心，那么解决经世问题的关键即落在正心明体的修养工夫上。对此，他主张穷理致知与察识持养兼重并修：前者主要在于明识本心，后者则着重于存养本心。无论是对本心的明识，还是对本心的存养，胡安国都强调就心体的发用、表现处来体证和开显心体。此中便蕴含着“即用以明体”或“因用以求体”的观念。[⑤] 而这取决于其本体论上体由用显、体不离用的思想。

胡安国的正心论主要针对君王而言，这一方面是因为他充分认识到君王之德才影响重大，关系到政治的清浊、国家的兴衰、人民的安危；另一方面是由于他深刻意识到君心得正与否对于君王的行事作为具有根本性影响。据此，他强调人君治国必先正心，而人臣应当“引其君当道，正心以

---

① 程颐曰：“治道亦有从本而言，亦有从事而言。从本而言，惟从格君心之非、正心以正朝廷，正朝廷以正百官。”（程颢、程颐：《河南程氏遗书》卷15《伊川先生语一》，《二程集》，中华书局2004年版，第165页。）

② 胡安国：《叙传授》，《春秋胡氏传》，浙江古籍出版社2010年版，第14页。

③ 胡安国：《龟山志铭辩》，《春秋胡氏传》附录三《胡传余沛》，浙江古籍出版社2010年版，第611页。

④ 胡寅：《先公行状》，《斐然集》卷25，中华书局1993年版，第519页。

⑤ 这里的“用”与“致用”之“用”的内涵有所不同：前者是指本体发用流行之表现，天地间的万事万物都涵括在内；后者乃就经邦济国、平治天下而言。

正朝廷”①。他一有机会就上书陈示正心的重要性，规劝君主勤于做正心的工夫。如靖康元年（1126 年），金人入侵中原，国家情势十分危急，在此生死存亡之际，“朝廷促旨沓降”，胡安国“幡然有复仕意”，② 于是六月赶赴京师，准备为国效劳，但不久又因病而告假。一日中午，宋钦宗在后殿召见胡安国，对他劳问甚厚，他趁此良机向钦宗进言道：

> 明君以务学为急，圣学以正心为要。心者，事物之宗。正心者，揆事宰物之权也。自王迹既熄，微旨载于《易》《诗》《书》《春秋》，时君虽或诵说，而得其传者寡矣。……今正位宸极，代天理物，则于古训不可不考。若夫分章析句，牵制文义，无益心术者，非帝王之学也。愿慎择名儒，明于治国平天下之本者，虚怀访问，以深发独智，则天下之幸。③

在他看来，贤明的君王往往以修习圣人之学为急务，而圣学以正心为本。因而明君务学应当以正心为根本。究其原因乃在于，“心”为万事万物之根本（“天理根于人心”），一切事物的权度（理）皆内在于本心，故而能统摄、主宰万事万物。唯有使心得正、令本心呈现，才能真正发挥其治事宰物之大用。因此，治国平天下必先正心。对于如何正心，胡安国主张人君应当勤修圣人之学，研习《易》《诗》《书》《春秋》等古代典籍，深切体认其中的微言大义，由此以明道识理、涵养心性、积蓄德行。既然君王务学是为了明德正心以平治天下，那么对这些经典的学习就不能停留在文辞章句的表面，而必须体究其中的根本义理以切实端正心术。基于此，君王就应当谨慎择取那些真正明通治国之本的大儒来指导，向他们虚心求教以明大本正道，乃至能正其心而治其国。

又如绍兴元年（1131 年）十二月，胡安国就如何救治时弊、复兴中原提出建议和解决方案，向宋高宗进献《时政论》十六篇，其中就有《正心

---

① 胡安国：《春秋胡氏传》卷 18《宣公下》，浙江古籍出版社 2010 年版，第 293 页。

② 再度出仕之前较长一段时间中，胡安国因不满官场的黑暗、腐败而屡屡辞退朝廷的任官，并未正式担任官职。参见胡寅《先公行状》，《斐然集》卷 25，中华书局 1993 年版，第 520—523 页。

③ 胡寅：《先公行状》，《斐然集》卷 25，中华书局 1993 年版，第 523 页。

论》专门讨论君王正心的问题。他说：

> 心者，身之本也；身者，家之本也；家者，国之本也；国者，天下之本也。能正其心，则朝廷百官万民莫不一于正，安与治所由兴也；不正其心，则朝廷百官万民皆习于不正，危与乱所由致也。……盖勘定祸乱虽急于戎务，而裁决戎务必本于方寸。不学以致知，则方寸乱矣，何以成帝王之业乎！……愿更选正臣多闻识、有智虑、敢直言者，置之左右，日夕讨论，以克厥宅心。表正于上，则内外远近将各归于正。奚乱之不息乎！①

于此，胡安国通过从“身之本”到“家之本”再到“国之本”“天下之本”的层层推进，凸显出“心”对于安顿个人、家庭、国家和整个世界的根本性意义，并由此进一步阐发正心之于君王为政治国的重要性，然后点明了正心之方。在他看来，身、家、国、天下的根本在于人之一心，君王位高权重，其心如何关系国家的治乱存亡和人民的安危祸福。若君心得正，则朝廷百官以至万民皆可归于正，于是国家走向安定繁荣；若君心不正，则朝廷百官以至万民都会随之不正，从而国家陷入危险动乱。因此，君王治国平天下就必须先正其心。对于如何正心，胡安国主张君王应当学以致知，即通过为学工夫加强道德心性修养。这是内在的自我修习和自我约束的方面。除此之外，还需进行外在的约束，即择取那些正直敢言、博闻多识、颇有智慧的臣子常伴随于左右，以劝导和督促其正心。只要君王身正，则朝野上下及远近内外都将归于正道，国家的危乱便可平息。当然，胡安国对君王正心的强调，绝不只是因为他注重君王的典范或表率作用，而且有更为深刻的原因。他认为，能否平治天下的关键在于为政者仁与不仁：“三代之得失天下，仁与不仁而已矣。苟无仁心，甚则身弑国亡，不甚则身危国削。”② 对他而言，仁道乃为政治国的根本原则，仁心为经世大用生发的根源，仁心仁道之体与经邦济国之用相须相成、互依互济。因而要使国家得治、天下得平，就必须开显仁心、明通仁道。正心的直接目

---

① 胡安国：《正心论》，转引自胡寅《先公行状》，《斐然集》卷25，中华书局1993年版，第547页。

② 胡安国：《春秋胡氏传》卷26《昭公下》，浙江古籍出版社2010年版，第436页。

的即显仁心、明仁道，也就是要挺立人之仁心善性。将此仁心善性贯彻于经世实践，即是践行仁政，如此便能实现平治天下的最终目的。可见，胡安国坚持治国必先正心（致用必先明体）的经世实践论，乃立足于仁心（心体）为仁政之本的根本理念。

胡寅同样强调正心体仁在为政治国中的重要性，他表示："体元者人主之职，而《春秋》谓一为元，元即仁也，仁，人心也。人君者正心以正朝廷，则百官万民莫不正，而治道成矣。"① "若夫体元居正，端本澄源，力行所知，以收拨乱反正、天下归仁之效，更加圣心焉，则何畏乎女真，何忧乎叛贼，何难乎中兴之业哉！"② 在他看来，正心体仁既是执政者的根本职责，也是事关经邦济世的要务，若为政者坚持体仁守正、正本清源、力行仁道，则最终可以达到仁覆天下的大治之效。

总之，对胡安国、胡寅而言，体是用的根源，用是体的表现，体和用内在统一、圆融不二。他们既强调"体"的根本性地位，认为用的生发必本于体；又充分肯定"用"的重要性，主张体的显现与落实不可离于用。基于经世致用的为学旨趣，他们的体用观最终落在解决仁心本体与经世实践的关系问题上。对此，他们以体用统一的观念加以处理，并颇为强调仁心本体对于经世实践的决定性意义。在他们看来，仁心本体是经世实践的根本原则，是一切合理正当的经世实践之所以可能的超越根据和原动力，安邦济国之大用即根源于此。因而要治国平天下，就必须先正心，而正心的过程也就是一个去除私欲、显明仁心的过程。显然，胡安国、胡寅以仁政作为其经世理想，并主张通过对仁心的不断开显来达到经世致用的目的。胡安国与胡寅的史学即蕴含着仁心本体与经世致用一体不二的观念，这从其主张《春秋》既是"史外传心之要典"③ 又是"经世之典"④ 便可体现出来。他们致力于史学的研究就是希望通过传心立本来达到经世致用的目的，实则其为学本身即是一个传心以经世的过程。因此，仁心之体用不二乃是其整个儒学建构的基本理念。

---

① 胡寅：《乙卯上殿札子》，《斐然集》卷10，中华书局1993年版，第214页。
② 胡寅：《乙卯上殿札子》，《斐然集》卷10，中华书局1993年版，第215页。
③ 胡安国：《进表》，《春秋胡氏传》，浙江古籍出版社2010年版，第7页。
④ 胡安国：《春秋胡氏传》卷3《隐公下》，浙江古籍出版社2010年版，第37页。

二　胡宏力主“法天识心”以行政

对于如何经世致用，胡宏首重其最高原则和根本方向的确立，从而主张以明体立本为基。在他看来，执政者若“知本”，则可以使“身立、家齐、国治、天下平”；若“不知本”，则“纵欲恣暴，恶闻其过，入于灭亡”。[①] 他还指出：“本则不立，将何以识轻重、定取舍、济天下之艰难乎？是故衡陈，然后可以决轻重；本立，然后可以趋变化。”[②] 这就点明了知本、立本对于为政治国的重要影响。而所谓“知本”“立本”，也就是胡宏所谓“知天”“识心”，亦即知天道、识仁心。这正是经邦济世的重要前提和基础。

（一）知天道

在胡宏看来，法天道以行政是君王之所以为君王的根本所在，君王为政治国就应当效法天道而行。他说：“王者，法天以行其政者也。”[③] 又说：“王者，至大至正，奉天行道，乃可谓天之子也。”[④] 胡宏认为，王之所以为王的本质或根本意义即在于能效法天道以治国理政。这就是将法天道以行政视为君王职分之所当为者，以此要求君王效法天道以治国平天下。而欲法天道为政，就必须先知天道、明天道。胡宏说：“法天之道，必先知天。”而如何才能知天呢？他指出：“知天之道，必先识心。识心之道，必先识心之性情。欲识心之性情，察诸乾行而已矣。”可见，对天道的认识最终需通过体察乾道的运化流行来实现。因为“乾行”就是指天道本体之发用流行，所以经由对乾道运行的体察来明识天道，其实也就是即用以明体。而乾道之运化流行又具有何种特点呢？胡宏曰：“乾元统天，健而无息。大明终始，四时不忒。云行雨施，万物生焉。”此是说，乾道生生不已、刚健不息，从而成就天地间的万事万物。这就将生生不息、健行无已视为乾道变化的本质性特征，即认为乾道具有不已的能动性、创生性。人君若能深切体认乾道流行不已、生生不息的特征，也就可以明识天道。由此胡宏说：“察乎是，则天心可识矣。”并指出：“是心也，陛下怠之则放，

---

① 胡宏：《知言·汉文》，《胡宏集》，中华书局 1987 年版，第 40 页。

② 胡宏：《皇王大纪论·伊尹放太甲》，《胡宏集》，中华书局 1987 年版，第 235 页。

③ 胡宏：《知言·复义》，《胡宏集》，中华书局 1987 年版，第 38 页。

④ 胡宏：《知言·汉文》，《胡宏集》，中华书局 1987 年版，第 40 页。

放之则死，死则不能应变投机，而大法遂不举矣。臣子可以乘间而谋逆，妾妇可以乘间而犯顺，夷狄可以乘间而抗衡矣。后嗣虽有贤明之君，亦终不能致大治矣。”① 君王若不勤于体天道、法天道，就会放失人之本心；本心一旦放失（即天道不明），则不能因时处变、改革弊政，从而经邦治国之根本大法即不得施行，由此便导致乱臣贼子乘机谋反、妾妇乘机犯上、夷狄乘机入侵等后果。如此一来，即便后世有贤君明主，也终究不能取得天下大治之效。这主要是在指明人君不能明天道并法天道而行对于执政的巨大危害，由此以反显知天道和法天道对于为政治国的重要性。而知天、法天对于安邦治国之所以如此关键，主要是因为天道（仁心）乃是治国平天下的根本，若根本不能挺立或显明，则不仅不能治理天下，反而会造成天下大乱。②

胡宏力主人君执政必须知天道、法天道，主要有三方面的意义：其一，天道具有至大至公至正的特征，主张法天行政，也就是认为君王应当始终本于大公至正的原则为政治国。所谓“天道，至大至正者也。王者，至大至正，奉天行道，乃可谓天之子也”③，即是在点明此意。其二，天道生生不已、健行不息，主张法天行政，即是要求君王应当勤于政事、积极作为而自强不息。胡宏云：“人君不可不知乾道。不知乾道，是不知君也。君道何如？曰：天行健，人君不可顷刻忘其君天下之心也。”④ 在此，他强调君王治理天下，应当如天道运行一般，奋发有为、精进不已。这便是胡宏力倡法天行政的主要用意所在。这当然与其所处的时代背景密切相关。当时朝廷腐败，国势衰微，金敌入侵，战乱频繁，内忧外患，局势十分危急，而宋室南渡以后，统治者却偏安一隅，不思进取。胡宏甚为忧虑，希望统治者能够法天道为政，自强不息以救治时弊、抗击外侵、恢复中兴。他上书光尧皇帝指出：“陛下大仇未报，叛臣未诛，封疆日蹙，危乱交至，义之不可以已，孰若大禹？迫切于心，不可以怠，孰若大禹？陛下诚蓄乾元之德，施刚果之用，以大禹之事反求诸心，则轻重缓急可知，必不肯一

---

① 以上引文均见胡宏《知言·复义》，《胡宏集》，中华书局1987年版，第38页。
② 参见胡宏《知言·复义》，《胡宏集》，中华书局1987年版，第38—39页。
③ 胡宏：《知言·汉文》，《胡宏集》，中华书局1987年版，第40页。
④ 胡宏：《知言·中原》，《胡宏集》，中华书局1987年版，第44页。

日苟安其居矣，又何忍以九年之久尝试群臣哉?”① 由此可见其法天行政观念蕴含着强烈的现实关怀。其三，天道是万事万物存在及运行的根本法则，唯有明识天道，才能治理好天下事物，使事事物物皆各得其所、各尽其性。所以主张法天行政，即是强调君王应当遵循事物的固有法则去应物处事，以使天下事物都能得到合宜有效的安顿。胡宏曰：

> 欲修身平天下者，必先知天。欲知天者，必先识心。欲识心者，必先识乾。乾者，天之性情也。乾道变化，各正性命，命之所以不已，性之所以不一，物之所以万殊也。万物之性，动殖、小大、高下，各有分焉，循其性而不以欲乱，则无一物不得其所。非知道者，孰能识之？是故圣人顺万物之性，惇五典，庸五礼，章五服，用五刑，贤愚有别，亲疏有伦，贵贱有序，高下有等，轻重有权，体万物而昭明之，各当其用，一物不遗，圣人之教可谓至矣。②

在他看来，圣人治理天下最终是为了使天下事物都能各安其分、各得其宜、各尽其性。而要达到此目的，就得依循事事物物所本有之性来治理事物。当然，这又必须以对万事万物之性的认识为前提。虽然万事万物皆各有其性，但它们各自所具有的性（性之用）又都根源于天道本体（性之体），都是天道本体发用流行之表现。因此，把握万事万物之性的关键即在于体认天道本体。“非知道者，孰能识之”正表明，唯有明道者方能真正通晓万事万物之性。圣人即是明道者，所以能通晓一切事物之性，并能循顺事物之性接物处事，从而使事事物物都各得其所、各尽其性。既然治理天下须以万事万物各正性命为终极目的，而把握万事万物之性又须端赖于对天道的体认，所以治国平天下就必须明天道。正是基于以上三点，胡宏强调君王为政治国应当先知天道。

（二）识仁心

根据胡宏的“性体心用”说，性即天道，心即仁心，而性之所以为性之实在心（即性由心显）。这就意味着，天道在人，乃由仁心来体现、落

① 胡宏：《上光尧皇帝书》，《胡宏集》，中华书局1987年版，第90—91页。
② 胡宏：《知言·汉文》，《胡宏集》，中华书局1987年版，第41页。

实，仁心即是天道之内在于人者。就此而言，识仁心便能知天道。所以，胡宏一方面力主君王为政治国必须知天道、法天道，又强调君王应当察识仁心，并本于仁心治理天下。

胡宏表示："治天下有本，修其本者，以听言则知其道，以用人则知其才，以立政则知其统，以应变则知其宜。何谓本？仁也。何谓仁？心也。"① 他认为，仁心乃治国平天下之本，为政者若能挺立仁心，本于仁心行事作为，则听言即知其道，用人即知其才，立政即知其统，应变即知其宜。那么仁心何以能成为立政之本？胡宏云："盖良心者，充于一身，通于天地，宰制万物，统摄亿兆之本也。故孔子作《春秋》，必书元立本以致大用；孟子告诸侯，必本仁术以行王政。元，即仁也。仁，人心也。"② 这就指出，仁心乃恒常遍在的天下之大本，能够统摄、主宰天地间的万事万物，具有开物成务、经世宰事之大用。既然为政治国的根本在于仁心，唯有挺立仁心大本，方能产生治平之大用，那么君王治理天下就必须先明识仁心、挺立仁心。胡宏曰："陛下亦有朝廷政事不干于虑，便嬖智巧不陈于前，妃嫔佳丽不幸于左右时矣。陛下试于此时沉思静虑，方今之世，当陛下之身，事孰为大乎？孰为急乎？必有歉然而馁，恻然而痛，坐起彷徨，不能自安者。则良心可察，而臣言可信矣。"③ 这就是规劝君王于闲居独处之时反省体察，以觉识其本有之仁心。仁心一旦显明，君王就应当全然本于仁心去行事作为，凡一切有违良心之事皆不为之，以至于将仁心充分贯彻落实于日用常行之中。此即所谓"坐大廷而朝群臣，守是心而推之于事；退便殿而幸便嬖，亦守是心而推之于事；入燕寝而御妃嫔，亦守是心而推之于事。凡无益于良心者，勿可为也"④。君王若能念兹在兹，长久坚持以仁心行事，则"邪说横议将逆于耳，正言笃论将当于心，智虑日益高明，功名日益光大，邻敌之侵庶几可禁，叛逆之臣庶几可灭"⑤，从而也就能够达到"灭仇雠，诛叛逆，恢复中原，仁覆天下"⑥ 之功效。反之，

---

① 胡宏：《上光尧皇帝书》，《胡宏集》，中华书局1987年版，第83页。
② 胡宏：《上光尧皇帝书》，《胡宏集》，中华书局1987年版，第83页。
③ 胡宏：《上光尧皇帝书》，《胡宏集》，中华书局1987年版，第83—84页。
④ 胡宏：《上光尧皇帝书》，《胡宏集》，中华书局1987年版，第84页。
⑤ 胡宏：《上光尧皇帝书》，《胡宏集》，中华书局1987年版，第84页。
⑥ 胡宏：《上光尧皇帝书》，《胡宏集》，中华书局1987年版，第103页。

君王若不能察识仁心，以致为政不仁，则必将“无以保天下”①。因而在胡宏看来，人君治国平天下的关键即在于“反求诸心，神而明之，施于有政”②。这也就是主张，人君治理天下必须反求诸己以明识本心，并依此仁心施政，将其贯彻落实于经邦治国的实践当中。这显然是对孟子以仁心行仁政思想的继承与发挥。

当然，胡宏将知天识心视为执政者的头等大事，也与其知先行后、贵知重行的知行观密不可分。他说：“大哉知乎！天下万事，莫先乎知矣。是以君子必先致其知。”③ 胡宏力主以知为先，主要在于：其一，强调先立志（先立乎其大者）对于人生作为的重要性。因为君子唯有坚定地志于仁道，其为学为政方有本有据，才立得住而不被权势名利、得失成败牵绊，否则，“莫能致知、用力于仁，一旦得仕，所行非所志，所习非所业，势利诱于前，风俗驱于后，患害生于左，咻尼起于右，则必伥伥然冥行而陷于荆棘”④。其二，人之行事须由致知先确立其目标，否则便成无的放矢的盲动。胡宏云：“学道者，正如学射，才持弓矢，必先知的……苟知不先至，则不知所终……故务圣人之道者，必先致知，及超然有所见，方力行以终之。”⑤ 显然，其目标非泛泛而谈，而是索定于道。其三，人之行动也须通过致知以明了其原则或规范，否则可能变成胡作非为。胡宏指出：“不知天道，是冥行也。冥行者，不能处已，乌能处物?”⑥ 其四，对事物的确当认知，可为人的实践提供积极借鉴和指引。正所谓“知危者，然后可与图安者也；知亡者，然后可与图存者也；知乱者，然后可与图治者也”⑦。正是基于此，胡宏主张人事当以致知为先，这体现于其政治学说，即倡导执政须先知天识心。

总之，胡宏以知天道、识仁心为执政之基，乃在于首先确立治国的根本性目的、原则和方向，坚持以德治为本。此中蕴含这样一种逻辑：知天道、识仁心在于“明体”，法天道或本仁心行政在于“承体以起用”。因为

---

① 胡宏：《上光尧皇帝书》，《胡宏集》，中华书局 1987 年版，第 94 页。
② 胡宏：《上光尧皇帝书》，《胡宏集》，中华书局 1987 年版，第 103 页。
③ 胡宏：《知言·汉文》，《胡宏集》，中华书局 1987 年版，第 43 页。
④ 胡宏：《邵州学记》，《胡宏集》，中华书局 1987 年版，第 150 页。
⑤ 胡宏：《知言·大学》，《胡宏集》，中华书局 1987 年版，第 33—34 页。
⑥ 胡宏：《知言·一气》，《胡宏集》，中华书局 1987 年版，第 28 页。
⑦ 胡宏：《知言·汉文》，《胡宏集》，中华书局 1987 年版，第 43 页。

体是用得以生发的基础，所以唯有明体，方能承体以起用。也就是说，“明体”对于“承体以起用”具有逻辑上的优先性。就此而言，“致用”必当以“明体”为基。这一观念即蕴含着用依体立、体为用本的思想。

三　张栻以仁人之心为王政之本

张栻的政治观充分吸收了孟子的仁政思想，强调为政者应当本于仁心以推行仁政。对于仁心与仁政的关系，张栻认为，仁心为仁政之体，仁政为仁心之用，二者相倚相成、一体不离。正是基于这种认识，他主张为政者应当以立德为本，唯有先挺立仁心，仁政才有产生的根据；同时还必须本于仁心切实地治理天下事物，如此仁政方能真正实现于天下，而仁心亦得以充分的体现与落实。易言之，治国平天下的关键即在于挺立仁心之体，并本于仁体以开出仁政之用。

在为政治国的基本理念上，张栻倡导孟子的仁政学说，主张由仁心以行仁政。他说：“尧、舜之道固大矣，而其平治天下，必以仁政。……惟夫行仁政，是所以为尧、舜之道也。”① 在他看来，尧舜之道即在于实行仁政以平治天下。他将仁政视为尧舜之道的实质所在，也就是在倡明仁政这一治国理念。对于什么是仁政，张栻表示：“所谓不忍人之政者，即其仁心所推，尽其用于事事物物之间者也。”② “不忍人之政”即是仁政，仁政指本于仁心去治理天下事物，以使事事物物皆各适其宜、各得其所，从而充分发挥仁心的作用于事事物物之中。根据这一界定可知，一方面，仁心是仁政得以产生的根源，仁政必须以仁心为本才能开展；另一方面，仁政是仁心的作用和表现，仁心必须通过仁政的施行方能充分坐实。这也就是从体用的意义上来把握仁心与仁政的关系。张栻曰：“盖仁心之存，乃王政之本；而王政之行，即是心之用也。”③ 这就明确指出，仁心为仁政之体，仁政为仁心之用，二者相互依存、相互成就而一体不离。对于仁心与仁政的关系，张栻正是从体用互动统一的立场上来把握，他既承认仁心对于仁政的展开具有奠基性作用，又充分肯定仁政对于仁心之实现的重要性。

---

① 张栻：《南轩先生孟子说》卷4，《张栻集》（二），中华书局2015年版，第441页。
② 张栻：《南轩先生孟子说》卷4，《张栻集》（二），中华书局2015年版，第441页。
③ 张栻：《南轩先生孟子说》卷4，《张栻集》（二），中华书局2015年版，第441页。

就仁心为仁政之本这一方面，张栻表示："仁人之心，王政之本也。"①"若夫以德行仁，则是以德而行其仁政，至诚恻怛，本于其心，而形于事为，如木之有本、水之有源也。"② 这就在于表明，仁心是仁政的根源，仁政以仁心为本。就仁政为仁心之实现这一方面，张栻指出："有仁心仁闻，而不能行先王之道者，盖虽有是心，不能推而达之，故民不得被其泽，不足以垂法于后也。"③ 所谓"先王之道"，是就仁政而言。他认为，如果仅有仁心仁闻，而不能将仁心推扩于天下人民百姓，即不能本于仁心实行仁政，就无法真正切实地平治天下、造福万民，即仁心未能发挥其应有的经世大用而充分实现出来。如此也就不足以为后世所效法。这就说明，仁心需要通过仁政的施行才能得到充分的显现与落实。既然仁政本于仁心而立，仁心通过仁政而得以充分实现，那么仁心与仁政就是辩证统一而不可分割的。

总之，在张栻看来，为政者应当本于仁心以推行仁政。仁心为体，仁政为用，二者之间乃相须互成、相依不离的关系：一方面，体是用得以生发的根源，用须本于体而产生；另一方面，用是体的发用和表现，体须通过用来实现。这正是以"体用相须"的观念来把握仁心与仁政之关系。因为仁政以仁心为本，所以为政者要实行仁政，就必须先显明本心仁体。但仁心的显明并不意味着仁政就得以实现，还必须本于仁心切实地治理天下事物，注重结合各个方面的具体建设，如此仁心仁政才能得到真正的贯彻落实。基于此，张栻主张为政治国必须"体用兼备，本末具举"④。

第三节　治法层面以道德、法制、实务兼重并修为用

湖湘学派力主以天道、仁心为立政之本，强调人君治国必先正心体仁、知天识心。显然，识仁明理（明体）对于治理好天下（达用）具有根

① 张栻：《南轩先生孟子说》卷1，《张栻集》（二），中华书局2015年版，第339页。
② 张栻：《南轩先生孟子说》卷2，《张栻集》（二），中华书局2015年版，第368页。
③ 张栻：《南轩先生孟子说》卷4，《张栻集》（二），中华书局2015年版，第441页。
④ 张栻：《南轩先生孟子说》卷2，《张栻集》（二），中华书局2015年版，第379页。

本性的影响。但这是否意味着，只要能识仁明理就可以治理好天下？或者说，明体之后是否就直接能、必然能达用呢？依湖湘学派的看法，识仁明理固然为平治天下确立了根本原则、指明了根本方向、提供了根本动力，但仍只是具备了治理好天下的潜在可能性。若要将这一潜能转化为现实，还必须依赖于法制、经济、教育、军事等各方面的具体建设才能达到。也就是说，明体只是达用的前提和基础（即必要条件），而并不必然保证“用”就能在客观上实现出来（即并非达用的充分条件）。要真正达用，还必须结合一系列的施为举措和多方面的具体建设才能实现。因此，与治道层面主张以天道-仁心为体相应，湖湘学派在治法层面强调以道德、法制、实务兼重并修为用。

一　胡安国以《春秋》治世而理事共举

胡安国的为学旨趣在于“明体以致用”，即以经世致用为根本目标，以正心明道为前提条件。对于如何正心明道，胡安国力主穷理致知与持养扩充的下学工夫，颇为强调“即用以明体”。落实到他自身的为学经历上来说，这一工夫主要表现在通过对《春秋》的诠释以阐明和标举儒家的根本精神。胡安国并不以本体论、工夫论问题的探讨或性命之学的理论建构作为其治学的重心，而是津津于《春秋》的研究，着力于经世之道的开拓，尤其注重即事以明理和依理以治事。这在当时儒者们积极推动儒学哲理化、形上化的思想大潮流中较为独特。

胡安国以正心为治国平天下之本，其实质在于明识和挺立人皆固有的道德本心。经世致用的关键即落在如何发明本心、开显仁体的问题上。对此，胡安国既强调穷理致知实践，又颇重察识和持养工夫。在他看来，本心即是天理，天理普遍内在于万事万物，通过穷究事物之理以至于豁然贯通则可以明识本心。一旦对本心有所体认，则又须操存涵养本心，以使本心持存而勿陷溺。胡安国主张通过穷理致知以明识本心，并由察识和涵养以持存本心，由此实现“明体”这一“致用”的基本前提。

然而，“明体”虽是胡安国经世之学的关键一环，但并非其最终目的，其最终目的在于实现经邦济国的理想，或者说让本体贯彻流行于为政治国的实践。显然，“明体”只是经世致用的必要前提，而非充分条件，仅凭“明体”并不能真正在客观上成就经世济民的理想。因此，“明体”之后，还必须实实在在地“因体以致用”，即切实依循本心、天理来为政治国，从而真正开显出心体原本即具有的经世宰物之大用。这也就是要根据已经体认、觉识到的心体，针对所处社会环境中存在的问题提出有效的解决方案，并将其付诸实行。胡安国在《与杨时书》《与许景衡书》《与参政秦桧书》等书信以及《上钦宗皇帝书》《上高宗皇帝书》等奏文中，[①] 根据《春秋》大义指陈时政的弊病、分析其产生的原因并提出相应的解决之道，这就是“因体以致用”的具体表现。

绍兴元年（1131 年）至绍兴二年（1132 年）间，胡安国向宋高宗陈奏《时政论》十六篇，针对当时国政所存在的诸种弊失提出了一整套对治的方案，其内容包括保国、定计、建都、设险、制国、恤民、立政、核实、尚志、正心、养气、宏度、宽隐等十六个方面，这些内容之间都是环环相扣、密切关联的。胡安国于绍兴二年七月向宋高宗进言，扼要地重申之前所呈递的《时政论》，他说：

> 臣闻保国必先定计，定计必先定都，建都择地必先设险，设险分土必先遵制，制国以守，必先恤民。夫国之有斯民，犹人之有元气，不可不恤也。除乱贼、选县令、轻赋敛、更弊法、省官吏，皆恤民之事也。而行此有道，必先立政。立政有经，必先核实。核实者，是非毁誉各不乱真，此致理之大要也。是非核而后赏罚当，赏罚当而后号令行。人心顺从，惟上所命。以守则固，以战则胜，以攻则服，天下定矣。然致此者，顾人主志尚何如耳。尚志，所以立本也；正心，所以决事也；养气，所以制敌也；宏度，所以用人也；宽隐，所以明德也。具此五者，帝王之能事备矣。乞以核实，而上十有六篇，付宰臣参酌施行。[②]

胡安国表示，保卫国家须先制定合宜的计策，定计须先择地建都，定都须先设立关隘，设险分土须先确立相应的制度，订立国制以守邦须先体恤民众，恤民须先建立政事，立政须先核实，即审核是非毁誉是否属实，并据

---

① 参见胡安国《论学文汇》，《春秋胡氏传》附录三《胡传余沛》，浙江古籍出版社 2010 年版，第 575—609 页。

② 转引自胡寅《先公行状》，《斐然集》卷 25，中华书局 1993 年版，第 549—550 页。

此判定功过赏罚。而要真正将这些方面贯彻落实从而达到平定天下的目的，人君又必须先立定扫平仇敌、恢复中原的志向。此外，还应当做到正心、养气、宏度、宽隐："正心"即使心得正、挺立本心；"养气"即以直养气，培养刚强浩然之气；"宏度"即摒除私欲，以公天下之心为政治国；"宽隐"即宽厚仁慈地对待那些因种种原因而退藏隐居的臣下，既积极吸纳其劝导建议，又成全其隐居之志。[①] 若人君能真正做到这五点，则帝王所能之事即一应俱全。可见对胡安国而言，"明体"（立志、正心、养气、宏度、宽隐皆归于此）乃安邦治国十分必要而关键的一环，且只有通过保国、定计、建都、设险、恤民等各个方面的施为举措，才能真正实现经世致用的目的。据此可知，他绝非简单地认为只需"明体"即可以"致用"，而是主张还必须以所明得的"体"来范导现实政治的开展，针对特定的社会环境和面临的具体问题制定切实可行的措施，如此才能将"体"原本就具有的经世大用真正实现出来。如靖康元年（1126 年）六月某日，胡安国劝导宋钦宗应当明晓治国平天下之本，即为政必须以正心明体为先，同时随即指出："为天下国家者必有一定不可易之计。谋议既定，君臣固守。虽浮言异说，沮毁动摇，而初计不移。故有志必成，治功可立。"[②] 这足以表明，他主张在"明体"为本的前提下，通过一系列具体措施的实行来达到真正"致用"的目的，如此才是切切实实的"因体以致用"。

由上可知，对于如何经邦治国，胡安国主张为政者在"明体"之后，必须"因体以致用"。这既是在以"体"为本的前提下来展开经世实践，也是通过相应举措的制定与实施，以使"体"本有的经世宰物之"用"在具体的历史条件下真正显现出来。如此既达到了经世致用的目的，又将人所识之"体"贯彻落实于现实生活，令其在吾人当下所处的历史情境中得以具体、真实的呈现，从而本体也就在新的历史时空之中获得了更为充分的展露。因此，"因体以致用"的结果，既是"用"的真正开出，又是"体"的彻底落实。这实则是《春秋》蕴含的理事并举精神在新的时代的创造性开展。

---

① 《尚志论》《正心论》《养气论》《宏度论》《宽隐论》诸篇的具体内容，参见胡寅《先公行状》，《斐然集》卷 25，中华书局 1993 年版，第 538—549 页。

② 胡寅：《先公行状》，《斐然集》卷 25，中华书局 1993 年版，第 523 页。

二　胡寅倡导以中道务实去虚的治政理念

胡寅生活在两宋动乱之际，其大部分为政、治学经历处于南宋王朝初步建立的时期。当时金国继续大举入侵、不断向南扩张，大有侵吞南宋半壁江山之势，而南宋朝廷则腐败不堪、软弱无能，一味卑躬屈膝、主和罢战，以致整个社会深陷内外交困的境地，形势极其严峻。面对内忧外患的国家局势，胡寅作为一个颇有担当精神的儒者忧心不已，汲汲于探求救世济民之道。如在《上皇帝万言书》中，他深刻检讨建炎以来国政的种种弊失，力主抗金、反对议和，强调务实用而去虚文，为救治弊政、扫除仇敌、复兴中原而积极出谋划策，提出了一系列改革弊政的切实举措。同时他在《崇正辩》中对异端邪说空谈高论而不切实际、无益世用的批评，在《读史管见》中借对历史的评议来指摘时政弊失和阐发为政思想，也无不蕴含着强烈的现实关怀。因此，其学问的探求旨在救国济民、经世致用。对于如何为政治国，胡寅继承和发挥了孟子的仁政思想，主张为政者应当本仁心以推行仁政，并强调以中道观念来治理国政、处理事务。

在胡寅看来，中道乃内圣成德与外王经世的根本原则，人能够成己又成物的关键即在于对中道的执守。他说："皇极者，大中之谓也。道至于大中，则无过不及，内外本末，天人上下，该举而无遗，通行而无弊。此乃尧、舜、禹、汤、文、武、周公、孔、孟之所以成己成物，时措从宜，大庇生民，泽及四海，其效可事据而指数也。"① 这就是认为，大中之道无过无不及，内外本末及天人上下皆包举无遗、并行不悖，古代圣人之所以能立身成德和济人利物的根本原因就在于为人处事秉持中道。此即意味着，要实现修齐治平的理想，就应当本于中道而行。胡寅曾通过对魏世祖废佛事件的剖析来强调执守中道对于为政治国的重要性。太平真君七年（446 年），魏世祖率兵赴杏城（陕西黄陵）镇压胡人盖吴起义，到达长安时，一次在佛寺中休憩，竟然见到沙门畅饮官酒，并发现寺院内藏有财宝、兵器以及州郡长官和富人托寄的物品数以万计，便怀疑沙门与盖吴通谋，又因认为其违背佛理、触犯法纪而罪不可赦，于是下诏诛尽长安沙门，彻底销毁佛像、佛经与寺庙，并由此开始在全国范围内大举开展灭佛

① 胡寅：《崇正辩》卷 3，中华书局 1993 年版，第 140 页。

行动。[①] 对于魏世祖这一灭佛之举，胡寅评论道：

> 自有天地以来，必饮酒，圣人教人使不乱耳。自有天地以来，必食肉，圣人教人使勿纵耳。男女必配合，教之使有礼耳。有生必有杀，教之使用恕耳。利用不可缺，教之使尚义耳。此中庸之道，通万世而无弊者也。……魏世祖因沙门之罪而行废斥，美政也。然于其间亦有过举焉，焚其书、销其像、毁其器、人其人，则可矣。不以有罪无罪悉坑之，则滥刑也。凡处事立制，必得中道，则人不骇而政可行。不然，未有不激而更甚者。此亦明君贤相之来鉴也。[②]

他认为，饮酒、食肉、男女交合、适当杀生、利用安身等都是人生的基本需求，不可或缺，圣人立教并不是要禁止人满足这些正常、合理的欲求，而是为了让人之欲求的实现能有所节制、合乎理义。因此，圣人之教既非禁欲主义，亦非纵欲主义，而是至善圆满的大中至正之教，其奉行的是通行于万世而无弊的中庸之道。魏世祖因沙门有罪而对之加以处罚，如焚烧其书、销毁其像、毁坏其器，固然为美政，但对于沙门中人不论有罪无罪，一律坑杀之，则是滥用刑罚的严重过当之举。为政者处事立制，必须合于中道，才能真正赢得民心从而使善政得以推行。否则，只会适得其反。后世的明君贤相都应当以此为鉴。这就是告诫为政者要以儒家的中庸之道为根本理念来执政。胡寅颇为推重中道观念，坚持主张本于中道来修身、齐家、治国、平天下。他说："某尝历考在昔隐约成德之士与进为辅世之人，其建立光明盛大、不胶一曲者，未有不立于中道，无过无不及者也。"[③] 又说："夫理有中正，无往不然。为文者华则失之轻浮，质则近于俚俗。华而不浮，质而不俗，以之事上谕下，治道所贵也。"[④] 这便是强调中道原则对于修身成德与经邦治国的重要性。由此足见胡寅对儒家中道观念的深切服膺。

---

① 参见胡寅《崇正辩》卷3，中华书局1993年版，第124页。

② 胡寅：《崇正辩》卷3，中华书局1993年版，第125页。

③ 胡寅：《代人上广帅书》，《斐然集》卷17，中华书局1993年版，第372页。

④ 胡寅：《致堂读史管见》卷15，《续修四库全书》第449册，上海古籍出版社1994年版，第5页。

正是在中道观念的范导下，胡寅在治法上特别强调务实去虚。他于《上皇帝万言书》中表示："夫大乱之后，风俗靡然，躬率而丕变之者，则在陛下，务实效，去虚文。夫治兵必精，命将必贤，政事必修，誓戡大憝，不为退计者，乃孝弟之实也。遣使乞和，广捐金币，不耻卑辱，冀幸万一者，为孝弟之虚文也。"[①] 胡寅针对宋室南渡以后的现状，直言不讳地向执政者提出"务实效，去虚文"的救亡图存之道。并且，他具体、明确地指出时政的"虚""实"之所在。如他说："慎选部刺史二千石，必求明惠忠智之人，使久于其官，惩革弊政，痛刈奸赃，以除民害，虽军旅骚动，盗贼未平，必使宽恤之政实被于民，固结百姓将离之心，勿使溃叛者，乃爱民之实也。诏音出于上，虐吏沮于下，诳以出力自保，则调发其丁夫，诱以犒设赡军，则厚裒其钱谷，弓材弩料竹箭皮革，凡干涉军须之具，日日征求，物物取办，因缘奸弊，民已不堪，乃复蠲其税租，载之赦令，实不能免，苟以欺之者，为爱民之虚文也。"[②] 这是指明当时的政治现实中何者为"爱民之实""爱民之虚文"。此外，他还针对时政提出了"六实""六虚"之论："若夫保宗庙，保陵寝，保土地，保人民，以此六实者行乎其间，则为天子之实也。陵庙荒圮，土宇日蹙，衣冠黔首，为肉为血，以此六虚者行乎其间，陛下戴黄屋，建幄殿，质明辇出房，雉尾金炉，夹侍两陛，仗马卫兵，俨分仪式，赞者引百官以次入奉起居，既退，宰相大臣卑卑而前，搢笏出奏，司辰唱辰正，则驾入而仗出矣。以此度日，而国势益卑。彼粘罕者，昼夜厉兵，跨河越岱，电扫中土，遂有吞吸江湖、蹂躏衡霍之意。吾方挟持虚器，茫茫然未知所之，此则为天子之虚文也。"[③] 此"六实""六虚"涉及为政治国诸多具体实际的方面。[④] 胡寅极力劝谏为政者"留意实效，勿爱虚文"[⑤]，不仅体现出他强烈的经世意识与务实精神，而且表明他十分注重经邦治世所迫切需要的诸多实务。这当然与他切实的为政经历有重要关联。

① 胡寅：《上皇帝万言书》，《斐然集》卷16，中华书局1993年版，第339—340页。

② 胡寅：《上皇帝万言书》，《斐然集》卷16，中华书局1993年版，第341页。

③ 胡寅：《上皇帝万言书》，《斐然集》卷16，中华书局1993年版，第341页。

④ "六实""六虚"的具体内容，参见胡寅《上皇帝万言书》，《斐然集》卷16，中华书局1993年版，第339—341页。

⑤ 胡寅：《上皇帝万言书》，《斐然集》卷16，中华书局1993年版，第341页。

三 胡宏主张为政须“体用不遗，本末并行”

对胡宏而言，知天识心（明体）对于为政治国（达用）固然具有极其重要的影响。但是这并不意味着，只要能知天识心就可以治理好天下，或者说明体之后就直接能、必然能达用。依胡宏之见，明识天道、仁心虽为治理天下确立了根基，但仍只是具备了平治天下的潜在可能性。若要将这一潜能转化为现实，还必须依赖于制度的建设与各方面实业的创办。换言之，明体只是达用的前提和基础，而并不必然保证“用”就能在客观上实现出来。要真正致用，制度与实业的兴建是不可或缺的。胡宏云：“学圣人之道，得其体，必得其用。有体而无用，与异端何辨？井田、封建、学校、军制，皆圣人竭心思致用之大者也。”① 所以他主张，为政治国必须“体用不遗，本末并行”，即坚持德业双修、伦制共举，如此才能取得治理天下的实效。这即是在以德治为本的前提下，又充分肯定了制度建构与发展实务的必要性和重要性。

（一）为政者必理（体）明义（用）精而后有成

胡宏以“理”为天下之大体，以“义”为天下之大用，认为执政者唯有既明理又通义，才能真正治理好天下。他说：“为天下者，必本于理义。理也者，天下之大体也；义也者，天下之大用也。理不可以不明，义不可以不精。理明，然后纲纪可正；义精，然后权衡可平。纲纪正，权衡平，则万事治，百姓服，四海同。”② 在他看来，执者必须本于理义以治国平天下。“理”是天下之大本，即天下事物存在与运行的根本法则（普遍原则）；“义”为天下之大用，即天下事物存在与运行的具体法则（特定规范），亦即“理”在不同情境、不同事物中的具体运用和具体表现。执政者唯有明识理，才能树立根本、确立原则、立定方向，从而确保能始终依循正道而行；唯有精通义，才能合理妥善地应对不同情境、不同问题和不同事物，从而使天下事物都各得其所、各尽其性。执政者若不能明理，则为政治国即缺乏确当的原则和方向；若不能通义，则根本无法有效应对具体事物和解决实际问题。因此，为政者既须明理，又须通义，唯有两方面

① 胡宏：《与张敬夫》，《胡宏集》，中华书局1987年版，第131页。

② 胡宏：《知言·义理》，《胡宏集》，中华书局1987年版，第29页。

共同达到，才能真正实现天下大治的目的。从根本上来讲，这正是由理义之间的辩证统一关系所决定的。理是义的本原，义是理的表现。若无理，则义便失去了来源和根据；若无义，则理便无从体现和落实。理与义必是相互依存、一体不二的。既然在本体论上如此，那么在工夫论上，要通义就必须明理，要明理亦必须通义。理义两者是相互规定、相互发明的，这就决定为政者必须理明而又义精，如此才能治理好天下。

可见，对胡宏而言，人君为政治国既须体证“理一”以明体，又须穷究“义殊”以达用。只有将这两者有机结合，才能真正达到治国平天下的目的。这正是“体用合一”的思想在其政治论中的运用和表现。根据“理一之体与义殊之用合一”的经世观念可知，[①] 胡宏不仅注重把握理一之体，而且强调明通义殊之用。由于理体与义用圆融不二，所以这两个方面必是一体不离的。胡宏对义殊之用的重视，与其“圣人理天下，以万物各得其所为至极”的观念密不可分。[②] 在他看来，治理天下的最终目的在于使天下一切事物都各得其宜、各安其所。而要达到这一目的，就应当依循事事物物的运行法则应物处事。由此，就必须先明识万事万物的运行法则。而要明识天下事物的具体法则，就必须即事即物而穷究其义。再结合胡宏的格物穷理说来看，对理一之体的把握也须依赖于对义殊之用的穷究。据此

---

① 胡宏十分重视“理一分殊”的思想，他对理与义、仁与义、性与物、万物之本性与万物之殊性等关系的处理都贯穿了这一思想。当然，他主要是以“性一分殊”的观念来加以阐明。如他说：“性有大体，人尽之矣。一人之性，万物备之矣。论其体，则浑沦乎天地，博浃于万物，虽圣人，无得而名焉；论其生，则散而万殊，善恶吉凶百行俱载，不可掩遏。”（胡宏：《释疑孟·辨》，《胡宏集》，中华书局1987年版，第319页。）“乾道变化，各正性命，命之所以不已，性之所以不一，物之所以万殊也。”（胡宏：《知言·汉文》，《胡宏集》，中华书局1987年版，第41页。）“中者，道之体；和者，道之用。中和变化，万物各正性命而纯备者，人也，性之极也。故观万物之流形，其性则异；察万物之本性，其源则一。”（胡宏：《知言·往来》，《胡宏集》，中华书局1987年版，第14页。）这都是在表达“性一分殊”的思想。在本体论中，胡宏不仅重视“性一”对“分殊”的统摄、主宰，而且强调“分殊”对“性一”的体现、落实。因而在人生实践论中，他既主张通过体证“性一”来统摄“分殊”，又注重通过穷究“分殊”来把握“性一”。

② 这一观念正是由其“性一分殊”的思想所引发的。对此，胡宏多有论及：“油然乎物各当其分而无为者，君子也。”（胡宏：《知言·天命》，《胡宏集》，中华书局1987年版，第3页。）“事各付事，物各付物，人我内外，贯而为一，应物者化，在躬者神。至此，则天命在我，无事于复，而天地之心可一言而尽矣。”（胡宏：《复斋记》，《胡宏集》，中华书局1987年版，第153页。）“圣人执天之机，惇叙五典，庸秩五礼。顺是者，彰之以五服；逆是者，讨之以五刑。调理万物，各得其所。此人之所以为天地也。”（胡宏：《知言·往来》，《胡宏集》，中华书局1987年版，第14页。）这些足以体现出胡宏对“分殊之用”的重视。

可知，明通义殊之用对于为政治国尤为重要。胡宏说："论为学者，贵于穷万物之义；论为治者，贵于识百职之体。……学者，所以学为治也。讲之熟，则义理明；义理明，则心志定；心志定，则当其职，而行其事无不中节，可以济人利物矣。"[①] 由此可表明，他对义用即各种合理的具体法则与制度给予了充分的肯定和重视。[②]

总之，胡宏的政治论既注重"体"的挺立，又强调"用"的开显，力主以体用两面结合与双向用力的方式来切实达到平治天下的目的。这一特点不仅反映在其理体义用合一的经世主张中，也可通过他对"道德"与"法制"、"天险"与"地险"之关系的辩证把握来体现。

（二）"道德"（体）与"法制"（用）并建

胡宏以"体用合一"的理念把握道德与法制的关系，认为执政者必须于道德与法制两面兼重并修，才能真正治理好国家。[③] 否则，若缺失或轻忽其中任何一面，都会导致国家的衰亡。胡宏曰：

> 法制者，道德之显尔。道德者，法制之隐尔。天地之心，生生不穷者也。必有春秋冬夏之节、风雨霜露之变，然后生物之功遂。有道德结于民心，而无法制者为无用。无用者亡。（自注：刘虞之类。）有法制系于民身，而无道德者为无体。无体者灭。（自注：暴秦之类。）是故法立制定，苟非其人，亦不可行也。[④]

他表示，道德与法制必是相互依存、相互成就的：一方面，道德为法制之体、法制之隐，是法制确立的根据；另一方面，法制为道德之用、道德之显，是道德的体现与落实。若徒有法制而不立道德，法制就会缺乏正当的

① 胡宏：《与丁提刑书》，《胡宏集》，中华书局 1987 年版，第 128 页。

② 胡宏所说的"义"并不限于道德伦理的范围，而是包括一切合理的具体法则和制度，如他所肯定的"五典""五礼""五服""五刑"以及"井田制""封建制""古学校之法""保伍之法"等都涵括在内。

③ 王开府认为："国君除了有仁心以外，还得树立法制。仁心是道德的本源。道德具体化为法典制度，就叫做法制。道德与法制必须兼顾，相辅而行。只有法制，没有道德，将失去国本；徒有道德，没有法制，也不能维系政治。"（王开府：《胡五峰的心学》，台湾学生书局 1978 年版，第 140 页。）

④ 胡宏：《知言·修身》，《胡宏集》，中华书局 1987 年版，第 6 页。

根据和正确的范导，从而也就很难确保其合理性、正当性，以至于成为邪乱之法而祸国殃民；若徒有道德而不立法制，道德就无法体现或贯彻落实，即不能产生实际作用，从而成为无济于事的空洞说教，这也只会导致国家的衰亡。既然如此，为政治国就须既重视道德教化，又重视法制建设，唯有两者结合、共同用力，才能切实达到平治天下的目的。在这里，胡宏以体用、隐显观念来把握道德与法制的关系，认为道德是体、是隐，而法制是用、是显。这就表明道德与法制是“体用一源，显微无间”即内在统一而不可分割的关系。当然，胡宏并非完全对等地看待道德与法制在为政治国中的重要性，而是主张以道德为本。因为体是用的来源和根据，所以相对于用而言，体更为根本、更为重要。此外，以道德为体、以法制为用的立场也可表明胡宏在根本上仍是一纯然儒者。

可见，在为政理念上，胡宏既坚持以道德为本，又强调法制的重要性。在他看来，为政治国之所以须以立德为本，主要是为了端本澄源、正立大纲。他说：“仁义不立，纲纪不张，无以缔固民心，而欲居之安久，可乎?”① “欲拨乱兴治者，当正大纲。知大纲，然后本可正而末可定。大纲不知，虽或善于条目，有一时之功，终必于大纲不正之处而生大乱。”②据此可知，为政治国以道德建设为本，主要在于确立根本以及树立正确的原则和方向，从而使一切具体的法令制度和行事作为都得到合理的规范和指引，能够始终依循正道而行。治理天下固须以德为本，但只言仁义道德并不够，还必须通过具体的法制建设才能使道德精神贯彻落实，从而真正产生经世济民的实效。由此，胡宏又颇为强调法制建设的重要性。他说：“荀子曰：‘有治人，无治法。’窃譬之欲拨乱反之正者如越江湖，法则舟也，人则操舟者也。若舟破楫坏，虽有若神之技，人人知其弗能济矣。故乘大乱之时必变法。法不变而能成治功者，未之有也。”③ 胡宏以跨越江湖比喻拨乱反正这一为政目的，以船比喻治国所需的法制，以舵手比喻治国者。在他看来，如果船已破、桨已坏，那么即便舵手有高超的行船技术也无法越过江湖。这就意味着，如果没有法制或者法制存在问题，就不可能

① 胡宏：《知言·文王》，《胡宏集》，中华书局1987年版，第19页。
② 胡宏：《知言·事物》，《胡宏集》，中华书局1987年版，第24页。
③ 胡宏：《知言·事物》，《胡宏集》，中华书局1987年版，第23—24页。

治理好天下。因此，胡宏表示："若根本无法制，则万事将如之何?"① 由此足见法制对于为政治国的重要性。

胡宏强调变法，十分重视法制建设。对于法制的重要性，他多有论及："封井不先定，则伦理不可得而敦。"② "田里不均，虽有仁心而民不被其泽矣。井田者，圣人均田之要法也。"③ "封井"是就封建制和井田制而言。他认为，若封建、井田等制度不能建立，则道德伦理精神便无法得到普遍体现与落实。因而为政治国绝不能只重道德建设，还必须重视法制建设。那么胡宏所注重的法制建设包括哪些内容呢？从他对"法"或"法制"的相关论述来看，他所推崇的"法制"主要指一切合乎天理、人情且用于解决实际问题的法则和制度，内容涉及政治、经济、军事、教育等多个方面。胡宏曰："欲复古者，最是田制难得便合法，且井之可也。封建，择可封者封之，错杂于郡县之间，民自不骇也。古学校之法，今扫地矣，复古法与今法相增减，亦可也。军制，今保伍之法犹在，就其由增修循，使之合古，行之二十年，长征兵自减而农兵日盛。但患人不识圣人因天理、合人情、均平精确、广大悠久之政，不肯行耳。"④ 于此，胡宏主张通过推行圣人本于天理、人情所制定的法制来达到经世致用的目的。诸如"井田""封建""古学校之法""保伍之法"，便是他在经济、政治、教育、军事等方面所推重的法制。姑且不论这些法制在当时是否行之有效，⑤ 但至少足以表明胡宏对制度建设的重视，并且他所崇尚的制度绝非囿于道德伦理之域。尽管宋时也有张载、朱熹、吕祖谦、陈亮、叶适等儒者重视

---

① 胡宏：《皇王大纪论·建国井田》，《胡宏集》，中华书局 1987 年版，第 266 页。

② 胡宏：《知言·一气》，《胡宏集》，中华书局 1987 年版，第 27 页。

③ 胡宏：《知言·文王》，《胡宏集》，中华书局 1987 年版，第 19 页。

④ 胡宏：《与张敬夫》，《胡宏集》，中华书局 1987 年版，第 131 页。

⑤ 尚需指出的是，其一，胡宏针对当时严重的土地兼并现象倡导井田制，针对郡县制的弊病提倡分封制，虽有一定现实意义，但无疑充满理想主义色彩。朱子曾"不满于五峰论封建井田数事"，表示："封建井田……在今日恐难下手。设使强做得成，亦恐意外别生弊病，反不如前，则难收拾耳。"（黎靖德编：《朱子语类》卷 108，中华书局 1986 年版，第 2680 页。）他力推经界之法，认为"宜以口数占田，为立科限，民得耕种，不得买卖，以赡贫弱，以防兼并"。（朱熹：《晦庵先生朱文公文集》卷 68《井田类说》，载朱杰人、严佐之、刘永翔主编《朱子全书》（修订本）第 23 册，上海古籍出版社、安徽教育出版社 2010 年版，第 3326 页。）显然，朱子的看法更切合实际。这似乎也表明，是否具有从政经验会影响制度建构的切实有效性。其二，胡宏倡言封建、井田等古制，除救治时弊的现实考量之外，更是对大公至正、均平天下之王道政治理想、理念的表达与坚守。就此而言，何止胡宏，张载、程颐、张栻、吕祖谦等宋儒亦屡称封井制。

制度，然而能如胡宏从思想上自觉反省道德与制度的关系，并以其体用观加以辩证融通，给予制度建设以积极正面的认定与安排，在当时恐怕并不多见，由此足见其难能可贵。

总之，对于如何为政治国，胡宏既主张以德治为本，又颇为重视法制方面的建设。在他看来，道德为体，法制为用，二者相倚互成、一体不离。为政治国必须使两者充分结合，有体有用、体用兼重，如此才能真正实现平治天下的目的。这正是其“体用合一”的理念在政治论中的贯彻和体现。

（三）“天险”（体）与“地险”（用）双修

胡宏“体用合一”的政治思想建构还表现在其“天险”与“地险”兼修并进的观念中。所谓“天险”是指仁义道德或者说道德修养、道德教化，而“地险”是指险要的地理位置，引申为防御工事或国防建设。胡宏以“天险”为体为本，以“地险”为用为末，认为只有两者兼修并进，才能真正护邦卫国。他在《上皇帝光尧书》中表示：

> 昔魏武侯浮西河而下中流，顾谓吴起曰：“美哉！山河之固。此魏国之宝也。”起对曰：“在德，不在险。君若不修德，舟中之人皆敌国也。”魏氏失于不知本，吴起失于不知末。夫道有污隆，势有强弱，因时处事，体用不遗，本末并行，然后为得也。是故圣王明于天险、尊卑之分、贵贱之等，定天下之制，而奸邪莫能越；明于地险，山川丘陵以为阻，城郭沟池以为固，而暴客莫能干。险设如是，然后能守其国矣。不然，天险废乱，虽潼关，何有于秦？地险不修，虽仁义，何有于赵？①

魏武侯曾泛舟西河顺流而下，行至中游时对吴起感叹道：山河如此壮美、险固，这可是魏国之大宝！而吴起则认为：国家的护卫和治理，关键在于立德行善，而不在于险要的地理环境。君王若不修德立本，则即便是同船共渡之人也会成为敌对者。针对魏、吴二人各执一偏的看法，胡宏指出，魏武侯的缺失在于不知本（天险），即不知立德行善为安邦治国之本；而

① 胡宏：《上光尧皇帝书》，《胡宏集》，中华书局1987年版，第99页。

吴起的缺失在于不知末（地险），即不知险要的地理位置或国防建设对于保国安民的重要性。在他看来，为政治国必须“体用不遗，本末并行”，即道德建设与国防建设两者结合、兼修并进，如此才能达到安邦卫国的目的。圣明的君王一方面注重道德修养、道德教化，明识天理人伦，立定天下法制，由此即可以抵御内部奸邪；另一方面又颇为重视国防建设，通晓险要的地理位置，注重建立防御工事，由此便可以抵御外部侵扰。如此天险与地险双修，有体有用、有本有末，安邦治国的目的才能真正实现。反之，若仁义道德不立，则即使有潼关这么重要的地理位置，对于秦国又有何用？若不明险要的地理位置所在，不重视国防建设，则即便有仁义道德，对于赵国又有何意义？显然，对于胡宏而言，要治国安邦，就必须于天险与地险（道德与国防）两面兼修并治，而不能轻忽其中任何一者。

从胡宏政治思想的根本理念来说，所谓“地险”并非局限于国防建设这一方面，而是可以指代治理天下所需的各方面具体建设或各种实务。胡宏力主天险与地险并修，即在于强调为政治国不只须以立德为本，还必须重视制度以及经济、教育、国防等各方面实务的建设。对他而言，唯有将这两者相结合，有体有用、体用兼重，方能达至平治天下的目的。他说：“士选于庠塾，政令行乎世臣，学校起于乡行，财出于九赋，兵起于乡遂，然后政行乎百姓，而仁覆天下矣。”① 他表示，只有士人选拔于私塾，政令施行于世臣，学校兴起于乡行，财税来源于九赋，军队产生于乡遂，然后仁政才得以实现于天下。他还指出：“有天下者，端拱九重之内，治其国家，上之天文，下之地理，中之人伦，衣食之源，器用之利，法度之章，礼乐之则，谁推明制作之也，而忘之乎？”② 这就是认为，为人君者治理天下，应当在天文、地理、人文、衣食、器用、法度、礼乐等各个方面大力施为，而不可轻忽其中任何一者。唯有如此，才能达到天下大治的目的。可见，在为政理念上，胡宏既主张以德为本，又十分强调法制、经济、教育等各方面具体建设的必要性和重要性，始终坚持德业双修、体用共举。

总之，在治法的层面，胡宏主张为政治国必须“体用不遗，本末并行”，即体用两面结合、兼重并修。这里的“体”指仁心仁道或仁义道德，

① 胡宏：《知言·天命》，《胡宏集》，中华书局1987年版，第1页。
② 胡宏：《皇王大纪论·五帝无裔》，《胡宏集》，中华书局1987年版，第233页。

这是治国平天下的根本原则、根本方向和根本动力；“用”是指一切能够切实致用的法令、制度和实务，这是仁心仁道或德政得以体现、落实的必备条件。在胡宏看来，为政治国首先应当重视道德修养和道德教化，唯有先修德立本，即挺立起仁心仁道大本，一切政治法令、制度、举措的制定与实施才有合理依据，才有确当的规范和导向。同时他认为，仅仅强调修德立本是不够的，还必须重视法制、经济、教育、军事等各方面的具体建设，如此才能真正取得治理天下的实效，使仁心仁政得以实现于天下。以上主张正奠基于其如下体用观：一者，用本于体而产生，故唯有明体，才能达用；二者，体通过用来实现，故唯有达用，所明之体才能真正坐实。于此，体和用相依不离、圆融不二，明体与达用相互促发、相互成就。因此，胡宏的为政理念是在坚持以德为本的基础上，又颇为强调各种实务的必要性和重要性，明显具有德政兼修并进、体用合一不二的特点。

胡宏在政治观上坚持德业兼修、伦制并举，可见他并非一个泛道德主义或唯道德主义论者，而是深切意识到道德伦理在经世中的意义与限度。所以其政治思想的建构，不单是注重道德的力量，并且充分肯定了制度建设与兴办实业的重要性，从而充满了理性的精神。这似乎意味着，胡宏比较能正视道德与政治之间的张力，一方面认识到它们的密切关联，另一方面又洞察到二者的分别及其相对独立的意义，而非混同视之。就此而言，他不仅把握到道德与政治之间的辩证关系，而且已意识到二者分属不同之域。这在当时无疑弥足珍贵。

四　张栻以“体用兼备，本末具举”为治国法门

对于为政治国，张栻秉承孟子的仁政理念，倡导以仁心行仁政的思想。那么如何才能贯彻落实仁政理念？在他看来，一方面，仁心是仁政得以产生的根据，要实行仁政就必须先挺立仁心大本。这就要求为政者以德为本，重视道德心性修养。另一方面，仁心的挺立只是施行仁政的前提和基础，并不意味着仁政即可坐实。要实现仁政，还必须本于仁心切实地治理天下事物，充分发挥其济人利物的现实作用。这就要求为政者必须本于仁心积极行事、务实作为，重视法制、政治、经济、教育、军事等各个方面的实务。正是基于以上两点认识，张栻强调为政治国必须“体用兼备，本末具举”。“体”指仁心仁道或立德明道之事，“用”即一切能够经世致

用的具体建设和施为举措。在他看来，唯有体用两面结合、兼重并修，才能真正实现仁政。

就为政之方而言，张栻既坚持以立德明道为本，又颇为重视具体政事的开展，强调各方面施为举措的重要性。他说："域民不以封疆之界，固国不以山谿之险，威天下不以兵革之利，然则果何所恃哉？以吾得道而多助故耳。得道者，顺乎理而已，举措顺理，则人心悦服矣。先王之所以致人和者在此而极。"① 这就指出，既然约束人民不靠国家的疆界，巩固国防不靠山川的险要，威震天下不靠兵器铠甲的坚利，那么如何才能治国平天下？其关键在于能否得道。得道即是指循顺天理而为。若为政的施为举措都合理得当，则人民就会心悦诚服，从而天下即可得以大治。可见，这主要在于强调得道循理对于治理天下的根本性意义。而得道也就是明仁道、行仁政，亦即本于仁心仁道为政治国。正因为得道是治国平天下的关键，所以为政者就当以立德明道为本，注重仁心的发明与仁道的体认。张栻曰："为国者以反求诸己为至要。……反躬则天理明，不能反躬则人欲肆，可不念哉！"② 为政者应以反求诸己、修身立德为本，能反躬自省则可以明天理而治天下，不能反躬自省则会导致私欲横流而祸国殃民。他又说："使民皆由于仁，非仁心涵养之深，仁政薰陶之久，莫能然也。"③ 治理天下百姓能始终本于仁道而行，这只有仁心涵养深厚及仁政熏陶长久者才能做到。他还表示："君心之非格，而天下治矣，盖其本在此故耳。……心非既格，则人才、政事将有源源而日新矣。"④ 君心得正乃安邦治国的根本所在，人君一旦去除其心之非而显明本有之仁心，则可以治理好天下。这些论述无疑都是在强调，执政者应当以立德明道为本，必须注重存养仁心、体证仁道。

在充分肯定立德为执政之本的基础上，张栻又指出，法制、经济、教育、国防等各个方面的施为举措对于治国兴邦也不可或缺。他说：

> 夫所谓兵与财者，有天下者之所急也。腐儒之论则曰儒者不知

① 张栻：《南轩先生孟子说》卷2，《张栻集》（二），中华书局2015年版，第378页。
② 张栻：《南轩先生孟子说》卷4，《张栻集》（二），中华书局2015年版，第445页。
③ 张栻：《南轩先生论语解》卷7，《张栻集》（一），中华书局2015年版，第229页。
④ 张栻：《南轩先生孟子说》卷4，《张栻集》（二），中华书局2015年版，第461页。

兵，儒者不言财。……腐儒者己则不能，遂断以为儒者无是事，则所谓兵与财者国不可一日阙，则时君世主不免用夫肯任此者，而小人始得进矣。臣以为天下之事所以难立者，以夫所谓君子者不能任事。曰君子而不能任事，则事将归于小人，而弊始百出矣。[①]

在这里，张栻明确表示军事与财政都是治理国家必不可少的方面，乃儒者所当为之事。他批评了那种认为儒者不理军事、不谈财政的迂腐看法，强调儒者应当积极作为、务实致用。在他看来，天下之事之所以难成，原因就在于那些所谓有德的君子不能解决军事、财政等方面的实际问题。既然号称君子的人不能处理实事，那么这些事情必将归于小人应对，如此就会导致弊病百出。于此，张栻充分肯定了军事、财政等方面的实务对治国的重要性，表示儒者为政应当在这些方面实下功夫、一一落实，而不能空谈仁义道德。这也就是希望为政者勤于政事、积极务实，重视军事、财政等各个方面的施为举措。张栻云："盖君子于天下之事无所不当究，况于兵者！世之兴废，生民之大本存焉，其可忽而不讲哉！夫兵政之本在于仁义，其为教根乎三纲，然至于法度纪律、机谋权变，其条不可紊，其端为无穷，非素考索，乌能极其用？"[②] 他认为，君子对于天下之事都应加以探究，尤其是对关系国家兴亡和人民安危的兵政更当如此。兵政的根本精神虽在仁义，但它涉及法度、纪律、机谋、权变各方面具体事宜，十分复杂，必须一一穷究，才能真正发挥其积极作用。此外，张栻还说："盖为国之道，莫先于农桑，莫要于人才也。"[③] "盖井田，王政之本，而经界又井田之本也。"[④] 凡此种种论述无不表明，他颇为强调经济、军事、人才等方面的实务对为政治国的重要性。由此足见其为政理念具有很强的务实精神。[⑤]

---

① 张栻：《严州召还上殿札子》，《张栻集》（五），中华书局2015年版，第1459页。

② 张栻：《新刊南轩先生文集》卷34《跋孙子》（四），《张栻集》，中华书局2015年版，第1281页。

③ 张栻：《南轩先生孟子说》卷6，《张栻集》（二），中华书局2015年版，第573页。

④ 张栻：《南轩先生孟子说》卷3，《张栻集》（二），中华书局2015年版，第407页。

⑤ 张栻曰："施为举措之间，贵乎曲尽。……某尝论今日之事，正名为先，而务实为本。"（张栻：《新刊南轩先生文集》卷34《跋戊午说议》，《张栻集》（四），中华书局2015年版，第1283页。）"修德立政，用贤养民，选将帅，练甲兵，通内修外攘、进战退守以为一事，且必治其实而不为虚文……。"（张栻：《论必胜之形在于早正素定疏》，《张栻集》（四），中华书局2015年版，第1460页。）这足以表明张栻的为政思想具有强调务实致用的特征。

可见，对于张栻而言，为政者要实现仁政，既须以立德明道为本，注重道德修养，以此挺立仁心仁道大本，从而为治理天下树立根本、确定原则和指明方向；还必须勤于政事、务实作为，重视各个方面的具体建设，以将仁政理念真正落到实处。也就是说，必须“体用兼备，本末具举”，才能达到天下大治的目的。张栻云：

> 虽然，孟子谓域民不以封疆，固国不以山谿，威天下不以兵革。而先王封疆之制，甚详于《周官》；设险守国，与夫弧矢之利，并著于《易经》，何邪？盖先王吉凶与民同患，其为治也，体用兼备，本末具举。道得于己，固有以一天下之心；而法制详密，又有以周天下之虑：此其治所以常久而安固也。孟子之言则举其本而明之，有其本，而后法制不为虚器也。①

他针对何以孟子称平治天下不靠国家疆域、地理环境和兵器铠甲而先王治理天下却颇为重视这些方面的原因做了解释。在他看来，孟子之所以这么主张，主要是为了推明为政治国的根本所在，因为只有根本得以树立，法制、经济、国防等各个方面的施为举措才有本可循、有据可依，从而对于为政治国才会产生积极的价值和意义。先王治理天下乃是体用兼备、本末具举，不仅德立道明而能赢得天下人之心，而且法制设施详密可以周全地应对天下人之各方面实际问题。这正是先王之治能长久稳固的根本原因。在此，张栻将先王之治长久稳固的原因归结于“体用兼备，本末具举”的为政之道，表明他不仅肯定仁心仁道或立德明道（体）为治国之本，而且充分认识到各方面的实务（用）对于治国的重要性。对他而言，为政治国既须以“体”为本，又必须重视“用”，唯有体用两面兼顾、双管齐下，才能真正治理好天下。他说：“德、礼者，治之本。”② “政事，吾所以治也。”③ 这就是主张以德、礼为治国之本，同时肯定政事对于治国的不可或缺性。“德、礼”为“体”，“政事”为“用”，对这两者都予以重视，正体现了体用兼重的为政主张。

---

① 张栻：《南轩先生孟子说》卷2，《张栻集》（二），中华书局2015年版，第378—379页。
② 张栻：《南轩先生论语解》卷1，《张栻集》（一），中华书局2015年版，第104页。
③ 张栻：《南轩先生孟子说》卷7，《张栻集》（二），中华书局2015年版，第641页。

此外，张栻还指出："要是儒者之政，一一务实，为所当为，以护养邦本为先耳，此则可贵也。"① 他认为，儒者为政贵在既"一一务实"又"为所当为"。所谓"一一务实"，是指勤于政事、积极作为，通过法制、经济、教育、军事等各个方面的具体建设将仁政落到实处；"为所当为"则是指治理国家的一切施为举措皆本于仁心仁道，而不任意妄为。前者要求为政者必须采取积极务实的施为举措，即必须重视"用"；后者要求为政者必须修身养性、立德明道，即必须重视"体"。唯有于体用两面兼重并修，才能真正实现仁政。可见，"体用兼备，本末具举"，正是张栻所倡导的为政之道。

显然，在张栻看来，为政者既须以仁心仁道或立德明道（体）为本，注重道德心性修养，由此开显仁心仁道大本，为治国理政确立根据、原则和方向；又必须采取积极务实的施为举措，重视法制、经济、教育、军事等各个方面的实务（用），以将仁政理念贯彻落实。唯有体用两面结合、兼修并治（"体用兼备，本末具举"），才能真正实现仁政理想。当然，要求体用兼顾绝非简单地、任意地、机械地将体用拼合在一起，而是将二者予以有机融合。实则，体用之间具有内在关联性：一方面，用须以体为本，即治理天下的一切实务皆当本于仁心仁道或仁政理念而展开；另一方面，体须由用来实现，即仁心仁道或仁政理念必须通过各个方面的具体建设和施为举措才能坐实于天下。可以说，为政治国须体用兼重并修，正是由体用之间相倚相成的互动统一关系所决定的。

第四节　以体用不即不离的观念处理内圣外王关系

湖湘学派的政治思想建构彻上彻下、本末兼该，道德、制度、实务一体融通、兼重并修，明显具有德业共举、伦制双彰的特点。此中无疑蕴含着对儒学内圣与外王关系的如下洞识：其一，儒学之内外两面虽是一体不

① 张栻：《新刊南轩先生文集》卷26《与施蕲州》，《张栻集》（四），中华书局2015年版，第1153页。

离，但这并非全由内圣即可主宰一切的不对称的一体性，而是一种肯定二者之交互运作关系的平衡统一。其二，内圣与外王各有其自身的规定性，各有其相对独立的价值和意义，所以就儒学整体而言，既不可贬视任一方，亦不可夸大任一方的作用，更不可将二者直接混同。简言之，既当知乎二者之辩证关系，又须明了二者的分际。此即是以体用不即不离的观念来处理内圣与外王的关系。这既体现在湖湘学派诸儒的政治思想中，也见之于他们关于内圣外王之关系的种种论述，其中胡宏、张栻对内圣外王关系的认识值得注意。

一　胡宏对内圣外王关系的把握

胡宏既重内圣成德之教的发明，也重外王经世之学的建构。在他看来，儒学本来就兼备内圣成德与外王经世两面，且这两面内在一体而不可相离。因此，要弘扬儒道、阐扬儒学，就必须两面兼重，而不可轻忽其中任何一者。当然，胡宏不只是要求内圣与外王两面并存即可，而且要通过“体用合一”的理念将这两者加以有机融合，从而充分推明内圣与外王的辩证关系。对于内圣外王之间的统一性，胡宏并非简单认为只由内圣即可决定一切，而是主张二者相互作用、相互影响。他不仅肯定内圣对于外王的奠基性作用，而且充分注意到外王对于内圣的完成和实现具有不可或缺的意义。由此，胡宏既以内圣成德为本，又颇为重视经世致用，强调二者的互动与融通。这正是其内圣外王关系论的特点。

儒家所谓“内圣”，即修身成德，指每个人通过自觉地做道德实践以发展完成其德性或成就自己的道德人格，也就是所说的“成己”“尽己之性”“明体”等；所谓“外王”，是指推己及人及物、实行王道政治于天下，即效法天道、本于仁心以治国平天下，亦即所谓“成物”“尽人之性”“尽物之性”“达用”等。对于儒学所本有的这两个方面，胡宏主张应当兼重并举，而不可有所偏忽。他对儒家内圣之学的建构与创发前文已有详论，对外王之学的重视与开拓则主要体现在以下三点：

第一，积极凸显儒家之道经世致用、开物成务的特征。胡宏云：“奉天而理物者，儒者之大业也。”① 他认为，遵循天道以治理天下事物，乃是

---

① 胡宏：《知言·汉文》，《胡宏集》，中华书局1987年版，第42页。

儒者应当去成就的大事业。在他看来，圣人即是实现这一大业的儒者。他说："圣人理天下，以万物各得其所为至极。"① "夫圣人之所以为圣人者，体天道，开物成务，无所为而已。"② 这都是在指出，效法天道以开物成务，使万事万物都各得其所、各尽其性，乃圣人可极尽之能事。因圣人即是儒家之道的体现者和践行者，所以这也就是在凸显儒学经世致用的务实品性。

第二，着力批评儒林内部所出现的空谈心性而不究实用的歪风以及佛教否弃人伦日用而无益于经世济民的弊病。针对学者高谈性命而不务实事的作风，胡宏表示："伊洛老师为人心切，标题'天理人欲'一句，使人知所以保身、保家、保国、保天下之道。而后知学者多寻空言，不究实用，平居高谈性命之际，亹亹可听，临事茫然，不知性命之所在者，多矣。"③ 这就是说，二程论人心、明天理人欲之辨，是为了让人知道如何去修身、齐家、治国、平天下，但后世学者往往多空谈性命之理而不究实用，一旦应物处事则茫然不知性命所在，即不能将天道性命之理真正贯彻落实于应事接物的日用常行当中。可见，胡宏颇为重视天道性命之理在人生修齐治平之事中的坐实，即注重务实致用。并且，胡宏通过对佛教超离于现实生活而无益世用的批评来强调外王经世的重要性。他指出：当今之世僧徒虽然众多，但是"凡问以实用、有益于天下民生者"，则一概不知，只是说："非吾事也。吾所事者，为国焚修、祈天、祝圣，以救度一切众生耳。"然而当"水旱屡兴，蝗螟荐起，戎马生郊，王师伤败"之时，值"二圣北征，皇宗远徙，陛下巡游，靡克有定"之际，临"盗贼蜂起，贼杀人父兄子弟夫妇，流血成川，死于锋镝者以亿万计"之境，其所谓"焚修、祈天、祝圣、救度"，却不能解决多少实际问题，只是虚妄不实的空谈而已。因此，佛氏之道虽然"行之足以洁其身"，但是"不足以开物成务"。④ 胡宏云："释氏直曰吾见其性，故自处以静，而万物之动不能裁也；自处以定，而万物之分不能止也。"⑤ 又云："其说周罗包括高妙玄微，无

① 胡宏：《知言·事物》，《胡宏集》，中华书局1987年版，第21页。
② 胡宏：《皇王大纪论·文武事迹》，《胡宏集》，中华书局1987年版，第247页。
③ 胡宏：《与樊茂实书》，《胡宏集》，中华书局1987年版，第124页。
④ 以上引文均见胡宏《上光尧皇帝书》，《胡宏集》，中华书局1987年版，第97—98页。
⑤ 胡宏：《知言·天命》，《胡宏集》，中华书局1987年版，第3页。

所不通，而其行则背违天地之道，沦灭三纲，体用分离，本末不贯，不足以开物成务，终为邪说也。”① 这些都是在批评佛氏只能独善其身却不能经世致用、开物成务而兼济天下。由此他认为，佛教乃是虚妄不实之教、小智自私之流。可见，胡宏颇为注重儒家直面现实、积极入世、经世致用的精神。

第三，积极探索现实政治问题的解决途径，努力建构政治思想。胡宏之所以如此反对空谈心性而强调务实致用，既源于他对儒家精神的深切体认，也与他所处的时代背景密切相关。宋室南渡以后，金人继续入侵，而朝廷仍旧软弱无能、腐败不堪，他们对外则一味屈膝投降，对内则大肆搜刮、压迫民众，这使得整个政局日益动荡不安、社会形势越发严峻。面对内忧外患的国家情势，胡宏作为一个具有强烈忧患意识和担当精神的儒者，奋力反思如何救世济民、安邦治国的问题。② 他在《上光尧皇帝书》《中兴业》《与高抑崇书》等书文中对时政的弊失做了深刻的反省，并为改革弊政、救亡图存、恢复中兴指明了解决之道，从而阐发了丰富的政治思想。胡宏不仅做了宏观的理论建构，如“体用合一”的经世理念，即为政治国既须先立本，又须“体用不遗，本末并行”；而且针对时政问题提出了一系列具体的举措和主张，如针对土地兼并提倡恢复井田制，针对郡县制之弊提倡恢复分封制，针对科举取士之弊提倡荐举制等。另外，他还在《中兴业》中从“易俗”“官贤”“屯田”“练兵”“定计”“知人”“罢监司”“整师旅”八个方面来阐明为政之方。③

儒家原本就是内圣外王合一之教，而内圣成德一面往往被认为具有根本性。既然胡宏如此注重儒学经世致用的方面，那么他又是如何来看待和处理内圣成德与外王经世的关系的呢？一方面，他继承了传统儒学以内圣

---

① 胡宏：《皇王大纪论·西方佛教》，《胡宏集》，中华书局 1987 年版，第 224 页。

② 胡宏说：“臣生而愚直，力慕高远，以圣人之道为必可行，以圣人之政为必可复，以天下之衰为必可振。抑又身逢乱离，穷处山林，阅人世之纷纭，知天心之神化，口诵古先之文，心推今日之事，静观兴替，动见几微，方戎马之凭陵，痛王纲之不振。陛下宵衣旰食，招延多士，讲论治道。臣于斯时，潜光独善，有怀不陈，岂不负臣素心，上辜圣世，失仲尼、孟轲之旨哉！辄忘微贱，谨用所闻，揆天下之事，陈王道之本，明仁政之方，上干天听。”（胡宏：《上光尧皇帝书》，《胡宏集》，中华书局 1987 年版，第 82—83 页。）由此足见胡宏强烈的现实关怀和经世致用的精神。

③ 王立新、方国根等学者对胡宏的为政思想有专门探讨，参见王立新《胡宏》，台北东大图书公司 1996 年版，第 56—83 页；方国根《胡宏的经世致用思想》，《湖湘论坛》2000 年第 4 期。

为本的基本观念，主张为政治国应当先挺立本心、仁体，再本于仁心以推行仁政。胡宏曰："仁心，立政之本也。"[①]"本正，则自身措之百官万民而天下皆正矣。"[②] 这就明确指出仁心为立国的根本。由此，为政治国就必须以修身成德、挺立仁心为本为先。另一方面，他又认为内圣与外王或道德与政治是并进互发、相倚互成的关系：前者为后者提供了根据、原则和方向（明体），后者使前者得以真正完成和充分实现（达用）。胡宏表示：

> 五典，天所命也；五常，天所性也。天下万物皆有则，吾儒步步着实，所以允蹈性命，不敢违越也。是以仲尼从心而以不踰矩为至，故退可以立命安身，进可以开物成务。圣人退藏于密，而吉凶与民同患，寂然不动感而遂通天下之故，体用合一，未尝偏也。不如是，则万物不备。万物不备，谓反身而诚，某不信也。释氏毁性命，灭典则，故以事为障，以理为障，而又谈心地法门，何哉？纵使身心休歇，一念不生，以至成佛，乃区区自私其身，不能物我兼忘，与天下大同也。[③]

在他看来，天下事物皆有其存在与运行的根本法则（常道），儒者直面现实生活世界，注重务实致用，对于事事物物都能积极应对，由此也就必然遵循五典、五常以应物处事，而不敢有所违背。孔子既能从心所欲而不逾矩，则既可以安身立命，又可以开物成务。对于圣人而言，洗心退藏于密则必然吉凶与民同患，寂然不动则必然感通天下万事，其安身立命与开物成务是一体不二、不偏不倚的，正所谓"体用合一，未尝偏也"。如果不是如此，即"体用分离，本末不贯"，就不能体万物、备万物，即不能尽物之性，从而使事事物物都各得其宜、各安其所。若万物不备于我，却认为已经做到反身而诚，则是绝无可能的。胡宏所云"万物备而为人，物有未体，非仁也"[④]，即是此意。易言之，唯有万物皆备于我，才能说真正达到反身而诚的境界；唯有开物成务，才是安身立命的彻底实现。这就意味

① 胡宏：《知言·文王》，《胡宏集》，中华书局1987年版，第19页。
② 胡宏：《知言·事物》，《胡宏集》，中华书局1987年版，第23页。
③ 胡宏：《与原仲兄书二首》，《胡宏集》，中华书局1987年版，第122页。
④ 胡宏：《知言·天命》，《胡宏集》，中华书局1987年版，第4页。

着，内圣成德之教是在经世致用当中得到最终贯彻落实，且必须通过外王经世才能得以充分实现。由此表明外王经世对于内圣成德具有不可或缺的重要性。胡宏说：“夫处己之难，莫难于正心诚意；处物之难，莫难于齐家治国平天下。观其家齐国治天下平，则知其意诚心正矣。”① 他认为，由圣王已经取得的家齐、国治、天下平的经世之效，便可以推知其必然达到意诚、心正的成德境界。这既意味着意诚、心正是家齐、国治、天下平的前提和基础，也表明家齐、国治、天下平乃是意诚、心正的充分体现与落实。于是对胡宏来说，外王经世须由内圣成德来确立根据、原则和方向，而内圣成德亦须通过外王经世才能得以最终完成或实现，二者是相互作用、相互成就的关系。胡宏曰：“圣人明于大伦，理于万物，畅于四肢，达于天地，一以贯之。性外无物，物外无性。是故成己成物，无可无不可焉。”② 这就指明，儒学所兼备的内圣与外王两面必是融贯相通而一体不二的。

胡宏之所以如此注重内圣（成己）与外王（成物）的辩证统一关系，与其力倡物我一体的观念密不可分。在他看来，我与万物并非截然对待，而是根本相通、一体无间的。他说：“物无非我，事无非真。”③ “反身而诚，天地之间，何物非我？何我非物？”④ 这就是认为，我与万物是一体联通而不可分割的。而我与万物之所以相通，是因为天地万物（包括人在内）都根源于性体，都以性体为其存在与运化的根据。胡宏所云“性立天下之有”“万物生于性者也”，即指明天地万物皆以性为本原。性体既然是我与万物一体相通的根源和基础，那么也就是内圣成己与外王成物辩证统一的终极依据。胡宏在强调物我之统一性的同时，也肯定了物我之间的差异性。他表示：“盖天地之间无独必有对，有此必有彼，有内则有外，有我则有物，是故‘一阴一阳之谓道’，未有独者也。”⑤ 从“一阴一阳之谓道”的观念出发，胡宏认为天地间的万事万物必然是成对出现的，即必然处于一种相互对待的关系之中，不可能存在无对之物。对于彼此、内外、

① 胡宏：《皇王大纪论·帝尧知人》，《胡宏集》，中华书局 1987 年版，第 226—227 页。
② 胡宏：《知言·修身》，《胡宏集》，中华书局 1987 年版，第 6 页。
③ 胡宏：《知言·事物》，《胡宏集》，中华书局 1987 年版，第 22 页。
④ 胡宏：《与原仲兄书二首》，《胡宏集》，中华书局 1987 年版，第 121 页。
⑤ 胡宏：《论语指南》，《胡宏集》，中华书局 1987 年版，第 308 页。

物我这种对待关系的充分肯定，其实也就是肯定了事物之间的差异性。所谓“万物不同理”，即直接指明天地万物都有其差异存在。当然，我与万物的差异必然是建立在其根源统一基础上的差异，而我与万物的统一也必然是蕴含着差异的统一。可见，我与万物的统一性与差异性之间具有一种辩证关系。这最终取决于作为我与万物之本原的性体本身是一多圆融、体用不二的。胡宏云：“中者，道之体；和者，道之用。中和变化，万物各正性命而纯备者，人也，性之极也。故观万物之流形，其性则异；察万物之本性，其源则一。”[①] 在他看来，万物之本性（性之体）是一，而性体在万物上的不同表现（万物之异性：性之用）是多。因为体是用的根源，用是体的显现，所以万物之本性（性一）与万物之异性（分殊）必然相互涵摄、圆融不二。这种性之体与性之用在根源意义上的辩证统一性，也就决定了我与物之间必是相互依存、一体相通的，以及内圣成己与外王成物之间必是相促互发、相依互成的。当然，这里仍存在逻辑上的先后次序及本末之分：内圣成德为先为本，而外王经世为后为末。此即意味着为政治国必先立本，唯有大本挺立，才能产生国治天下平的经世大用。

显然，胡宏是以其一贯秉持的“体用合一”观念来把握内圣与外王的关系。根据这一观念，一方面，体是用得以生发的根源，其本身即具有活动性，必然能发用流行，就此而言，用须由体而发，且必可承体以起用；另一方面，用是体的显现，体即在用之中，就此而言，体须由用来表现与坐实，且必可即用以明体。这两个方面都由体用之间相倚互成、相涵互摄的辩证统一关系所决定，都是“体用合一”观念必然蕴含的内容。内圣成德乃即用以明体之事，即通过在日用常行中自觉地做道德实践以挺立人之德性；外王经世乃承体以起用之事，即依循仁心、德性以齐家、治国、平天下，从而成就经世济民之大用。体用之间的辩证统一关系即决定内圣与外王必然相倚相待、互动互成：前者是后者得以发生的前提和依据，后者则是前者的充分表现与落实。胡宏不仅肯定内圣成德之教对于外王经世活动的逻辑优先性，而且充分认识到内圣成德之教只有贯彻于外王经世活动之中才能得到充分实现和最终完成。由此，他又颇为注重通过外王经世实践的展开来落实内圣成德之教，以此促成并反证内圣成德之教的彻底实现

---

① 胡宏：《知言·往来》，《胡宏集》，中华书局1987年版，第14页。

和真正完成。基于对内圣外王关系的辩证认识，胡宏在政治思想的建构中，既主张为政治国必先修德立本，同时颇为重视法制、经济、军事、教育、国防等各个方面的具体建设。对他而言，唯有“体用不遗，本末并行”，才能真正经世致用、开物成务。

二　张栻对内圣外王关系的认识

儒家本来就是内圣外王合一之教，绝不只是教人修身成德即算了事，而是必然要推己及人，必然要齐家、治国、平天下。《论语·宪问》云：“子路问君子。子曰：‘修己以敬。’曰：‘如斯而已乎？’曰：‘修己以安人。’曰：‘如斯而已乎？’曰：‘修己以安百姓。修己以安百姓，尧舜其犹病诸？’”《礼记·大学》云：“古之欲明明德于天下者，先治其国；欲治其国者，先齐其家；欲齐其家者，先修其身……身修而后家齐，家齐而后国治，国治而后天下平。”①《礼记·中庸》亦曰：“诚者非自成己而已也，所以成物也。成己，仁也；成物，知也。性之德也，合外内之道也，故时措之宜也。”② 这些无不表明，儒学从来都是坚持内圣成德与外王经世的合一，而并不缺乏救世济民的现实关怀。张栻发扬了传统儒学的这一基本精神，他说：“贤者自明其德，以其明德，而以明人。成己成物，一道也。”③“言不忍人之心，而遂及于不忍人之政；……盖成己成物，一致也。”④“大学之道，在明明德，在亲民，成己成物之无二致也。”⑤ 由此可见他反复推明成己与成物一体不二之义。因为成己即内圣成德，成物即外王经世，所以这也就是强调内圣与外王的统一。⑥ 在张栻看来，这种统一乃是一种相

① 郑玄注，孔颖达疏：《礼记正义》卷60《大学第四十二》，《十三经注疏》（三），清嘉庆刊本，中华书局2009年版，第3631页。

② 郑玄注，孔颖达疏：《礼记正义》卷52《中庸第三十一》，《十三经注疏》（三），清嘉庆刊本，中华书局2009年版，第3544页。

③ 张栻：《南轩先生孟子说》卷7，《张栻集》（二），中华书局2015年版，第635页。

④ 张栻：《南轩先生孟子说》卷2，《张栻集》（二），中华书局2015年版，第373页。

⑤ 张栻：《南轩先生论语解》卷10，《张栻集》（一），中华书局2015年版，第295页。

⑥ 对于这一点，学界已有讨论。参见陈谷嘉、朱汉民《湖湘学派源流》，湖南教育出版社1992年版，第43—47页；朱汉民《湘学原道录》，中国社会科学出版社2002年版，第74—75页；邢靖懿《张栻理学研究》，博士学位论文，河北大学，2008年，第181—182页；蔡方鹿《张栻的经世致用思想探讨》，《船山学刊》2014年第1期；李振纲、邢靖懿《张栻内圣外王合一的经世之学》，载蔡方鹿主编《张栻与理学》，人民出版社2015年版，第135—143页。

互依持、相互成全的统一，而并非那种纯粹由某一方面即可完全决定一切的统一。也就是说，不仅内圣成德之教对于外王经世活动的开展具有奠基性作用，而且外王经世活动的开展对于内圣成德之教的实现也具有重要影响，二者相辅相成、互促互发。这可以通过他对成己与成物、仁与智、学与治之互动关系的推明来把握。

首先，就成己与成物的关系而言，张栻既主张成己为成物之本，又肯定成物对于成己具有重要影响。他说："学以成己也；所谓成物者，特成己之推而已。故古之学者为己而已，己立而为人之道固亦在其中矣。……本既不立，无以成身，而又将何以及人乎？"① 在他看来，为学是为了成己，即成就自我的道德人格，而成物是由成己向外推展以成就他人。如果能成己，那么成物之道即由此得以显明；如果不能成己以挺立根本，那么也就不可能去成物。易言之，成己是成物的前提和基础，成物必须以成己为本。这即是在彰明成己的根本性地位。张栻不仅肯定了成己对于成物的奠基性作用，而且深刻认识到成物对于成己的影响。他表示："失人则非所以成物，失言则非所以成己。然非所以成物，是亦有害于成己也。"② 他认为，若不能成物，则必有害于成己。这就意味着成物与否对于成己的实现定会产生影响。因此，对于张栻来说，一方面成物必须以成己为基础，同时成己也须在成物中才能得到充分实现，二者是相互作用、相互成就的关系。这便是继承和发挥了孔子"夫仁者，己欲立而立人，己欲达而达人"（《论语·雍也》）的思想。

其次，对于成己与成物之间的互动关系，张栻也通过体用观念来把握，而这主要体现在其仁智关系论中。他说："《中庸》一篇，圣贤之渊源也，体用隐显，成己成物备矣。"③ "子贡曰：'学不厌，知也；教不倦，仁也。仁且知，夫子既圣矣。'子贡之称仁、知，与《中庸》'成己，仁也；成物，知也'之辞盖相表里，互明仁知之体用也。"④ 可见，对他而言，成己即是仁，仁为体；成物即是智，智为用（即仁体之发用）。于是成己与

---

① 张栻：《南轩先生论语解》卷7，《张栻集》（一），中华书局2015年版，第243页。

② 张栻：《南轩先生论语解》卷8，《张栻集》（一），中华书局2015年版，第255页。

③ 张栻：《新刊南轩先生文集》卷33《跋中庸集解》，《张栻集》（四），中华书局2015年版，第1271页。

④ 张栻：《南轩先生孟子说》卷2，《张栻集》（二），中华书局2015年版，第365页。

成物之关系也就是仁与智、体与用的关系。成己之所以为仁为体，是因为成己的根本在于挺立自我的道德主体性，即显明仁心（道德本心）；成物之所以为智为用，是因为成物的实质在于本于仁心以及由仁心所生发的智慧去成就他人，即承体以起用。既然成己在于明体，成物在于致用，而体和用相即不离、圆融不二，那么成己与成物必是相互依存、相互作用的关系。张栻对仁体与智用之辩证关系的推明即可表明这一点。他指出："虽然，知之体动，而理各有止，静故在其中矣。仁之体静，而周流不息，动亦在其中矣。动静交见，体用一源。仁知之义，非深体者莫能识也。"① "知之体动"与"仁之体静"中的"体"是指体性、本性，而"体用一源"中的"体"是指本体。张栻认为，智的本性虽然是动，但动中必涵静（仁体）；仁的本性虽然是静，但静中必涵动（智用）。仁智之间乃相互涵摄、体用一源的关系。这就意味着，仁必是有用之体，智即是仁之用；智必是有体之用，仁即是智之体：仁体与智用相涵互摄、相须互成。因为成己即是仁（体），成物即是智（用），所以成己与成物之间相辅相成、相倚互济。显然，张栻是以"体用相须"的观念来处理成己与成物（内圣与外王）的关系。

最后，就学与治的关系而言，在张栻看来，儒家的道德性命之学与外王经世之治原本就一体不二。一方面，治必须以学为本，即须以学来统摄、规范和引导，定当是有根据、有原则、有方向之治，故而治不可离于学；另一方面，学即在外王经世活动中得到贯彻落实，定当是能够经世致用的实学，故而学亦不可离于治。正是基于这一立场，张栻批评了治不本于学和学不能用于治两种割裂学治之统一性的情况。他指出："自秦汉以来，言治者汩于五伯功利之习，求道者沦于异端空虚之说，而于先王发政施仁之实，圣人天理人伦之教，莫克推寻而讲明之。故言治若无预于学，而求道者反不涉于事。"② 这就是说，秦汉以来，为政治国者往往沉迷于五霸功利之说，而不能本于儒家的道德性命之学治理天下；为学求道者则往往陷溺于异端空虚之教，而不能积极投身于现实生活之中躬行实践、经邦济世。这正是站在学治一体的立场上批评无学之治和不治之学的弊病。对

---

① 张栻：《南轩先生论语解》卷3，《张栻集》（一），中华书局2015年版，第152页。

② 张栻：《新刊南轩先生文集》卷10《南康军新立濂溪祠记》，《张栻集》（三），中华书局2015年版，第915页。

此，张栻多有论及："言治而不本于学，言道德性命而流入于虚诞，吾儒之学其果如是乎哉?"[①] "自圣学不明，语道者不睹夫大全，卑则割裂而无统，高则汗漫而不精，是以性命之说不参乎事物之际，而经世之务仅出乎私意小智之为，岂不可叹哉!"[②] 此中"言治而不本于学"及"经世之务仅出乎私意小智之为"，是就为政治国不以道德性命之学为根据即不本于仁心仁道的情况而言；"言道德性命而流入于虚诞"与"性命之说不参乎事物之际"，则是就为学求道不能实行践履、经世致用即空谈心性的情况而言。可见，学与治必是相辅相成、互依互存而一体不离的，不仅治必须以学为本，而且学亦必须能用于治。若为治不本于道德性命之学，则治即成为背离仁义道德的任意妄为之治；而为学不能经世致用、利人济物，则学即成为空洞无用之学。这两者都是张栻所不能接受的，他力主"治不可以不本于学，而道德性命初不外乎日用之实"[③]。因此，强调学与治的统一，乃是张栻儒学的基本特征。他对学与治之互动性的推明，正充分展示出内圣与外王之间的辩证关系。由此也体现出他对儒学之根本精神的深切体认。

总之，对张栻而言，成己与成物、仁与智、学与治之各自双方都是相互作用、相互影响而不可分割的。这就意味着，内圣与外王乃是相依互成、相须互济的关系：不仅外王经世活动的开展须以内圣成德之教为根据，而且内圣成德之教也须通过外王经世活动的展开来贯彻落实。对内圣外王关系的这一辩证认识蕴含着"体用相须"的观念：内圣成德之学为体，外王经世之治为用，用以体为根据，体由用来实现，体和用相须相成、互依互济。正是基于这一看法，张栻既坚持以立德为本，又颇为重视经世致用。他表示："夫所贵乎儒学者，以真可以经世而济用也。若夫腐儒则不然，听其言则汗漫而无纪，考其事则迂阔而无成，则亦安所用夫学哉？……腐儒俗学固为害矣，而自古所以济世者实在于儒学。"[④] 可见他坚

① 张栻：《新刊南轩先生文集》卷10《道州重建濂溪周先生祠堂记》，《张栻集》（三），中华书局2015年版，第907页。

② 张栻：《新刊南轩先生文集》卷33《通书后跋》，《张栻集》（四），中华书局2015年版，第1272页。

③ 张栻：《新刊南轩先生文集》卷10《道州重建濂溪周先生祠堂记》，《张栻集》（三），中华书局2015年版，第907页。

④ 张栻：《严州召还上殿札子》，《张栻集》（五），中华书局2015年版，第1458—1459页。

信真正的儒家之学必定是能够经世致用的实学。若不能经世致用，则只能是空洞无用的腐儒俗学。从体用的角度来说，这也就是主张体必是有用之体，无用之体便不成其为体。由此足见他对“用”的重视。这样一种对儒家经世致用精神的高扬，在当时儒林偏重发展天道性命之学的大背景下显得颇有特质。

由上可知，湖湘学派不仅在内圣成德之教上颇有创获，而且对于外王经世之学也有其独到发明。对湖湘学派而言，儒学原本即是内圣外王合一之教，本来就是有体有用、体用兼备的大全之学。因此，儒学的建构既不能有用无体或贵用贱体，也不可有体无用或贵体贱用，唯有“体用合一，未尝偏也”才能显示出儒学的真精神，才合乎儒学本有之义。基于此，湖湘学派既重内圣成德之教（明体），又重外王经世之学（达用），于内圣与外王两面兼重、双管齐下。不仅如此，湖湘学派还充分意识到内圣外王之间的辩证统一性，并通过“体用相须”的理念将二者加以有机融合。在其看来，内圣成德与外王经世是相互依存、相互成就的关系：后者的开展须以前者为前提和基础，而前者亦须通过后者的展开才能得以充分实现和最终完成。这一看法正奠基于其如下体用观：一方面，用以体为本，要致用就必须先明体，唯有明体才有致用之可能；另一方面，体由用而显，要显体就必须致用，唯有切实致用，体才能得以表现和落实。就前一方面而言，经世致用须以内圣成德为前提和基础，所以湖湘学派以明体为本，主张平治天下必先明识天道、开显仁心；就后一方面而言，所明之体必须通过达用才能真正实现或完成，于是湖湘学派又颇为重视经世致用。不仅如此，湖湘学派还洞察到内圣与外王之间的分际，认为二者不可直接混同或等价，从而以体用不即不离的观念来把握二者的关系。内圣为体而外王为用，“体用不即”强调的是二者的分别，“体用不离”指向的是二者的关联。这深刻体现在湖湘学派的以下沉思当中：达用固然须以明体为基，但是否意味着只要明体就能达用呢？湖湘学派表示，成德明体虽为治理天下确立了大纲、原则和方向，但仍只是具备了经世致用的潜在可能性。若要将这一潜能化为现实，还必须开展法制、经济、军事、教育等各方面的具体建设与实务。由此湖湘学派认为，为政治国必须“体用不遗，本末并行”或“体用兼备，本末具举”。此“体”乃就德治而言，关涉治国的根本性目的、原则、方向和动力；此“用”则指能够切实致用的种种法令、制度与实务，这是善政得以体现、落实的必备资具。简言之，湖湘学派的政治思想主张在治道层面以天道-仁心为体，在治法层面以道德、法制、实务兼重并修为用，并认为这两者是相倚相成、互促互发的辩证统一关系。

显然，湖湘学派对儒学的精神无疑有完整而深刻的体认，不仅在内圣之学上颇有建树，而且有深度的外王论建构与丰实的政治主张。我们固然可以批评湖湘学派在政治方面致思不够或举措不得力，但如若就此笼统、浮泛地认为其空谈心性或贵体贱用，恐怕并不确当。然而，自明清之际以来，在明末王学流弊与西方文化的双重刺激之下，包括湖湘学派在内的整个宋明理学常遭遇空谈心性而无益世用的责难。[①] 此中当然涉及道德与政治的关系问题。对此，湖湘学派自觉以其充满辩证、圆融色彩的体用观来处理，在肯定内圣与外王之分际的同时，又颇为注重二者的辩证统一。这种对儒学颇为平实、深入而整全的把握，在心性之学盛行的理学时代，似犹空谷足音，诚为可贵。尽管以体用观念处理德政关系不免有弊，然而透过这一范例，似乎也能看到，在传统儒学视域中，政治并未被简单地化约为道德，道德与政治的关系亦非铁板一块，而是充满辩证性、丰富性、多元性与复杂性。或者说，儒家对于道德与政治之间的张力并非缺乏意识，而是有其深切的体认，只不过它要强调道德对于政治的奠基、范导作用。今日看来，政治未必需要以道德直接奠基，制度的建构诚然至关重要，但显然也难以想象没有道德滋养的政治。因此儒家关于德政辩证融合的慧识，绝非没有积极意义，只是需要更为深度、精确的挖掘以及更为平实、深入的创造性诠释，而不能标新立异、浮泛而论，抑或囿于成见、机械陈腐。

---

① 如颜元云："今释氏、宋儒，有伏而无作，有体而无用。"（颜元：《朱子语类评》，《颜元集》，中华书局 1987 年版，第 284 页。）熊十力曰："惜乎宋儒识量太隘，只高谈心性，而不知心性非离身家国天下与万物而独存……。"（熊十力：《读经示要》卷 2，载萧萐父主编《熊十力全集》第 3 卷，湖北教育出版社 2001 年版，第 803 页。）诚然，宋明理学的主要贡献在内圣之学，外王方面的建树不够，故颜、熊等先生的批评并非无见。但其论断并不精确，湖湘学派等宋儒颇重经世致用，且有积极的理论建构与实践，恐怕不能无视。

第七章　湖湘学派体用思想在批判异说与世风方面的展开

湖湘学派是在回应佛道思想的挑战、反思汉唐以来儒学的弊失、批判当时儒林内部的虚浮学风以及应对严峻社会现实问题的境况下产生和发展起来的，因而其儒学建构必然是有破有立、破立双行。上文着重从“立”的方面展现了湖湘学派的儒学主张及蕴含于其中的体用思想，本章则主要从“破”的方面来看湖湘学派的体用思想在其儒学中的运作与开展。这具体表现在湖湘学派对佛道思想、汉唐以来的词章功利俗学、当时儒林内部的虚浮学风等方面的批判。

第一节　以“体用两失”辟异端之弊

对佛、道等诸家的反思与批判及积极回应佛道思想的挑战，乃宋明儒学的基本问题意识与基础性工作。如何应对佛、道两家尤其是佛教的冲击，是当时儒学振兴所面临的头等大事。湖湘学派对佛、道等诸家进行了大力批判，胡寅甚至为此撰写了《崇正辨》这部专论。湖湘学派诸儒对异端的省察从多个角度和不同层面来开展，① 其基本精神即是根据儒家“体用合一”的立场展开批驳，既指斥异端无“用”，亦认为其“体”有弊。

---

① 朱汉民曾从以下四个方面总结了湖湘学派对佛道思想的批判：一、批判佛、道两家将心与迹、道与物、真与物分离，导致“离物求道”“谈真离物”的虚无本体论。二、批判佛教将客观物质世界视为“空幻”的错误思想。三、批判佛教“以心为空”，否定“实理”“实性”的错误思想。四、批判佛老之学“无欲”之说使“实理”沦为虚空。（参见陈谷嘉、朱汉民《湖湘学派源流》，湖南教育出版社 1992 年版，第 292—298 页。）实则，这四个方面根本一致，都是在批评佛、道两家思想离用论体、体用分离的弊失。

一　胡安国、胡宏、张栻对佛道思想的省察

胡安国认为佛氏“以理为障”“指此（爱亲敬长之本心——引者注）为前尘，为妄想”，乃是“穷高极大而失其居”，是“批根拔本，殄灭人伦”，这只会导致“无地以崇其德”“接物应事颠倒差缪，不堪点检”。[①]他还表示，佛、道两家之学是“以虚无为宗，而不要义理之实”[②]。这其实是从“体”（精神实质）上批评佛道学说的弊失。

胡宏进一步指出，佛氏之所以“以事为障，以理为障”，是因为佛氏与圣人之大本不同，此不同即在于：“即物而真者，圣人之道也；谈真离物者，释氏之幻也。”[③] 这就是认为，儒家之道本质上有体有用、体用合一，而佛教在根本上则是有体无用、体用分离。可见，胡宏是以儒家之道为体用合一之道，并据此批评佛教学说体用分离的弊病。此所谓“体用合一”，是指儒家之道并不离于天地万物、人伦日用，若遵循此道而行，则既可以安身立命，又能够经世致用、开物成务；所谓“体用分离”，则是指“释氏离物而谈道”“必以出家出身为事，绝灭天伦，屏弃人理，然后以为道”[④]。实则，如果就佛教本身的思想而言，那么它也十分强调“体用不二”，并且颇有自己的一套“体用不二”论说。胡宏显然是站在儒家重天理人伦、道德性命及经世致用的立场，并从本体论的层面来批判佛教的出世精神。他所说的“实而可用之谓形，空而不可用之谓影。儒者之教践形，释氏之教逐影，影不离乎形者也”[⑤]，即直接指明了儒佛的根本区别，而由此所凸显的正是儒家积极入世的务实品格。

胡宏的弟子张栻则通过根本理念上的虚实之辨来辟佛立儒。他认为“圣门实学贵于践履，隐微之际，无非真实”[⑥]，而佛教则是“逐影而迷真，凭虚而舍实，拔本披根”[⑦]。这就是以儒学为真实之学，以佛教为空虚之

---

① 参见胡寅《先公行状》，《斐然集》，中华书局1993年版，第557页。

② 胡安国：《进表》，《春秋胡氏传》，浙江古籍出版社2010年版，第7页。

③ 胡宏：《知言·往来》，《胡宏集》，中华书局1987年版，第13页。

④ 胡宏：《与原仲兄书二首》，《胡宏集》，中华书局1987年版，第121页。

⑤ 胡宏：《知言·大学》，《胡宏集》，中华书局1987年版，第34页。

⑥ 张栻：《南轩先生论语解》卷4，《张栻集》（一），中华书局2015年版，第157页。

⑦ 张栻：《新刊南轩先生文集》卷25《答陈择之》，《张栻集》（四），中华书局2015年版，第1149页。

教。在张栻看来，儒学之所以为“真实”，乃是因为它倡导“实理”“实行”“实事”①，以内在于天地万物、人伦日用的“实然之理”为宇宙万有之本原，② 并由此而注重实行践履和经世致用；而佛教之所以为“空虚”，主要在于它否弃人伦日用之理（即道德伦理）、高谈性命而不切实致用。于此，“圣门实学”与“异端空虚之说”形成鲜明的对比：儒家言道德性命不离于人的日用常行，而佛教谈性命之理则舍弃人伦日用从而沦为虚妄空谈。可见，张栻是以“即用言体”作为儒家的优胜之处，并据此批评佛教“离用谈体”的弊病。由此表明儒学之所贵乃在于务实致用。

二 胡寅对佛、道、玄的全面批判

胡寅对异端的批评着力甚多，其儒学思想的阐发在很大程度上就是通过对异端的批评或者说在与异端学说的对比中来展开的。③《崇正辩》洋洋洒洒数万言，便是他专门辟佛的力作；在《读史管见》《斐然集》两部著作中，胡寅也有大量批判佛、道、玄等诸家的论说。胡寅之所以不遗余力地辟异端，既源于其振兴儒学的根本需要，也是为了救治时弊、经世济民。④ 他在《杨时赠四官》一文中表示：“自圣学失传，道无统纪，以佛老而乱周孔，讬六艺以文奸言。聪明才智之人，溺于空虚而不知安宅；猥琐蔽蒙之士，安于卑陋而莫肯迁乔。高明、中庸析为二致。学术既坏，兴替

---

① 张栻云：“圣人之动，无非实理也，其有不知而作者乎？”（张栻：《南轩先生论语解》卷4，《张栻集》（一），中华书局2015年版，第166页。）“圣人之意，欲使学者不但既其文而务乎其实也。夫所谓文者，威仪艺文之事，可得而见者也。躬行之实，则在夫缜密笃至，存乎人之所不见者也。”（张栻：《南轩先生论语解》卷4，《张栻集》（一），中华书局2015年版，第167页。）“若夫君子之修身，谨于言辞容色之间，乃所以体当在己之实事，是求仁之要也。”（张栻：《南轩先生论语解》卷4，《张栻集》（一），中华书局2015年版，第96页。）

② 张栻常以“实理”“实然之理”“真实之理”来称谓儒家的天道或天理本体，如他说：“起知妙乾体，实理践坤简。大《易》乃在我，亘古当一本。”（张栻：《新刊南轩先生文集》卷2《古诗·生辰谢邵广文惠仁者寿赋》，《张栻集》（三），中华书局2015年版，第738页。）“‘诚者天之道’，言其实然之理，天之所为也。”（张栻：《南轩先生孟子说》卷4，《张栻集》（二），中华书局2015年版，第453页。）“告子不识大本……沦真实之理，而委诸茫昧之地，其所害大矣。”（张栻：《南轩先生孟子说》卷6，《张栻集》（二），中华书局2015年版，第538页。）

③ 胡寅所指异端主要有四：“杨、墨，一也；佛释，二也；老、庄，三也；荊舒，四也。”（胡寅：《致堂读史管见》卷8，《续修四库全书》第448册，上海古籍出版社1994年版，第536页。）

④ 参见陈谷嘉、朱汉民《湖湘学派源流》，湖南教育出版社1992年版，第170—171页。

随之……方立言而垂后，将以道而觉民。邪说渐排，正途斯辟。”[①] 这就是说，自圣学失传以来，道无统纪，世风衰颓，佛老之学猖獗，以致聪慧明敏之人陷溺于空虚寂灭之地而不知安身立命之本，猥琐愚昧之士安于卑陋而不思进取，于是高明、中庸被割裂为二，儒家大中至正之教堕坏不堪。学术（道统之象征）既已败坏，则国家的衰亡亦随之而至。因此，为了复兴儒学、倡明正道，胡寅力辟异端邪说。他又于《上皇帝万言书》分析时政的弊失时指出，本朝自熙宁以来，官方推行王安石的新学，而王氏的学说乃是“以佛道之似，乱周孔之实，绝灭史学，倡说虚无”。当时的士人因受到这种虚浮之学的长期熏染，以致“以空言相高而不适于实用，以行事为粗迹，曰不足道也”。士人们皆“纷纷肆行”，面对“二帝屈辱，羿、莽擅朝”，竟“以为是适然耳”。在国家危难之际能够挺身而出、“伏节死难”者，也只不过一二人。如此浮华轻薄的士风最终必然导致国家的败亡。[②] 因此，为了救亡图存、经邦济世，必须辟异端、立儒学。胡寅对异端的批评主要是从根本义理与具体的言论、行事两个方面展开，并且偏重于从后一方面着手，[③] 而其立论的重要理据即是儒家的中道思想或者说因之而产生的体用不二论。

（一）辟佛

胡寅辟佛，一方面是从“体”的层面批评其“谓理为障，谓心为空”“以天性为幻妄”[④]，另一方面则是从“用”的层面批评其“沦三纲、绝四端”[⑤]“离亲毁形”[⑥]“以天下事物无非幻妄”[⑦]。而在胡寅看来，这两个方面根本一致，天理、本心、本性与三纲、四端、事物乃是体用不二的关

---

① 胡寅：《杨时赠四官》，《斐然集》卷13，中华书局1993年版，第286—287页。

② 参见胡寅《上皇帝万言书》，《斐然集》卷16，中华书局1993年版，第347页。

③ 黄宗羲云：“吴必大问《崇正辩》如何，朱子曰：‘亦好。’必大曰：‘今释亦谓所辩者皆其门中自不以为然。’曰：‘吾儒守三纲五常，若有人道不是，亦可谓吾儒自不以为然否？’又问：‘此书只论其迹？’曰：‘论其迹亦好。伊川言不若只于迹上断，毕竟其迹是从那里出来。明仲说得明白。’某案致堂所辩，一部书中，大概言其作伪。虽有然者，毕竟已堕亿逆一边。不若就其所言，件件皆真，愈见其非理，然此皆晋、宋间其徒报应变化之论。后来愈出愈巧，皆吾儒者以其说增益之，牛毛茧丝，辩之所以益难也。”（黄宗羲原著，全祖望补修：《衡麓学案》，《宋元学案》卷41，中华书局1986年版，第1357页。）

④ 胡寅：《崇正辩》卷2，中华书局1993年版，第69、72页。

⑤ 胡寅：《崇正辩序》，《崇正辩》，中华书局1993年版，第1页。

⑥ 胡寅：《崇正辩》卷2，中华书局1993年版，第69页。

⑦ 胡寅：《崇正辩》卷3，中华书局1993年版，第120页。

系，前者为后者的根源，后者则是前者发用流行之表现。因此，佛教否定儒家之理体、心体、性体的客观真实性，则必然将以此为根据的人伦日用、万事万物视为幻妄；而它否定现实经验世界事物的真实存在性，也必然消解作为其本原的理体、心体、性体。

胡寅立足于儒家的中道观念，对佛教在“体”“用”两个方面存在的问题都做了批判，并尤为注重批评其超越意识发达而现实关怀不足即毁弃人伦日用、不能经世致用的弊病。如他指斥佛教“以大伦为假合，以人世为梦幻，其辞善遁，而不稽实理。从其教者，必弃绝君亲，扫除人事，独以一身处乎山林之下，皇皇然以死为一大事。凡慈孝忠顺之属，杀身成仁，舍生取义，扶持人纪，为生民之大经者，自彼观之，犹露电、泡影、空花之过目耳”①，并批评佛学“犹观人者取其一节以为全体，观海者认其一沤以为全潮，所遗多矣。彼徒悦斋戒之德，而不知吉凶与民同患之用也；徒取寂然之静，而不知感而遂通之应也；徒喜其死生鬼神之名与佛同，而不知原始反终为物为变之所以然也”②。在胡寅看来，佛教虽然有极其发达的超越追求、本体意识，却不能济人利物、齐家治国，所以是有体无用、体用相离，这就违背了中庸之道，从而不能成为大中至正的完满之教。由此胡寅说：“虽清净寂灭，不着根尘，而大用大机，不足以开物成务。特以擎拳植拂，扬眉瞬目，遂为究极，则非天地之纯全、中庸之至德也。”③ 除大力批驳佛教空虚寂灭、无益世用的弊病之外，胡寅还猛烈指斥佛教对儒家伦理的根本否弃。他在《崇正辩序》开首即表示，佛教之道之所以为邪道，首先就在于沦灭三纲、弃绝四端，而三纲、四端为“天命之自然，人道所由立”，乃天道之常和人伦之本，人生日用绝不可加以殄灭。④ 当然，这两个方面的批评在实质上是一致的，因为道德伦理是人们生活行事的基本规范、维护社会秩序的基本法则，若对之加以否弃，则非但不能修齐治平、开物成务，反而会造成人们行为的失范、社会的混乱乃至家国的败亡。

① 胡寅：《寄秦会之》，《斐然集》卷17，中华书局1993年版，第353—354页。

② 胡寅：《致堂读史管见》卷16，《续修四库全书》第449册，上海古籍出版社1994年版，第29页。

③ 胡寅：《传灯玉音节录序》，《斐然集》卷19，中华书局1993年版，第399页。

④ 参见胡寅《崇正辩序》，《崇正辩》，中华书局1993年版，第1页。

（二）辟道

胡寅对老庄道学的批评基本同于其辟佛之论，主要也是斥责其否弃儒家的道德伦理、清静虚无而不能经世致用的弊病。他在《崇正辩》中指出：“礼乐固不可绝，释、老皆绝之；仁义固不可弃，释、老皆弃之。其得罪于圣人均尔！”① 这就是批评道家绝灭和舍弃作为人生日用之常的道德伦理法则。正是因为对人伦日用的否弃，它完全超离于现实世界，以致无济于世用。胡寅还分析了道家之所以产生这种弊失的原因，他表示：

> 老、庄之学，见周末文胜，人皆从事于仪物度数，而不复有诚信为之主，故欲扫除弊迹，以趣乎本真。而矫枉太过，立言有失，玄虚幽眇，不切事情，遂使末流遗略礼法，忽弃实德，浮游波荡。其为世害，更甚于文之灭质也。故孔子曰：“中庸之为德，其至矣乎！民鲜能久矣。”②

在他看来，老庄之学主要针对周文空虚的问题而发。周朝末年，人们一味沉溺于仪物度数这些表面的虚文，而不能将礼乐制度的实质精神真正贯彻落实于自己的生命之中，以致周代的礼乐文明失去了客观的有效性，并进而演变成一套空有形式而无实质的虚文。老庄道学即是要扫除当时那样一种虚浮不实的风气，破斥已经失去实际效用的周文之虚伪，从而回归于生命之本真。然而它却矫枉过正，将周代礼乐的根本精神（质）连同其表现形式（文）一并否弃掉，舍离人伦之本、日用之常，超拔于现实人世，玄远虚无而不切实用，以致其末流毁弃道德礼法，行为放肆、浪荡不羁，对社会造成了严重的弊害，这相较于以文灭质的后果只有过之而无不及。于是胡寅认为，老庄之学的弊失同佛教一样，非但不能经世致用、造福民生，反而对社会产生危害，而这也正是因为其立教不得中道才导致的后果。胡寅曰：“老、庄之学，虽或过或不及，不得中道，其言奥窈宏达，

---

① 胡寅：《崇正辩》卷1，中华书局1993年版，第11页。

② 胡寅：《致堂读史管见》卷7，《续修四库全书》第448册，上海古籍出版社1994年版，第512页。

非荀、扬诸子所能及。”[①] 又曰：“老子之言，其害非若释氏之甚也。然弃仁义、捐礼乐以为道，则其道亦不从事于务。遗物离人，趋于冲泊，而生人之治忽矣。是则杨氏之所祖耳……老、佛者，皆畔夫中庸者也。畔中庸，则为己为人同归于弊。”[②] 这就明确指出，道家与佛教的根本问题均在于悖逆中道原则，而一旦违背中道，则不论为己还是为人，都会产生严重弊端。

（三）*辟玄*

魏晋玄学脱胎于道家思想，其弊病即是由老庄之学的问题所引发。胡寅指出：“老有庄、列翼之，其说浸漫，足以悦人耳目而动其心，故其后为王、何启清虚空旷、华而不实之祸。”[③] 他表示，玄学具有与老庄道学相同的“清虚空旷、华而不实”的弊病。魏晋玄学家主要以《老子》《庄子》《周易》三大经典为依托来阐发其思想，并主张以老庄道学为根据来诠释《周易》。胡寅认为这种做法严重背离了《周易》的主旨，因而大加批判。在他看来，《周易》的宗旨乃在于开示中正得失之理、表明吉凶悔吝之故，让人知晓如何修身处事、趋吉避凶，其根本精神即是“推天道以明人事”，而绝非无益于现实人世的玄谈。然而魏晋人士却执迷于以道家学说阐释《周易》，将《周易》大义归于虚无缥缈而不涉世用，以致其为人处世皆违背理义，身陷凶悔之地而不能自拔。他们的根本缺失就在于割裂了《周易》之道与人事之间的统一性，不能明晓这两者本来就一体不二：易道是人事的根据、原则和方向，人事是易道的体现与落实。[④] 由此胡寅说：“为清谈者，以心与迹二，道与事殊，形器法度皆刍狗之陈，视听言动非性命之理，此其所以大失而不自知也。”[⑤] 这就明确表示，魏晋玄学的弊失在于将本来统一的心迹关系、道事关系断然分割为二，以致行事

---

① 胡寅：《致堂读史管见》卷10，《续修四库全书》第448册，上海古籍出版社1994年版，第565页。

② 胡寅：《致堂读史管见》卷14，《续修四库全书》第448册，上海古籍出版社1994年版，第638页。

③ 胡寅：《致堂读史管见》卷8，《续修四库全书》第448册，上海古籍出版社1994年版，第536页。

④ 参见胡寅《致堂读史管见》卷6，《续修四库全书》第448册，上海古籍出版社1994年版，第499页。

⑤ 胡寅：《致堂读史管见》卷7，《续修四库全书》第448册，上海古籍出版社1994年版，第515页。

作为不能合于道，而道也因此沦为空洞无用之道。

依胡寅之见，无论是王弼、何晏的“贵无论”，还是裴頠的“崇有论”，都存在这样一种体用分离的弊病。他指出：“何晏之论见于无，遂以虚空为宗，而遗夫形而下者；裴頠之论见于有，遂以形器为执，而遗夫形而上者。皆不知理之言也。诚知理矣，宜有则有，乌能强之使无？宜无则无，乌能强之使有？形器森列，不足为空虚之累；空虚寥廓，未尝为形器之拘。虽无思无为，而天下之故未尝不应也；虽开物成务，而寂然之易未尝有扰也。此则圣人之正道也。”① 胡寅表示，何晏之论崇尚“无”，以虚无为本，却遗弃了形而下的具体事物；裴頠之论推重“有”，执泥于形下事物，却遗弃了形而上的本体。可见，“贵无论”的问题是有体而无用，“崇有论”的弊失则在于有用而无体，两者都是过分偏向于某一端而遗弃了另一端，以致体用分离、两不相干。这显然违背了儒家的中道原则。对于儒家而言，形上本体与形下事物一体不二、圆融无碍。虽无思无为、寂然不动，却能够感通天下万事；虽酬酢万事、开物成务，寂然之体却恒常一如、始终不变。这就是寂感一如、体用不二。唯有如此，才是圣人大中至正之教，才合乎儒家之正道。由此可知，胡寅颇为重视儒家的中道观念，强调体用之间的统一性、圆融性。

第二节　以“离体谈用”辟词章功利俗学之失

湖湘学派对汉代以来出现的章句之儒和仕禄之儒的弊端做了深刻反思和严格省察。宋代儒学复兴的一个重要背景是佛道思想的盛行，而佛道盛行的一大因缘便是汉唐经学和功利俗学的弊端。因此，儒学的复兴不只要与佛道相抗衡，更为重要的是反省和救治汉代以来儒学自身存在的缺失。湖湘学派对此有颇为清醒的认识，在其看来，汉唐经学和利禄之学的弊病主要在于失“体”，即缺乏足够的本体意识与超越追求。

胡寅将“溺于名数”“囿于训诂”“役于记诵”“耽于文词”“惑于异

① 胡寅：《致堂读史管见》卷7，《续修四库全书》第448册，上海古籍出版社1994年版，第512页。

端”视作为学求道的五种弊失,[①] 并认为“汉、唐以来，名世儒学往往工于训诂度数刑名”[②]，所以未必明达仁心仁道这一儒学之根本。胡宏也对两汉以来因沉溺于章句注疏和功名利禄而不明儒学大本的士人、学者做了大力批判。他表示：“爰从两汉而下，友道散若烟云。尼父之志不明，孟氏之传几绝……干禄仕以盈庭，鬻词章而塞路。斯文扫地，邪说滔天。”[③] 在他看来，两汉以来儒家大道之所以不明于天下，主要是因为儒生们多陷溺于文辞章句或功名利禄而不能自拔。这也是汉唐的经生儒士缺乏本体意识与超越追求的根本原因所在。

胡宏进一步指出，儒家之道为仁道，“仁”是人之所以为人之本，若沉湎于词章小技或世俗功利而不明仁道大本，则必将失却为人之根本。他说：“若直守流行于世数卷纸上语，而不得其与天地同体、鬼神同功之妙，则非善学矣。其合于天地、通于鬼神者，何也？曰：仁也。人而克仁，乃能乘天运，御六气，赞化工，生万物，与天地参，正名为人。若徒掇拾章句，驰骛为文采，藉之取富贵，缘饰以儒雅，汲汲计升沉，领光景以快情遂欲，夸妻妾而耀乡里者，是吾弃我经天纬地，建三才，备万物，至大至妙，不赀之身于一物之小也，其不仁孰甚焉？”[④] 胡宏认为，人之所以能够与天地相合、与鬼神相通，乃是因为人皆固有仁心本体。人若能在日用常行中充分地呈现此仁体，则可以参赞天地之化育，从而挺立人之所以为人者。但如果只是拘泥于章句文采，并津津于以此谋取富贵、装点门面、升官进阶、满足情欲或寻求名誉，而对于儒家的仁心仁道大本却未予体认、践行，那么必将舍本逐末、沦为不仁，从而丧失人之所以为人之本。因此，为学求教应当立志于大本达道，有益于安身立命和经世济民，而不能“留情于章句之间”“滞泥训诂传注之末”。[⑤]

对于汉代以来士人们沉迷于辞章训诂和汲汲于追名逐利的不正学风，张栻也大加批判。他表示，孔孟之后，儒道便已失传，其中一个重要原因就是：汉代以来的儒生为学不是“求于训诂章句之间”，就是“颛从事于

① 参见胡寅《岳州学记》,《斐然集》卷20，中华书局1993年版，第428页。

② 胡寅：《寄张相》,《斐然集》卷18，中华书局1993年版，第381—382页。

③ 胡宏：《碧泉书院上梁文》,《胡宏集》，中华书局1987年版，第201页。

④ 胡宏：《邵州学记》,《胡宏集》，中华书局1987年版，第150页。

⑤ 参见胡宏《知言·大学》,《胡宏集》，中华书局1987年版，第34页；胡宏《程子雅言后序》,《胡宏集》，中华书局1987年版，第160页。

文辞”，对于儒学大本及圣贤之心却未加以体认和考究，于是在“措之当世，施于事为”之际，则往往“出于功利之末，智力之所营”，这就使得仁道不立、儒学衰颓，从而“有异端者乘间而入，横流于中国”，以致“言道德性命者，不入于老，则入于释”。[①] 由此，张栻主张学者应当先立志于儒家的仁道，而不为异端、文采、利禄等所迷惑、所陷溺，然后才可以读圣贤之书。圣贤之书主要是为了教人不迷失其本心，所以儒者读书为学的根本目的和终极追求乃在于体认和开显人皆固有的本心、仁体。[②] 吾人若能于大本处立志，挺立对仁道本体的超越意识，则可以将儒学从汉代以来“寥寥千数百载间，学士大夫驰骛四出以求道，泥传注，溺文辞，又不幸而高明汩于异说，终莫知其所止”[③] 的弊病当中解救出来。

第三节　以“离用言体”辟当时儒林内部的虚浮学风

为抗击佛道和重振儒学，湖湘学派不仅深刻检讨汉唐经学缺乏本体意识与超越追求的弊病，而且严格省察北宋以来儒学发展中出现的空谈心性之问题。[④] 汉以来儒学的重要缺失在于本体论的缺乏，而这方面正是佛道思想的优长所在。于是，当面临佛、道二家的挑战时，宋儒积极建构其本

---

① 参见张栻《新刊南轩先生文集》卷10《道州重建濂溪周先生祠堂记》，《张栻集》（三），中华书局2015年版，第906页。

② 张栻云：“学者当以立志为先，不为异端訹，不为文采眩，不为利禄汩，而后庶几可以言读书矣。圣贤之书，大要教人使不迷失其本心者也。”（张栻：《新刊南轩先生文集》卷9《桂阳军学记》，《张栻集》（三），中华书局2015年版，第888页。）

③ 张栻：《新刊南轩先生文集》卷12《敬斋记》，《张栻集》（三），中华书局2015年版，第937页。

④ 朱汉民表示：“理学产生后，一些理学家过分偏重于理学理论体系的建构，一味沉溺于论理气、谈心性的抽象思辨之中，忽视了儒学向来就有的重践履的务实品格，故而出现了汉儒之学、释老之学的相同弊端。对此，湖湘学派总是保持高度警惕，并严厉批判了理学内部这种空谈心性的弊端。”（参见陈谷嘉、朱汉民《湖湘学派源流》，湖南教育出版社1992年版，第309页。）当然，空谈心性的问题不只表现在内圣方面对成德实践的忽视，也反映在外王方面不关注国运民生、不重视经世致用。再者，对于湖湘学派而言，汉儒之学与释老之学的弊端有所不同，前者主要在于失“体”，后者主要在于无“用”。若从儒家“体用合一”的立场来看，则无体便无用，无用即无体，所以汉儒与释老是体用两失。

体论，以为儒家的道德规范和道德实践确立形上根基，并由此救治汉唐儒学的缺失和应对佛道思想的冲击。然而在奋力建构儒学本体论的过程之中，有些学者因过分注重本体理论的建构、过分发展天道性命的一面，而轻忽了儒学本即具有的注重躬行实践和经世致用的务实精神，以致产生空谈心性、虚浮无用的弊病。这种情况在二程之后逐渐出现，湖湘学派对此有深入的反省和批评。

在湖湘学派看来，空谈心性既不利于安身立命，又无助于经世济民，从而引发出内圣层面的践履问题与外王层面的经世问题。如胡寅表示："治天下者必取笃实躬行之士，而舍浮华轻薄之人。所以美教化，善风俗。本朝自熙宁以前，皆守此道……于今五十年，士以空言相高而不适于实用，以行事为粗迹，曰不足道也。其或蹈规矩，守廉隅，稍异于众，则群嘲而族笑之，以为异类。纷纷肆行，以至败国。二帝屈辱，羿、莽擅朝，以为是适然耳。伏节死难者不过一二人，此浮华轻薄之为害也。"① 在此，他严厉批评了北宋熙宁以来士人们空谈心性义理而不务实行、不究实用的歪风陋习，认为正是这种浮华轻薄的不正之风最终导致了国家的败亡，所以他强调为政治国必须务实去虚，治天下者应当择取躬行笃实之士而舍弃浮华轻薄之人。胡宏也指出："伊洛老师为人心切，标题'天理人欲'一句，使人知所以保身、保家、保国、保天下之道。而后知学者多寻空言，不究实用，平居高谈性命之际，亹亹可听，临事茫然，不知性命之所在者，多矣。"② 在他看来，二程建学立说，是为了让人通达修齐治平之道，但后来学者多空谈心性而不务实致用，一旦处事则丢弃了性命之理。胡宏曾如是批驳孙正孺"才亲生产作业便俗了人"的看法："古之人盖有名高天下，躬自锄菜如管幼安者；隐居高尚，灌畦粥蔬如陶靖节者。使颜子不治郭内郭外之田，则饘粥丝麻将何以给？又如生知将圣，犹且会计升斗，看视牛羊，亦可以为俗士乎！岂可专守方册，口谈仁义，然后谓之清高之人哉！正孺当以古人实事自律，不可作世俗虚华是见也。"③ 由此可见，他

① 胡寅：《上皇帝万言书》，《斐然集》卷16，中华书局1993年版，第347页。
② 胡宏：《与樊茂实书》，《胡宏集》，中华书局1987年版，第124页。
③ 胡宏：《与孙正孺书》，《胡宏集》，中华书局1987年版，第145—146页。

颇为强调天道性命之理和道德仁义之学于人伦日用中的贯彻落实。张栻对当时儒林内部逐渐滋生的空谈心性问题亦做了深刻检讨，他“区区所忧者”正是“近世学者徇名忘实之病”。[①] 他曾反复指出北宋以来尤其是二程之后的儒士们多存在好高骛远、空谈虚论而不务实的弊病。所谓“今世学者慕高远而忽卑近之病为多”[②]“其间有慕高远者，则又懡㦬虚矜而不循其实，亦为失其真”[③]“近来士子亦往往有喜闻正学者，但多徇名遗实，反觉害事”[④] 以及“舍实理而驾虚说，忽下学而骤言上达，扫去形而下者而自以为在形器之表”[⑤]，都是就当时士人们空谈心性的问题而发。针对这一问题，他主张“致知力行，要须自近，步步踏实地，乃有所进。不然，贪慕高远，终恐无益”[⑥]，希望学者们“惟淳笃恳恻，近思躬履，不忽于卑下而审察乎细微”[⑦]。只有知行兼重、内外交修，才能去除“近世学者”所存在的弊病。

由上可知，湖湘学派立足儒家原有的入世精神，本于原始儒学彻上彻下、内外兼该、体用合一的理念，对佛道“体用两失”之弊、汉代以来词章功利俗学“离体谈用”之失以及当时儒林内部“离用谈体”的虚浮学风，都予以深刻反思和猛烈批判。正因为此，湖湘学派在积极建构儒家形上学的同时，又十分强调践履实行和经世致用。这充分表明湖湘学派对儒家的精神有颇为完整、深切的体认。当然，湖湘学派本于儒家体用观或儒学立场展开对佛、道、玄等诸家的批评，尚存在对其他学派的一些误解，这需要进一步反思和省察。

---

① 参见张栻《新刊南轩先生文集》卷19《寄周子充尚书》，《张栻集》（四），中华书局2015年版，第1049页。

② 张栻：《新刊南轩先生文集》卷25《寄吕伯恭》，《张栻集》（四），中华书局2015年版，第1136页。

③ 张栻：《新刊南轩先生文集》卷26《答陈平甫》，《张栻集》（四），中华书局2015年版，第1157页。

④ 张栻：《新刊南轩先生文集》卷27《答潘端叔》，《张栻集》（四），中华书局2015年版，第1186页。

⑤ 张栻：《新刊南轩先生文集》卷25《答彪德美》，《张栻集》（四），中华书局2015年版，第1140页。

⑥ 张栻：《新刊南轩先生文集》卷27《答潘端叔》，《张栻集》（四），中华书局2015年版，第1186页。

⑦ 张栻：《新刊南轩先生文集》卷10《南康军新立濂溪祠记》，《张栻集》（三），中华书局2015年版，第916页。

结语　湖湘学派体用思想的定位与反思

湖湘学派的体用思想是在受到佛道体用学说的刺激，以及吸收和融会北宋诸儒尤其是二程之体用思想的基础上逐渐形成并发展完善的。湖湘学派的问题意识主要在于如何回应佛道思想的挑战，如何救治当时儒林内部存在的空谈心性的弊失，以及如何在严峻的社会形势下救世济民、安邦治国。这一问题意识令湖湘学派以回归儒家本有的整全入世精神为核心视域和根本关切，从而促使湖湘学派的体用思想建构既坚持以“体”为本，又颇为重视“用”，强调体用之间的辩证统一性以及体用双方的兼重并举。湖湘学派以“体用相须互成，贵体重用不偏”为实质意蕴的体用思想，不仅对于其自身之儒学建构具有奠基性作用和重要的方法论意义，而且对于宋代儒学体用思想的丰富与发展以及后世儒家学者的体用观也产生了一定影响。当然，其中仍不乏值得进一步反思和提升之处。

一　湖湘学派体用思想的发展脉络

湖湘学派的体用观深受张载、二程等北宋儒者之体用思想的影响。自胡安国奠定初步的基础，经由胡寅、胡宏而获得较为充分、深入的发展，至张栻则得以继续丰富与推进，总体上呈现为一个不断进步和完善的态势。这主要体现在他们对“体用”范畴的使用愈加广泛、频繁，对“体用”意涵的理解逐渐丰富，对体用关系的把握越发具有辩证性。

首先，胡安国奠定了湖湘学派体用思想的基础。他继承和发扬了程颐“体用一源，显微无间”的观念。对他而言，“体”指本体，道、天理、仁心等皆为体；“用”指本体之作用和表现，包括宇宙生化、人生实践、道德规范等内容。体用之间相倚不离、圆融不二：体是用的根源，用须由体而产生；用是体的表现，体须由用来落实。胡安国正是根据这种体用观来建构其政治学说的。他认为，既然体是用的来源和根据，那么要“致用”（治国平天下）就必须先“明体”（明识本心、天理）。对于如何“明体”，他主张穷理与察识工夫，二者都具有“即用以明体”的特征，这种工夫论正奠基于其体就在用之中并由用来显现的本体论认识。在胡安国看来，“明体”之后，还必须“因体以致用”，即根据本心、天理积极开展务实的经世活动，如此才能真正平治天下。显然，他是站在体用统一的立场上来处理经世问题的，既坚持以体为本，肯定用依体立、用不离体；又十分重视用，力主体由用显、体即在用。这种具有强调体用统一及贵体重用特点的体用观，为整个湖湘学派的体用思想奠定了基调、指明了方向。

其次，胡寅对湖湘学派的体用思想有所推进。胡寅的体用观既吸收了程颐与胡安国的基本观念，又有一定程度的推进。这就体现在，他自觉以中道观念来把握体用关系和体用双方的地位，从而更加注重体用之间的平衡与统一。他认为，中道乃是究极圆满之道，具有不偏不倚、无过不及、统摄万有、圆融一切等特征。他以这样一种中道观来把握“体用”，则必然强调体用的统一性以及二者的兼重并举。具体来看，他既肯定“体”的根本性地位，认为用以体为本，由体来统摄、主宰，用必是有体之用；又强调“用”的重要性，主张体即在用之中，由用来体现、落实，体必是有用之体。对他来说，体和用必然是相互依存、相即不离。这一体用观正展现于其道物一体说、心迹不二论、身心相须观及理体义用该贯的本心论。在其道物说中，道为体，物为用，道物一体不离：一者，道是万物的本原，是能够开物成务的有用之道，万物皆以道为其存在与运化的根据；二者，万物皆是客观真实的存在者，皆有其价值和意义，道就体现并存在于万物之中。在其心迹论中，心为体，迹为用，心迹一致无二：心为迹之根源，迹是心之显现。在其身心观中，心为体，身为用，身心相须相成：身体的运行须由心来统摄、主宰，心亦须借身体的运行来显现、落实。在其本心论中，理为心之体，义为心之用，理义一体不二：义以理为其本原，理以义为其表现。可见，胡寅将其体用思想予以了较为广泛的运用。他立足于中道观，不仅肯定体对于用的决定性、主宰性，而且认识到用对于体的实现也具有重要意义，从而颇为注重二者的平衡统一。这无疑在一定程度上丰富和推进了湖湘学派的体用思想。

再次，胡宏使湖湘学派的体用思想得以全面、深入发展。胡宏在消化北宋诸儒之体用观的基础上阐发出“体用合一”之论，极大地推动了湖湘学派体用思想的发展。这就体现在：（一）对“体用”的理解更加丰富。除从本体与现象的意义上把握“体用”，他还从本体与其活动作用、根本法则与具体规范以及本末等意义上来理解“体用”。（二）对体用关系的认识更加深入。他明确提出“体用合一”的观念，以此彰显体用之间的本源统一性，并对体用之间相互作用、相互影响的互动关系具有深刻的体认。（三）对体用观的运用更加全面、彻底。他将“体用合一”思想贯彻于其整个儒学，包括天道论、心性论、工夫论、外王论诸方面。

在胡宏的天道论中，就道体的内在结构及其特征而言，阴为道之体，阳为道之用，二者相涵互摄、相通互补、相生互成，这就决定天道必然融秩序性与创生性于一体：既是宇宙秩序、普遍法则，又具有能动性、创生性。就道物关系而言，道为体，物为用，二者相即不离、圆融一体：一方面，万物皆根源于道，皆以道为其存在与运化的根本法则；另一方面，道即内在于万物之中，并通过万物来表现。在胡宏的心性论中，就心性关系而言，性为道之体，心为道之用，二者相互发明、相融为一：一方面，性必具有活动性，心即性之生生不已之动，心之动必根源于性；另一方面，性必由其生生不已之动显现，即性须通过心来实现。因为对胡宏来说，“性”直接具有宇宙本体的意义，“心”主要指人之道德本心，所以性体与心用的这种本然统一蕴含着天道性命相贯通之义：性是心的终极来源和超越根据，而心即性在人生的体现与落实，二者相涵互摄、本即为一。就仁义关系而言，仁即宇宙万有的根本法则，为道之体；义即这一根本法则的具体表现，为道之用。义以仁为根据，仁由义来表现，二者相互依持、相互成全。在胡宏的工夫论中，道德心性为体，道德实践为用，二者一体不离：道德心性既是道德实践的根据、法则和目标，又必须通过道德实践才能得以真实呈现。由此，胡宏主张道德修养既应当先致知以明工夫之目的在于证体，从而为工夫的施展确立根基并指明原则和方向；又必须注重在日常生活中实行践履、即用求体，从而使道德心性真正开显、坐实。胡宏所倡导的察识与穷理工夫即是就现实生活中本体之发见处体证本体，这种即用求体的工夫论主张无疑具有强烈的务实精神。在胡宏的政治论中，就内圣与外王之关系而言，内圣成德为体，外王经世为用，二者相须相成、不可分割：不仅外王经世须以内圣成德为基础，而且内圣成德亦须通过外王经世才能充分实现。就为政之道而言，仁心仁道或仁义道德为体，一切能够切实致用的具体建设为用，二者相倚互成、一体不离：一切建设都必须本于仁心仁道或仁义道德而行，而仁心仁道或仁义道德也必须通过法制、经济、教育、国防等各个方面的具体建设才能彻底普遍落实。由此，为政治国既应当以体为本，又必须重视用，唯有“体用不遗，本末并行”，才能切实达到平治天下的目的。

可见，无论是天与人、阴与阳、道与物、性与心、仁与义，还是本体与工夫、内圣与外王等关系，胡宏都通过“体用合一”的观念来把握，从而使这一观念得到了系统、深入的运用和展开，并获得了颇为丰富的意涵。胡宏的体用观在以“体”为本的前提下，尤为注重体用之间相互依存、相互成就的辩证统一性，并十分强调体即在用、体由用显、用以成体的观点，由此凸显出“用”的重要性，从而阐扬了儒学积极务实的精神。这无疑推动了湖湘学派体用思想的全面、深入发展。

最后，张栻进一步充实和完善了湖湘学派的体用思想。他在胡宏“体用合一”思想的基础上，明确提出“体用相须”的观念，尤为凸显了体用之间的互动关系。并且，他还通过“理一分殊”之论来发明体用相须互济之义，从而使体用结构的辩证性、灵活性、丰富性、开放性得到了更为充分的展示，这无疑更加丰富和发展了湖湘学派的体用学说。张栻的体用观重在显明体用之间相互决定、相互成就的互动性。他不仅肯定用必须有体方成其为用，而且强调体亦必须有用方成其为体。这种体用观贯穿其整个儒学，于天道论、心性论、工夫论、政治论诸方面得到了全面、深透的应用和展开。

在张栻的天道论中，就太极论而言，太极为体，二气五行万物为用，二者相涵相依、互不可离：一方面，太极必能生化二气五行万物，二气五行万物皆以太极为本原；另一方面，太极体现并存在于二气五行万物之中，二气五行万物皆备具一太极。就性气论而言，性为体，是一；气为用，有万殊，二者互涵互摄、相即不离：一方面，万殊之气皆根源于一本之性，并各都完具一本之性；另一方面，一本之性必显现为万殊之气，并内在于万殊之气当中。就道器论而言，形上之道为体，形下之器为用，二者相依互成、一体不离：一方面，器须以道为本，不可离于道存在及获得应有的价值和意义；另一方面，道即在器之中，必须由器来表现、落实。在张栻的心性论中，就性情论而言，仁义礼智之性为体，恻隐、羞恶、辞让、是非之情为用，二者相互依持、相互实现：一方面，性是情之根源，情须依性而立；另一方面，情是性之表现，性须待情而显。就仁义论与中道论而言，“仁”与“中体”（根本道德法则）为“理一”之体，“义”与“时中”（根本法则的运用和表现）为“分殊”之用，二者相涵互摄、相须互济：一方面，“分殊”必根源于、统摄于“理一”，并完整地涵具“理一”；另一方面，“理一”必表现为“分殊”，由“分殊”来坐实，并存在于“分殊”之中。在张栻的工夫论中，体即本体，用即本体之作用和表现。他主张道德修养必须于体用两端兼用其力：既须施展存养、居敬工夫，以操存涵养本体；又须力行察识、穷理工夫，以体认本体之发见。因为体用之间相资互摄、相倚互成，所以直接作用于“体”的存养、居敬工夫与从“用”处施力的察识、穷理工夫，乃是相辅相成、并进互发的关系。在张栻的政治论中，就内圣与外王之关系而言，内圣之学为体，外王之治为用，二者相须相成、互促互发：一方面，外王之治须以内圣之学为根据，须由内圣之学来统摄和范导；另一方面，内圣之学须能经世致用，须通过外王之治方能充分实现或最终完成。就为政理念而言，仁心为体，仁政为用，二者相互作用、相互成就：仁政必本于仁心而展开，仁心亦须通过仁政来彻底实现。就为政之方而言，仁心仁道或立德明道为体，法制、经济、教育、军事等各个方面的施为举措为用，二者相互推动、相互制约、相互成全：为政治国的一切举措唯有本于仁心仁道，才能合理得当地开展；而仁心仁道也必须通过各个方面的具体举措，才能得到体现与落实。这就决定为政者既应当以体为本，注重道德修养；又必须重视用，积极开展各方面的建设与实践。唯有“体用兼备，本末具举”，才能真正实现仁政。

可见，张栻尤为注重体用之间相互依存、相互涵摄、相互作用、相互实现的互动关系。他在肯定用须以体为本的基础上，又颇为强调体须由用来实现、体即存在于用之中。特别是他以“理一分殊”观念阐发“体用相须”思想，使体用之间的互动性得到了更为充分的展现。对他而言，体是一，用是殊，二者相涵相倚、相须相成：一方面，“用殊”必本于“体一”，必由“体一”统摄、主宰；另一方面，“体一”必显现为“用殊”，必由“用殊”来坐实，并备具于“用殊”之中。这既彰明了体用之间的辩证统一性，又凸显出体用双方的重要性。总之，张栻的体用观强调体用之间的互动性，对体用两面都予以充分重视。这不仅延续了胡安国、胡寅、胡宏等先贤注重体用统一和贵体重用的体用论传统，而且进一步发展和完善了湖湘学派的体用学说。

显然，湖湘学派的体用思想自胡安国奠定初基至张栻充实完善，乃是一个逐步演进的历程。一方面，湖湘学派诸家的体用观皆持守“体用相须互成，贵体重用不偏”的理念，因而是内在一致、根本相通的；另一方面，湖湘学派内部各家体用说之间尚存在一定差异。这种差异不仅体现在他们对“体用”意涵的丰富性、复杂性有不同程度的揭示，对体用关系的辩证性、圆融性有不同深度的体认，对体用观念的运用有不同范围的展开，还反映在各家体用观都有其自身的侧重与创发。具体而言，胡安国在坚持以“立体”为本的基础上，又特别重视“致用”的方面；胡寅强调以中道观念来把握体用关系及体用双方的地位和作用；而胡宏阐扬“性体心用”之论，赋予“体用”以形上本体与其自身之活动作用的独到意涵；张栻则倡导以“理一分殊”的观念来发明体用相须之义，尤为注重体用之间相互涵摄、相互成全的互动性。这就使得整个湖湘学派的体用论既具有内在一致性，又具有丰富性、多元性，从而展现为一个博厚深邃、一多圆融的思想系统。

二　湖湘学派体用思想的意义和影响

湖湘学派的体用思想既有对北宋诸儒之体用观的继承与吸收，同时因为需要应对当时儒学内部出现的高谈心性的虚浮学风及内外交困的严峻时局等问题，所以又具有一定的特质。这主要体现在它十分强调体用之间的辩证统一性，不仅坚持以“体”为本，也颇为重视“用”，从而蕴含着强烈的现实关怀和鲜明的务实致用精神。这种以“体用相须互济，贵体重用不偏”为根本意蕴与特征的体用思想，不仅对于湖湘学派儒学自身的建构具有重要意义，而且对于当时及后世儒学的发展也产生了一定影响。

其一，就湖湘学派的体用观对其整个儒学建构的意义来说，体用观不仅作为思想内容而存在，也代表着一种思维模式以及由此思维模式所生成的观察视角与诠释路径。思想家们透过这一观察视角与诠释路径来认识世界、把握世界，因其对“体”“用”之内涵及其结构的不同理解而形成不同的体用观，从而建构出不同形态、内蕴各异的思想体系。就此而言，体用观对于思想体系的建构本身即具有重要的方法论意义。湖湘学派强调体用统一，力主体用兼重并举，这既是他们应对佛道思想挑战的有力武器，也是其积极建构儒学体系以救治儒林内部存在的空谈心性弊病以及解决经世问题的重要工具。他们既立足于体用统一的观念来批判佛、道、玄等诸家思想体用分离的弊病，又在坚持以“体”为本的基础上，通过对“用”这一方面之意义的凸显来强调躬行实践和经世致用的重要性。正因为他们始终一贯而又十分灵活地运用了体用辩证统一的观念，所以较为圆融、深刻地处理了存在与生成之关系、形上与形下之关系、本体与工夫之关系、内圣与外王之关系等问题，从而令其整个儒学具有强调存在与生成一如、形上与形下一体、本体与工夫不二、内圣与外王合一的特征。

湖湘学派站在体用辩证统一的立场上把握形上世界与形下世界的关系。在其看来，形上世界与形下世界相依不离、圆融不二：一方面，形下经验世界根源于形上本体，须以形上本体为其存在与运行的根据、原则和方向；另一方面，形上本体就内在于形下经验世界当中，并通过形下经验世界来显现与落实。因此，从人道论（相对天道论而言）的角度来说，如果形下世界不以形上本体为根据，没有形上本体的统摄、规范和导引，那么形下生活世界势必成无源之水、无本之木，继而变得空虚不实、杂乱无章；而如果过分偏重于形上本体世界的建构而不能积极融入经验生活世界，则又很可能造成形上本体的虚悬，令其无法真正贯彻、坐实于人伦日用的形下生活世界之中。这就意味着，过分偏重形上世界与形下世界的任何一面，都会造成二者的断裂，从而无法在人世实现形上与形下的和合一体、圆融无碍。鉴于此，湖湘学派既积极建构形上本体世界，以彰明形下经验世界的根本所在；又充分肯定形下经验世界存在的客观真实性及其价值和意义，强调形上不离形下，注重形上本体在形下经验世界中的贯彻落实。也就是说，湖湘学派于“体”“用”或“立体”“致用”两面兼重并举、兼修并治。具体而言，这就表现在：他们在天道论中，既肯定天地万物皆以道为其存在与运化的根据，又强调道就体现并存在于天地万物之中；在心性论中，既表示心性本体乃即存在即生成者，又主张具有普遍性、统一性的根本法则与具有特殊性、多样性的具体规范是互涵一体的；

在工夫论中，既指明形上本体为工夫实践之所以可能的根据及其指向的目标，又力主本体不离于工夫，强调在下学的实行践履中上达本体；在政治论中，既主张外王经世须以内圣成德为根据，又认为内圣成德亦须通过外王经世才能充分实现，从而强调务实致用的重要性。这些见解无疑都贯穿着湖湘学派注重体用互动和贵体重用的体用观。由此可知，湖湘学派的体用思想对于湖湘学派的儒学建构具有奠基性作用和重要的方法论意义。

其二，就湖湘学派的体用观对当时儒学振兴的价值而言，在佛道思想的挑战与刺激下，宋儒深究天道性命之理，积极建构形上世界，以抗击佛道、复兴儒学，并由此为合理社会秩序的重建确立形上根基。然而在这一过程中，儒林内部有部分人士过分注重形上世界的建构，过分偏向发展天道性命的一面，以致对人伦日用的形下生活世界有所轻忽。他们空谈心性而不注重躬行实践，亦不重视经世致用，从而造成形上世界与形下世界的断裂。这一方面使得形上天道性命之理无法贯彻落实于工夫践履之中（内圣成德问题），另一方面则使形上天道性命之理无益于经世济民（外王经世问题）。这种脱离形下世界而空谈形上本体以致割裂形上与形下之统一性的问题，在南宋初期的理学发展中逐渐显现，湖湘学派对此有深切的认识。这主要反映在他们对当时儒林内部出现的高谈心性的虚浮学风展开了激烈批判和积极应对。为了救治空谈心性的弊病，湖湘学者在其儒学建构中充分肯定形下经验世界存在的价值和意义，积极倡导躬行实践与经世致用，十分注重形上天道性命之理在人伦日用中的贯彻落实及其对为政治国之实际作用的发挥。当然，湖湘学者并未因此而减杀形上本体世界的超越义与根本义，他们仍然以形上本体世界为首出，将其视为形下经验世界的根据，其学问的重点仍在形上本体世界的建构，只不过与此同时颇能正视形下经验世界对于开显形上本体世界的价值和意义，并尤为注重形上本体于形下经验世界中的作用与呈现。这反映在其体用观则必表现为注重体用之间的辩证统一：既坚持以“体”为本，力主用依体立、体以致用、称体起用；又颇为重视“用”，强调体即在用、体由用显、用以成体、即用明体。这就是于“体”“用”两面兼重，于“立体”“致用”双向并举。湖湘学派这种尤为注重体用之平衡统一的体用观，对于当时儒学发展中存在的贵体贱用问题无疑具有补偏救弊的积极意义，对于彰明儒学本有的体用该贯、体用合一的真精神也具有重要价值。当然，湖湘学派强调体用统

一、体用兼重既在于救治儒林内部所出现的空谈心性的弊失，也是为了应对佛道思想的挑战以及解决严峻社会形势下救亡图存、经世济民的问题。

其三，就湖湘学派的体用观对后世儒学发展的影响而言，湖湘学派强调体用之间的辩证统一性，其思想建构乃是体用该贯、体用双显，着实可谓意涵丰富、内容完备、规模宏大。如此具有丰富性、开放性、包容性、务实性、辩证性的体用观对后世儒学的发展不无影响。明清之际的湖湘大儒王船山在批判性地继承先贤体用思想的基础上发展出博大精深的体用论。他对“体”“用”意涵的理解十分丰富，对体用关系的把握充满辩证性，对体用思想的运用颇为广泛，无疑已经达到中国古代哲学体用论发展的最高峰。[①] 王船山体用思想的鲜明特色在于：凸显体用之间的辩证互动性及体用双方的平衡统一。[②] 其“体用相函”[③] “体用相因”[④] “相为体用”[⑤] “体以致用，用以备体”[⑥] “体者所以用，用者即用其体”[⑦] “用者用其体，而即以此体为用”[⑧] 等论述，即表明王船山尤为注重体用之间相涵互摄、相因互济、相倚互成的辩证统一性。这与湖湘学派的“体用相须”观念显然具有共同的意蕴与特点。另外，王船山之体用论的一大目的在于驳斥佛、道两家贵体贱用、立体废用的思想倾向，[⑨] 这与湖湘学派体用观

---

① 景海峰指出：“中国古代哲学体用论发展至明末清初的王夫之已达到高峰，体用范畴的不同层面和丰富内涵已基本上得到了揭示，其方法论上的意义也有相当的展开。”（景海峰：《中国哲学体用论的源与流》，《深圳大学学报》（人文社会科学版）1991 年第 1 期。）

② 周芳敏表示：“船山体用观之最秀异处，或即在于‘体’‘用’的关系结构充满着互相融摄、改变及充拓可能的动态性与立体感，而可以‘体用相涵’一语以蔽之。”“船山有效地说明了体用之间绵密的交涉与涵贯，有限地指陈了体用角色的定位与多元化的切换，同时深刻地诠发体用的对立与因承、相反与相济、相互制约却又相拓相显的动态辩证关系，并由此阐释了存有的本体意义、根源地位及生命开放的无限可能。”（周芳敏：《王船山“体用相涵”思想之义蕴及其开展》，台湾新北花木兰文化出版社 2009 年版，第 3、266 页。）

③ 王船山：《周易外传》卷 5，《船山全书》第 1 册，岳麓书社 2011 年版，第 1023 页。

④ 王船山：《礼记章句》卷 19，《船山全书》第 4 册，岳麓书社 2011 年版，第 914 页；王船山：《周易内传》卷 5 下，《船山全书》第 1 册，岳麓书社 2011 年版，第 556 页；等等。

⑤ 王船山：《读四书大全说》卷 1，《船山全书》第 6 册，岳麓书社 2011 年版，第 423 页；王船山：《张子正蒙注》卷 6，《船山全书》第 6 册，岳麓书社 2011 年版，第 232 页；等等。

⑥ 王船山：《周易外传》卷 5，《船山全书》第 1 册，岳麓书社 2011 年版，第 1023 页。

⑦ 王船山：《张子正蒙注》卷 2，《船山全书》第 12 册，岳麓书社 2011 年版，第 76 页。

⑧ 王船山：《读四书大全说》卷 8，《船山全书》第 6 册，岳麓书社 2011 年版，第 896 页。

⑨ 参见周芳敏《王船山“体用相涵”思想之义蕴及其开展》，台湾新北花木兰文化出版社 2009 年版，第 270 页。

所需应对的问题也有一致之处。作为湖湘学的集大成者，王船山的体用思想无疑受到了湖湘学派之体用观念的影响。甚至可以说，王船山的体用观与湖湘学派的体用思想是一脉相承的。就此而言，湖湘学派的体用学说可谓对后世产生了深远的影响。

三　湖湘学派体用思想的创获与限度

湖湘学派的儒学建构因应时代问题而注重体用合一、体用双彰，而并未陷于一偏之弊，可以说具有恢宏博大的气象。熊十力先生曾批评宋儒云："惜乎宋儒识量太隘，只高谈心性，而不知心性非离身家国天下与万物而独存……。"[①] 又云："宋儒不深究儒学之全体大用，而但以心性之谈，攻击禅师，自居辟佛。纵云心性为本，然有本必有末……若乃宋儒之有本而无末，则晚明诸子已慨然痛诋之，可谓其纯为诬诋哉?"[②] 在他看来，宋儒虽于个人心性修养（内圣）方面颇有所获，但在经世致用（外王）的方面却十分欠缺。也就是说，宋儒注重"立体"却疏于"致用"，不能把全体大用充分显现出来，因而存在"偏枯之病"[③]。若从湖湘学派的儒学来看，熊先生的这样一种批评似乎并不精确。湖湘学派所要应对的主要问题之一即是空谈心性的学风，这既是针对佛道超离人伦日用论道求道及轻忽经世济民的弊病而言，也是针对当时儒林内部出现的不重实行践履、经世致用的虚浮学风而言。为了对治空谈心性的问题，湖湘学派着力于现实生活世界之意义的开显，强调躬行实践与经世致用。他们在本体论中对本体之能动创生义及本体不离于现实世界之义的大力发明，在工夫论中对实行践履及工夫实践不离于日用生活的强调，在政治论中对法制、经济、教育、国防等各个方面的具体建设和施为举措的重视，无疑都能表明这一点。根据儒家体用观的基本立场，佛、道、玄等诸家以及当时儒林内部都存在离用求体、贵体贱用、体用分离的弊病。而要救治这一弊病，就应当在以"体"为本的前提下，于"用"的方面加以大力开拓。湖湘学派强调

---

① 熊十力：《读经示要》卷1，载萧萐父主编《熊十力全集》第3卷，湖北教育出版社2001年版，第803页。

② 熊十力：《读经示要》卷1，载萧萐父主编《熊十力全集》第3卷，湖北教育出版社2001年版，第802页。

③ 熊十力：《读经示要》卷1，载萧萐父主编《熊十力全集》第3卷，湖北教育出版社2001年版，第799页。

体即在用、由用得体、体依用显、用以成体，即在于凸显“用”的价值与地位。因为体用之间相互依存、相互成就而不可分割，任何一面的不足都会影响到另一面的开展，所以既须用心于“立体”，也须着力于“致用”。唯有于“体”“用”两面兼重并修，才能真正实现安身立命与开物成务的目的，并由此显明儒学本即具有的体用该贯之义。

湖湘学派的体用观既充分吸收了先贤的体用思想，又有其自身的创发。胡安国以仁心为体，以经邦济世为用，强调仁心之体与经世之用的统一；胡寅以心为体，以身为用，注重心体与身用的相须相成；胡宏倡导“性体心用”之说，从形上本体与其自身之活动作用的意义上诠释“体用”；张栻力主“体一”“用殊”相须之论，尤为重视体用之间的互动性。这无不显现出湖湘学派体用思想的创获与特质。湖湘学者主张从本体与作用、本体与现象、本体与工夫、根本法则与具体规范等多个方面来把握“体用”之意涵，说明他们对“体用”的理解是丰富多样的；既强调体用的统一性、圆融性，注重体用之间的互动与融通，又表明他们对体用关系的把握是辩证的、深刻的；既坚持以体为本，又十分重视用，强调体用二者的兼重并举，又反映出他们对体用双方之地位和作用的认识是平实的、确当的；将体用思想贯彻其整个儒学，运用于天道论、心性论、工夫论、政治论等诸多方面，则表明他们对体用观念的应用是广泛的、灵活的。凡此种种，无疑在一定程度上丰富和发展了儒家的体用思想，并对于如今传统儒学的现代更新在思想观念和方法论上都具有一定的借鉴意义。当然，由于时代局限、理论困境、现实遭遇等方面的原因，湖湘学派体用思想的精致度、圆熟度、丰富性、深刻性仍较为有限，尤其相比于朱熹、王船山的体用论来说，更显如此。再者，湖湘学派基于儒家体用思想对佛、道、玄等诸家的批判尚存在一些误解。这无疑都是值得正视和反思的。

参考文献

一　古籍

（魏）王弼著，楼宇烈校释：《王弼集校释》，中华书局1980年版。

（晋）郭象、（唐）成玄英著，曹础基、黄兰发点校：《南华真经注疏》，中华书局1998年版。

（南朝）萧衍：《立神明成佛义记并沈绩序注》，载石峻、楼宇烈等编《中国佛教思想资料选编》第1卷，中华书局1981年版。

（北朝）法上：《十地论义疏》，载［日］高楠顺次郎等编修《大正新修大藏经》第85卷，台北财团法人佛陀教育基金会出版部1990年版。

（隋）吉藏：《大乘玄论》，载石峻、楼宇烈等编《中国佛教思想资料选编》第2卷第1册，中华书局1983年版。

（隋）智顗：《妙法莲华经玄义》，载中华大藏经编辑局编《中华大藏经（汉文部分）》第93册，中华书局1995年版。

（唐）杜光庭：《道德真经广圣义》，载（明）张宇初等编修《道藏》第14册，文物出版社、上海书店、天津古籍出版社1988年版。

（唐）法藏：《华严经旨归》，载石峻、楼宇烈等编《中国佛教思想资料选编》第2卷第2册，中华书局1983年版。

（唐）慧能：《法宝坛经》，载石峻、楼宇烈等编《中国佛教思想资料选编》第2卷第4册，中华书局1983年版。

（唐）净觉：《楞伽师资记》，载石峻、楼宇烈等编《中国佛教思想资料选编》第2卷第4册，中华书局1983年版。

（唐）刘禹锡著，卞孝萱校订：《刘禹锡集》，中华书局1990年版。

（唐）柳宗元著，吴文治点校：《柳宗元集》，中华书局1979年版。

（唐）陆希声：《道德真经传》，载（明）张宇初等编修《道藏》第12

册，文物出版社、上海书店、天津古籍出版社 1988 年版。

（唐）司马承祯：《坐忘论》，载（明）张宇初等编修《道藏》第 22 册，文物出版社、上海书店、天津古籍出版社 1988 年版。

（唐）王玄览：《玄珠录》，载（明）张宇初等编修《道藏》第 23 册，文物出版社、上海书店、天津古籍出版社 1988 年版。

（唐）湛然：《十不二门》，载石峻、楼宇烈等编《中国佛教思想资料选编》第 2 卷第 1 册，中华书局 1983 年版。

（五代）延寿：《宗镜录》，载中华大藏经编辑局编《中华大藏经（汉文部分）》第 76 册，中华书局 1994 年版。

（宋）晁迥：《法藏碎金录》，《文渊阁四库全书》第 1052 册，台湾商务印书馆 1986 年版。

（宋）晁说之：《晁氏儒言》，丛书集成初编本，中华书局 1985 年版。

（宋）程颢、程颐著，王孝鱼点校：《二程集》，中华书局 2004 年版。

（宋）胡安国著，钱伟强点校：《春秋胡氏传》，浙江古籍出版社 2010 年版。

（宋）胡宏著，吴仁华点校：《胡宏集》，中华书局 1987 年版。

（宋）胡寅著，容肇祖点校：《斐然集 崇正辩》，中华书局 1993 年版。

（宋）胡寅：《致堂读史管见》，《续修四库全书》第 449 册，上海古籍出版社 1994 年版。

（宋）胡寅著，刘依平点校：《读史管见》，岳麓书社 2011 年版。

（宋）黎靖德编，王星贤点校：《朱子语类》，中华书局 1986 年版。

（宋）陆九渊著，钟哲点校：《陆九渊集》，中华书局 1980 年版。

（宋）邵雍著，郭彧整理：《邵雍集》，中华书局 2010 年版。

（宋）张栻著，杨世文、王蓉贵点校：《张栻全集》，长春出版社 1999 年版。

（宋）张栻著，杨世文点校：《张栻集》，中华书局 2015 年版。

（宋）张载著，章锡琛点校：《张载集》，中华书局 1978 年版。

（宋）周敦颐著，陈克明点校：《周敦颐集》，中华书局 2009 年版。

（宋）周敦颐：《元公周先生濂溪集》，中华再造善本，北京图书馆出版社 2003 年版。

（宋）朱熹：《四书章句集注》，新编诸子集成本，中华书局 1983

年版。

（宋）朱熹著，朱杰人、严佐之、刘永翔主编：《朱子全书》（修订本），上海古籍出版社、安徽教育出版社 2010 年版。

（元）脱脱等：《宋史》，中华书局 1977 年版。

（明）胡广等：《性理大全》，山东友谊书社 1989 年版。

（清）黄宗羲原著，（清）全祖望补修，陈金生、梁运华点校：《宋元学案》，中华书局 1986 年版。

（清）王船山：《船山全书》，岳麓书社 2011 年版。

（清）李道平著，潘雨廷点校：《周易集解纂疏》，中华书局 1994 年版。

（清）阮元校刻：《十三经注疏》，清嘉庆刊本，中华书局 2009 年版。

二　著作

蔡方鹿：《宋明儒学心性论》，巴蜀书社 2009 年版。

蔡方鹿：《一代学者宗师：张栻及其哲学》，巴蜀书社 1991 年版。

蔡方鹿主编：《张栻与理学》，人民出版社 2015 年版。

蔡仁厚：《宋明理学概述——南宋篇》，吉林出版集团有限责任公司 2009 年版。

陈代湘、方红姣：《湖湘学派的起源与流衍》，中国社会科学出版社 2020 年版。

陈谷嘉：《张栻与湖湘学派研究》，湖南教育出版社 1991 年版。

陈谷嘉、朱汉民：《湖湘学派源流》，湖南教育出版社 1992 年版。

陈来：《宋明理学》，生活·读书·新知三联书店 2011 年版。

陈来：《朱子哲学研究》，华东师范大学出版社 2000 年版。

陈立胜：《宋明儒学中的“身体”与“诠释”之维》，商务印书馆 2019 年版。

陈祺助：《胡五峰之心性论研究》，台湾新北花木兰文化出版社 2009 年版。

陈荣捷：《朱子新学探》，华东师范大学出版社 2007 年版。

陈赟：《回归真实的存在——王船山哲学的阐释》，复旦大学出版社 2002 年版。

陈钟凡:《两宋思想述评》，东方出版社 1996 年版。

程志华:《熊十力哲学研究——“新唯识论”之理论体系》，人民出版社 2013 年版。

邓洪波:《张栻年谱》，科学出版社 2017 年版。

丁四新主编:《经学视域下的朱子学研究》，社会科学文献出版社 2020 年版。

丁为祥:《虚气相即——张载哲学体系及其定位》，人民出版社 2000 年版。

丁为祥:《学术性格与思想谱系——朱子的哲学视野及其历史影响的发生学考察》，人民出版社 2012 年版。

杜保瑞:《南宋儒学》，台湾商务印书馆 2010 年版。

葛荣晋:《中国哲学范畴通论》，首都师范大学出版社 2001 年版。

葛兆光:《中国思想史》，复旦大学出版社 2019 年版。

关长龙:《两宋道学命运的历史考察》，学林出版社 2001 年版。

郭齐勇:《熊十力哲学研究》，人民出版社 2011 年版。

郭齐勇主编，田文军、文碧芳等著:《中国哲学通史（宋元卷)》，江苏人民出版社 2021 年版。

郭晓东:《识仁与定性》，复旦大学出版社 2006 年版。

何俊、范立舟:《南宋思想史》，上海古籍出版社 2008 年版。

何俊:《南宋儒学建构》，上海人民出版社 2021 年版。

侯步云:《宋代〈春秋〉学与理学研究》，中国社会科学出版社 2021 年版。

侯外庐、邱汉生、张岂之主编，张岂之修订:《宋明理学史》，西北大学出版社 2018 年版。

胡勇:《中国哲学体用思想研究》，南京大学出版社 2020 年版。

景海峰:《熊十力哲学研究》，北京大学出版社 2010 年版。

康凯淋:《胡安国〈春秋传〉研究》，台北致知学术出版社 2014 年版。

康义勇:《胡寅思想研究》，台湾新北花木兰文化出版社 2012 年版。

劳思光:《新编中国哲学史》，广西师范大学出版社 2005 年版。

李明辉:《儒家与康德》，台北联经出版事业公司 1990 年版。

李明辉:《四端与七情——关于道德情感的比较哲学探讨》，华东师范大学出版社2008年版。

刘乐恒：《伊川理学新论》，岳麓书社2014年版。

刘梁剑：《汉语言哲学发凡》，高等教育出版社2015年版。

刘述先：《朱子哲学思想的发展与完成》，台湾学生书局1984年版。

蒙培元：《理学范畴系统》，人民出版社1989年版。

牟宗三：《心体与性体》，台北正中书局1968年版。

漆侠：《宋学的发展和演变》，人民出版社2011年版。

钱穆：《朱子新学案》，巴蜀书社1986年版。

任仁仁、顾宏义：《张栻师友门人往还书札汇编》，中华书局2018年版。

苏子敬：《胡五峰〈知言〉哲学课题之研究——以“内圣外王”概念展开之》，台湾新北花木兰文化出版社2009年版。

汤用彤：《汉魏两晋南北朝佛教史》，北京大学出版社2011年版。

汤用彤：《魏晋玄学论稿》（增订版），上海古籍出版社2001年版。

唐君毅：《中国哲学原论——原道篇》，中国社会科学出版社2005年版。

唐君毅：《中国哲学原论——原性篇》，中国社会科学出版社2005年版。

田丰：《王船山体用思想研究》，中国人民大学出版社2020年版。

屠承先：《本体功夫论》，杭州大学出版社1998年版。

王葆玹：《玄学通论》，台北五南图书出版公司1996年版。

王俊彦：《胡五峰理学思想之研究》，台湾新北花木兰文化出版社2011年版。

王开府：《胡五峰的心学》，台湾学生书局1978年版。

王雷松：《胡安国〈春秋传〉校释与研究》，北京师范大学出版社2016年版。

王立新：《从胡文定到王船山——理学在湖南地区的奠立与开展》，中国社会科学出版社2014年版。

王立新：《胡宏》，台北东大图书公司1996年版。

王立新：《开创时期的湖湘学派》，岳麓书社2003年版。

王丽梅：《张栻的思想世界》，中国社会科学出版社2019年版。

王林伟：《天人回环：论船山思想的核心视野》，武汉大学出版社 2019 年版。

王巧生：《二程弟子心性论研究》，湖北人民出版社 2016 年版。

文碧方：《关洛之间——以吕大临思想为中心》，中华书局 2011 年版。

吴震主编：《宋明理学新视野》，商务印书馆 2021 年版。

向世陵：《理气性心之间——宋明理学的分系与四系》，人民出版社 2008 年版。

向世陵主编：《理学与易学》，长春出版社 2011 年版。

向世陵：《善恶之上：胡宏·性学·理学》，中国广播电视出版社 2000 年版。

萧公权：《中国政治思想史》，新星出版社 2005 年版。

熊十力著，萧萐父主编：《熊十力全集》，湖北教育出版社 2001 年版。

徐洪兴：《思想的转型：理学发生过程研究》，上海人民出版社 1996 年版。

尹业初：《胡寅历史政治哲学研究——以〈致堂读史管见〉为中心》，中国社会科学出版社 2013 年版。

余敦康：《魏晋玄学史》，北京大学出版社 2004 年版。

余英时：《朱熹的历史世界》，生活·读书·新知三联书店 2004 年版。

曾亦：《湖湘学派研究》，商务印书馆 2021 年版。

张岱年：《中国古典哲学概念范畴要论》，载《张岱年全集》第 4 卷，河北人民出版社 1996 年版。

张立文：《宋明理学研究（增订版）》，中国人民大学出版社 2016 年版。

张立文：《中国哲学范畴发展史——天道篇》，中国人民大学出版社 1988 年版。

张立文：《中国哲学逻辑结构论》，中国社会科学出版社 2002 年版。

张立文：《中国哲学元理》，中国人民大学出版社 2021 年版。

张琴：《胡宏“知言”哲学研究》，浙江大学出版社 2018 年版。

赵载光：《湖湘学统与宋明新儒学》，湘潭大学出版社 2015 年版。

郑臣：《内圣外王之道——实践哲学视域内的二程》，上海人民出版社 2015 年版。

郑宗义：《明清儒学转型探析——从刘蕺山到戴东原》，香港中文大学出版社 2000 年版。

周芳敏：《王船山“体用相涵”思想之义蕴及其开展》，台湾新北花木兰文化出版社 2009 年版。

朱汉民：《湖湘学派史论》，湖南大学出版社 2004 年版。

朱汉民：《湖湘学派与湖湘文化》，湖南大学出版社 2010 年版。

朱汉民：《湘学原道录》，中国社会科学出版社 2002 年版。

朱汉民主编：《湖湘文化通史》，岳麓书社 2015 年版。

［美］包弼德：《历史上的理学》，王昌伟译，浙江大学出版社 2010 年版。

［美］包弼德：《斯文：唐宋思想的转型》（修订本），刘宁译，江苏人民出版社 2017 年版。

［美］刘子健：《中国转向内在：两宋之际的文化转向》，赵冬梅译，江苏人民出版社 2002 年版。

［美］田浩：《朱熹的思维世界》，陕西师范大学出版社 2002 年版。

［日］高畑常信：《宋代湖南学研究》，田访等译，人民出版社 2019 年版。

［日］土田健次郎：《道学之形成》，朱刚译，上海古籍出版社 2010 年版。

三　论文

蔡方鹿：《张栻的经世致用思想探讨》，《船山学刊》2014 年第 1 期。

蔡振丰：《中国哲学中的体用义》，《杭州师范大学学报》（社会科学版）2017 年第 5 期。

曹志成：《胡五峰的体用思想与佛教二谛思想的比较初探》，第一次儒佛会通学术研讨会论文，台湾新北，1997 年 12 月。

陈代湘、蒋菲：《湖湘学派与江西学派的融通与差异》，《湘潭大学学报》（哲学社会科学版）2017 年第 1 期。

陈代湘：《南宋浙东学派与湖湘学派的学术交流与思想差异》，《船山学刊》2020 年第 2 期。

陈谷嘉：《论张栻本体论的逻辑结构体系——兼论湖湘学派理学思想

的特色》，《孔子研究》1988年第4期。

陈谷嘉：《论张栻以“性”为本体的道德学说》，《求索》1990年第3期。

陈鼓应：《王弼体用论新诠》，《汉学研究》2004年第1期。

陈甲标：《论湖湘经世学风的形成》，《船山学刊》2001年第2期。

陈坚：《不是“体用”，而是“体相用”——中国佛教中的“体用”论再思》，《佛学研究》2006年刊。

陈来：《张栻〈太极图说解义〉及其与朱子解义之比较》，《周易研究》2019年第1期。

陈明：《胡宏思想的逻辑与意义——从朱子对〈知言〉的批评说起》，《湖南大学学报》（社会科学版）2009年第6期。

陈强立：《论近百年来儒家的文化发展构想——从“体用”范畴的理论涵蕴看晚清“中体西用”的思想困局》，《鹅湖月刊》1992年第10期。

陈睿超：《论邵雍先天易学哲学的体用观念》，《哲学动态》2018年第6期。

陈赟：《从“贵体贱用”到“相与为体”——中国体用哲学的范式转换》，《许昌学院学报》2003年第1期。

戴景贤：《论南宋湖湘学脉之形成与其发展》，《中国文化》2018年第2期。

丁四新：《张力与融合——朱子道统说的形成与发展》，《中州学刊》2019年第2期。

丁为祥：《从体用一源到本体与现象不二——儒学传统的现代跨越与张大》，《学术界》1999年第3期。

丁为祥：《牟宗三“即存有即活动”释义》，《文史哲》2010年第5期。

东方朔：《“圣人之道，得其体，必得其用”——胡宏哲学的一种了解》，《云南大学学报》（社会科学版）2006年第6期。

方国根：《胡宏的经世致用思想》，《湖湘论坛》2000年第4期。

方国根：《胡宏心性哲学的理论特色》，《哲学研究》1995年第8期。

方克立：《论中国哲学中的体用范畴》，《中国社会科学》1984年第5期。

高海波：《论朱子的“体用一源”思想》，《哲学动态》2018 年第 3 期。

龚抗云、朱汉民：《胡寅的理学思想》，《船山学刊》2005 年第 2 期。

郭齐勇：《论熊十力“天人不二”的思维模式》，《江汉论坛》1985 年第 11 期。

何俊：《胡安国理学与史学相融及其影响》，《哲学研究》2002 年第 4 期。

胡晓光：《中国佛教“体用”义疏略》，《法音论坛》2003 年第 6 期。

黄台铉：《胡五峰的心性论》，载陈来主编《早期道学话语的形成与演变》，安徽教育出版社 2007 年版。

姜国柱：《论胡寅的哲学思想》，《甘肃社会科学》1995 年第 5 期。

景海峰：《中国哲学体用论的源与流》，《深圳大学学报》（人文社会科学版）1991 年第 1 期。

李承贵：《胡宏对佛教的批判及其检讨——兼论其对宋代新儒学的意义》，《安徽大学学报》（哲学社会科学版）2007 年第 2 期。

李丽珠：《孤悬与浑融——朱熹与张栻太极思想异同比较》，《中国哲学史》2021 年第 2 期。

李明辉：《“内圣外王”问题重探》，载周大兴主编《理解、诠释与儒家传统：展望篇》，台湾“中央研究院”中国文哲研究所 2009 年版。

李清良、张洪志：《湖湘哲学的基本观念与精神》，《湖南大学学报》（社会科学版）2012 年第 3 期。

李远涛：《〈读史管见〉与胡寅的历史评论》，《史学史研究》1994 年第 1 期。

李震：《邵雍体用论的渊源、特色与定位》，《中国哲学史》2020 年第 2 期。

李震：《邵雍哲学的体用论》，《哲学研究》2020 年第 9 期。

力涛：《宋代以前体用范畴的历史演变》，《学术论坛》1991 年第 3 期。

林丹：《“体用不二”与“中道思维”——熊十力“体用”论的发生学考察》，《江苏社会科学》2011 年第 2 期。

林家民：《论胡五峰之“天理人欲同体而异用”》，《鹅湖学志》1989

年第3期。

林维杰：《朱子体用论衡定》，载林维杰《朱熹与经典诠释》，华东师范大学出版社2012年版。

林月惠：《王阳明的体用观》，载林月惠《宋明理学的超越蕲向与内在辩证》，台湾“中央研究院”中国文哲研究所2008年版。

刘玲娣：《胡安国政治思想及其实践略论》，《史学月刊》2002年第6期。

刘玲娣：《试论胡安国两宋之际的政治、学术活动》，《华中师范大学学报》（人文社会科学版）2002年第3期。

刘依平：《胡寅的佛学批判与宋代儒学的自我认同》，《深圳大学学报》（人文社会科学版）2012年第3期。

刘蕴梅：《论张栻哲学的特点》，《四川大学学报》（哲学社会科学版）1986年第4期。

马俊：《胡宏经史思想研究——以〈皇王大纪〉为中心》，博士学位论文，中国人民大学，2020年。

毛丽娅：《张栻的道统思想及其对儒家道统传承的贡献》，《中国哲学史》2021年第1期。

邱文元：《体用论与牟宗三对康德哲学的中国化》，《孔子研究》2008年第4期。

沈顺福：《体用论与传统儒家形而上学》，《哲学研究》2016年第7期。

束景南、杨志飞：《理一分殊：中国文化本体论与方法论的体用模式——中国传统文化思想的普世价值问题》，《浙江社会科学》2013年第3期。

宋志明：《“体用不二”论钩玄》，《社会科学战线》1987年第1期。

屠承先：《论宋明道学中的本体功夫思想》，《社会科学战线》1996年第5期。

王立新：《从胡宏到船山——看湘学经世特点的形成与转型》，《船山学刊》1997年第2期。

王立新：《湖湘学派的经世思想——胡安国父子的“经济”之学》，《湖湘论坛》1998年第6期。

王丽梅：《察识与涵养相须并进——张栻与朱熹交涉论辩管窥》，《孔子研究》2006 年第 4 期。

王丽梅：《即体即用与体用分离——张栻与朱熹的太极之辩》，《孔子研究》2016 年第 5 期。

王丽梅：《经世致用的诠释与实践——论南宋重臣张栻的经世活动》，《社会科学家》2006 年第 3 期。

文碧方、洪明超：《张栻早期、中期与晚期工夫论之演变》，《湖南大学学报》（社会科学版）2019 年第 4 期。

吴汝钧：《佛教的真理观与体用问题》，载吴汝钧《佛教的概念与方法》（修订本），世界图书出版公司北京公司 2015 年版。

吴亚楠：《张栻“太极”即“性”说辨析》，《中国哲学史》2016 年第 2 期。

夏静：《体用的思想谱系与方法意义》，《甘肃社会科学》2018 年第 4 期。

向世陵：《胡宏本体论的意义及其本体论与生成论的关系》，《孔子研究》1993 年第 1 期。

向世陵：《张栻的仁说及仁与爱之辨》，《学术月刊》2017 年第 6 期。

向世陵：《张栻“实”学浅论》，《天府新论》1992 年第 2 期。

邢靖懿：《张栻理学研究》，博士学位论文，河北大学，2008 年。

徐建勇：《论胡安国〈春秋传〉的理学思想》，《船山学刊》2011 年第 1 期。

许鹤龄：《李二曲与顾宁人论证“体用”二字探析——兼论其“体用全学”与惠能“定慧等学”之会通》，《辅仁大学哲学论集》2003 年第 36 期。

许家星：《朱子、张栻“仁说”辨析》，《中国哲学史》2011 年第 4 期。

闫云：《胡安国“私淑洛学而大成”解》，《中国哲学史》2021 年第 5 期。

杨布生、彭定国：《湖湘学派源流与经世致用》，《湖南师范大学社会科学学报》2003 年第 6 期。

杨国荣：《体用之辩与古今中西之争》，《哲学研究》2014 年第 2 期。

杨儒宾：《近现代儒家思想史上的体用论》，《新亚学术集刊》2001年第17期。

杨世文：《道术之间：张栻的政治哲学》，载四川大学古籍整理研究所、四川大学宋代文化研究中心编《宋代文化研究》第25辑，四川大学出版社2019年版。

杨柱才：《〈胡宏集〉点校辨误》，《中国哲学史》2005年第1期。

杨柱才：《张栻太极体性论》，《船山学刊》2014年第1期。

尹业初：《义理化倾向——朱熹与胡寅史论比较研究》，《船山学刊》2013年第1期。

余治平：《道、器、形之间——中西哲学形而上学的通汇》，《现代哲学》2004年第3期。

曾亦：《张南轩与胡五峰之异同及其学术之演变》，《湖南大学学报》（社会科学版）2009年第6期。

翟奎凤：《神化体用论视域下的张载哲学》，《社会科学辑刊》2020年第5期。

张灏：《超越意识与幽暗意识——儒家内圣外王思想之再认与反省》，载张灏《幽暗意识与民主传统》，新星出版社2006年版。

张灏：《儒家经世理念的思想传统》，《政治思想史》2013年第3期。

张灏：《宋明以来儒家经世思想试释》，载张灏《张灏自选集》，上海教育出版社2002年版。

张立文：《体用一源论——中国哲学元理》，《学术月刊》2020年第4期。

张新国：《陆九渊心学的体用论》，《中国哲学史》2020年第3期。

张运生：《胡安国〈春秋传〉与现实关怀》，《理论界》2010年第10期。

赵载光：《“性”“气”合一与湖湘派儒学——宋明儒学论“性”的分派》，《船山学刊》2004年第2期。

郑万耕：《程朱理学的体用一源说》，《孔子研究》2002年第4期。

周芳敏：《王弼“体用”义诠定》，《台湾东亚文明研究学刊》2009年第1期。

朱汉民：《道治一体——湖湘学派的学术旨趣》，载蔡方鹿主编《张栻与理学》，人民出版社 2015 年版。

邹啸宇：《胡五峰之外王学建构及其内在理路探析——兼论传统儒学视域中的德、政关系问题》，《哲学与文化》2019 年第 8 期。

邹啸宇：《胡寅中道观探析》，《船山学刊》2016 年第 2 期。

邹啸宇：《义利互斥，还是义利交融——张栻义利之辨重探》，《道德与文明》2018 年第 5 期。

邹啸宇：《张栻的本体论建构及其体用逻辑探析》，载武汉大学哲学学院编《哲学评论》第 22 辑，岳麓书社 2018 年版。

左志南：《湖湘学派之历史哲学特色与渊源流变——以胡安国对程颐〈春秋〉学的承继发展为中心》，《船山学刊》2021 年第 5 期。

［日］岛田虔次：《关于体用的历史》，载吴震、［日］吾妻重二主编《思想与文献：日本学者宋明儒学研究》，华东师范大学出版社 2010 年版。

［韩］姜真硕：《朱子体用论研究》，博士学位论文，北京大学，2001 年。

［韩］林采祐：《略谈王弼体用范畴之原义——“有体无用”之“用体论”》，《哲学研究》1996 年第 11 期。

［韩］苏铉盛：《张栻哲学思想研究》，博士学位论文，北京大学，2002 年。

［韩］苏铉盛：《张栻的〈太极解〉》，载陈来主编《早期道学话语的形成与演变》，安徽教育出版社 2007 年版。

后　　记

不知不觉，我在儒学这片广袤而深邃的领地已经耕耘了十余年。本书正是我十多年来学习和研究儒学尤其是湖湘学派的总结，也是对我博士学位论文习作的重构与更新。当然，拙著付梓还意味着我一段学思历程的终结和新的学思历程的开启。为此，谨向施以启迪与智慧的古圣先贤致敬，向给予帮助和支持的亲朋师友们致谢，并坚持以“为己求道，不怨不尤；下学上达，开发智慧；敦笃德行，润育存在”自勉自期。

一　学思

本书考察湖湘学派体用思想的问题意识主要缘起于四个方面：一是对儒学根本精神的体认；二是对湖湘学派之思想世界与生活世界的把握；三是对中国哲学体用观的领会；四是对 20 世纪以来湖湘学派研究状况的反思。儒学原本即为形上形下合一、本体工夫合一、内圣外王合一之教，本来就是彻上彻下、有体有用、内外兼该、体用兼备的整全之学。然而在儒学因应时代而各有侧重的发展过程中，的确出现了偏离儒学作为体用全学之真精神的诸种弊失。湖湘学派是南宋时期兴起并主要活跃于湖南地区的重要理学流派，正是为了应对汉唐儒学之本体意识与超越追求不足的弊失，救治儒林内部当时存在的空谈心性的弊病，以及解答严峻社会形势下如何救亡图存、经邦济世的问题，所以湖湘学派主张以显扬儒家整全的入世精神作为其学问的根本旨趣和主要关切，在推动儒学哲理化或形上化的同时，又颇为注重儒学本有的务实品格，强调践履实行与经世致用。“体用”乃中国哲学极具活力与解释力的范畴，既可作为思想本身的内容而存在，也是建构思想、表达思想的有力方式，具有重要的方法论意义。因而研究湖湘学派的体用思想，也可以说是从体用观的角度探讨湖湘学派的儒学。而以体用观念为线索来考察湖湘学派的思想，可以从更加深广的层面揭示和彰显湖湘学派在天道论、心性论、工夫论、政治论等多个方面对儒学本有的整全入世精神的阐扬。学界对湖湘学派的研究于20世纪下半叶逐渐展开，迄今已产生比较丰富的成果，这些成果大多以阐发湖湘学派单个人物的学说为中心，而纵横贯通的系统性考察较少。尽管拙著尚存在诸多不完备之处，然而不失为一种从体用观的视域对湖湘学派的儒学进行系统研究的新尝试。

20世纪以来，传统儒学的研究深受现代学科体制和西方哲学问题意识的影响，十分注重知识系统的梳理和理论体系的建构，“是什么”“为什么”之理论问题成为着重关注之点，而作为传统儒学之核心的“怎么样”或“如何做”的实践问题则长期处于思想意识的边缘。这一致思取向使得儒学之为“学”的意义得到了极大程度的彰显，而其直面生活、关切现实、注重实践之“行”和“用”的价值则难免被轻忽和遮蔽。在此种情境下，传统儒学在很长一段时期内成为学人们封存于学术殿堂而隔离于现实生活世界的“纯客观”研究对象，其安身立命、经世致用的现实价值被悬置或消解。这固然是传统儒学在古今中西交汇的现代发展过程中必经的阶段和方面，然而将学术研究、心性修养、社会治理等完全割裂，使所学、所行、所用截然分离，显然偏离了儒学的根本精神。今日有关儒学的各式各类成果汗牛充栋，可是真正关切生命安顿、关怀国运民生、关注时代问题、关心社会发展的儒学研究并不多见，就更不用说切实有益于安身立命、有助于经世致用的儒学实践了。这恐怕正如湖湘学派批评当时儒林中人空谈心性的问题时所言：“学者多寻空言，不究实用，平居高谈性命之际，亹亹可听，临事茫然，不知性命之所在者，多矣。”今后的儒学发展应当扬弃这种重学理建构而轻实行践履、重历史考察而轻现实关切的状况，更必须否弃那些假借儒学以博取功名利禄的种种急功近利的做法。儒学研习应当走出书斋而深入现实，跳出象牙塔而进入社会，越出学术殿堂而融入时代，以一种呼应现代实际的适当方式回归儒学内外兼该、知行合一之大义，从而合宜有效地开显儒学整全的积极入世精神。当然，这在当下的学术环境和社会氛围中并非易事。唯有制心一处，坚守其道，勿忘勿助，点滴推进，日积月累，久久为功。这是我对儒学研究现状及其未来发展的一点体会，更是对自我研习儒学的反思和日后从事儒学活动的设想。

二 感恩

本书所直接呈现的固然是一段段抽象的理论演绎和一抹抹历史的陈迹，而其中所蕴含的是我与古圣先贤跨越时空的心灵沟通与思想对话，所凝结的是我面对传统与现实所欲作的返本开新之思，所浓缩的是我十余年来求学问道、自修自证的真切历程。这一学问历程之所以能持续多年而未止息，除因儒家智慧的感染和个人的坚守之外，更离不开亲人的支持和师友们的帮助。

亲人的关怀与扶助，是我学术生命得以存续和渐进的根本前提。作为一名来自乡野的农家贫寒子弟，我的这条显然并不“实用”的学问之路之所以能延续到此时今日，无疑首先端赖于亲人的关爱、理解与支持。为了家庭的生计，为了助我求学，勤劳朴实的父母整日面朝黄土背朝天，长期处于繁重的农务之中，那是何等的辛苦劳累！善良懂事的妹妹露含很早便外出务工，年纪尚轻即承担起家庭的重担，那是何等的辛酸无奈！贤惠大方的妻子晓欣在应对学务、工作的同时，于生活上给予我诸多精心照顾，于学问上给予我大力支持，又是何等的劳形苦神！一路走来，数年风雨历程，他们因我的一点理想而承受了太多、付出了太多。如今，吾父早逝，吾母年近六旬，吾妹吾妻皆已步入中年，而我德未广、学未成、业未兴。诸许拳拳亲恩，实在难以为报、无以为谢，唯有内化于心而外化于行，念兹在兹，勿怠勿堕，继续砥砺前行。在以往近四十年的人生历程当中，还有诸多亲邻都给予我扶持和关怀，无法一一道来，在此敬对他们表示衷心感谢！

良师的指引与垂范，是我学术生命得以生成和发展的首要动因。十三年前，我由湖南师范大学哲学系考入武汉大学哲学学院读研，幸蒙丁四新师不弃，循循善诱，谆谆教诲，将我引入中国哲学之门，从此开启了湖湘学派的研习，走上了学术研究之路。无论道德还是文章，丁师都值得我学习和效法，乃真正范导我为学与为人之师表者。丁师孜孜不倦的为学精神、务实严谨的治学态度、求真拓新的学问立场、开放包容的学术胸怀、不媚不屈的学术风骨等，对我产生了重要影响。而今我博士毕业已六年有余，学问却并无实质性长进，实在有愧于师恩。本书的主体内容正是在丁师的悉心指导下完成的，值此出版之际，丁师拨冗赐序以资鼓励，让我颇为感动。谨向吾师致以深深的敬意与谢意！在埋首为学求道的流金岁月中，让我受益良多、感念不已的，还有郭齐勇教授、文碧芳教授、陈仁仁教授等诸位诲我、助我颇多的贤师。谨致谢忱！

益友的激发与勉励，是我学术生命得以丰实和深厚的重要动力。“独学而无友，则孤陋而寡闻。”在求学为学长达半个甲子的美好时光中，我十分有幸地结识了一群志趣相投、心意相通、互帮互助、互勉互励的良朋益友。难以忘怀夏世华、王巧生、刘乐恒、王林伟、廖晓炜、郑泽绵等师友的指点，无法忘记高中挚友陈群、龙雁夫妇等的关心，不能忘却大学同窗胡国平、邓洁、刘伟、申强杰等友人的支持，亦殊难忘忽研究生同门李攀兄及室友胡栋材、张志强、韩勇、朱银银诸君的勉励。我们或在生活上彼此关怀，或在学业上共同切磋，或在品格上相互磨砺，实在让人获益颇丰、受用无穷。诸位好友各有雅量、各有高致，无一不是催人奋进、助人升华、使人完善的典范他者。还有诸多惠我良深的同窗好友不能一一道及，于此一并深表感谢！

本书的出版得到了我的母校和单位的大力支持，若没有湖南师范大学哲学系老师们的接引、领导们的关怀和同事们的扶助，拙著的面世是很难想象的。湖南师大公管院哲学系是我的哲学启蒙之地，也是我与中国哲学相遇之所。十三年前我从湘江之畔、岳麓山下的这片人杰地灵之域大学毕业，去往东湖之滨、珞珈山上人文底蕴深厚的武大哲院研学，六年后又回到此钟灵毓秀的湖湘学派发源地工作，十数年间寄情于“山”“水”之间，烛理于“江”“湖”之中，是何等的幸运与幸福！为此，必须向母校母系的恩师们、领导们、同仁们表示万分感谢！此外，本书能够在中国社会科学出版社高品质、高效率地出版，还尤为离不开刘艳副编审团队的扎实工作和辛勤付出，在此特别鸣谢！

三　期勉

对于湖湘学派体用思想的考察，我并非以一个完全外在或置身事外的纯然客观研究者的身份去展开，而是尽可能倾注身心融入湖湘学派的现实境遇与心灵世界。如此一来，我所收获的就不只是知识的增进、理论的澄明、技能的提升，还有灵魂的震动、人格的感染以及如何合情合理地安顿人生、转化和提升生命、构建良善家国之实践智慧的启迪。这是体用兼该的儒学所应有之义，也是吾人积极投身于儒学研习所期许的效应。

儒学研习的十余年光阴似白驹过隙、弹指一挥间，如今我虽已从一位翩翩少年变成了中年大叔，但人生修为、思想创发、学术涵养等方面并无多少进步，实在汗颜！吾虽已近不惑之年，却尚不能完全自定方向、自作主宰，还奔忙于诸许无多少实质意义的空虚繁杂琐事之中，仍无法超然于资本、权力、技术、信息、名利等的裹挟，无疑需要反省！所幸的是，知行并进地发展中国哲学的志趣仍在，传承与弘扬儒学的热情仍在，不虚不浮、不急不躁的心态仍在，不随波逐流、不与世浮沉的立场仍在。我本出身于农家，从小就干农活，披星耕种，戴月劳作，确实辛苦且收益有限，但富有自食其力的愉悦、一步一印的踏实和一分耕耘一分收获的安宁。自觉为人为学为教，也应当像一位老农一般在自己所开垦、所经营、所认同的土地上自由自在、勤勤恳恳、踏踏实实地种庄稼，“流自己的汗，吃自己的饭”，不去凑热闹、赶新潮，不去唱赞歌、争功名，不贪慕高远而遗忽卑近，不患得患失而钻营计较。总之，莫忘初心，守一不移；务实为仁，挺立灵根；情通理达，自得其乐；持之以恒，赢得始终。

胡五峰云：“情通不碍天机妙，行到方知学海深。”“只于文字上见，不是了了，须于行持坐卧上见，方是真也。”张南轩曰：“学者当以立志为先，不为异端訹，不为文采眩，不为利禄汩，而后庶几可以言读书矣。”“致知力行，趋实务本，不忽于卑近，不遗于细微，持以缜密，而养以悠久，庶乎有以自进于圣人之门墙。”面对未来之路，我将以此警醒和勉励自己。惟愿心中幽兰永驻人间世！期望拨开迷雾睹天青、守得云开见月明！

湖湘邹啸宇记于岳麓之畔

壬寅年二月初十